功能型创新创业平台

锦纶新材料产业园
Nylon New Material Industrial Park

时尚锦纶新材料产业园

海安高新区时尚锦纶新材料产业园总规划面积10平方公里，重点招引锦纶原料、锦纶民用长丝、锦纶军工产品、锦纶丝终端产品等加工生产企业，打造千亿级时尚锦纶产业板块。

海安电子信息产业园

电子信息产业园

海安高新区电子信息产业园总规划面积8平方公里，重点发展新型电子元器件及组件、集成电路芯片等产品，产业园设有经省环保厅批准规划建设的电镀工业园，为国际、国内知名电子信息企业提供高质量电镀服务。

台商产业园

海安高新区台商产业园总规划面积6平方公里，打造高标准台商集聚平台。重点承接科技含量高、经济效益优、带动能力强的台资项目，同时加大对台湾教育、医疗、餐饮、休闲、银行、保险行业的招引，将逐步建设成为产业丰富、配套完善、宜居宜商的一流园区。

海安高新区
时尚锦纶新材料产业园

时尚锦纶新材料产业是海安重点打造的千亿级产业板块，是“中国化纤混纺纱精品基地”“国家时尚锦纶示范基地”“国家锦纶功能纤维新材料产业基地”。

规划情况

海安高新区时尚锦纶新材料产业园总规划面积10平方公里，园区选址位于高新区南部产业新城核心地段，区域内配套设施完善，区位条件优越。

功能定位

做强“区域化纤示范基地”品牌，形成4个100万吨规模（锦纶6切片年产100万吨，锦纶6纺丝、加弹年产量100万吨，织造产品年产量100万吨，己内酰胺年产量100万吨），成为江苏省内最强锦纶生产基地，打造国际级锦纶差别化、功能化示范区及全国特色化纤纺织工业产业集群示范园区。

产业现状

海安高新区现有锦纶新材料企业56家，产品涵盖锦纶单丝、复丝、锦纶FDY丝、锦纶HOY丝等上百个品种。锦纶6聚合切片年设计生产能力100万吨，锦纶66聚合切片年设计生产能力20万吨，锦纶丝年产量40万吨，锦纶丝约占全国八分之一的市场份额。目前，时尚锦纶新材料产业园已有弘盛新材料、永通新材料、兴鹿新材料、互生纺织等20多个项目落户，实现年销售200亿元以上。

南通双弘纺织有限公司

公司建立中棉协纱线检测中心、省级新型纤维纺纱工程技术研究中心和省级企业技术中心，成立双弘纺织研究院，拥有5000纱锭试验研发车间，36项国家专利，荣获中国纺织行业专利金奖，承担4项国家火炬、5项星火计划项目，开发80多项省级以上新产品。主持起草1项国家标准、7项行业标准和3项海关加工贸易单耗标准，成为纺织行业标准制定的领跑者。

公司在行业内率先通过质量、环境、职业健康安全、能源、测量、两化融合、GRS等体系认证。公司荣获中国驰名商标、中国化纤混纺纱精品基地、国家针织纱线研发生产基地、中国针织行业最佳供应商、中国棉纺行业最具影响力产品品牌、中国纤维流行趋势年度合作伙伴、全国纺织行业质量奖、全国纺织行业产品开发贡献奖、全国先进基层党组织、全国守合同重信用企业、全国模范劳动关系和谐企业、全国纺织服装人力资源管理先进企业、中国纺织工业联合会科技进步二等奖、江苏省高新技术企业、南通市市长质量奖等荣誉。

公司秉承“每根纱都是阳光价值”的使命，确立“经纬人生，长青双弘”的愿景，坚持“创新 精品 诚信 和谐”核心价值观，发扬“诚•匠”的双弘精神，持续推动双弘高质量稳健发展。

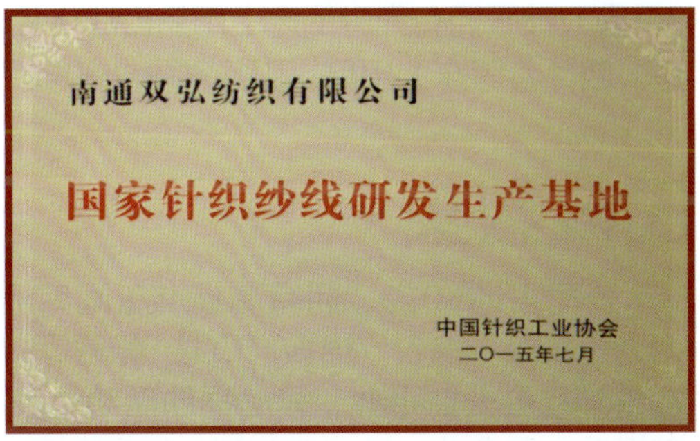

公司地址：江苏省海安市曲塘镇双楼路191号 电话：0513-88792421 传真：0513-88792494 E-mail:ntshtex@163.com

2019/2020 中国纺织工业发展报告

2019/2020 CHINA TEXTILE INDUSTRY DEVELOPMENT REPORT

中国纺织工业联合会　　编著

中国纺织出版社有限公司

图书在版编目（CIP）数据

2019/2020中国纺织工业发展报告 / 中国纺织工业联合会编著. -- 北京：中国纺织出版社有限公司，2020.6
ISBN 978-7-5180-7404-4

Ⅰ. ①2… Ⅱ. ①中… Ⅲ. ①纺织工业－工业发展－研究报告－中国－2019－2020 Ⅳ. ①F426.81

中国版本图书馆CIP数据核字（2020）第076531号

责任编辑：符芬　　　责任印制：何建

中国纺织出版社有限公司出版发行
地址：北京市朝阳区百子湾东里A407号楼　邮政编码：100124
销售电话：010—67004422　传真：010—87155801
http://www.c-textilep. com
中国纺织出版社天猫旗舰店
官方微博http://weibo.com/2119887771
廊坊飞腾彩印有限公司印刷　各地新华书店经销
2020年6月第1版第1次印刷
开本：889×1194　1/16　印张：19.5
字数：450千字　定价：380.00元
京朝工商　广字第8172号

《2019/2020中国纺织工业发展报告》

特约撰稿人：高　勇　孙瑞哲　李陵申　端小平

撰 稿 人：（按文章先后顺序）

张　倩　牛爽欣　吴文静　欧阳夏子　张书勤　牛春华　刘文全　柳恩见　黄潇瑾　贾慧莹　丁思佳　李鹏飞　林　琳　张旭兰　刘　静　王　冉　白　晓　季建兵　孙少波　韩　竞　李昱昊　吴　迪　惠露露　赵文佳　刘正源　赵翠琴　刘　欣　薛　峰　胡　晶　陆　健　白　婧　郑国峰　王　超　蒋雅丽　高建江　毛燕燕　沈银姣　何玲莉　郭杨承　沈建清　王秀一

中国纺织经济研究中心策划、编辑

主　　编：孙淮滨

副主编：华　珊　刘　欣　张军胜　黄淑媛　程　皓

编　　辑：吴　迪　赵明霞　张　倩　牛爽欣　白　婧

发　　行：夏　雪　侯晓春　刘　颖　玄　凯

CNTAC

内容提要

《中国纺织工业发展报告》是我国唯一集中反映纺织工业及其子行业年度发展现状与趋势预判的研究报告。2019／2020年版内容主要包括：中国纺织工业现状与趋势综合分析；包括化学纤维、棉纺织、毛纺织、丝绸、麻纺织、长丝织造、印染、针织、服装、家用纺织品、产业用纺织品、纺织机械的12个子行业年度分析与展望；70年足迹；高质量发展；行业研究；原料供求及国内外统计资料等栏目和内容。《中国纺织工业发展报告》主要面向国内外纺织企业，金融与投资、贸易与咨询、科研与教育等机构，以及各级政府综合管理部门和行业社团组织，提供权威性指南，为相关企业、部门机构科学决策和国家宏观经济管理提供可靠依据，具有研究和收藏价值。

Abstract:

China Textile Industry Development Report, the guide book for China textile industry, is the only report that reflects the annual development trend of China textile industry and individual sectors within the industry. The main contents of the 2019/2020 edition include the followings:

- The performance analysis of China textile industry in 2019 and the development trend prospection in 2020
- A review and prospection of the 12 sectors of China textile industry including: chemical fiber, cotton textile, wool textile, silk, bast and linen fiber textile, filament weaving, printing and dyeing, knitting, apparel, home textile, industrial textile and textile machinery
- 70 Years Development Footprint Since the Founding of the People's Republic of China
- High–quality Development
- Industrial Research
- Raw Material Demand and Supply
- Statistics

The target readers of the report are mainly overseas and domestic textile enterprises, departments of finance, investment, textile trade, scientific research and education, within the government, textile industrial associations and organizations. The report provides an authoritative guide for all textile organizations related and it is highly collectable.

目　录 Contents

行业运行　Industries

70年足迹　70 Years Development Footprint

CNTAC

高质量发展 High-quality Development

行业研究 Industrial Research

CNTAC

原料供求 Raw Material Demand and Supply

统计资料 Statistics

CNTAC

2019/2020 中国纺织工业发展报告

2019/2020 CHINA TEXTILE INDUSTRY DEVELOPMENT REPORT

行业运行

纺织工业

中国纺织工业联合会产业经济研究院

2019年纺织工业经济运行情况

2019年，世界经济经历重大挑战，贸易环境恶化，制造业活动减弱，多数经济指标创下2008年国际金融危机以来新低。我国国民经济运行总体仍保持在合理区间，但困难和挑战明显增多，下行压力持续增大。在市场需求趋弱和贸易风险上升的背景下，纺织行业保持平稳运行的压力明显加大，供需两端增长均持续放缓，投资增长动力不足，效益水平下滑。

一、行业景气度位于扩张区间

根据中国纺织工业联合会产业经济研究院纺织企业景气指数报告（表1），2019年，我国纺织行业景气度总体保持在50以上的扩张区间。随着国内外市场需求不足、中美贸易摩擦等压力逐步向生产及投资领域传导，我国纺织行业前三季度景气指数呈现稳中趋降态势。四季度（调查时未发生新型冠状病毒肺炎疫情），受传统节假日临近、中美贸易摩擦阶段性缓和以及出口订单略有好转等因素影响，企业信心有所回暖。2019年四季度，纺织行业景气指数为55.2，较三季度回升3.3个点，达到全年最高值。

二、内销市场有所放缓

2019年，受宏观经济运行压力加大、居民消费结构调整等因素影响，我国纺织服装内销增速较2018年有所放缓。根据国家统计局数据（表2），2019年，全国限额以上服装鞋帽、针纺织品类商品零售额同比增长2.9%，增速较2018年放缓5.1个百

表1 2019年纺织工业景气指数及分项指标情况

主要指标	四季度	三季度	二季度	一季度
综合景气指数	55.2	51.9	52.0	55.0
生产指数	62.1	58.0	59.6	55.5
新订单指数	58.2	51.9	49.5	58.9
原材料购进价格指数	58.2	55.2	55.7	66.9
产品销售价格指数	45.0	43.9	41.8	52.1
原料库存指数	46.4	47.5	47.5	49.5
产成品库存指数	46.2	50.0	59.6	44.1

资料来源：中国纺织工业联合会产业经济研究院

表2 2019年纺织工业主要经济运行指标累计同比变化情况（%）

主要指标	一季度	上半年	前三季度	2019年全年
工业增加值（规模以上）	5.4	3.6	2.9	2.4
国内市场：服装鞋帽针纺织品限额以上零售额	3.3	3.0	3.3	2.9
穿类商品网上零售额	19.1	21.4	18.6	15.4
纺织品服装出口总额	−1.6	−2.0	−2.3	−1.5
固定资产投资完成额	6.5	−1.3	−7.0	−5.8
营业收入（规模以上）	6.9	3.2	1.5	−1.5
利润总额（规模以上）	2.3	−4.0	−7.6	−11.6

资料来源：国家统计局，中国海关

分点，低于同期限额以上单位商品零售增速0.8个百分点（图1）。社交平台、短视频直播带货等新型商业模式方兴未艾，网络下沉市场空间较大，带动服装线上渠道销售仍然保持两位数增长，但与2018年相比较增速仍有所下降。2019年，全国网上穿着类商品零售额同比增长15.4%，增速较2018年放缓6.6个百分点。

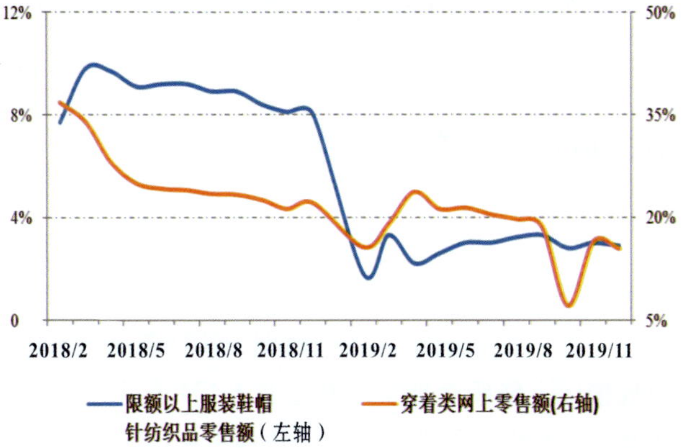

图1 2019年纺织品服装内销指标累计同比增速

资料来源：国家统计局

三、出口压力明显加大

由于全球经济复苏动力减弱、贸易环境不确定性增多等因素，我国纺织行业出口压力较2018年明显加大。根据中国海关数据，2019年我国纺织品服装出口总额为2807亿美元，同比减少1.5%，增速较2018年放缓5.3个百分点。纺织行业出口呈现“价跌量稳”态势，2019年我国纺织品服装出口价格同比降低1.9%，主要是受到人民币兑美元汇率走低影响；出口数量同比微增0.3%，表明在贸易环境风险上升的情况下，出口产品竞争力大体保持稳定。

纺织行业出口产品结构加速调整。受成本提升影响，我国服装出口呈现下降态势，2019年出口额为1534.5亿美元，同比减少4%，占纺织品服装出口总额的比重从2018年55.9%下降至54.7%。纱线、织物、制成品出口竞争力不断提升，成为纺织行业出口增长主动力，2019年出口额达1272.5亿美元，同比增长1.4%，占纺织品服装出口总额的比重提高到45.3%。

我国纺织品服装出口市场多元化趋势仍在延续，对传统市场出口规模下降，对新兴市场出口表现更为积极。如图2所示，2019年，我国对美国、欧盟、日本纺织品服装出口金额同比分别下降6.6%、4.4%和4.6%，三大传统主销市场在出口总额中所占比重已下降至41.9%，低于2018年1.7个百分点。我国对“一带一路”沿线国家和地区纺织品服装出口额同比增长3.7%，占我国纺织品服装出口总额的比重为35.6%，较2018年提高1.7个百分点。

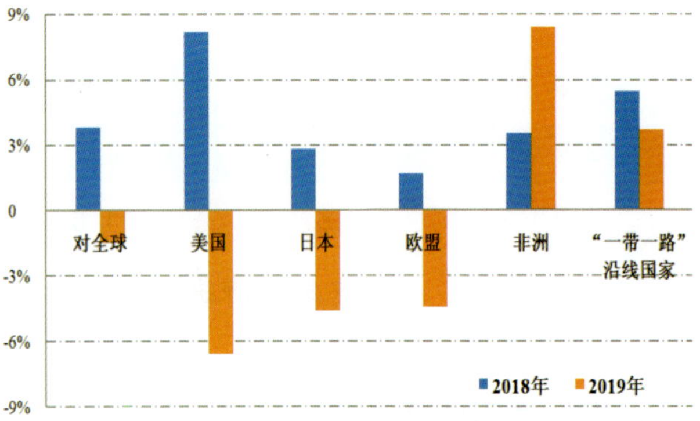

图2 2019年我国纺织品服装对主要出口市场增速变化情况

资料来源：中国海关

四、生产保持低速增长

在内外市场销售放缓的情况下，我国纺织行业生产总体保持低速增长态势。根据国家统计局数据（表3），2019年，全国规模以上纺织企业工业增加值同比增长2.4%，增速较2018年放缓0.5个百分点。产业链大部分环节生产增速放缓，终端行业由于内外市场需求疲弱而承压更为明显，服装、家纺和产业用纺织品行业2019年工业增加值增速分别为0.9%、−1.2%和6.9%，较2018年分别放缓3.5、4.7和1.7个百分点。纺机行业受纺织产业链投资需求下滑影响，生产增速持续走低，2019年工业增加值同比减少7.5%，增速较2018年大幅放缓17个百分点。毛纺织、丝绸行业由于2018年基数较低，2019年工业增加值增速有所回升，同比增速分别为1.9%和3.9%，分别高于2018年3.2和7.4个百分点。化纤行业由于新增产能较多，2019年工业增加值增速达到11.9%，较2018年提高4.3个百分点。

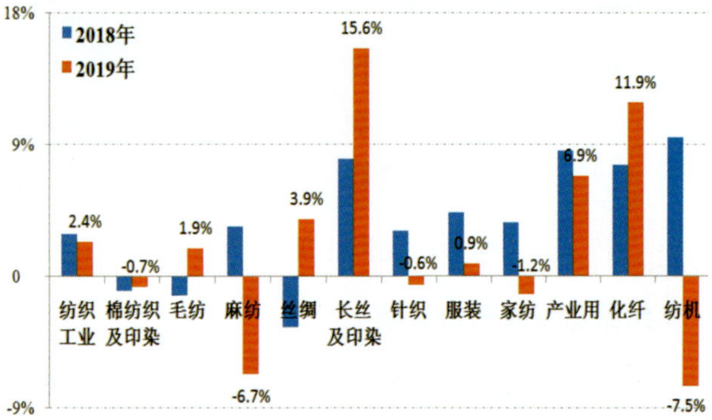

图3 2019年纺织规模以上企业分行业工业增加值增速

资料来源：国家统计局

主要大类产品中，纱、布及服装产量同比有所减少，其他产品产量均实现增长。根据国家统计局数据（表3），2019年全社会纱产量为2892.1万吨，同比下降6.1%，但增速较2018年回升1.2个百分点；布产量为575.6亿米，同比下降17.6%，增速较2018年下滑12.7个百分点；全社会化纤产量为5952.8万吨，同比增长9.9%，增速较2018年加快7.2个百分点；规模以上企业服装产量为244.7亿件，同比下降3.3%，增速较2018年略回升0.1个百分点。

五、运行质效有所下滑

2019年，在市场需求疲弱、贸易环境风险上升的情况下，我国纺织行业经营压力加大，经济效益出现下滑。根据国家统计局数据，2019年全国3.5万户规模以上纺织企业实现营业收入49436.4亿元，同比减少1.5%，增速较2018年放缓4.4个百分点；实现利润总额2251.4亿元，同比减少11.6%，增速较2018年下降19.6个百分点；亏损企业亏损额达298.8亿元，同比增加45.3%。

纺织各子行业中，在全产业链利润分布占比较高的棉纺织、化纤及服装行业利润总额下降明显，同比分别减少19.2%、19.8%和9.8%，上述三个子行业利润减少金额占全行业利润减少金额的比重达到90%。印染、针织以及麻纺织行业利润总额实现增长，同比增速分别为5.8%、0.2%和8.4%，印染和麻纺织行业利润增速分别较2018年提升5.6和12.8个百分点，针织行业增速较2018年放缓0.2个百分点（图4）。

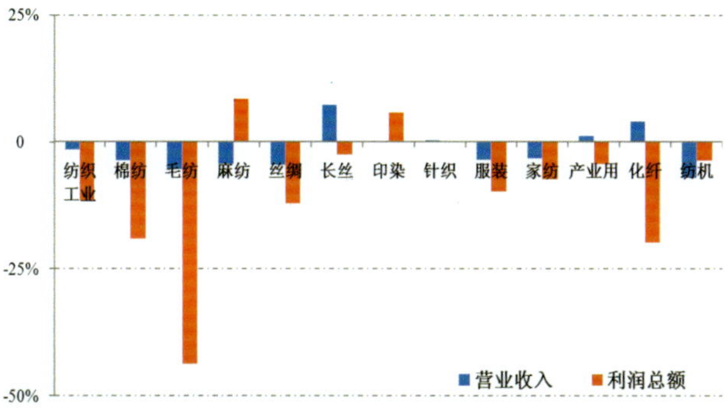

图4 2019年纺织规模以上企业分行业效益累计增速指标

资料来源：国家统计局

在外部压力加大的情况下，纺织企业保持运行质量稳定的难度明显增加。2019年，全国规模以上纺织企业营业收入利润率为4.6%，较2018年回落0.5个百分点；产成品库存周转率为14.9次/年，总资产周转率为1.2次/年，同比分别放缓1.8%和2.3%；三费比例为6.9%，略高于2018年0.1个百分点。行业资产负债率水平呈稳中趋降态势，2019年为55.1%，较2018年下降0.2个百分点，这一方面与企业加强财务风险防控有关，另一方面也与企业投资规模缩减、负债需求下降有关。

六、投资规模有所缩减

受发展压力加大影响，纺织行业投资意愿有所下降，投资额自2019年6月以来持续呈负增长态势，且降幅逐步加深，直至年末才略有收窄。根据国家统计局数据推算（图5），2019年，我国纺织行业（不包括纺机行业）固定资产投资完成额同比减少5.8%，增速低于2018年10.8个百分点。从产业链各环节来看，纺织业和化纤业投资额同比分别减少8.9%和14.1%，增速较2018年分别放缓14和43.1个

表3 2019年规模以上纺织企业主要大类产品产量

产品名称	单位	产量	同比(%)	较2018年变化(百分点)
纱	万吨	2892.1	-6.1	1.2
布	亿米	575.6	-17.6	-12.7
印染布	亿米	537.6	2.8	0.2
非织造布	万吨	503.0	9.9	17.9
服装	亿件	244.7	-3.3	0.1
化学纤维	万吨	5952.8	9.9	7.2

注 纱、布和化纤产量为国家统计局《2019年国民经济和社会发展统计公报》公布的全社会产品产量，其他产品均为规模以上企业产量。

资料来源：国家统计局

表4 2019年规模以上纺织企业主要运行质量指标

产品名称	营业收入利润率		产成品周转率		总资产周转率	
	2019年(%)	同比增减（百分点）	2019年(%)	同比增减（百分点）	2019年(%)	同比增减（百分点）
纺织行业	4.6	−0.5	14.9	−0.3	1.22	−0.03
棉纺织	3.7	−0.7	14.8	−0.7	1.31	0.01
毛纺织	1.9	−1.3	7.9	−0.3	0.87	0.03
麻纺织	4.8	0.6	8.7	−3.2	1.20	−0.15
丝绸	4.0	−0.3	9.3	−1.0	1.16	−0.11
长丝织造	3.6	−0.4	9.6	−0.4	1.10	0.00
印染	5.5	0.3	20.7	−0.4	1.09	0.00
针织	4.9	0.0	16.1	−0.8	1.42	−0.02
家用纺织品	5.1	−0.2	15.1	−0.9	1.19	−0.13
产业用纺织品	5.0	−0.3	20.7	−0.5	1.30	−0.02
服装	5.5	−0.4	14.5	−0.6	1.35	−0.05
化学纤维	3.6	−1.1	18.0	1.9	1.06	−0.02
纺织机械	7.2	0.3	14.5	0.0	0.76	−0.10

资料来源：国家统计局

百分点；服装业投资额同比增长1.8 %，增速较2018年加快3.3个百分点。

图5 2019年纺织行业固定资产投资额增速

资料来源：国家统计局

纺织行业区域布局调整持续推进。分地区来看，我国中部的安徽省、江西省和湖北省，以及西部的重庆市总体呈现全产业链投资正增长良好态势，成为2019年纺织行业投资增长的区域亮点（表5）。东部地区转型升级投资增长有所减速，江苏、浙江和山东省纺织业投资同比分别减少4.8%、2.3%和59.4%，但同期化纤业投资同比分别增长8.6%、9.5%和63.2%。新疆地区受产业政策调整的影响，2019年纺织业和化纤业投资完成额同比分别减少50.5%和28.1%，但服装业投资有所回暖，同比增长18.8%，较2018年大幅回升34.7个百分点。

表5 2019年我国部分省（区、市）固定资产投资情况

	纺织业(%)	服装服饰业(%)	化纤业(%)
全国总计	-8.9	1.8	-14.1
福建省	14.6	-0.3	6.4
浙江省	-2.3	4.6	9.5
江苏省	-4.8	-5.5	8.6
山东省	-59.4	-46.7	63.2
湖北省	16.9	38.8	40.4
湖南省	-2.8	14.6	75.6
安徽省	34.8	5.7	84.1
河南省	8.4	-0.3	87.2
重庆市	4.1	9.0	66.0
新疆维吾尔自治区	-50.5	18.8	-28.1

数据来源：国家统计局

2019年纺织行业运行中存在的主要问题

一、国际市场竞争压力凸显

2019年以来，在国际市场需求不足、贸易环境风险上升的情况下，我国纺织行业参与国际市场竞争的压力持续加大。

主力消费国家经济增长放缓，纺织品服装消费需求增长乏力，纺织品服装进口增速明显放缓。2019年，欧盟和美国从全球进口纺织品服装金额同比分别仅增长0.4%和0.3%，日本从全球进口纺织品服装金额同比下降2.9%，进口增速分别较2018年下降2.4、4.6和8.8个百分点。

在需求增长乏力的同时，纺织服装国际供应链的参与方不断增多，市场竞争不断加剧。近年来，纺织服装制造业因其适宜的技术和资本准入门槛、良好的价值创造及就业吸纳能力，成为诸多发展中国家大力发展的支柱产业。在我国制造成本、国际贸易环境风险上升的情况下，我国纺织企业加快在海外布局生产制造基地，也在一定程度上助推了其他发展中国家纺织产业持续壮大。东南亚、南亚以及部分非洲国家近年来国际市场所占份额持续提升，我国直接出口的产品在国际市场所占份额则有所减少。根据相关统计数据（图6），2019年，我国在欧盟、美国和日本纺织品服装进口市场中所占份额分别为32.6%、32.8%和55.3%，较2018年分别下降0.6、3.8和2.5个百分点，越南、孟加拉和印度在上述三个进口市场中所占份额共计分别提升0.5、2和1.5个百分点。尽管我国在纺织服装产品全球供给能力方面居于领先地位，但全球纺织供应链的调整趋势仍不可忽视。

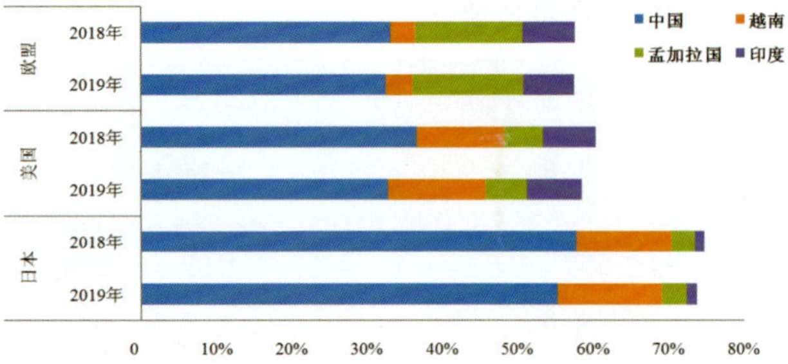

图6 我国及部分国家在世界纺织品服装主要进口市场所占份额情况

资料来源：OTEXA，日本海关，欧盟统计局

二、中美贸易摩擦影响复杂广泛

中美贸易摩擦持续时间跨越2018、2019两年，虽然纺织服装行业并不是贸易冲突焦点，但随着双方摩擦升级，美国对我国出口的纺织服装产品加征进口关税的范围不断扩大，税率不断提高。到2019年9月，我国对美国出口的纺织品服装85%以上被加征进口关税；其中，我国出口美国的大宗商品——服装及家用纺织品大部分被加征15%进口关税，化纤、纱线、织物及地毯、产业用纺织品加征25%关税。2020年1月，中美双方达成第一阶段经贸协议，大部分服装及家纺产品关税从15%下降至7.5%，并取消未执行的加税计划。

2019年，在贸易摩擦不断升级的过程中，纺织行业出口受到严重影响。随着关税税率提高及加税范围扩大，我国对美国的纺织品服装出口额降幅逐步加大。根据中国海关统计数据，2019年，我国对美国出口纺织品服装金额同比下降6.6%，分别较上半年和前三季度降幅扩大5.9和3.3个百分点，美国在我国纺织品服装出口总额中所占比重为17.2%，较2018年下降0.9个百分点。其中，大部分纺织品由于加税时间长、税率高，出口增速下降更为明显，2019年我国对美国出口化纤短纤、地毯、工业用纺织品的出口金额同比分别下降42.8%、26%、31%，降幅分别低于同期我国对全球出口同类产品增速29.8、24.1、30.2个百分点。服装和家纺产品由于加税时间较短，出口下滑幅度相对较小，2019年我国对美国出口服装金额同比减少6.9%，降幅大于同期对全球服装出口额增速3.2个百分点；我国对美出口家纺产品金额同比增长0.1%，增速仅低于同期我国对全球出口家纺产品增速0.2个百分点。

中美贸易环境恶化对全球纺织供应链的布局结构及我国纺织企业的发展信心产生了严重影响。越来越多的国际品牌采购商开始减少在我国的纺织服装产品采购比例，一些有海外工厂的国内纺织企业也将出口订单转移到其他国家进行加工出口。企业应采购商要求或出于规避风险、降低成本等需求，加快了产能国际布局速度，2019年纺织行业对外投资额达到13亿美元，比2018年增加31.9%。中国纺织企业扩大海外投资，将助推海外产业链逐步发展完善，在国际供应链中占据更重要的位置，客观上也将带动国际竞争更趋激烈，国内生产企业面临的竞争形势也会更加复杂。

三、企业经营压力加大

2019年，受到国内外宏观经济减速影响，市场需求不足上升为纺织企业经营面临的突出问题，偏弱的需求面不利于生产成本沿产业链逐步向市场传导，造成企业产销衔接欠佳，经营压力持续加大。

棉纺、化纤等产业链上游环节利润空间明显压缩。2019年，棉纺行业利润率为3.7%，同比降低0.7个百分点；化纤行业利润率仅为1.4%，且较2018年又降低0.1个百分点。棉纺和化纤行业利润总额同比分别下降19.2%和19.8%，共计拉低行业利润增速6.2个百分点。据中国棉纺织行业协会调查，200多户重点棉纺企业全年景气指数均处于扩张区间以下，2019年纱、布销售量均有所下降。化纤行业在供给面总体宽松的情况下，市场消化能力较弱，造成产品价格下行，2019年原油价格上涨幅度超过30%，而涤纶产品价格下降幅度超过10%。

终端消费品制造行业库存压力相对较大，体现出市场需求疲弱造成生产企业产销衔接顺畅度下降。2019年，家纺、针织、服装行业产成品周转率同比分别下降5.5%、4.8%和3.8%，均高于纺织全行业1.8%的下降幅度。

长丝行业出现资金回笼减慢、周转压力加大的情况。统计数据显示，2019年长丝织造行业应收票据及应收账款同比增长10.1%，高于长丝行业营业收入增速2.9个百分点。

2020年纺织行业运行走势预判

2020年，我国纺织行业面临的外部形势总体上更趋复杂严峻，发展前景不确定性较高。年初，新型冠状病毒肺炎疫情开始在全球蔓延，使得本就偏弱的世界经济增长预期被进一步削弱，国际市场需求将维持低迷态势。我国国内经济虽然也受到疫情重大冲击，但长期向好的基础仍然没有改变，内需市场依然是支撑我国纺织行业平稳运行的核心力量。除了疫情影响之外，纺织行业还面临着贸易环境仍不稳定、疫情降低全球供应链运转效率等多重挑战。在此形势下，纺织行业将面临更加激烈的市场竞争与结构调整环境，会有相当一部分企业面临淘汰退出的严峻考验，但同时也会有大量优势骨干企业由此坚定进一步升级发展的信念，经过此轮考验，纺织行业总体将在推动高质量发展的进程中取得更多发展成效。

一、国际市场需求明显下滑

受到国际贸易环境恶化、金融稳定性下降等因素影响，2019年世界经济增速已经进入下行轨道。2020年，在新冠疫情冲击下，全球经济增长动力将更加微弱，需求扩张严重乏力。

权威机构普遍认为2020年世界经济增速将进一步下探至2008年金融危机以来的最低水平，美国知名研究机构IHS Markit和经济合作组织（OECD）分别于2020年2月底和3月初将全球经济增速下调至2%和2.4%，分别较此前预期降低0.3和0.5个百分点。2020年2月开始，全球制造业PMI遭遇十年以来最大收缩，发达国家原本处于较好水平的就业状况迅速下滑。欧盟、美国和日本等主要纺织品服装消费市场受到疫情影响，商业活动从3月开始几近停摆，全球采购订单出现大幅下滑，预计至少在2020年上半年都难以恢复正常。作为全球消费中心的发达国家需求下滑，将造成发展中国家制造业出口减少，全球需求形势预期不乐观。即使疫情防控在下半年取得积极成效，各国经济均遭受重创，居民消费能力被严重削弱，经济与市场恢复都需要一定过程。

除了消费下滑因素，疫情造成全球人员流动减少，贸易展会、商业洽谈活动基本停滞，我国纺织企业开拓海外客户及维护客户关系的难度明显加大。全球物流运输顺畅程度也受疫情影响有所下降，物流成本大幅提升，在此情况下，纺织行业出口形势将异常严峻，出口下滑的趋势难以避免，出口产业链企业也将面临重大压力。

二、内需消费有望逐渐回稳

新冠肺炎疫情暴发加大了我国宏观经济的运行压力，生产、消费和投资领域均出现负面影响，但我国采取最全面、最严格、最彻底的防控举措，在较短时间内控制了疫情传播，生产生活秩序开始逐步恢复，经济长期向好趋势仍然不变。

14亿人口的庞大市场、4亿多人中等收入群体的强大购买力，是我国消费市场持续发展的最可靠保障，国家也将稳就业、稳收入、保民生放在重要位置，为消费增长提供积极支撑。待疫情过后，被抑制的消费将逐步释放，瑞银消费调查显示2/3的受访者计划在本次疫情过后增加消费支出，其中近半数表示增加体育和娱乐消费。纺织行业内需消费有望在下半年出现恢复性增长，但考虑全球疫情对我国就业、收入的影响，即便消费有所恢复，也无法完全抵消之前的下降缺口。

三、产业结构调整继续走向深化

在内外环境驱动下，我国纺织行业近年来一直处于不断深化产业结构调整、加快推动高质量发展的重要时期。2020年，新冠肺炎疫情暴发，加重了纺织企业的生产经营压力，随着全球疫情防控形势日益严峻，预计将有一批企业淘汰退出，但同时也将有大批优势骨干企业在考验中坚定进一步转型升级、提升核心竞争力的信念。经过疫情冲击，产业安全将成为产业政策制定的重要考量。为保证相对稳定的产品供给和产业链自我配套能力，鼓励传统制造产业在国内进行转型升级将成为重要的政策导向。针对疫情影响，国家已经出台了一系列帮助企业加强应对的措施，预计也将继续出台措施支持企业升级改造与创新发展，助力企业提高劳动生产率与供应链运转效率，努力应对外部风险，渡过困难时期。

2020年纺织行业保持平稳发展重点任务

2020年是“十三五”收官之年，也是全面建成小康社会的关键之年，纺织行业在国民经济中的压舱石作用仍然突出。在疫情突发、外部形势更趋复杂严峻的形势下，努力通过结构调整与转型升级，持续提升先进制造水平，积极挖掘和激发国内外市场需求潜力，提升资源配置效率，展现行业发展的韧性和定力，是纺织行业必然的发展选择。

一、大力挖掘内需消费潜力

将内需市场作为行业首要发展动力，深入挖掘内需市场需求潜力。持续推进“三品”战略，研究分析消费流行趋势，细分消费市场，满足都市白领、城市新贵、小镇青年等多阶层消费需求，加强纺织品服装品质化、个性化供给。以疫情期间“宅经济”发展为契机，加快品牌服装服饰、家纺产品线上线下融合发展，进一步创新零售模式，通过平台融合、社群融合、场景融合，完善渠道建设，适应数字化、社交化、体验式、服务型等快速更新的消费市场新形势。充分做好制造、渠道与营销准备，把握疫情过后的消费恢复时期，积极适应内需消费市场新热点和新业态需求。抓住疫情带动的医疗保健、运动健康等消费新热点，开发具有相关功能性、智能性的产业链产品。

二、努力稳定国际竞争优势

在美欧传统消费市场受疫情冲击较大的情况下，着力开拓更加丰富多元的国际市场格局，稳健寻求具有消费潜力的新兴消费市场。提高全球资源配置能力，进一步深化与“一带一路”沿线国家的产业链合作，充分利用贸易区域化便利条件，进一步发展形成合理分工、优势互补的跨国供应链体系，稳定我国在国际制造供应链中的主导地位。进一步提高整合研发、技术、品牌、渠道等国际优势资源的能力，培育跨国企业集团，丰富资本运作方式，向产业价值链高端延伸。建立应对贸易摩擦、突发事件等抗风险机制，丰富贸易磋商手段和避险工具，提高供应链跨国快速反应能力。

三、持续强化创新引领作用

始终强调自主创新在制造工艺、时尚设计、绿色发展、市场销售等方面的核心驱动作用。以科技创新促进纺织服装产品品质、性能提升，着力在高新技术纤维及下游产业用制成品、专业装备领域取得新的突破性进展，不断拓展纤维产品应用领域，满足国民经济相关应用领域需求。运用好我国信息网络基础设施与技术发展优势，应用大数据、人工智能等新技术开展产业链流行趋势预测分析，加大新产品开发力度，从纤维性能、面料风格、场景功能和时尚美学方面增加家纺和服装产品的优质供给，提高居民生活品质。探索数字经济、区块链技术在纺织服装产品全生命周期的应用，增强价值链透明度、绿色安全可追溯性和品牌信任度。以终端用户需求驱动供给端改造提升，深度融合信息技术创新原料采购、制造过程、仓储物流等管理流程和模式，建立高效、柔性的快速反应体系，提升供应链运行效率。

四、不断提高先进制造水平

坚持不懈地广泛开展技术升级改造，着重加强对成熟、适用新技术、新装备的推广应用，提升先进、优质制造水平。继续实施纺织智能制造示范工程，推动关键生产线及技术装备的研发与应用突破。扩大智能模块柔性应用，提升关键工序数控化率、信息化综合集成应用能力和应用水平，提高其他生产线的智能化程度，打造产品流和数据流双闭环，实现提质降本增效。探索纺织工业互联网建设模式，提高中小企业、产业集群、专业市场数据采集、互联互通水平，建设开放、诚信、共享的数字化、网络化平台，完善标准体系，为落实纺织工业互联网建设工程奠定基础。

（撰稿人：张　倩　牛爽欣）

化纤业

中国化学纤维工业协会

2019年，国内外经济形势依然复杂严峻，全球经济增长放缓，行业发展面临的国内外风险挑战明显增多。化纤行业需求端连续走弱，供需矛盾压力加大；受原油市场、国际贸易争端等多种因素拖累，产品价格下降，行业盈利下滑；固定资产投资欲望不足、投资额缩减，行业新增产能放缓。但行业运行中也不乏亮点：三大民营炼化项目相继投产，产业链"一体化"进程加速；首家5G智慧车间诞生，行业向智能化发展更进一步；再生纤维素纤维行业绿色发展联盟（CV联盟）获得国际认可，行业绿色发展卓有成效；龙头企业、差别化细分领域企业保持较强竞争力，助推化纤行业高质量发展。

2019年化纤行业运行基本情况

一、供需情况

据化纤协会统计，2019年化纤产量为5827万吨，同比增长7.8%。其中，涤纶产量为4751万吨，同比增长8.3%；锦纶产量为350万吨，同比增长5.9%；黏胶短纤产量为394万吨，同比增长3%，见

表1 2019年中国化纤产量完成情况

产品名称	2019年产量(万吨)	同比(%)
化学纤维	5827	7.8
其中：黏胶纤维	412.4	2.8
短纤	394	3.0
长丝	18.4	0.5
涤　纶	4751	8.3
短纤	1020	9.7
长丝	3731	7.9
锦　纶	350	5.9
腈　纶	58	−5.7
维　纶	9.2	−5.4
丙　纶	38.5	7.2
氨　纶	72.7	9.2

注 涤纶短纤中包含部分再生涤纶短纤；涤纶长丝中包含部分加弹产品。

资料来源：中国化学纤维工业协会、国家统计局

表1。与2015年相比，“十三五”期间化纤产量以平均每年4.8%的速度增长，略高于“十三五”规划预估值。

从化纤主要细分行业开工率来看，涤纶长丝行业平均开工率较2018年略低；受益于再生涤纶开工率下降，原生涤纶短纤行业开工率较2018年有明显提升；锦纶长丝行业平均开工率与2018年基本持平；黏胶短纤行业开工率较2018年进一步下降。不同细分行业开工率还有一个共性的特点，即弹性加大。2019年纺织产业链整体景气度下行，下游企业为了减少原料备货和产成品库存损失，矛盾会快速向上游传导，化纤企业防风险意识也不断提升，随着市场阶段性的供需变化，只能通过调节负荷来争取合理的库存和效益。

从需求面看，国内外纺织终端需求压力加大。2019年，我国纺织服装内销增速较2018年明显放缓，根据国家统计局数据，1～12月，全国限额以上服装鞋帽、针纺织品类零售额同比增长2.9%，增速较2018年放缓5.1个百分点；全国网上穿着类商品零售额同比增长15.4%，继续保持两位数的良好增长水平，但较上年放缓6.6个百分点。化纤直接下游行业也表现平平，织机开机率在70%左右，加弹开机率在75%左右，经编、圆机、花边的负荷指数较去年同期均有所下降，化纤直接下游棉混纺纱、化学纤维纱、棉混纺布和帘子布等产品产量同比有不同程度下降。受外需减弱及贸易环境风险上升影响，纺织行业出口形势较为严峻，根据中国海关数据，2019年我国纺织品服装累计出口金额为2807亿美元，同比减少1.5%，增速低于2018年5.3个百分点。

二、进出口

2019年化纤进口量为91.81万吨，同比减少4.15%。但涤纶短纤进口量同比增长14.46%，主要是弥补国内再生涤纶短纤的不足。2019年化纤出口量为506.17万吨，同比增加16.08%。美国是我国涤纶短纤出口主要市场之一，受中美贸易摩擦的影响，涤纶短纤出口量同比减少4.24%，对美出口同比大幅减少35.12%；黏胶短纤由于全球资源配置，国外新工厂对我国国内和出口市场都造成一定冲击，致使我国进口量增加，出口量减少，见表2。

从出口市场结构来看，受中美贸易战的影响，2019年我国对美出口化纤同比减少39.03%，占化纤

表2 2019年化纤主要产品进出口情况

产品名称	进口量			出口量		
	2019年(吨)	2018年(吨)	同比(%)	2019年(吨)	2018年(吨)	同比(%)
化学纤维	918051.2	957788.4	−4.15	5061681.4	4360589.0	16.08
其中：涤纶长丝	111345.2	128042.5	−13.04	2721434.1	2296579.0	18.50
涤纶短纤	219377.0	191669.0	14.46	994699.5	1038689.4	−4.24
锦纶长丝	87776.6	118463.0	−25.90	270431.5	239928.2	12.71
腈　　纶	89540.5	149471.8	−40.10	25771.2	19361.3	33.11
黏胶长丝	4666.3	5125.6	−8.96	89320.4	83900.3	6.46
黏胶短纤	227932.8	196674.3	15.89	365414.9	377653.8	−3.24
氨　　纶	27981.7	30907.2	−9.47	74001.4	64612.4	14.53

资料来源：据中国海关数据整理

出口总量的比例下降4.02个百分点。而同期对东盟及“一带一路”沿线主要国家出口化纤有明显增长，反映了全球纺织产业布局的调整。总体来看，由于我国化纤出口市场较为分散，美国所占份额不到5%，因此，中美贸易摩擦虽然导致我国对美出口化纤大幅下降，但基本可以通过寻求其他替代市场来弥补，见表3。

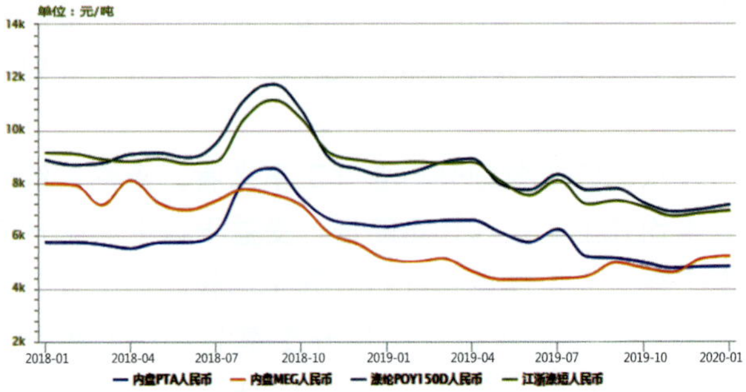

图1 2018～2019年涤纶及其原料价格走势图

资料来源：中纤网

三、市场

在经历过2018年四季度深度调整后，2019年一季度化纤市场逐步企稳，部分产品价格甚至有所上升，但在4月之后，受原油、中美贸易战等多重因素影响，化纤行业景气度下滑，化纤市场以震荡下行为主，其间虽有小反弹，但都难以扭转下跌的大趋势，氨纶和粘胶短纤市场受产能过剩的双重影响一路下行，化纤主要产品市场价格接连刷新近三年新低，见图1～图5。市场持续下跌的主要原因在于原料成本大幅回落、终端需求增速下滑以及部分环节产能阶段性过剩。

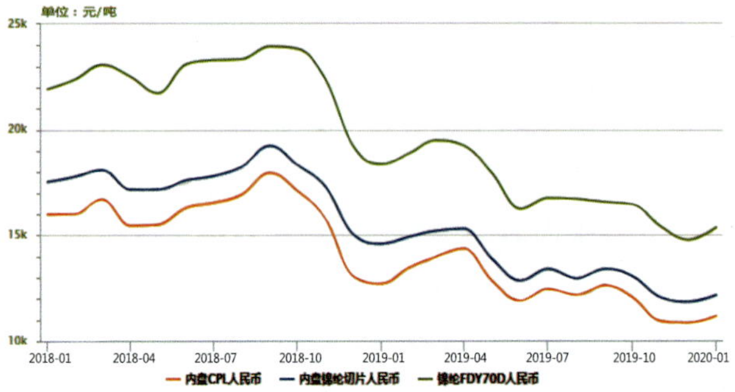

图2 2018～2019年锦纶及其原料价格走势图

资料来源：中纤网

表3 2019我国化纤出口市场分布情况

出口市场	出口量(吨)	同比(%)	占出口市场份额	同比(百分点)
总计	5061681.4	16.08	100.00%	
土耳其	582438.2	34.76	11.51%	1.60
越南	502078.7	20.66	9.92%	0.38
巴基斯坦	376396.2	10.75	7.44%	-0.36
埃及	294478.1	8.75	5.82%	-0.39
印度尼西亚	282130.2	-20.09	5.57%	-2.52
巴西	268170.5	30.02	5.30%	0.57
古巴	264161.7	159610.82	5.22%	5.22
韩国	251667.5	34.29	4.97%	0.67
美国	225020.8	-39.03	4.45%	-4.02
印度	212059.2	70.13	4.19%	1.33

资料来源：据中国海关数据整理

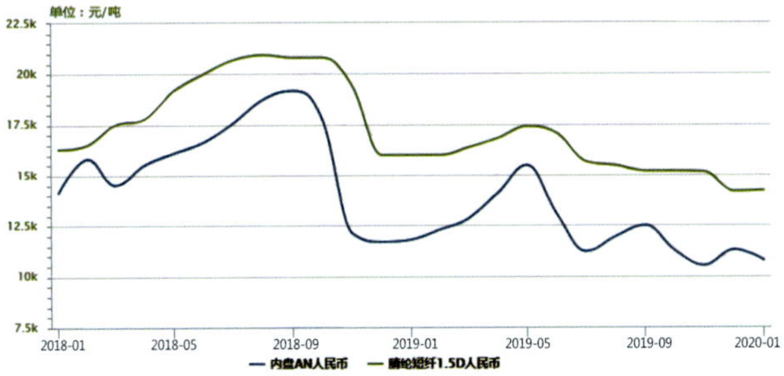

图3 2018～2019年腈纶及其原料价格走势图

资料来源：中纤网

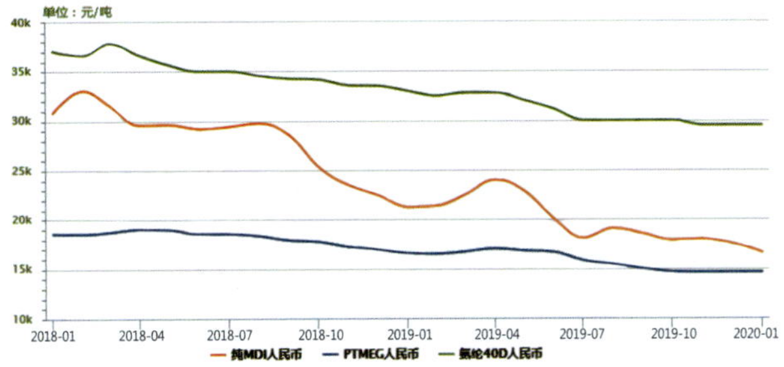

图4 2018～2019年氨纶及其原料价格走势图

资料来源：中纤网

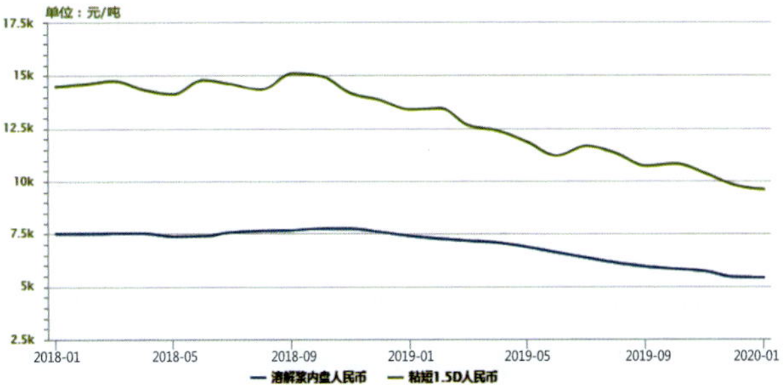

图5 2018～2019年黏胶短纤及其原料价格走势图

资料来源：中纤网

四、质效

2019年，中国化纤行业实现主营业务收入8571.21亿元，同比增长4.00%；实现利润总额311.01亿元，同比减少19.77%。行业亏损面22.11%，比2018年扩大了3.88个百分点，亏损企业亏损额同比也大幅增加73.23%，见表4。

表4 2019年化纤行业经济效益情况

产品名称	利润总额			亏损企业亏损额		
	2019年（万元）	2018年（万元）	同比（%）	2019年（万元）	2018年（万元）	同比（%）
化纤	3110052	3570630	−19.77	636967	367690	73.23
其中：再生纤维	639245	1150583	−38.29	284806	84690	236.29
锦纶	325101	413886	−16.14	49807	45964	8.36
涤纶	1728371	1687970	−20.06	161008	100902	59.57
腈纶	−11278	−1365	—	15183	8418	80.36
维纶	56154	9396	3701.90	8574	10179	−15.77
丙纶	54041	18413	36.75	3317	4949	−32.98
氨纶	135260	167770	56.08	41395	68897	−39.92
其他合成纤维制造	116258	97217	23.29	31738	24967	27.12

资料来源：国家统计局

2019年，化纤行业景气度下滑，市场价格持续降低，产品与原料价差也逐渐缩小，导致行业盈利大幅收缩。分行业来看，涤纶行业实现利润总额173亿元，同比减少20.06%。锦纶行业实现利润总额33亿元，同比减少16.14%；再生纤维行业利润总额同比减少38.29%，这其中还包括高利润的醋酸纤维行业，黏胶纤维行业实际全面亏损，只有少数产业链配套企业勉强保持盈亏平衡。库存跌价损失也是造成盈利下降的重要原因。

2019年化纤行业运行压力加大，部分运行质量指标较2018年有所下滑。盈利能力明显下降，营业收入利润率为3.63%，同比降低1.07个百分点；偿债能力也随之下降，已获利息倍数同比降低0.55；发展能力也受到影响，营业收入增长率同比下降8.42个百分点。行业困难之时，反而倒逼企业提升了营运能力以保障现金流，降低风险，应收账款周转率和产成品周转率同比都有所加快，同时，三费比例同比下降0.18个百分点。

影响化纤行业运行的主要因素

一、国际油价

2019年，在地缘政治紧张、主要产油国延长减产协议和供需变化等因素叠加影响下，国际原油市场保持震荡运行，整体价格重心低于2018年。一季度低位反弹，贸易战加征关税推迟、OPEC减产等因素助力原油大涨，4月出现增长高峰，随后下跌，6月由于对中东局势的担忧导致油价有所走强，之后窄幅震荡，9月沙特油田爆炸导致油价飙升，但也只是昙花一现，很快跌破爆炸前价位，直到10月，在中东地区地缘政治紧张、OPEC等产油国深化减产、中美经贸高级别磋商取得实质性进展的情况下，国际原油价格开始逐步回升。2020年1月，中国暴发新冠肺炎疫情，出于对中国经济增长和原油需求的担忧，油价快速回落。2月中旬，中国疫情得到有效控制，油价出现小幅反弹。但随着疫情在全球蔓延，加重了对全球经济增长的担忧情绪，油价出现更大幅度的下跌。3月6日，OPEC+会议并未就减产达成新的协议，随后，OPEC主力国沙特阿拉伯主动打响原油价格战，导致油价暴跌，跌幅历史罕见，击穿了2008年的低点，见图6。

2020年，国际油价仍将受到多重因素交织影响。供应端方面，美国已成为全球最大石油生产国，预计2020年仍将继续增产；OPEC+能否达成新的减产协议，为2020年全球原油供给埋下不确定因素。此外，地缘政治风险对国际油价的影响不容忽视。需求端方面，美国大选、英国“脱欧”、贸易摩擦及疫情的发展等因素，使得2020年世界经济增长前景面临更多的不确定性。综合判断，2020年国际油价可能会在低位区间保持震荡。

图6 2018～2020年3月WTI油价走势图

资料来源：中纤网

随着近几年我国化纤产业链的进一步完善，油价波动经过多个环节传导至化纤行业时已有所弱化，但对于行业内多数“油头”产品仍会产生较大影响，至少会在心态上产生影响。以2020年3月9日原油的暴跌为例，加重了化纤市场的看跌心态，导致PTA、EG期货跌停，化纤主要产品现货报价均明显下调，下游纺织企业观望气氛更浓，价格下跌还会造成化纤企业原料及产品库存损失。长期来看，原油价格低位运行将降低化纤行业原料成本，有利于保持利润空间，低价格也有利于刺激需求增长。同时，化纤行业当前格局已不同于2008年金融危机之时，行业集中度在近几年得到了大幅提升，有一定的抗跌性，化纤产品未必保持和油价同步的跌幅。另外，短期内风险叠加暴发，将会加速行业优胜劣汰整合，进一步推动供给侧结构性改革。

二、中美贸易摩擦

2019年中美贸易摩擦不断升级，美国自5月10日起将从中国进口的2000亿美元清单商品加征的关税税率由10%提高到25%，9月1日起又对剩余3000亿美元商品中的清单A加征15%关税，至此，我国纺织品服装绝大部分产品都被加征了关税。在这种严峻形势下，纺织化纤行业仍然实现了相对平稳发展，成绩着实来之不易。

根据初步评估，中美贸易摩擦对化纤行业的影响主要体现在四方面。一是进口方面：对部分对美依赖度较高的原料产品影响较大。例如，锦纶66的原料己二腈和再生纤维素纤维用溶解浆，短时间内无法对美国产品完全替代，以上行业原料成本增加。二是对进口美棉加征25%的关税后将大幅增加纺企的用棉成本，纺企除了寻找其他进口源代替美棉外，也可能会调整产品结构，加大非棉纤维的用量，利好涤纶短纤和黏胶短纤。三是出口方面：被美加征关税后，一些传统对美出口品种，如涤纶短纤、锦纶工业丝帘子布出口竞争力会受到一些影响，可能部分被其他国家（地区）产品替代。第四，也是最为关键的一点，纺织行业出口受阻直接影响对化纤产品的需求和市场信心。

从更深层次来看，中美贸易摩擦使得我国纺织工业持续发展能力在三方面受到影响。一是中间产品出口受阻，国际采购转移订单，将造成我国纺织产业逐步被排除在全球供应链体系之外的风险，无法公平、有效参与全球产业分工与国际市场竞争；二是我国纺织企业以规避贸易摩擦风险为目标的境外投资将有所增加，对国内生产、投资及就业产生负面影响；三是增加国际采购商（包括非美国采购商）及中国企业的担忧情绪，影响订单及生产经营稳定性，已有国际采购商要求我国纺织企业在2～3年内将订单加工全部转移至国外。

2020年1月15日，中美签署了第一阶段经贸协议，这有益于改善我国外贸环境与市场预期，减轻出口企业压力。但也要保持清醒的认识，随着美国大选、全球疫情蔓延等更多不确定因素凸显，后续政策走向的不确定性也在增加，不排除出现反复的可能性，还需要随时关注后期进展。

三、固定资产投资

由于2019年行业景气度下滑，企业投资也偏向谨慎，在前两年固定资产投资较快增长的基础上快速降温，投资规模有所缩减，部分项目产能投放进度推迟。根据国家统计局数据，2019年化纤行业固定资产投资额同比减少14.1%。据化纤协会调研了解到，企业的投资主要聚焦在技术改造和规模扩张，技术改造有差异化生产的需要，但多数仍以提高生产效率为主，尤其是涤纶、锦纶、黏胶纤维和氨纶等行业较为突出。值得一提的是行业新增产能向优势企业集中趋势明显，特别是涤纶行业的骨干企业内生增长和兼并重组的步伐加快，行业集中度进一步提升。

四、炼化一体化发展

2019年，民营炼化一体化发展取得重要进展，恒力石化大连长兴岛项目、恒逸文莱炼化一期项目和浙江石化一期项目陆续投产。随着这些项目的逐步投产运营，化纤行业实现了从“原油炼化到化纤纺织”的全产业链发展模式。从综合竞争力来看，化纤民营炼化项目从产出品的结构上是“大炼化、小油头”，尽可能不出成品油，“能芳则芳、能烯则烯”，丰富了品种结构，提高了产品利润，避免与传统大炼化的同质化竞争。这些项目具备后发优势，产业链自下而上，企业自身具有PX 到聚酯的整个芳烃产业链一体化的综合成本优势。从对聚酯产业链的影响来看，以往集中在PX环节的利润将向下游PTA、聚酯环节转移，从而促进PX—PTA—聚酯产业链利润分配趋于均衡，进一步提高行业综合竞争力。

在化纤企业成本结构中，原材料成本占比较高，易受到产业链源头原油价格波动的影响，但随着炼化一体发展，原材料波动对行业的冲击会逐步减小，虽然短期来看，会由于供应量的增加而导致原料价格下行，但长远来看，有利于进一步稳定化纤原料供应，有利于提升产业链整体竞争优势。民营炼化一体化发展将改变我国甚至是改变世界聚酯产业链格局。

2020年将是PTA投产高峰期，预计将有1000万吨新增产能，PX—PTA—聚酯三个环节新增产能错配，利润也将重新分配，聚酯及纺丝环节有望保持一定的加工区间。

2020年化纤行业运行预测

一、行业运行背景

2020年是全面建成小康社会的决胜之年和“十三五”规划的收官之年。新年伊始，亲历了新冠肺炎疫情的暴发和国际油价的暴跌，以一个不寻常的开端预示着我国纺织化纤行业面临的形势将更趋复杂严峻，发展前景不确定性增强。

2020年，企业将面临三种危机的“三位叠加”：一是全球范围内周期性产业变革、金融变革造成的经济周期危机；二是技术变革导致的产业波动危机；三是突发性的疫情危机。

目前，新冠肺炎疫情在中国已得到有效控制，但却在全球范围内快速蔓延。全球贸易摩擦不断、疫情蔓延、油价暴跌或引发连锁反应，给全球经济带来更多不确定性。国际货币基金组织（IMF）3月5日表示，将因疫情影响下调2020年全球经济增长预期，预计2020年全球经济增长率将低于2019年的2.9%，但现在还难以预计低多少，影响有多持久。

疫情暴发期间，我国采取了强有力的防控措施，取得了“战疫”的阶段性胜利。2020年中国经济增长不可避免受到影响，但中国经济长期向好的基本面没有改变，中国的产业经济仍然在进步，新冠肺炎疫情让人们承受了巨大的痛苦，但也为中国进一步的改革开放腾挪出了一个新的空间。疫情过后，政策层面将会加大逆周期调节来应对疫情对经济的负面冲击，中国经济应该会有明显回升。坚定信心，坚持深化改革，挖掘内需市场潜力，经济增长依然可期。

二、行业运行预测

2019年底时，化纤工业协会曾做出判断：“行业已处于历史低位，2020年不会更差”。2020年开年在新冠肺炎疫情突袭之下，化纤企业的生产运行面临更大的压力。在各级政府的政策支持下，化纤企业开始边防疫边复工，行业生产情况正在逐渐好转。

展望2020年，对于化纤行业来说将是个难熬的冬天，疫情危机叠加原油暴跌，全球经济动荡风险提升，行业运行发展压力明显加大。同时，也要看到，各种积极因素仍然存在，行业抵御下行风险的韧性日渐增强，也不具备进一步长期持续下行的空间。针对疫情的影响，国家已开始出台各种扶持政策，帮助企业逐步缓解经营压力。

根据宏观经济运行趋势、行业生产、价格走势、结构调整变化以及新冠肺炎疫情等因素综合分析判断，化纤行业下半年有望从疫情影响中逐步恢复，全年来看将呈现前低后高、企稳回升态势。初步预计，全年化纤产量同比增长3%左右，利润总额与上年度持平或小幅增长。进口与上一年度持平或略有下降，出口增长5%左右。

疫情过后还要发展，化纤行业应静心思考未来该怎么做，未雨绸缪。疫情将催生新的业态和受益行业，化纤行业要认真研判，从中发现机会，研究如何利用好新业态的工具，适时调整业务结构和流程，以更好地适应疫情过后的新业态和新经济。要洞察某些可能引起变革的力量，因为它们既会深刻地改变当下，又会拉动未来发展。

化纤行业平稳发展依然是大趋势，要着眼于行业长远发展，提升产业整体竞争力，把握产业优化升级、提升科技创新能力、加快绿色发展等新机遇，要着力化解风险，加强行业自律，避免不良竞争，集中精力把自己的事情做好，把国内市场做好，把外部压力变为加快深化改革开放、推动行业高质量发展的强大动力。

（撰稿人：吴文静）

棉纺织业

中国棉纺织行业协会

2019年是新中国成立70周年，全面建成小康社会关键之年。2018年的中央经济工作会议上，明确了2019年全国经济发展的方向，即坚持稳中求进的工作总基调，坚持新发展理念，坚持推进高质量发展，坚持以供给侧结构性改革为主线，坚持深化市场化改革、扩大高水平开放，并要求进一步稳就业、稳金融、稳外贸、稳外资、稳投资、稳预期。

2019年，国内外需求放缓，中美贸易摩擦起起伏伏，给中国经济发展带来了巨大的挑战。中国棉纺织行业以“稳中求进”的发展原则，积极调结构、转方式、促升级，保障行业平稳运行的同时，着力推进行业高质量发展。

2019年行业运行整体状况

一、生产经营

（一）产能与产量

2019年，受国内外需求减弱，尤其在上半年中美贸易谈判形势不明朗，部分地区生产疲软，经营信心不足，企业开工不足，产品产量下滑；随着国内棉纺织企业逐渐认识到中美贸易战的长期性，积极调整发展战略，通过加强质量管理、拓宽产品渠道等多种措施及时应对，保持了下半年的生产稳定。

根据中国棉纺织行业协会（以下简称“中棉行协”）会商统计，截至2019年底，我国纺纱规模约为1.12亿锭，织机数量为110万台，产能基本稳定，产能结构不断优化升级。2019年全国纱线产量1829万吨，同比降低4.4%，布产量560亿米，同比降低6.7%。

（二）经济效益

国家统计局数据显示，2019年规模以上棉纺织企业主营业务收入同比下降3.6%，较2018年降幅减缓1.5个百分点，利润总额同比下降19.2%，较2018年降幅扩大18.5个百分点。利润率为3.7%，较2018年下降0.7个百分点。从中棉行协跟踪的企业数据情况看，2019年我国棉纺织骨干企业的主营业务收入同比下降1.29%，较2018年降幅减小了2.88个百分点；而企业利润总额同比下降11.04%，较2018年增速下降了6.77个百分点；2019年企业利润率为4.56%，较上年利润率下降了0.5个百分点。亏损面为27.39%，较2018年有所扩大。对比发现：（1）中棉行协跟踪的棉纺织骨干企业经营效益与全国规模以上企业趋势一致；（2）骨干企业2019年主营收入和利润降幅要小于全国规模以上企业，利润率水平高于全国规上企业，骨干企业盈利能力整体较强。

从骨干企业经营效益状况看：（1）2019年企业以实现生产的平稳、经营的健康为首要目标，在市场需求不足、产品价格下行的环境下，主营收入降幅得到有效控制，而利润则经受较大挑战。（2）受国际贸易保护主义频繁的影响，行业出口形势复杂，对外贸型的企业选择“外贸转内销”，但在市场培育上仍需要一段时间。2019年骨干企业出口交货值同比下降10.42%，较2018年下降11.5个百分点。

（三）行业景气度

中国棉纺织行业协会每月跟踪企业原料采购、生产、销售、库存以及经营等动态情况，并发布行业景气指数，2019年行业景气指数全年低于50，表明全年处于欠景气状态，见图1。从全年来看，除春节后的3月外，1~8月是景气下行的区间，主要表现的特点为，市场原料供应相对宽松，价格走弱，加上中美贸易摩擦升级，需求再次“滑坡”。自进入9月以来，中美贸易关系缓和，多次传递积极信号，再加上生产旺季的临近，企业无论是接单情况还是产销形势都逐渐向好，景气呈“翘头”表现。订单、生产销售供应市场由产销基本顺畅到下游需求。

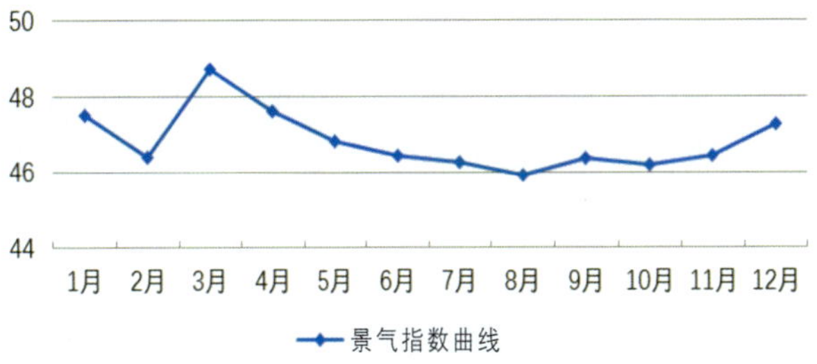

图1 2019年中国棉纺织景气指数

资料来源：中国棉纺织行业协会

二、对外贸易

2019年以中美贸易摩擦为标志，国际贸易壁垒上升，世界两大经济体的贸易受阻，不仅仅影响着这两个国家的双边贸易，同时也影响着全球的贸易格局。

根据我国海关总署数据，2019年我国棉制纺织品服装进出口贸易总额为843.5亿美元，同比下降6.7%，其中出口746.7亿美元，同比下降6.5%，进口96.8亿美元，同比下降8.09%，见表1。

亚洲是我国棉制纺织品服装最大的贸易市场，出口方面，我国对亚洲市场的出口占比为52%，出口贸易额同比下降2.4%，其中对东盟的出口同比增长3.8%。进口方面，我国自亚洲市场进口的贸易额占进口总额的88%，同比下降10%左右，但自东盟市场的进口贸易额同比增长9%。可见，东盟在我国对外贸易中发挥着重要的支撑作用。

欧盟是我国第二大贸易市场，2019年出口贸易额同比下降接近10%，自欧盟市场的进口贸易额同比增长5.5%，主要增长点为棉制服装进口贸易额的增长，欧洲服装在中国乃至全球仍具有较强的市场认可度。

美国目前是我国棉制纺织品服装的第三大贸易市场，受中美贸易摩擦影响，我国对美国的进出口贸易均有较大幅度的下降，2019年我国对美国市场的出口贸易额占比为15%，同比下降15%以上，自美国进口贸易额约占进口总额不足1%，但值得一提的是我国自美进口的棉制服装出现了12.5%的同比增长，反映了中国市场对美国本土服装仍有一定需求。

（一）棉花

据中国海关统计，2019年我国进口棉花185万吨，同比增长17.4%。从棉花进口市场分析，巴西棉自2018年开始进口量同比均保持三位数增长，

表1 2019年我国棉制纺织品及服装的进出口市场分布情况

	出口（亿美元）	同比（%）	进口（亿美元）	同比（%）
全球	746.7	-6.5	96.8	-8.09
亚洲	387.1	-2.44	85.0	-9.25
东盟	140.7	3.78	43.4	9.08
欧洲	118.1	-9.53	9.0	5.5
美国	112.3	-15.65	0.8	-29.32

资料来源：中国海关

2019年继续稳坐第一位，累计进口巴西棉50.5万吨，同比增长171.5%，较2018年增速提高了近20个百分点。另外，澳大利亚棉紧随巴西棉之后，进口量排名第二位，进口数量为39.8万吨，较2018年相比，澳棉进口量同比下降了6.1%。受中美贸易摩擦加征关税影响，我国自美国进口棉花大幅下降，降幅为31.8%，进口量为36.1万吨，是进口棉市场排名第三位，见表2。

中国进口棉市场主要特点：（1）2018年以前的一段时期，美棉一直是我国最大的棉花进口来源国，进口量占比最高曾达到40%；受2018年中美贸易摩擦影响以来，美棉进口量快速下滑，2019年进口占比不足20%。根据国内进口需要，巴西棉成为替代美棉的重要进口原料。（2）2017年，巴西棉进口量占进口总量的17%，2018年增长至12%，2019年占比达到27%，巴西棉进口量的增加，一方面降低了国内纺织用棉企业对美棉、澳棉的依赖，同时也推动巴西棉种植检验技术的不断规范以及质量的提升，未来，无论中美贸易关系态势如何变化，巴西棉也将成为我国进口棉的重要组成部分。（3）澳棉价格高质量优，且约80%的澳棉出口到中国，因此，澳棉的进口量基本保持稳定，不会有太大的波动。（4）印度棉、乌兹别克斯坦棉也是我国棉花的主要进口品种，但这两个国家的棉花在品质上与前面三个国家还存在一定差距，出口量也因本国国内需求而受到限制。其中乌兹别克斯坦作为“一带一路”沿线国家，与中国有着紧密的贸易关系，未来在棉花以及棉纺织产业上将有更多的合作机会。

（二）纱布

中国海关总署数据显示，2019年我国进口棉纱线195.3万吨，同比下降5.4%，其中越南是我国棉纱进口最大的来源国，进口量90万吨，同比增长22.4%；印度，乌兹别克斯坦是第二、第三大棉纱进口市场，自印度进口的棉纱线数量同比下降28.2%，而自乌兹别克斯坦进口的棉纱线数量同比增长迅速，增速为40.3%。2019年，我国出口棉织物79亿米，同比下降6.4%，我国最大的棉织物出口市场是孟加拉国，2019年出口孟加拉的棉织物为10亿米，同比下降13%，其次是越南，出口量为7.3亿米，同比下降6%。

从2019年我国棉制纺织品贸易市场分布看，我国自部分东南亚国家以及“一带一路”国家进口棉纱线数量呈增长态势，其中越南和乌兹别克斯坦表现突出。进口棉纱线一定程度上能替代部分棉花的进口，同时也反映出中国棉纺产能海外转移后与国内市场始终保持紧密且积极的贸易关系。我国棉织物出口市场以东盟国家为主，受国际市场需求不足以及订单的部分转移，出口各市场的贸易数量均表现出不同程度的下降。

表2 2019年我国棉花进口市场分国别情况

	单位	数量	同比(%)	占比变化(%)
合计	万吨	184.9	17.5	100.0
巴西	万吨	50.5	171.5	27.3
澳大利亚	万吨	39.8	-6.1	21.5
美国	万吨	36.1	-31.8	19.5
印度	万吨	20.6	19.8	11.1
乌兹别克斯坦	万吨	7.7	24.2	4.2

资料来源：中国海关

三、市场供需

（一）原料保障

据中国棉花协会统计，2019年我国棉花产量为590万吨，较2018年产量下降3.4%，其中新疆棉花产量达500.2万吨，较2018年下降2.1%，占全国总产量比重同比增加1.1个百分点，达84.9%。棉花的供应除产量外，还有文中提到的2019年全年棉花进口量185万吨，以及2019年5～9月实施的储备棉轮出，共计轮出99.62万吨；2019年储备棉轮出数量较2018年减少了超过150万吨，可见2019年国内棉纺织企业对于棉花，或者更具体来说是对储备棉的需求大幅下降。

棉纺用原料中，化纤短纤占据了重要比重。据中国化学纤维工业协会统计，2019年，我国黏胶短纤产量385万吨，涤纶短纤产量为1080万吨，绝大部分化纤短纤用于棉纺领域。根据中棉行协会商统计，2019年全国棉纺用棉纤维量为690万吨，非棉纤维（含化纤短纤）用量为1230万吨。

由此可见，相对于棉花，2019年国内对非棉纤维的消费应用量保持稳定，一方面得益于非棉纤维的充分市场化，另一方面非棉纤维在品质、性能以及产品研发等方面提升迅速，并得到下游终端纺织品以及消费者的认可。未来，非棉纤维在棉纺领域的应用潜力巨大。

（二）价格走势

2019年国内棉纺织行业主要的原料产品价格呈下降趋势，棉花的价格波动较涤纶短纤、黏胶短纤要频繁。从变化趋势上，5月以前，棉花供需稳定，企业有序生产，中美贸易磋商向着积极的方向推进，棉花价格稳中略升。5月至9月初，供大于求，与此同时，中美贸易谈判进入“僵局”，需求进一步下滑，下游纺纱消化不畅，国内棉花存量增大，棉花价格震荡且快速下跌。9月中旬以后，中美贸易终于迎来缓和契机，双方陆续做出友好姿态，市场向好，价格回暖，见图2。从国内外价格对比表现看，自2014年以来，内外棉价差处于不断缩小的态势，这对国内棉纺织产品参与国际竞争具有较大的积极作用。

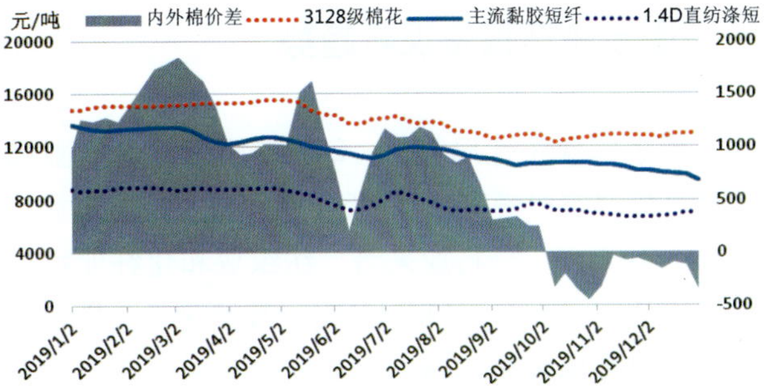

图2 2019年棉纺用原料价格走势图

资料来源：中国棉纺织行业协会

以黏胶短纤、涤纶短纤为代表的非棉纤维原料，全年价格走势与棉花基本趋同，但由于市场化程度较高，主要受市场供需影响。2019年，黏胶短纤供应量充足，下游消费缓慢，导致价格全年持续下行，仅在6月底7月初出现了一个波峰后，随即又进入下行通道，到年底黏胶短纤价格跌破万元。涤纶短纤同样受下游消费动力不足的关系，价格弱势，6月初受上游原料提振、PTA上涨等因素带动，涤纶短纤迅速上涨，随着市场需求不足，价格快速回落并持续至年底。

2019年纱布价格整体下行，与原料价格走势基本一致，但原料受供需的变化表现敏感，而纱布价格则受下游市场需求影响更明显，尽管部分原料产品价格在第四季度出现抬头，但下游市场未启动和恢复，纱布价格难有支撑，上行压力大，见图3。

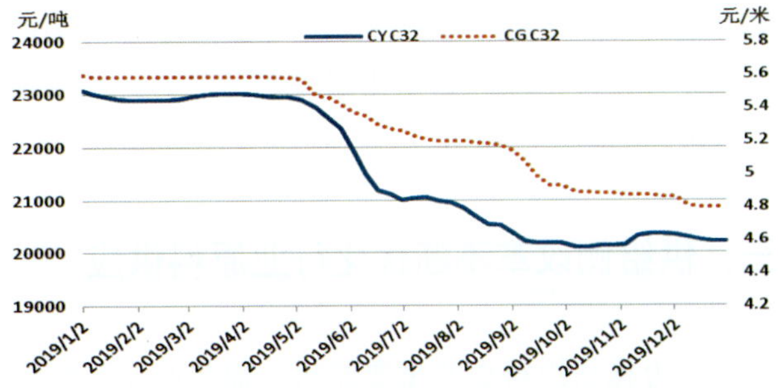

图3 2019年棉纺织代表产品价格走势图

资料来源：中国棉纺织行业协会

2019年行业高质量发展特点及趋势

一、固定资产投资现新趋势

根据国家统计局数据，2019年全国纺织行业固定资产投资完成额同比减少5.8%，增速较上年放缓10.8个百分点。分行业来看，纺织业和化纤业投资额同比分别减少8.9%和14.1%。数据显示，投资增速放缓是我国经济增速由高速向中高速的转变的特点之一。2014年开始，我国棉纺织行业的固定投资增长点主要集中在新疆等中西部地区和内陆地区的新建产能增长上，随着新疆政策调整、新增产能增速放缓，棉纺织行业的固定资产投资也进入了阶段性放缓期，虽然行业的固定资产投资更多地表现在纺纱装备的升级优化、全流程、智能化等方面。

二、产品结构优化引领流行趋势

当前全球经济增速放缓，中国或将长期面临国内外消费需求不旺，当前我国棉纺织行业依靠规模性增长已经不适应市场的发展与变化，科技创新是行业转变增长的一把钥匙，是企业可持续发展的不竭动力，也是高质量发展的要求。据中棉行协调研了解，消费下降、产销缓慢促进企业加快产品升级，包括如高支纱已经突破至300支，2019年差别化纱线所占比重比2017年增长7.34个百分点；2019年中棉行协在开展纱线产品流行趋势征集中发现，企业申报的纱布产品特点集中在“绿色生态”“功能性”等方面，产品数量占比超过80%以上，足以展现纱布产品的发展趋势。

三、供给侧改革不断优化行业原料供应

作为棉纺织行业的重要原料，棉花产业不断优化供应，统筹国内、国际两个市场。全年，国内棉花市场未出现大幅波动。国家进行了三方面的政策调控：一是2019年国家明确继续在新疆实施棉花目标价格改革，对于稳定棉花生产、提高棉花品质、稳定棉花价格都将发挥重要作用；二是在调控棉花市场供应方面，2019年全年发放配额累计接近170万吨，其中年初发放89.4万吨1%关税配额，5月增发80万吨滑准税配额；三是储备棉的轮出和轮入，2019年5～9月储备棉投放后储备棉库存已降至170万吨左右，11月为进一步优化储备结构、提高储备质量，国家决定轮入50万吨新疆棉。国家通过进口配额与储备棉轮换相结合的方式，调节国产棉与进口棉的关系，有利于稳定内外棉价差，同时满足不同企业对于棉花的差异化需求，从而增加有效供应。

我国非棉纤维在棉纺领域的应用也突飞猛进，黏胶短纤产能产量快速增长，技术全面进步、装备水平大幅提高、投资产出比提高；莱赛尔纤维工艺技术从引进技术到全面自主研发得到了突破性发展。另外，还有各类新型天然纤维、功能性、差异化纤维，给纺纱企业提供了丰富多样的原料资源，质量品质也不断提升与优化。

四、中美贸易摩擦加快产业经济开放融合

2019年，中美贸易关系的“一举一动”牵动着行业的供需、价格波动和企业家经营信心。经历了“中美贸易摩擦”带来的不确定、不稳定，再次点燃了国内一些棉纺织企业家向海外投资转移的希望，包括对非洲、中亚地区的投资再次升温。但同时也敲醒了那些将“鸡蛋放在一个篮子里”的外贸型企业，在选择棉花进口市场以及棉纺织品出口目标市场等方面，要充分考虑贸易壁垒等因素，做好国际化发展布局风险评估。中国的市场要“海纳百川”，也要“取精华去糟粕”，对外开放，加强国际合作，降低贸易壁垒对产业的冲击。

五、减税降费构建良性经营金融环境

2019年，国家推出一系列减税降费政策，包括

个人所得税改革、小微企业普惠性税收减免、深化增值税改革和降低社会保险费率等政策陆续发布实施。这些"减税降费"措施对棉纺织企业降本增效具有重要意义，其中自2019年4月起，棉纺织企业销售棉纱、织物，缴纳增值税率由16%下调至13%，降低了企业赋税，缓解企业经营压力。2020年，国家仍将继续实施积极的财税政策，棉纺织企业应抓住机遇"降本增效"，提高全行业的发展韧劲。

（撰稿人：欧阳夏子）

毛纺织业

中国毛纺织行业协会

2019年，毛纺行业受到国内外经济与宏观形势影响，面对复杂严峻的贸易和市场形势，毛纺行业整体运行依然处于调整区间，行业整体形势有所回落，企业经营压力较大。行业两极分化现象更加明显。

2019年毛纺织业经济运行基本情况

一、内销市场

毛纺行业生产的产品以内销市场为主，约90%都在国内市场上销售。

2019年，社会消费品零售总额411649亿元，比2018年名义增长8.0%（扣除价格因素实际增长6.0%，以下除特殊说明外均为名义增长）。其中，服装鞋帽、针纺织品零售额13517亿元，同比增长2.9%，低于同期社会消费品零售额和限上单位消费品零售额增速水平。

2019年，全国网上实物商品网上零售额85239亿元，增长19.5%，占社会消费品零售总额的比重为20.7%；其中，穿类商品增长15.4%。线上和线下的纺织品服装需求的增长弱于总体消费增速。

二、生产情况

2019年，毛纺主要产品的生产情况呈现截然不同的态势。毛纺纱线的产量19.3万米，同比下滑10.8%，跌速与2018年基本持平，连续两年呈现下滑；同期毛织物产量4.6亿米，同比增长10.7%，增速较2018年回升近17个百分点，呈现快速增长的势头，见图1。

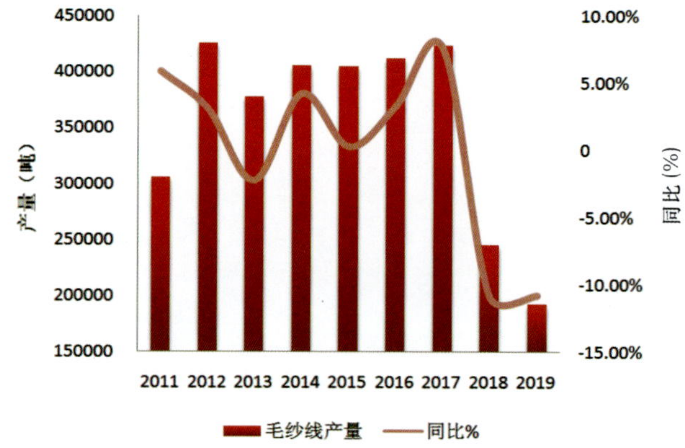

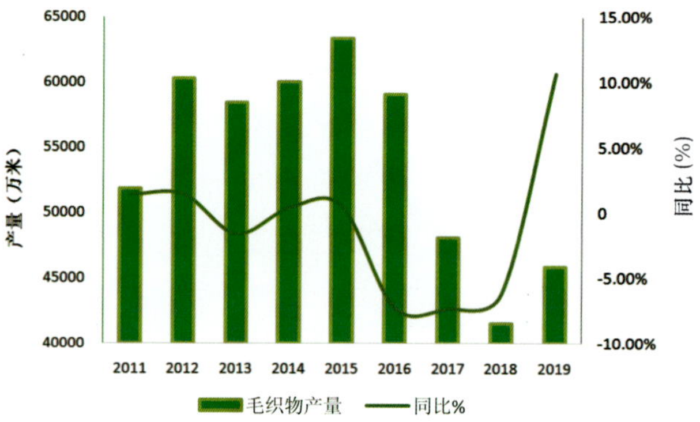

图1 2011～2019年毛纺产品产量增长速度情况

注 2018年起统计局口径有调整

资料来源：国家统计局

三、出口情况

（一）出口规模

根据中国海关统计数据，2019年，毛纺原料与制品的出口总额为125.3亿美元，同比下滑6.11%，见图2。

其中羊毛原料及羊毛产品出口额累计51.5亿美元，同比下滑11.4%，山羊绒及山羊绒产品出口额累计15.1亿美元，同比增长0.8%；毛毯与人造毛皮出口额累计30.4亿美元，同比下滑2%，见图3。各类主要产品的出口数量大多呈现下滑，与上年的增长形势形成鲜明对比。

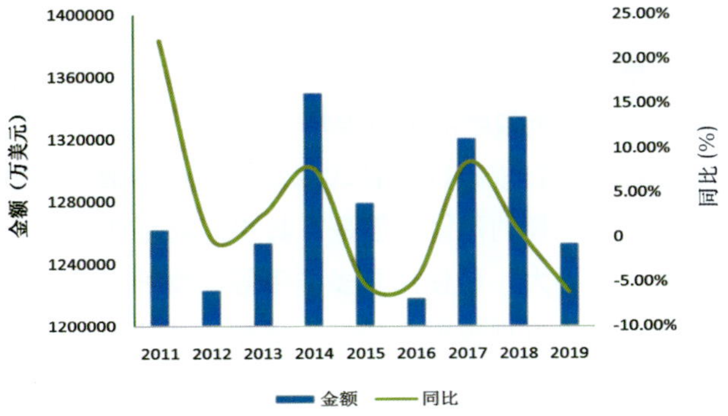

图2 2019年毛纺产品出口总金额与金额同比情况

资料来源：中国海关

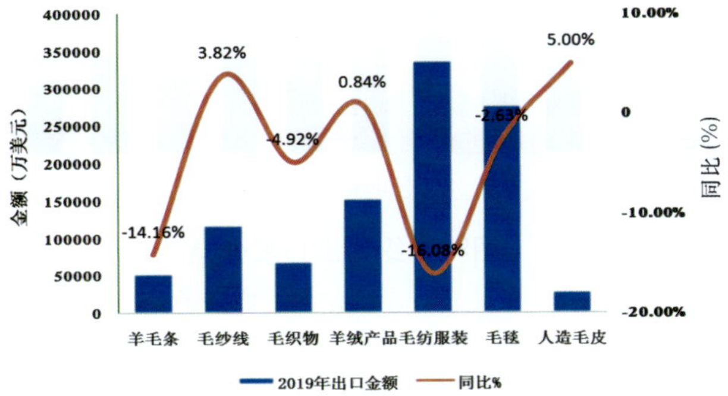

图3 2019年主要毛纺产品出口情况

资料来源：中国海关

（二）出口市场

1.传统市场疲软，新兴市场仍待开拓

毛纺产品的主要出口市场依然集中度较高，出口金额前五的国家和地区（美欧日、东盟以及中国香港）的出口额占出口总金额的比重依然达到70%。但是，传统毛纺产品出口市场普遍表现出了下滑，甚至是较快下滑的形势，其中，对欧盟出口毛纺产品出口金额同比继续较快下滑，跌幅达9.3%；日本和中国香港两个出口市场跌幅加剧，金额同比下滑了11.5%和21.1%。而2019年中美贸易战对毛纺产品对出口美国的影响反而不及其他地区剧烈，对美毛纺产品出口小幅下跌了2.4%，见图4～图6。

毛纺产品新兴市场的开辟并非一路畅通。中国对东盟地区的中间产品出口已经成为毛纺产品出口的重要部分，并持续保持快速扩张，2019年同比继续保持10.8%的增速。对一带一路沿线国家与地区的出口金额同比略有增长，增幅为1.6%，保持稳定，有望通过进一步的发展合作发掘市场潜力。但是，2019年对非洲出口金额同比下滑33%，跌幅较2018年继续扩大，对非出口的不确定性和政策依赖性较大，稳定的主要消费市场并未形成。

图4 2019年毛纺产品主要出口市场情况

资料来源：中国海关

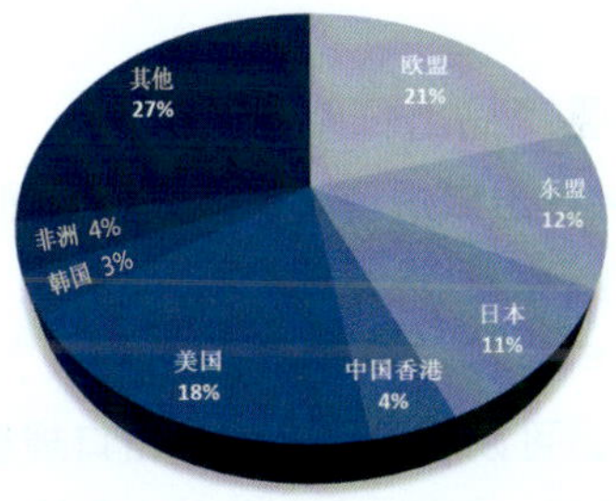

图5 2019年毛纺产品出口目的地份额情况

资料来源：中国海关

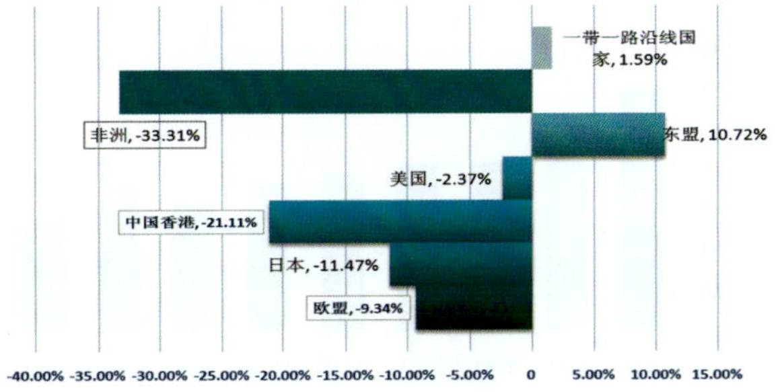

图6 2019毛纺产品主要出口市场增长情况

资料来源：中国海关

2.中美贸易影响深远

2019年上半年，中国对美出口毛纺产品总规模仍处于上涨的态势，主要由于贸易不确定性导致的提前订单行为。但随着贸易战的逐渐深入和演变，到下半年，中国对美出口毛纺产品已经逐步回落，全年来看，根据美国国贸纺织品服装办公室（OTEXA）统计的口径，2019年美国累计进口的羊毛及含毛产品41.5亿美元，同比下跌2.7%，其中，从中国进口的毛纺产品共13.5亿美元，占比32.3%，同比跌幅达8.6%，延续了近年来中国毛纺产品在美进口羊毛产品份额中不断回落的趋势，见图7。

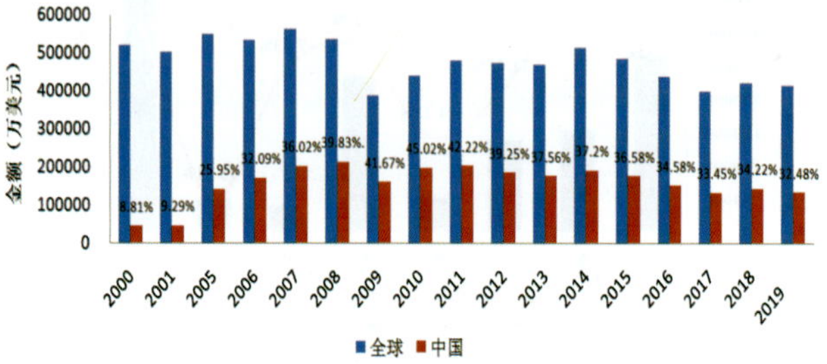

图7 美国毛纺产品进口变化情况

资料来源：OTEXA

（三）主要产品出口情况

1.毛纱线出口规模附加值未见明显提升

2019年毛纱线出口3.4万吨，同比下跌7.8%，精梳与粗梳毛纱线出口规模都呈现较快回落，见图8。可以看出，毛纱线出口规模较2012年的峰值缩减明显，仅相当于2012年水平的 66%，而出口单价并无增长，出口产品整体附加值水平同时缩减。

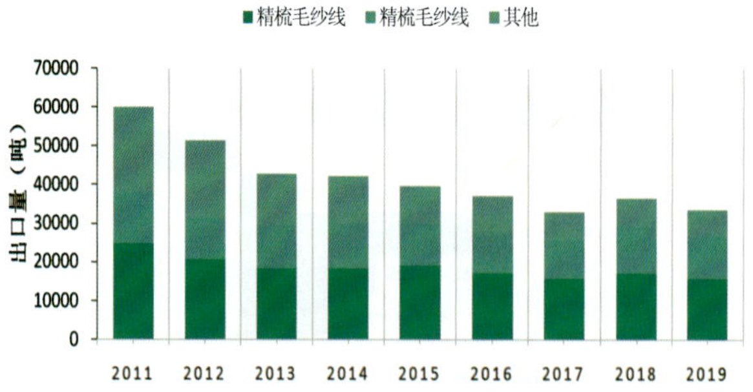

图8 毛纱线出口变化情况

资料来源：中国海关

2.纯毛毛织物市场萎缩，羊毛纤维更多与化纤混纺

2019年毛织物累计出口9247万米，同比下跌3.8%，见图9。其中，精梳毛织物、粗梳毛织物出口数量均呈现下滑，跌幅为5.7%和15.8%，含毛量较小的混纺毛织物的出口保持了增长，增幅为4%。毛织物的出口规模同样较2012年的高位下滑，相当于2012年规模的75%，但是，其中混纺毛织物出口规模变化不大，而使用更多羊毛等动物纤维的纯毛织物产品出口规模缩小较快，仅相当于2012年出口规模的63%。

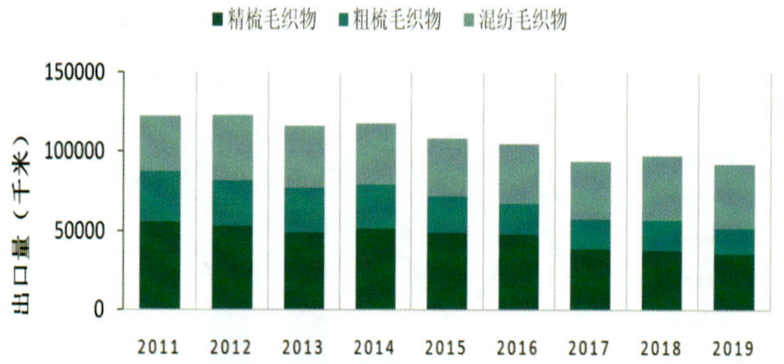

图9 毛织物出口变化情况

资料来源：中国海关

3.山羊绒中下游产品出口稳定

2019年羊绒原料与制品出口总额为15亿美元，同比略有增长0.8%，见图10。羊绒纱和羊绒衫占据了羊绒原料出口的主要份额，两类产品的出口数量分别增长了1.8%和13.6%。与羊毛类产品受替代市场规模萎缩相比，作为中国特有的产品，羊绒出口市场保持了比较稳定的规模。

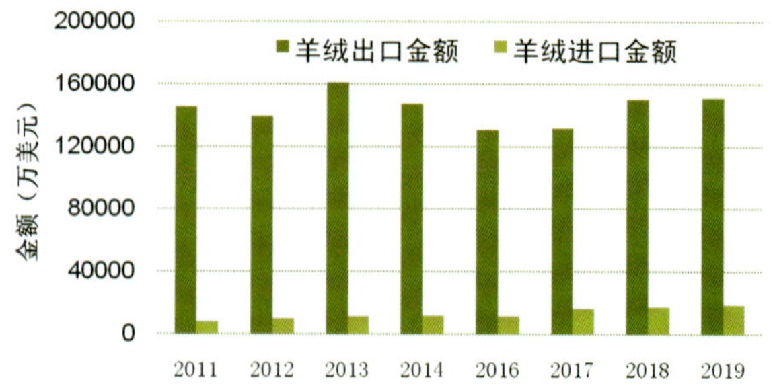

图10 2019年羊绒产品进出口情况

资料来源：中国海关

4.毛针织服装价值持续增长

2019年毛针织服装出口总计1.03亿件，同比下滑10.26%。出口单价17.7美元/件，同比增长1.9%，整体呈现价值的不断提升，见图11。

图11 毛针织服装出口总量与单价变化情况

资料来源：中国海关

5.毛机织服装出口规模下滑较快

2019年毛机织服装出口继续回落，出口3968万件，同比下滑29.7%，2018、2019年连续大幅下跌，见图12。国际市场对国内毛机织服装的需求下滑较快，2019年的出口规模为2010年来的最低水平。

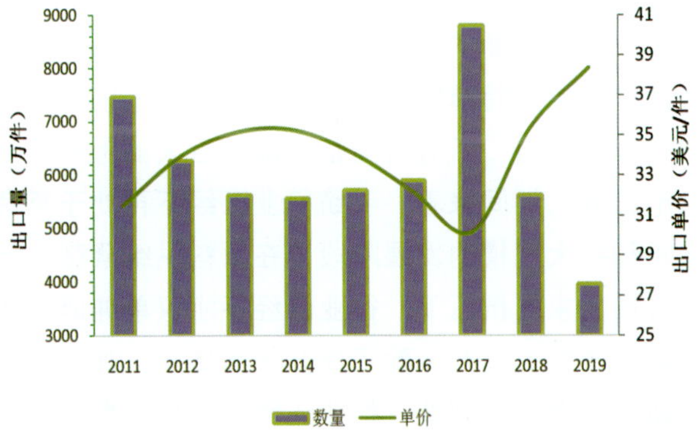

图12 毛机织服装出口总量与单价变化情况

资料来源：中国海关

四、质效情况

（一）行业规模水平下滑

根据国家统计局数据，2019年规模以上毛纺织企业共950家，同比减少10.1%；企业营业收入1315亿元，同比呈现下滑，跌幅为5.26%，大于纺织业1.8%的营业收入跌幅，见图13～图14。

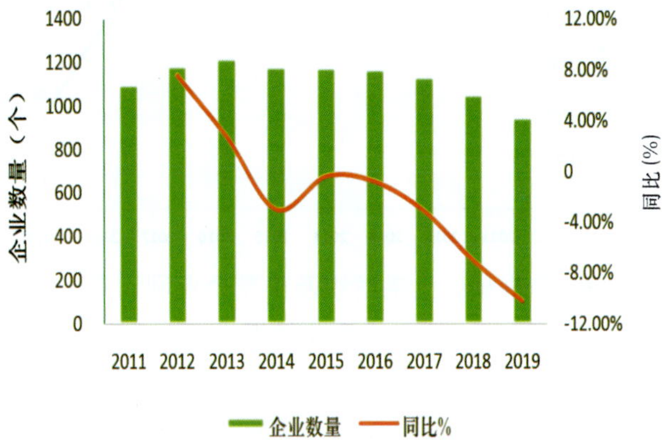

图13 规模以上毛纺织及染整企业数量变化情况

资料来源：国家统计局

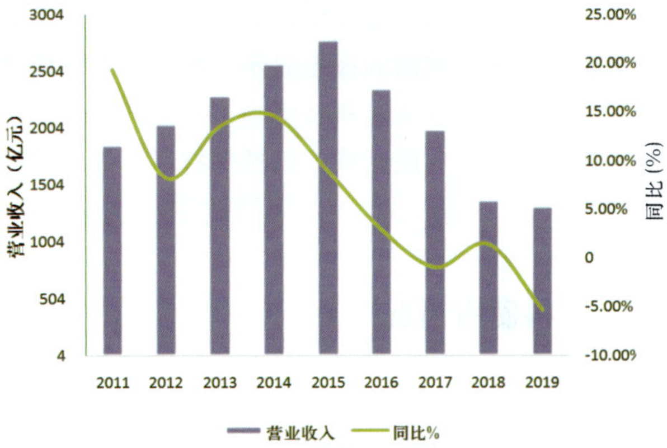

图14 规模以上毛纺织及染整企业营业收入变化情况

资料来源：国家统计局

（二）行业盈利水平低于纺织平均水平

毛纺织企业的利润总额24亿元，减少约12亿元，跌幅达43.7%，行业平均利润率为1.9%，较2018年下滑了1.2个百分点，见图15；毛纺行业的平均利润率水平也远低于纺织业4.2%的平均利润率水平。毛纺织企业的亏损面达到24.7%，较上年继续提高了6.1个百分点。

图15 规模以上毛纺织及染整企业利润率变化情况

资料来源：国家统计局

总体观察，毛纺行业的运行压力进一步加大，盈利能力表现下滑。但从企业的平均资产情况来看，毛纺企业的平均资产呈现增长，行业规模更加集中，毛纺企业的两极分化趋势越发明显，从毛纺上市企业半年报披露的报告显示，尽管外部环境严峻，但是龙头企业通过科技引领、产品开发及供应链创新等举措，克服困难，仍然保持了产销及效益的增长。

五、原料使用情况

中国毛纺行业使用的羊毛纤维主要依赖进口。2019年，中国进口羊毛总量达28.6万吨，同比下跌了24%。国产羊毛近年来也呈现减产。同时，主要用于服装生产的澳大利亚羊毛最近二、三年持续干旱，羊毛产量不断下滑。行业生产所需原料供应紧张的态势在短期内将无法改变。原料和市场两头在外的中国毛纺行业面临了较大的压力。

2018年大幅增长的羊毛使用量造成了一定的库存增加，今年在库存和市场的双重影响下，羊毛进口下滑较快。2019年，除蒙古外，中国从主要的产毛国进口羊毛的数量都呈现不同程度的下滑，并多呈现量价齐跌，见图16。

图16 2019年中国从主要产毛国进口羊毛数量情况

资料来源：中国海关

2019年毛纺织业面临问题与2020年展望

2019年毛纺行业持续受到贸易不确定性、国际国内市场形势放缓以及产业结构调整带来的影响。其中，贸易形势构成了行业发展最主要的不确定性。国内市场的产品需求快速变化，对企业应对各种变化也提出新的要求。2020年是“十三五”的收官之年，也是特殊的一年，全球都经受了前所未有的挑战和冲击，所有行业都面临着巨大的考验。从“十三五”期间来看，毛纺行业已经不再处于高速增长和扩大规模的发展阶段，在原料供给紧张、全球市场需求的挤压下，行业已经不能仅单纯满足于产量和产能的提升。除了提升产品品质、加快科技创新、引领智能制造，行业还需要更加注重讲好产品与品牌故事，打造绿色生产实践，从而提升产品品质形象和可持续性发展动力，扩大市场空间，这也是行业转型和升级并为之共同努力的重点工作。

（撰稿人：张书勤）

麻纺织业

中国麻纺织行业协会

2019年，我国麻纺织行业形势比较严峻，行业整体走弱，不排除国内经济下行压力较大、国际形势不稳定因素的重大影响。自2018年以来，原料成本、环保压力、劳动力成本、中美贸易摩擦、人民币汇率等很多不确定因素，对以外销为主的麻纺行业产生严重影响。同时，亚麻原料及产品经过2018年的大幅度上涨，导致2019年市场观望气氛浓厚，采购商持币待购也是主要原因之一。

2019年，我国麻纺行业主要经济指标下降，利润虽略有增长，但产成品库存压力加大。原料进口价格达到历史高位，主要产品出口价格因原料高企有所增长，但出口数量下降较大。

2019年麻纺织行业运行情况分析

2019年，我国纺织品服装内销增速较2018年明显放缓。根据国家统计局数据，2019年，全国限额以上服装鞋帽、针纺织品类商品零售额为13517亿元，同比增长2.9%，增速较2018年同期放缓5.1个百分点，低于同期限额以上单位商品零售增速0.8个百分点。

根据中国海关数据，2019年，我国纺织品服装出口总额2807美元，同比下降1.5%。其中，纺织品全年出口1272.5亿美元，同比增长1.4%；服装全年累计出口金额为1534.5亿美元，同比下降3.7%。麻纺织行业2019年面临的情况也大体如此。

一、营业收入增速下滑，利润增速放缓

据国家统计局数据，2019年，全国242家规模以上麻纺织企业实现营业收入294.14亿元，较2018年的307.72亿元同比增长为-4.41%，出现负增长；实现利润总额14.05亿元，同比增长8.43%，利润增速较2018年放缓。

分析近几年统计数据可以看出，由于麻纺织行业2018年利润的大爆发，相对而言2019年利润增速放缓。但总体利润情况比起较为艰难严峻的2016～2017年，2019年麻纺织行业利润增长总体正常，见图1。

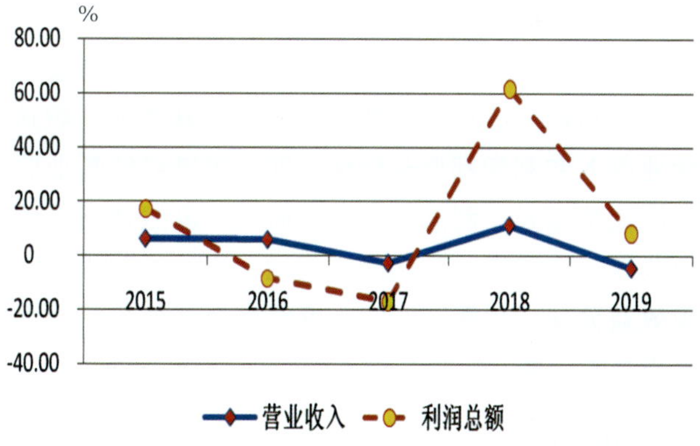

图1 麻纺织行业规模以上企业近年来主要效益指标增速

资料来源：国家统计局

二、麻纺行业经济效益优于其他行业

据国家统计局数据，2019年全国3.47万户规模以上纺织企业累计实现营业收入49436.45亿元，同比增长-1.47%；实现利润总额2251.40亿元，同比增长-11.65%，利润下滑明显。同期，全国242家规模以上麻纺织企业营业收入294.14亿元，利润总额14.05亿元，同比增长分别为-4.41%和8.43%。与纺织其他子行业比较，麻纺织行业利润增长还是相当突出的，见图2。

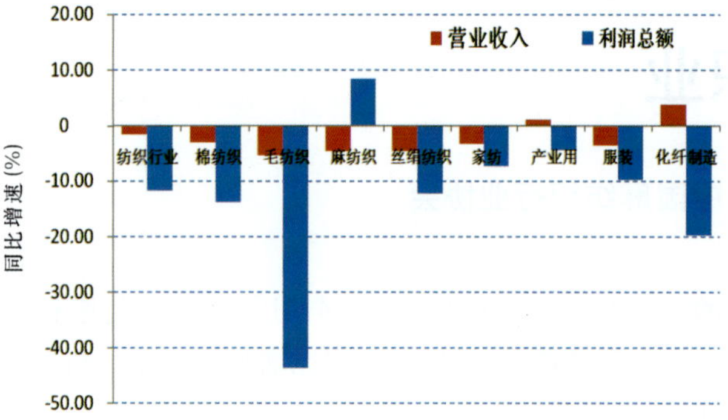

图2 纺织各子行业营业收入和利润增长情况

资料来源：国家统计局

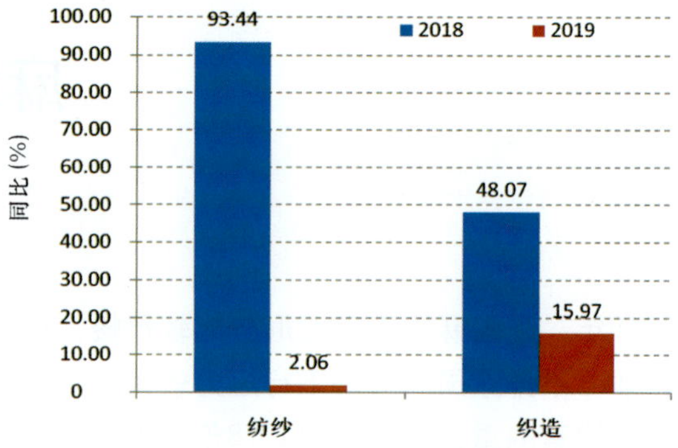

图4 麻纺纱和麻织造利润增长情况

资料来源：国家统计局

三、麻纺织行业内纺纱织造经济效益有所分化

比较2019年和2018年麻纺纱、麻织造业务收入和利润总额同比增长的情况，2018年麻纺纱、织造营业收入和利润都增长较快；2019年麻纺纱营业收入同比负增长，利润总额同比微增，麻织造行业营业收入同比微增，利润同比大增，麻纺纱和织造出现效益分化，见图3和图4。麻纺纱企业形势相较而言更严峻一些。

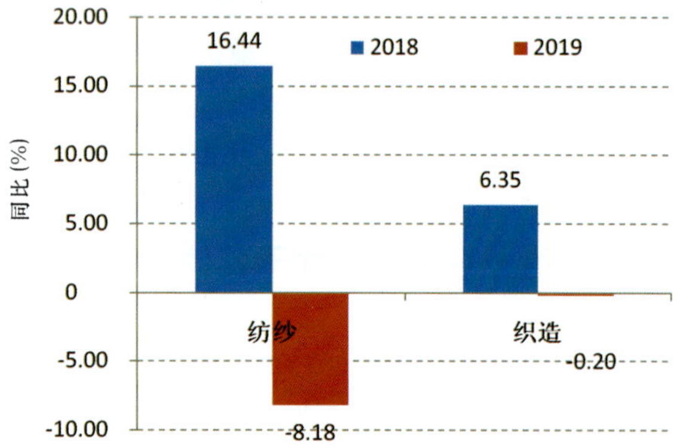

图3 麻纺纱和麻织造营业收入增长情况

资料来源：国家统计局

四、麻纺织规模以上企业亏损面有所加大

根据国家统计局数据，2019年，242家规模以上麻纺织企业中，亏损企业数达41家，亏损面为16.94%。与2018年亏损面14.18%相比，增加了2.76个百分点。但亏损企业亏损额并没有进一步扩大，亏损企业亏损额为1.50亿元，同比下降17.11%。从分行业来看，麻纺纱企业近三年亏损面没有增加，而麻织造企业2019年亏损面有所加大。

五、麻纺产品出口呈现下滑趋势

据中国海关统计，2019年，我国麻类纤维、麻纱、麻布及麻制品进出口总额为26.74亿美元，同比增长3.16%。其中，累计进口金额为10.72亿美元，同比增长14.57%，进口增长较快；累计出口金额为16.02亿美元，同比下降3.2%。

（一）麻纺原料进口量价齐增

据中国海关统计，2019年，麻原料进口金额9.21亿美元，同比增长22.07%；麻纱线进口金额0.96亿美元，同比增长−15.22%；麻织物进口金额0.42亿美元，同比增长−16.55%，麻制品进口金额0.14亿美元，同比增长−25.26%，从进口金额与进口数量的数据来看，麻原料为主要进口产品，占进口总金额的85.90%。

1.亚麻短纤维进口历经风雨终见彩虹

2019年3月，由于上海海关将进口亚麻短纤维鉴定为固体废物，对部分进口亚麻短纤维予以退运、罚没、不予通关，直接造成港口近万吨亚麻短纤维滞港，众多麻纺企业原料短缺，极大影响了亚麻行业企业的正常运营。中国麻纺织行业协会对此突发事件予以高度重视、积极应对，召集了行业主要企业研讨对策，先后与中国海关、工信部、生态环境部、国家固废中心沟通联系并与欧洲麻协交流座谈，终于在2020年1月有了初步解决方案，可以说已初步解决了亚麻短纤维正常进口问题。麻纺协会将就亚麻纤维进口问题继续深入研究、彻底解决。

从2019年中国海关亚麻短纤维进口数据也可以看出，自发生亚麻短纤维“固废”问题以来，特别是5月以后，亚麻短纤维进口数量锐减，再加上港口的滞留，国内原料市场和企业亚麻短纤维短缺严重，影响了亚麻短纺和亚麻混纺的正常生产。

从中国海关统计数据来看，2019年，我国亚麻短纤维进口数量达到5.64万吨，数量同比减少22.35%，但进口单价同比增长16.13%。一方面说明国内除麻纺企业短纺需求以外，部分棉纺企业亚麻混纺需求大增，刚性需求造成进口原料价格坚挺；另一方面也不排除与欧洲麻协会谈交流后，对进口亚麻短纤维原料含杂量的严格控制，由品质提升导致进口单价的提升，见图5。

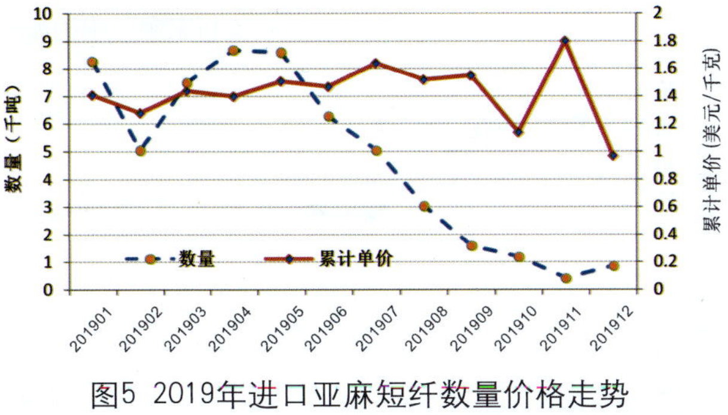

图5 2019年进口亚麻短纤数量价格走势

资料来源：中国海关

2019年上半年，亚麻短纤进口数量同比大幅度增长，但由于固废的问题，导致下半年进口数量大幅度下降。

2.亚麻原料进口数量再创历史新高

据中国海关数据，2019年，亚麻原料进口数量20.73万吨，同比增长3.74%。其中，打成麻进口数量为14.41万吨，同比增长14.29%，短麻进口数量为5.64万吨，同比减少22.35%；从近几年统计数据可以看出，2019年亚麻原料累计进口数量再创历史新高，见图6。行业在市场的宣传和推广，带动对原料需求的逐步上升。

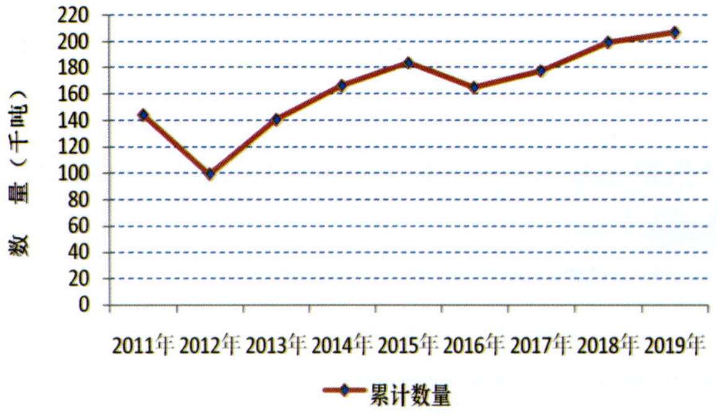

图6 2011～2019年亚麻纤维及短纤维进口数量

资料来源：中国海关

3.亚麻原料进口单价也创新高

2019年，我国亚麻原料累计进口金额6.75亿美元，同比增长34.24%，进口单价涨幅较大。打成麻价格从2018年一路上扬，屡创单价新高，2019年7月达到顶峰。2019年亚麻打成麻累计平均单价同比增长25.08%，亚麻短纤维累计平均单价同比增长16.13%，见图7。

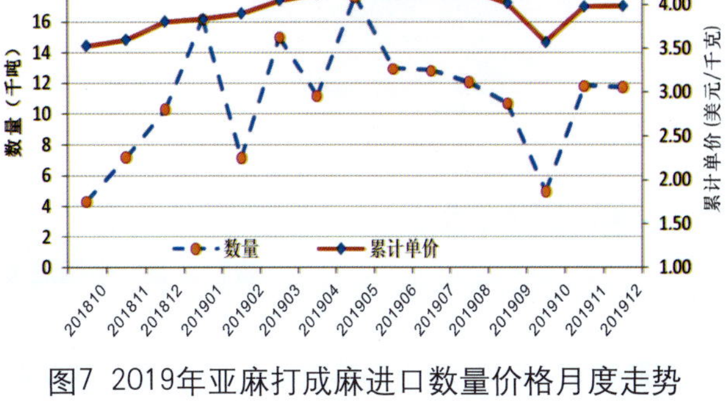

图7 2019年亚麻打成麻进口数量价格月度走势

资料来源：中国海关

4.黄麻原料进口数量下滑价格略升

2019年黄麻原料累计进口数量为2.89万吨，同比减少11.98%，累计进口金额1766.78万美元，同比下降3.88%，累计进口单价同比有所上升。黄麻原料进口自2011年开始下滑，近几年来基本处在较低的进口水平，黄麻纺织加工行业也受多方面影响，呈现逐步萎缩迹象。部分黄麻企业已开始突破原来产品模式开发新型黄麻制品，为其他企业树立标杆，值得期待。

（二）麻纺出口市场风雨飘摇

据中国海关统计，2019年，我国麻纺织行业累计出口总额16.02亿美元，较2018年的16.55亿美元下滑3.2%。

1.麻纺主要产品出口均出现下滑

2019年麻织物、麻纱线、麻制品累计出口金额15.98亿美元，较2018年的16.49亿美元下滑3.09%，其中，麻纱线出口金额同比下滑3.97%，麻织物出口金额同比下滑1.52%，麻制品出口金额同比下滑8.88%，形势比较严峻；麻纺产品（麻服装除外）出口主要还是以麻织物、麻纱线、麻制品为主，麻织物出口额占比较大。麻制品在出口金额中比例仅占15%，出口金额比例较2018年下降一个百分点，见图8。

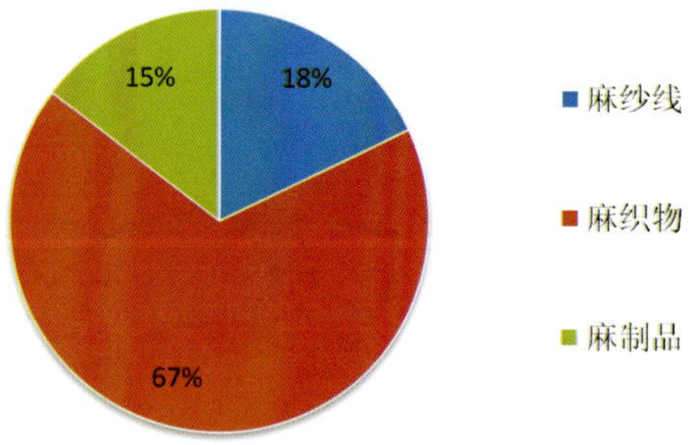

图8 2019年麻纺主要产品出口金额分布

资料来源：中国海关

通过对2014～2019年麻织物、麻纱线、麻制品出口数据进一步分析，2019年三大类产品出口金额较2018年均出现下滑，且处于近几年较低水平，麻制品出口金额已接近近几年的最低水平，见图9～图11。

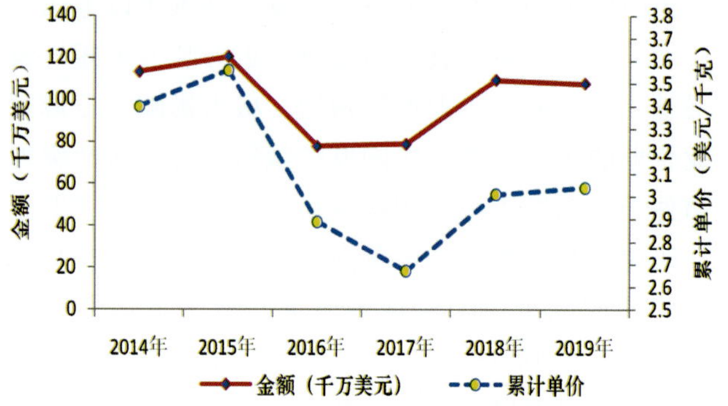

图9 2014～2019年麻织物出口金额和平均单价变化

资料来源：中国海关

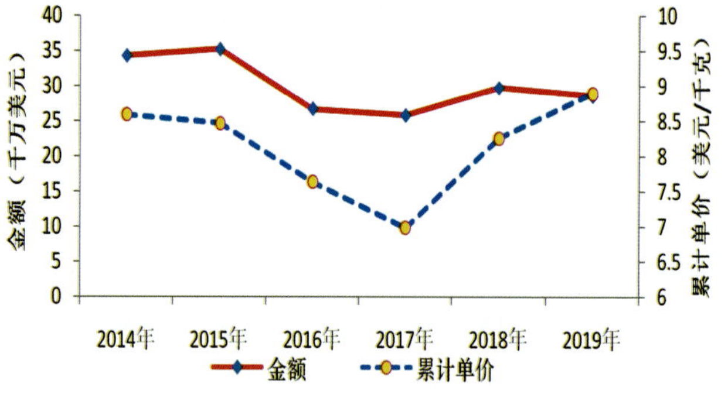

图10 2014～2019年麻纱线出口金额和平均单价变化

资料来源：中国海关

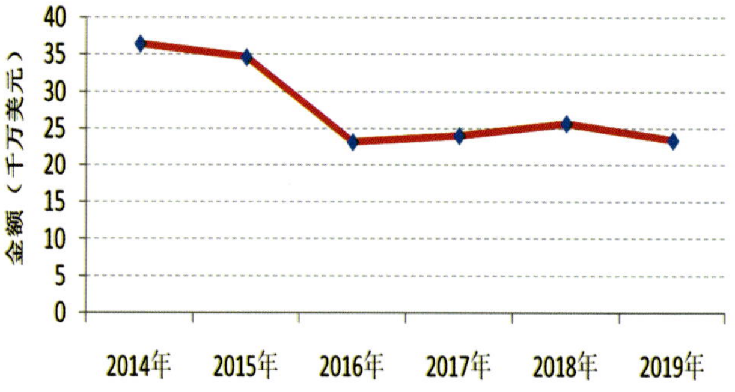

图11 2014～2019年麻制品出口金额变化

资料来源：中国海关

2.亚麻、苎麻产品出口仍是主力

麻纺产品出口主要还是亚麻和苎麻产品。据中国海关数据，2019年，我国亚麻纱线累计出口数量为2.52万吨，累计出口金额为2.57亿美元。亚麻布累计出口2.84亿米，出口金额为8.05亿美元；苎麻麻纱线累计出口398.11吨，出口金额为511.59万美元。苎麻布累计出口5407.50万米，出口金额为2.48亿美元。全国亚麻纱、苎麻纱、苎麻布出口金额同比都有较大下滑，只有亚麻布出口金额有所增加。

大麻、黄麻的纱、布出口合计金额较小，大麻纱、布出口合计金额1663.38万美元，黄麻纱、布出口合计金额851.21万美元，大麻和黄麻两者合计不到亚麻和苎麻纱、布出口合计金额的2%，见图12。

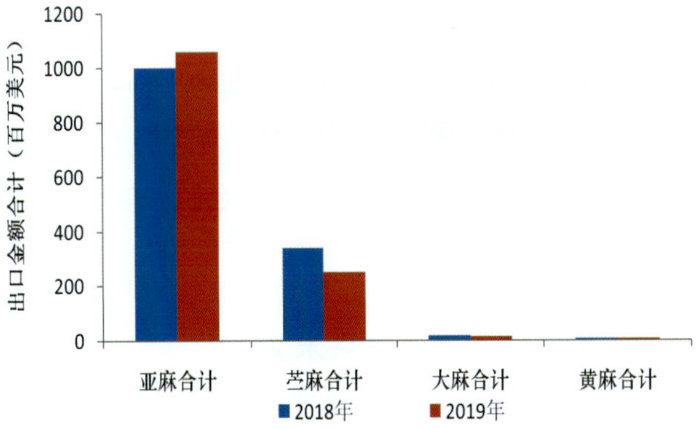

图12 2019年分行业麻纱、布合计出口金额比较
资料来源：中国海关

亚麻纱线、亚麻布出口在2018年出现了一波强劲的上升后，2019年亚麻纱线出口数量下滑较大，出口金额同比下滑4.8%，亚麻布出口数量微增，金额同比增加9.85%，见图13、图14。但亚麻纱、布出口累计单价都由于原料的上涨而升高。同时，也正是由于单价的不断攀高增加了采购商的负担和对预期消费的担忧，影响了我国亚麻纱、布出口数量。另一个重要原因是印度反倾销关税问题导致我国亚麻纱出口受到严重影响。

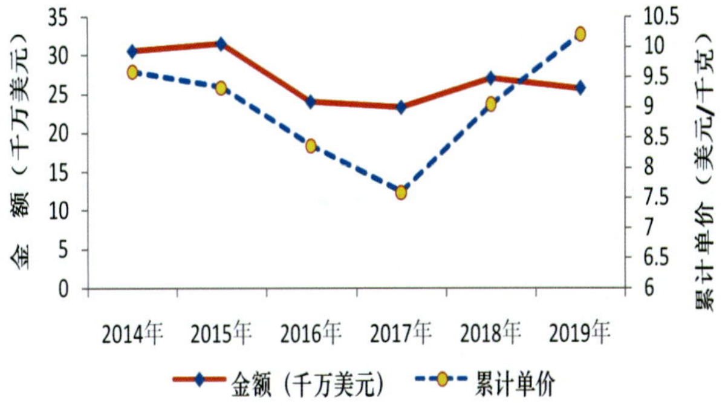

图13 2014～2019年亚麻纱线出口金额、单价比较
资料来源：中国海关

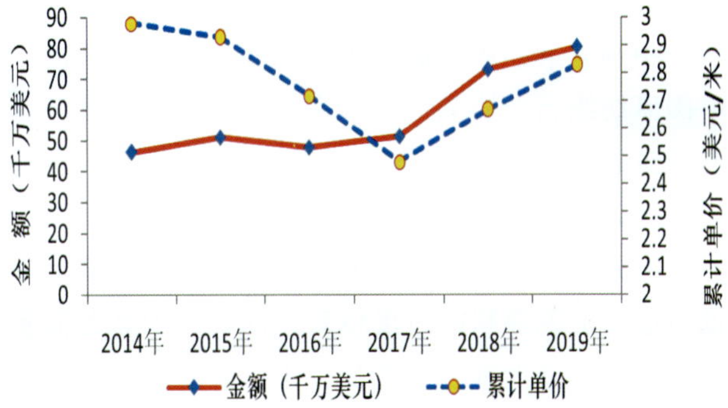

图14 2014～2019年亚麻织物出口金额、单价比较
资料来源：中国海关

2019年苎麻纱线、苎麻织物出口数量和金额都有较大下滑，其中，苎麻纱线出口金额同比下滑30.2%。通过对近几年海关数据分析，苎麻纱线出口金额已连续几年递减，见图15、图16。

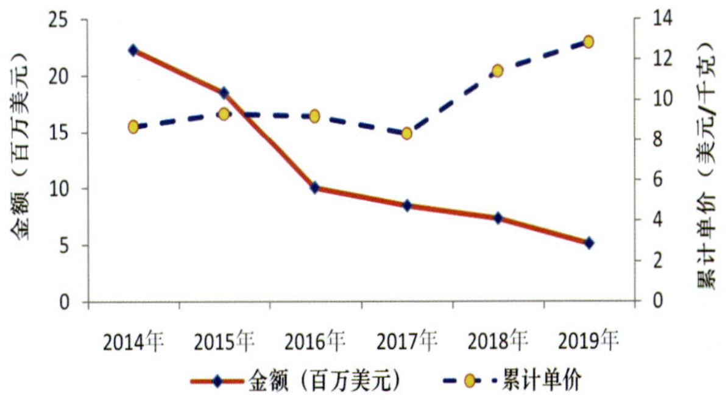

图15 2014～2019年苎麻纱线出口金额、单价比较
资料来源：中国海关

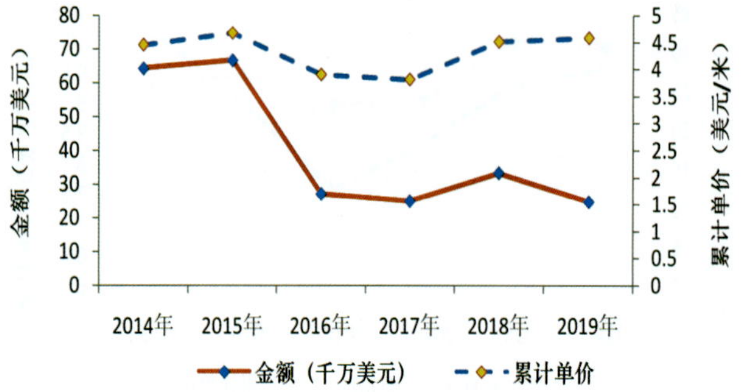

图16 2014～2019年苎麻织物出口金额、单价比较

资料来源：中国海关

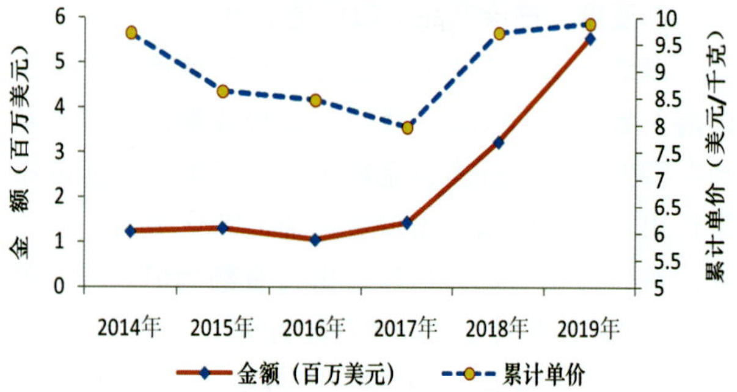

图17 2014～2019年大麻纱线出口金额、单价比较

资料来源：中国海关

3.大麻产品出口看见曙光

中国大麻纺织产品加工在国际处于领先地位。中国麻纺织行业协会近几年来为推进工业大麻产业的快速发展，在技术推广、产品展示宣传不断开拓，一方面要在大麻纺织领域继续进取保持领先，另一方面寄希望于工业大麻的发展在一定程度上降低对进口亚麻原料的过度依赖。同时，国际上很多国家开始关注大麻纺织产品，未来大麻纺织品市场有望得到进一步发展。

大麻纺织产品出口虽然数量、金额不大，但在不断地增长。我国大麻纺织企业在2019上海国际面料展上展示了丰富的产品，特别是这些大麻纺织企业也不断在国外展会亮相，助推了中国大麻产品走向国际市场。

据中国海关统计，2019年我国大麻纱线出口560.26吨，出口金额554.55万美元，金额同比增长70.92%。2019年大麻布出口205.32万米，出口金额1108.83万美元，金额同比下滑23.47%，见图17、图18。

同时，可以看到，大麻纺织产品目前越来越丰富，经过众多大麻纺织企业的不断努力，有理由相信，大麻纺织产品在国际市场上的认可度会越来越大。

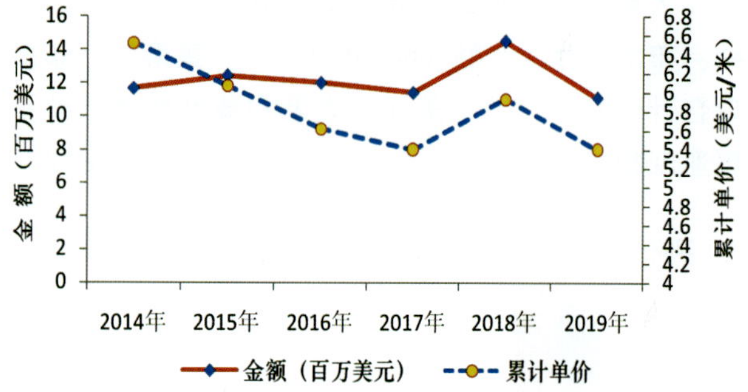

图18 2014～2019年大麻织物出口金额、单价比较

资料来源：中国海关

（三）麻纺国内市场方兴未艾

经过麻纺行业各界的不断努力，绿色、生态、环保、舒适麻纺织品不断被消费者认可，其高端产品市场定位已进一步明确。特别是近几年来对麻时尚、麻文化的消费氛围培育，让更多的国内消费者了解、认识和喜爱上了麻纺织产品。

根据在消费市场调研时了解到的情况，越来越多的麻制服装和家居用品在市场出现，并赢得了年轻、时尚人士和中高端消费者的青睐。虽然目前麻纺织品的主要消费市场还是国外，但是随着近年物质文化生活水平的快速提高，麻产品也正逐步渗透到人们的生活之中。

2019年由于受到国际市场的不利因素的影响，麻纺织行业出口下滑，但从国内麻纺面料及服装市场情况来看，有很大进步。麻纺企业也认识到国内市场开发的必要性，也看到了实际效果，市场发展的空间还是非常巨大的。

2019年麻纺织行业发展困境问题分析

一、亚麻原料进口问题

据中国海关数据，2019年亚麻原料累计进口数量20.73万吨，同比增长3.74%；2019年亚麻原料累积进口数量再创历史新高，中国对亚麻原料进口依赖度超过85%。与此同时，2019年初部分亚麻短纤维进口被中国海关鉴定为固体废物，造成近万吨原料滞港，众多企业面临原料短缺而减产停产，经过麻纺协会的努力已圆满解决，但可以看出进口原料累积的一些问题的制约着行业的发展。

我国亚麻企业对进口原料的刚性需求，亚麻原料价格高低、品质优劣都受制于人，加上缺少国际统一的亚麻纤维标准约束，这使我国对亚麻原料进口经常处于极为不利的被动地位。2019年亚麻短纤维“固废”问题的根本原因之一，就在于进口原料含杂量过高、品质过低。在我国亚麻原料进口市场中，法国具有一家独大的垄断地位，但其亚麻品质参差不齐，没有统一认定的标准，在此次事件中凸显对我国麻纺行业的困扰。根据中国海关数据分析，我国进口法国亚麻原料占总进口量的比例几年都在70%左右。我国进口亚麻原料的其他国家是比利时、埃及和白俄罗斯，占比较低，如何开拓其他国家亚麻原料进口以及开发大麻替代亚麻的问题，值得进一步研究。

二、印度亚麻纱线反倾销关税问题

2019年亚麻纱线累计出口数量2.52万吨，与2018年的2.99万吨同比下降15.61%。出口印度数量为3653.06吨，与2018年同期的8703.26吨同比下滑为58.03%。

我国亚麻纱线主要出口市场是印度、韩国、意大利和土耳其，出口到印度亚麻纱占我国出口总量的1/3以上，印度亚麻纱市场是我们出口的最主要市场。但是，2018年2月印度商工部立案对中国出口的亚麻纱启动反倾销调查，2018年我国出口印度亚麻纱线数量同比下滑26.17%，2019年更是同比大幅下滑58.03%；亚麻纱出口印度占比从30%以上下降到14.50%。我国在印度亚麻纱进口市场保持十余年的优势和占有率迅速崩塌，见图19。

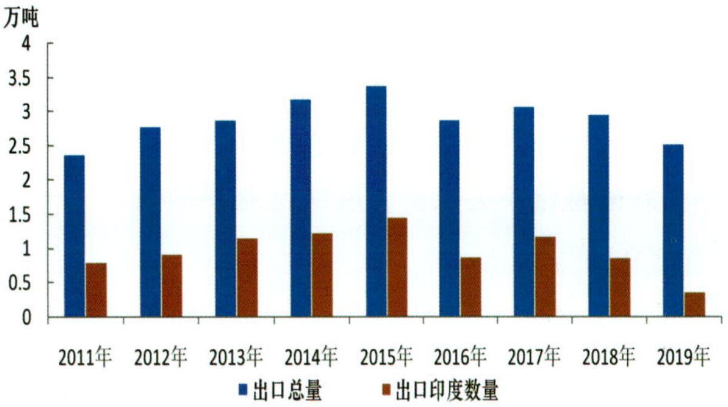

图19 2011～2019年出口亚麻纱总量和出口印度数量对比

资料来源：中国海关

三、纺织出口贸易不确定因素问题

2019年我国纺织品服装累计出口金额为2807亿美元，同比减少1.5%，麻纺出口下滑还是比较严重，同比下降3.2%。进口原料“固废”问题，印度亚麻纱线反倾销关税问题，都让麻纺织出口受到严重的伤害。虽然中美贸易谈判达成阶段性成果，但是不确定因素还很多。汇率波动影响、用工成本问题、原料成本问题、环保成本问题、融资成本问题等，对麻纺织产品出口有显著影响，让麻纺行业国际竞争压力和国际市场的压力剧增。

近几年来，含麻服装、麻制床上用品一直是出口美国市场的主力产品。美国消费者非常喜爱具有透气、抗菌、天然环保特性的麻制床上用品，由于对美贸易谈判的各种不确定因素影响，2019年麻制床上用品出口有较大下滑。

2020年麻纺织行业发展趋势分析

2020年，我国纺织行业面临的外部形势更加复杂严峻。全球经济动荡加剧，国内成本上涨、国际竞争加剧等，给纺织全行业保持平稳运行带来压力。

2020年，突如其来的新冠肺炎疫情不仅给纺织企业造成直接经济损失，也将使企业在疫情结束后相当长一段时间内，面临国内招工难问题、外贸订单部分流失问题及国际竞争加剧的情况。但是，全球经济总体将延续温和增长态势，我国宏观经济长期向好的基础不会改变。麻纺行业要加强与“一带一路”沿线国家的贸易合作，降低对美、欧市场依赖度，积极开拓国内市场以及寻求新的国际市场，提高麻纺产品抗风险能力；要更积极进行麻类资源整合和全球资源配置，适应新的国际贸易形势。要以提高质量和效益为中心，继续推进增品种、提品质、创品牌的“三品战略”。

预计2020年疫情过后麻纺织行业将逐步摆脱下滑并趋于平稳，麻纺织企业将会以勤调整、防风险、稳增长为主，充分认识到面临的潜在风险，提高应变能力，适应新形势下的发展。

（撰稿人：牛春华）

丝绸业

中国丝绸协会

2019年茧丝绸业经济运行情况

2019年以来，面对世界经济风云突变，全球贸易局势紧张加剧，国际贸易摩擦负面影响不断凸显，国内经济总体平稳但下行压力增大，茧丝绸行业积极应对内外市场夹击的不利影响，通过坚持科技创新驱动，大力推进供给侧结构性改革，使得行业经济长期发展具有的韧性与活力逐步显现。

一、茧丝绸行业经济运行概况

（一）主要产品产量下降明显

据国家统计局统计，2019年，规模以上企业主要产品产量均有下降，见表1。其中，丝产量6.86万吨，同比下降16.85%；绸缎产量48167万米，同比下降4.91%；蚕丝被产量1177万条，同比下降4.64%。各省（区、市）丝绸主要产品产量见表2～表4。

（二）行业经济效益增速持续回落

据国家统计局统计，2019年，全国规模以上丝绸企业实现营业收入682.03亿元，同比下降4.49%，见图1；利润总额27.02亿元，同比下降12.18%，其中，缫丝加工实现利润10.48亿元，同比下降20.43%；丝织加工实现利润15.02亿元，同比下降6.6%；丝印染加工实现利润1.53亿元，同比增长0.17%，见图2。总体来看，2019年规模以上丝绸企业的营业收入及利润增速均呈负增长走势，行业稳增长和保增长的压力加大，见图3、图4。

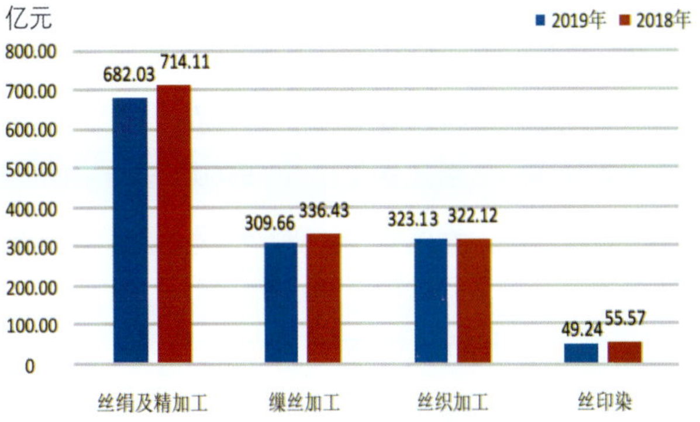

图1 2019年规模以上丝绸企业营业收入情况

资料来源：国家统计局

表1 2019年全国规模以上丝绸企业产量情况

主要产品	单位	2019年	同比(%)
丝类	吨	68590	−16.85
绢丝	吨	4507	−16.37
绸缎	万米	48167	−4.91
蚕丝被	万条	1177	−4.64

资料来源：国家统计局

表2 2019年各省（区、市）丝产量表（含绢丝）

序号	地区	产量(吨)	同比(%)	序号	地区	产量(吨)	同比(%)
1	广西壮族自治区	22341	−11.89	9	重庆市	1825	−1.38
2	四川省	13468	−8.53	10	河南省	1262	−6.91
3	江苏省	7121	−35.06	11	辽宁省	1162	−4.99
4	浙江省	5579	−21.27	12	贵州省	866	29.57
5	江西省	4253	−17.89	13	广东省	529	−7.52
6	安徽省	3628	3.39	14	湖北省	506	−39.31
7	云南省	3309	−16.51	15	山东省	475	−20.92
8	陕西省	2182	−51.58	16	山西省	85	−9.42

资料来源：国家统计局

表3 2019年各省（区、市）真丝绸缎产量表

序号	地区	产量(万米)	同比(%)	序号	地区	产量(万米)	同比(%)
1	四川省	19067	5.83	7	山东省	1328	−6.21
2	浙江省	15160	−18.36	8	云南省	348	44.31
3	安徽省	4492	−5.90	9	辽宁省	254	−25.07
4	江苏省	3033	−8.55	10	陕西省	242	88.32
5	广西壮族自治区	2070	46.73	11	江西省	84	−25.25
6	重庆市	1973	−10.44	12	青海省	83	15.07

资料来源：国家统计局

表4 2019年各省（区、市）蚕丝被产量表

序号	地区	产量(万条)	同比(%)	序号	地区	产量(万条)	同比(%)
1	江苏省	272	−14.16	9	安徽省	24	31.10
2	浙江省	249	−14.85	10	广东省	19	−37.21
3	湖北省	144	4.60	11	广西壮族自治区	10	−7.77
4	陕西省	129	125.46	12	新疆维吾尔自治区	5	−10.34
5	山东省	125	−2.32	13	云南省	5	308.11
6	河南省	74	22.88	14	重庆市	4	−2.18
7	湖南省	65	−8.72	15	辽宁省	4	107.14
8	四川省	43	−53.72	16	上海市	2	−2.02

资料来源：国家统计局

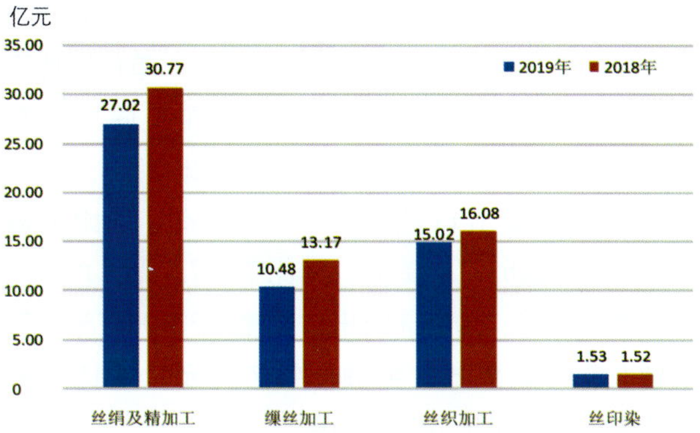

图2 2019年茧丝绸业各子行业利润情况

资料来源：国家统计局

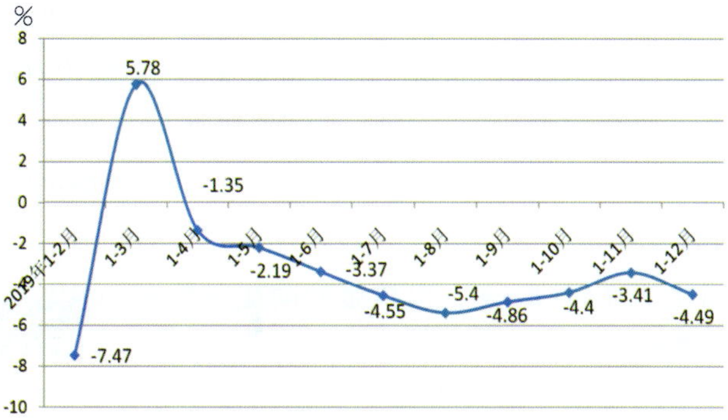

图3 2019年茧丝绸业营业收入增速情况

资料来源：国家统计局

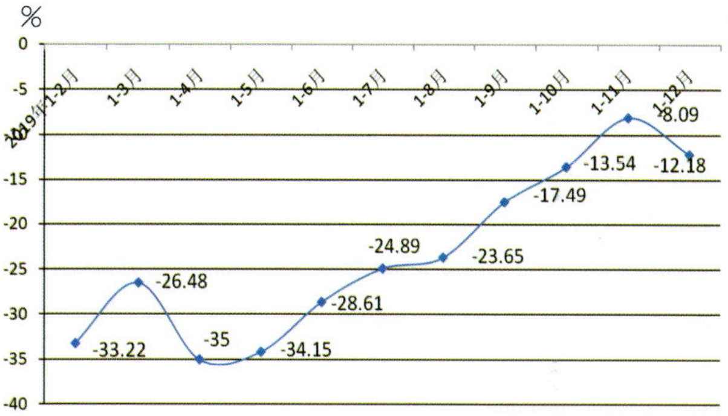

图4 2019年茧丝绸业利润增速情况

资料来源：国家统计局

（三）经济效益下滑明显

从主要经济指标看，2019年，675家规模以上企业的营业收入增速较2018年同期回落了4.49个百分点，利润增速回落12.18个百分点，行业经济处于低位运行态势。亏损企业的亏损总额4.4亿元，同比增长44.72%，企业亏损面达到20.3%，较2018年同期增长2.02个百分点，高于纺织行业平均水平3.42个百分点。企业存货134.73亿元，同比增长2.29%；企业销售费用10.98亿元，同比增长3.56%；管理费用21.78亿元，同比下降1.07%；财务费用8.26亿元，

表5 2019年茧丝绸业主要经济指标变化情况

序号	主要经济指标	2019年同比(%)	2018年同比(%)	同比变化(百分点)
1	利润总额	−12.18	2.17	−14.35
2	营业收入	−4.49	0.49	−4.98
3	营业成本	−4.52	−0.06	−4.46
4	三费支出	−10.69	7.01	−17.7
5	利息支出	2.29	0.95	1.34
6	亏损面	20.3	18.28	2.02
7	负债合计	3.94	3.3	0.64
8	亏损企业亏损总额	44.72	18.53	26.19

资料来源：国家统计局

同比增长3.46%，其中利息支出7.46亿元，同比增长2.29%。

由此可见，2019年茧丝绸企业的生产运营难度有所加大，企业存货增长，加上各项管理、财务等成本费用的上升，进一步挤压了行业的利润空间，导致企业亏损面和亏损总额的持续扩大。下一步行业经济走势能否企稳，有待继续观察。茧丝绸业主要经济指标对比情况见表5。

二、丝绸出口贸易情况

据中国海关统计，2019年全国真丝绸商品出口金额为22.31亿美元，同比下降25.74%，见图5。

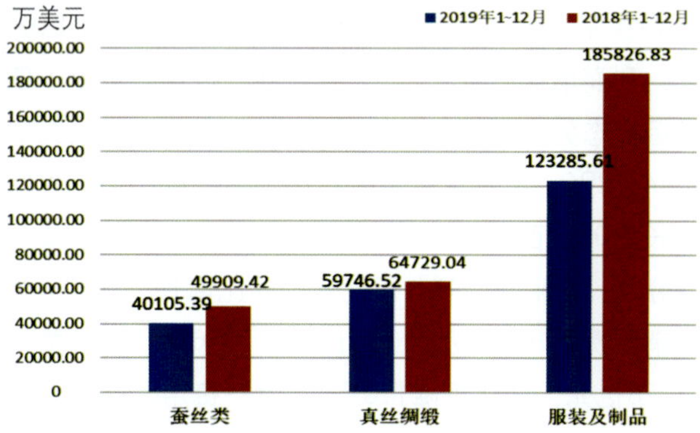

图5 2019年真丝绸主要商品出口金额情况

资料来源：中国海关

丝类产品出口8922.75吨，同比下降5.39%，出口金额4.01亿美元，同比下降19.64%，单价同比下降15.06%，其中生丝出口3797.79吨，同比下降7.48%，金额1.94亿美元，同比下降25.57%。

真丝绸缎出口数量9384.83万米，同比下降5.88%，金额5.97亿美元，同比下降7.7%，单价同比下降1.94%，其中坯绸出口数量7233.06万米，同比增长2.11%，出口金额4.43亿美元，同比下降0.39%，单价同比下降2.39%。

丝绸服装及制品出口金额12.33亿美元，同比下降33.66%。其中，真丝绸服装出口数量3920.44万件（套），同比下降47.16%；出口金额8.75亿美元，同比下降41.35%。出口单价为22.31美元/件套，同比增长11%。其中，针织服装出口数量为878.67万件（套），同比下降44.64%，出口金额同比下降22.54%；机织服装出口数量为3041.77万件（套），同比下降47.85%，出口金额同比下降42.64%，见表6。

2019年，国内真丝绸商品出口主要呈现以下特征。

（一）丝绸商品出口降幅较大

据中国海关统计，2019年全国真丝绸商品出口金额为22.31亿美元，同比下降25.74%。从出口金

表6 2019年真丝绸主要商品出口情况

	出口金额同比(%)	出口数量同比(%)	出口价格同比(%)
真丝绸商品	−25.74		
丝类	−19.64	−5.39	−15.06
生丝	−25.57	−7.48	−19.54
绸缎	−7.70	−5.88	−1.94
真丝绸服装	−41.35	−47.16	11.00
针织	−22.54	−44.64	39.90
机织	−42.64	−47.85	9.99

资料来源：中国海关

额单月数据看，如图6所示，受2018年以来中美贸易摩擦和国际贸易壁垒影响，2019年出口金额出现大幅下降，经过中美经贸团队的十多轮磋商，终于在年底取得了实质性的进展，12月，国内真丝绸商品出口达到55879万美元，出口市场需求出现报复性反弹。

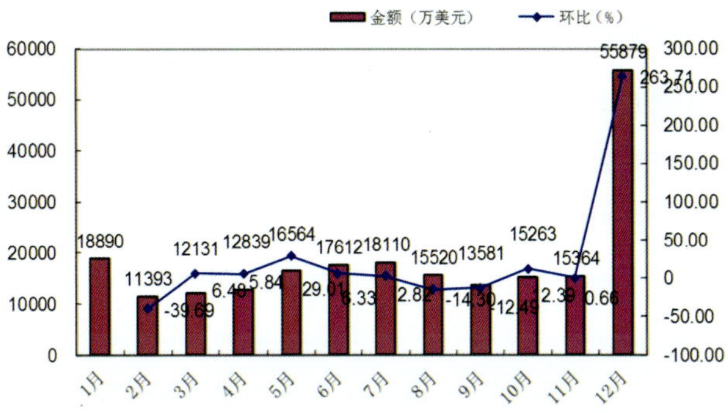

图6 2019年真丝绸商品出口金额环比情况

资料来源：中国海关

（二）丝绸服装出口止跌企稳

2019年，真丝绸服装出口呈现量额齐跌走势，双双实现较大幅度下滑，其数量和金额同比分别下降47.16%和41.35%。上半年真丝绸服装出口数量在6月出现最大降幅，同比下降达到75.06%，如图7所示。另外，真丝绸服装的出口单价在4月同比下降20.84%后，开始逐渐回升，12月的出口单价为22.31美元，同比增长11%。2019年平均出口单价20.1美元，较往年有所提高。见图8。

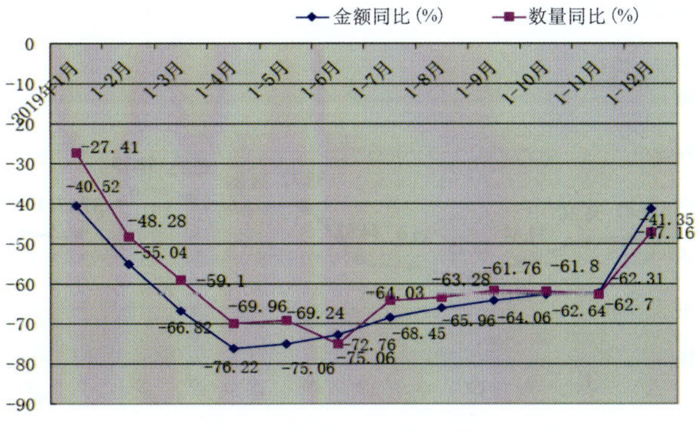

图7 2019年真丝绸服装出口数量、金额同比情况

资料来源：中国海关

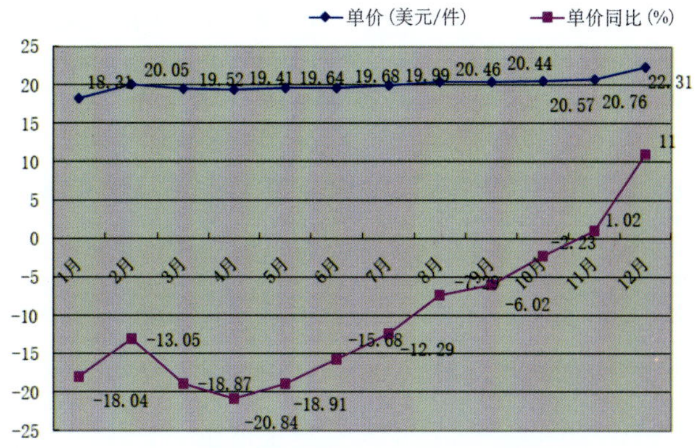

图8 2019年真丝绸服装出口价格情况

资料来源：中国海关

（三）主要省（区、市）出口普降明显

2019年全国各省（区、市）真丝绸商品出口金额排名情况如图9、表7所示。出口额前十的省（区、市）中绝大部分出现了不同程度下滑。浙江、广东、江苏、广西、山东、上海、四川出口金额，同比分别下降17.15%、45.33%、11.55%、25.71%、16.09%、16.45%、27.39%。东部沿海各地区丝绸出口下滑态势明显，其中广东降幅最大，同比下降四成多；中西部地区的江西、辽宁和河南有所增长，同比分别增长19.68%、26.36%和101.69%。

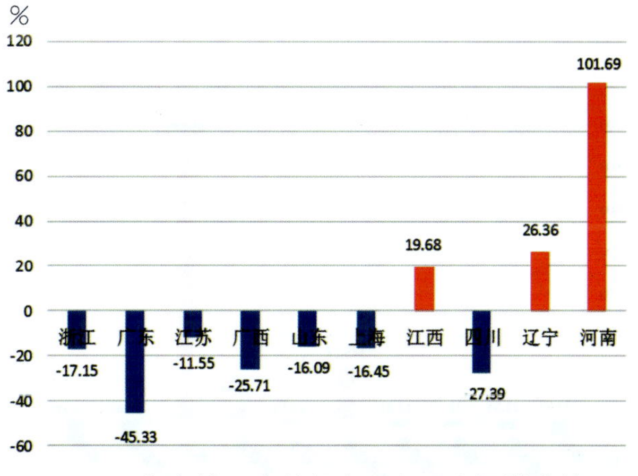

图9 2019年各地区真丝绸商品出口金额增速情况

资料来源：中国海关

表7 2019年真丝绸商品各省（区、市）出口情况

排名	省、市、自治区	金额(万美元)	同比(%)
1	浙江省	77039.53	−17.15
2	广东省	60498.61	−45.33
3	江苏省	27659.18	−11.55
4	广西壮族自治区	12509.06	−25.71
5	山东省	10351.28	−16.09
6	上海市	8281.96	−16.45
7	江西省	5628.34	19.68
8	四川省	5573.45	−27.39
9	辽宁省	4826.31	26.36
10	河南省	2399.08	101.69

资料来源：中国海关

（四）对主销市场出口全线下降

根据2019年对主销国家和地区出口金额情况分析，在前十位传统主销市场中，对美国、意大利、印度、中国香港、日本、巴基斯坦和英国的出口金额，均出现不同程度的下降，仅对埃塞俄比亚、阿联酋、埃及等市场出口金额有不同程度增长。如图10和表8所示。

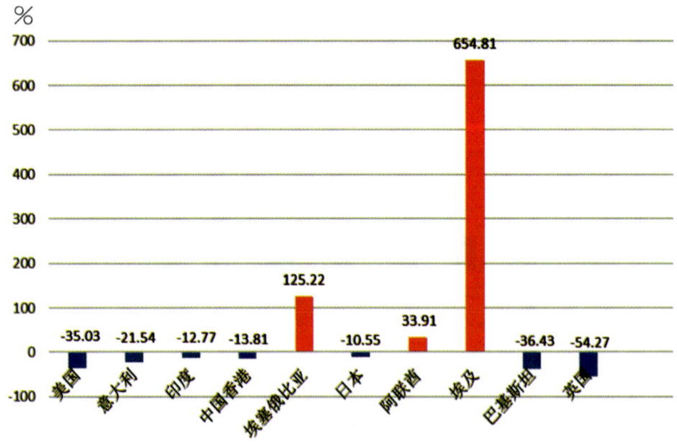

图10 2019年真丝绸商品主销市场出口金额同比情况

资料来源：中国海关

三、茧丝交易市场情况

进入2019年，随着中美贸易摩擦的不断升级，国内外客商观望情绪加重，加上中下游绸缎和终端产品市场库存有待消化，蚕茧和生丝的价格逐步回落，到二季度开始企稳回升。截至12月底，国内干茧和生丝的价格分别为11.62万元/吨和37.23万元/吨，较2018年分别增长3.57%和3.42%。如图11、图12所示。

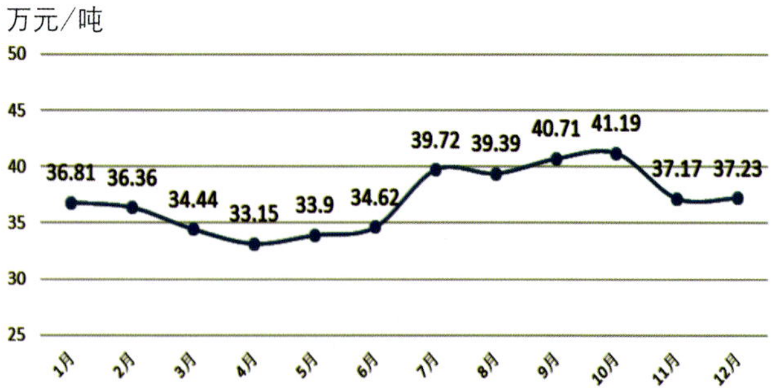

图11 2019年干茧价格走势图

资料来源：中国茧丝绸交易市场

表8 2019年真丝绸商品主销市场出口情况

排名	出口市场	金额(万美元)	同比(%)
1	美国	34592.46	-35.03
2	意大利	20127.70	-21.54
3	印度	16151.57	-12.77
4	中国香港	14754.74	-13.81
5	埃塞俄比亚	13715.58	125.22
6	日本	12696.04	-10.55
7	阿联酋	11364.41	33.91
8	埃及	10124.81	654.81
9	巴基斯坦	8701.75	-36.43
10	英国	6418.17	-54.27

资料来源：中国海关

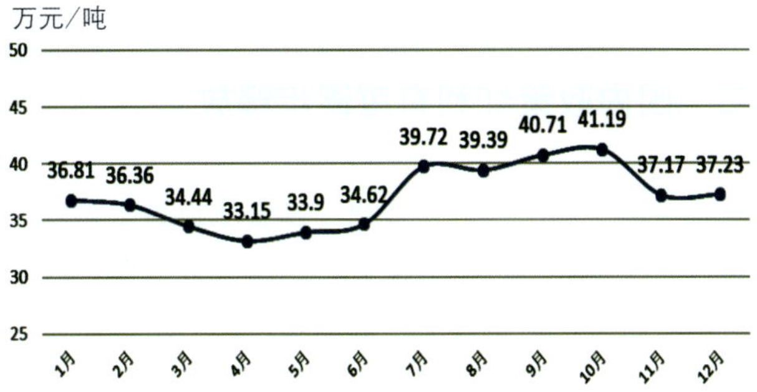

图12 2019年3A级生丝价格走势图

资料来源：中国茧丝绸交易市场

2019年茧丝绸行业发展特点

2018～2019年间，尽管行业已经逐步进入调整阶段，经济下行的压力和风险不断增大，但行业长期发展积累下来的韧性与活力仍在。

一、结构调整持续推进

在商务部推进规模化、集约化蚕桑基地建设政策的支持下，通过国家产业政策引导、公共财政扶持、龙头企业带动，产业结构得到进一步优化。广东丝纺集团积极参与粤北“生态发展区”开发，与始兴县政府共同推动“蚕桑现代农业产业园”项目建设。浙江凯喜雅集团在云南德宏州投资打造丝绸纺织工业园，积极布局全产业链。浙江嘉欣丝绸在宜州建立茧丝仓储物流基地，并在缅甸投资建设服装生产基地，不断完善供应链体系。江苏鑫缘集团联合四川宏和、新丝路等单位，在宜宾高县开发茧丝绸高质量融合发展项目，拟新建文化创意产品生产车间和展示销售中心，延伸拓展大健康生物科技产业。广西恒业集团第五家缫丝工厂在柳城县正式投产，成为全球规模最大的缫丝生产企业。

二、科技创新卓有成效

浙江理工大学校长陈文兴成功当选2019年中国工程院院士，标志着行业高层次人才队伍建设取得新突破。浙江凯喜雅、达利（浙江）、江苏华佳和吴江鼎盛研发的丝绸产品，分别获得中纺联2019年度十大类纺织创新产品“时尚创意产品”“非遗创意产品”荣誉称号。苏州太湖雪荣获“2019年度中纺联产品开发贡献奖”。在2019年度中纺联科学技术奖评选活动中，苏州大学、鑫缘集团等单位申报的“蚕丝生物活性分析技术体系的建立与应用”项目，获得技术发明奖“一等奖”；中国丝绸协会、凯喜雅集团、苏州大学等单位申报的“生丝电子检测试验方法”国际标准项目，江苏华佳等单位申报的“丝素蛋白微纳非织造材料关键技术及产业化”项目，浙理工等单位申报的“领带敏捷生产及高品质功能性产品加工技术示范与推广”项目，分别获得科技进步奖“二等奖”。在“纺织之光”2019年度纺织行业新技术（成果）推广项目目录评选中，“数码提花组合全显技术及在真丝产品中的应用”等5个项目，被列为168项纺织行业急需、技术成熟、有推广前景的项目。万事利集团被工信部授予首批“工业产品绿色设计示范企业”，为引领行业可持续发展做出了表率。

三、智能制造水平迈上新台阶

近年来，智能制造正在推动传统生产方式、组织形式发生系统性、整体性变革，为茧丝绸产业转型升级提供了基础和可能。浙江巴贝集团全龄人工饲料工厂化养蚕，在蚕品种培育、低成本饲料开发、疾病防治、环境控制、自动养蚕设备等方面取得了重要突破；重庆祥飞集团研发的养蚕新设备，实现了养蚕全流程自动化、智能化控制；达利丝绸（浙江）公司积极推进智慧工厂建设，工人看台数由原有的4台提高到目前的30台，初步实现了车间的智能化管理；万事利集团与微软公司合作开发的人工智能系统，开启了丝绸设计与生产数字化的新方式，赢得了第二届进博会海内外客商的高度关注。

2020年茧丝绸行业发展形势展望

2020年，是贯彻落实商务部《茧丝绸行业“十三五”发展纲要》收官之年，更是承上启下布局“十四五”战略规划关键之年。展望2020年，影响茧丝绸行业发展的因素主要有以下几个方面。

一、国际经济形势具有不确定性

在经历了艰难的2018年和2019年的真正艰难之后，世界经济普遍呈现下行趋势。预计2020年的世界经济走势，仍将延续2019年的景象，不会有太大的改观。中美贸易谈判虽取得阶段性成果，但全球贸易战硝烟未烬，高关税的新常态短时间难以改变，这必定拖累世界经济的增长，进而影响消费和投资。东南亚、南亚的泰国、越南、印度、巴基斯坦等国家鼓励发展蚕桑及丝织产业，其劳动力充裕、生产成本低，国际丝绸产业和订单出现转移，将对我国真丝绸出口带来更大的竞争。

二、国内政策红利有望逐步释放

中央经济工作会议提出，要坚决打赢三大攻坚战，全面做好“六稳”工作，统筹推进稳增长、促改革、调结构、惠民生、防风险、保稳定，保持经济运行在合理区间。国家将出台减税降费、降低企业融资成本等系列积极的财政政策和扩大内需的措施，有利于提高实体经济抵御风险的能力。鼓励和培育民营经济的发展以及适度放宽货币政策，有助于缓解国内经济的困境。预计2020年内需市场的基本面、政策面等都有强劲支撑，将为茧丝绸行业的稳定向好提供良好的政策环境和市场环境。

三、行业机遇与挑战并存

2020年，工信部将发布《推进桑蚕丝绸产业高质量发展行动计划（2020～2024年）》，又一个国家层面有关丝绸行业的“五年行动计划”将全面实施。商务部国家茧丝绸协调办公室正式启动《茧丝绸“十四五”发展纲要》编制工作，下一个五年行业发展重点方向值得关注。但国内经济的下行，特别是猪肉等农产品价格的持续高位运行，一定程度抑制了居民的消费需求，也会对丝绸产品的销售带来较大的影响。目前，我国丝绸内销比重已达60%以上，内需市场的拉动作用至关重要。丝绸企业规模小、资金占用大、产品利润率不高，长期存在的融资难、融资贵、流动资金紧张等问题仍有待解决，风险防控仍是第一要务。

综上所述，受国际贸易保护主义和全球暴发新冠肺炎疫情等复杂因素的影响，2020年世界经济或将步入缓行轨道。为此，建议行业企业要密切关注国内外市场变化，做好经济走势研判，提高风险防控意识。同时，要继续坚定信心练好内功，积极应对各种困难和挑战，紧紧抓住各种政策机遇，通过坚持创新驱动，加快促进企业提质增效和转型升级，不断培育产业发展新动能，努力实现行业向着高质量发展的目标逐步转变。

（撰稿人：刘文全　柳恩见）

长丝织造业

中国长丝织造协会

2019年长丝织造行业经济运行情况

2019年，世界经济仍处在国际金融危机后的深度调整期，全球经济贸易增长放缓，动荡源和风险点增多；我国经济结构性、体制性、周期性问题相互交织，“三期叠加”影响持续深化，经济下行压力加大。在此背景下，2019年我国GDP总量达到99.1万亿元，比上年增长6.1%，明显高于全球经济增速，较好完成了预期目标。中国长丝织造产业主动适应国内外风险挑战明显上升的复杂局面，2019年全年经济运行总体平稳，发展质量稳步提升。

一、生产平稳增长

据中国长丝织造协会统计，截至2019年底，我国长丝织造行业织机规模达到70万台，其中喷水织机64万台，同比增长10.34%。2019年全年我国化纤长丝织物总产量达到550亿米，同比增长8.27%，增速较去年提高2.88个百分点。2011年以来中国化纤长丝织物产量及增速见图1。

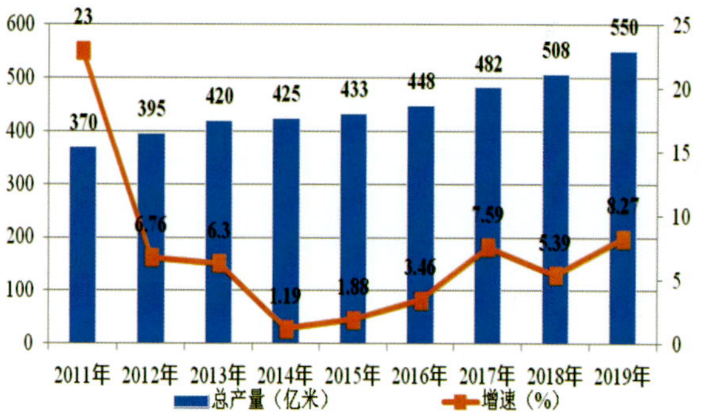

图1 2011～2019年中国化纤长丝织物产量及增速

资料来源：中国长丝织造协会

表1 2019年我国主要长丝织造产业集群化纤长丝织物产量

集群名称	产量(亿米)	同比(%)
盛泽	98.54	2.07
长兴	85.00	8.97
秀洲	21.29	−0.79
龙湖	35.80	10.51
泗阳	17.21	52.20
平望	46.67	−0.70
七都	2.23	5.19
柯桥	18.86	0.60
小海	5.25	12.44
合计	330.84	5.96

资料来源：长丝织造产业集群

据各集群地区统计，2019年全年盛泽、长兴、秀洲、龙湖、泗阳、平望、七都、柯桥、大丰小海九地化纤长丝织物产量累计为330.84亿米，同比增长5.96%，见表1。盛泽、长兴、秀洲、龙湖、平望、柯桥六地作为传统集群，产量稳中有升，同比增长4.09%，秀洲、平望地区进一步加快产业调整，积极淘汰落后产能，产量微幅下降；而泗阳、小海等新兴产业集群的产能进一步释放，表现出了较强的生产潜力，尤其是泗阳地区，在产业规划的科学指导下，引进新增喷水织机1万多台，实现产量同比增长52.2%。整体而言，全国化纤长丝织物产量保持平稳增长。

二、行业运行平稳，成本压力大

据国家统计局统计，2019年我国规模以上纺织全行业主营业务收入同比下降1.47%。分行业来看，我国规模以上化纤织造及印染精加工业主营业务收入同比增长7.21%，其中，织造同比增长7.33%，染整同比增长6.69%。在全球市场需求疲软、动力不足的形势下，我国长丝织造行业整体依然保持平稳运行。

从盈利水平看，2019年我国规模以上纺织企业利润总额同比下降11.65%，利润率为4.55%。分行业来看，我国规模以上化纤织造及印染精加工业利润总额同比下降0.93%，利润率为3.85%，其中织造利润总额同比下降2.51%，利润率为3.56%，染整利润总额同比上升4.18%，利润率为5.14%。

2019年，我国规模以上化纤长丝织造加工业三费合计为74.10亿元，同比增长9.61%，见表2；其中，销售费用和财务费用同比增长10.37%和4.7%，增速较去年同期分别增加4.51和15.14个百分点。销售费用的增加反映出企业为应对全年整体市场低迷支出了更多的销售成本；而财务费用的增加则体现出企业库存占用增大和一定程度上融资难、融资成本增加的问题。

三、长丝织物进出口结构调整

2019年世界经济持续下行，贸易紧张局势加剧，下行压力和消极因素交织，全球贸易陷入疲软态势。受此影响，纺织行业出口持续承压，但产品结构和市场结构不断调整。据中国海关统计，2019年，我国对全球纺织品服装出口额达2807.05亿美元，同比下降1.50%，其中纺织品出口额1272.51亿美元，同比增长1.35%；服装出口额1534.53亿美元，同比下降3.74%。服装出口额下降与中美贸易摩擦导致部分服装订单转移和部分服装加工产能“走出去”有关。优势企业通过海外投资，实现全球资源共享，将推动行业的转型升级和高质量发展。

表2 2019年我国规模以上长丝织造企业营收情况

指标名称	2019年累计(亿元)	2018年累计(亿元)	同比(%)
营业收入	1395.05	1299.78	7.33
营业成本	1255.05	1173.73	6.93
三费合计	74.10	67.61	9.61
利润总额	49.66	50.94	-2.51

资料来源：国家统计局

（一）长丝织物出口量增价跌

据中国海关数据统计，2019年纺织织物累计出口377.85亿美元，同比增长1.53%；实际出口数量324.38亿米，同比增长6.91%；出口平均价格1.16美元/米，同比下降5.69%。2019年，我国化纤长丝织物累计出口153.84亿美元，同比增长11.31%；出口数量171.57亿米，同比增长14.31%，在我国织物出口总数量中占比高达52.89%，见表3。长丝织物出口量自2009年开始，一直保持较高速度增长，说明全球对化纤长丝织物需求增长较快，见图2。

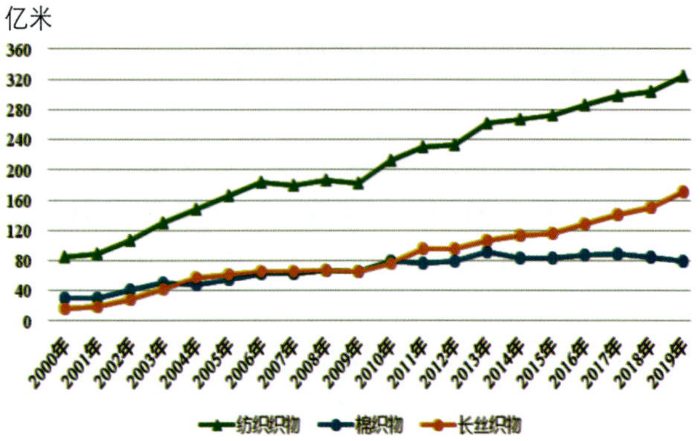

图2 2000～2019年我国纺织织物、棉织物、长丝织物出口数量

资料来源：中国海关

就长丝织造行业出口产品分类来看，2019年，我国锦纶长丝织物累计出口5.59亿米，与去年同期持平；涤纶长丝织物累计出口148.96亿米，同比增长15.02%，见表3。

2019年我国化纤长丝织物出口平均价格0.90美元/米，同比下降2.17%，其中，涤纶长丝织物出口价格为0.88美元/米，同比下降2.22%；锦纶长丝织物出口价格为1.32美元/米，同比下降2.22%，见表3。2019年受上游原材料市场的影响，锦纶长丝织物价格波动较大，而涤纶长丝织物单月平均出口价格均较为平稳，见图3。

2019年8月初，受中美贸易摩擦的影响，人民币汇率10年来首次跌破“7关口”，之后出现明显的双向波动。2019年全年人民币对美元汇率贬值4.1%，如果不考虑汇率影响，我国长丝织物出口价格实际增长可达1.84%。

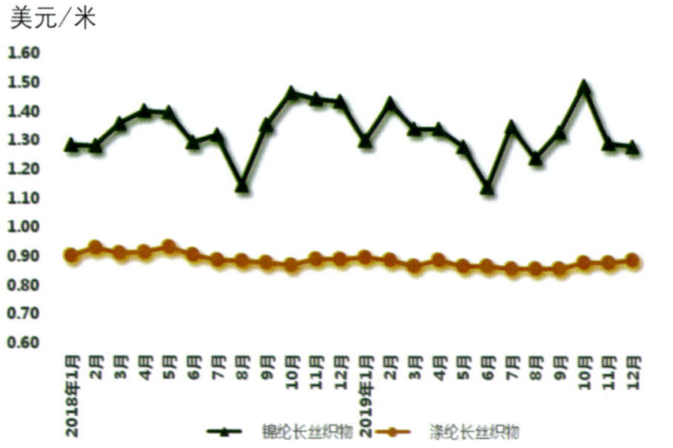

图3 2018年1月～2019年12月我国长丝织物单月平均出口价格走势

资料来源：中国海关

表3 2019年我国长丝织物累计出口情况

名称	出口金额（亿美元）		出口数量（亿米）		平均价格（美元/米）	
	数值	同比（%）	数值	同比（%）	数值	同比（%）
长丝织物	153.84	11.31	171.57	14.31	0.90	−2.17
锦纶长丝织物	7.40	−1.88	5.59	0	1.32	−2.22
涤纶长丝织物	130.51	11.77	148.96	15.02	0.88	−2.22

资料来源：中国海关

（二）我国化纤长丝织物主要出口贸易区发生转移

与2018年相比，2019年我国化纤长丝织物主要出口贸易区出现调整，见表4，我国化纤长丝织物出口金额排名前十的国家和地区分别是越南、欧盟、印度尼西亚、尼日利亚、巴基斯坦、孟加拉国、阿联酋、缅甸、巴西和印度。美国排名第11，下降3个名次。尼日利亚、巴基斯坦、阿联酋和缅甸均表现出了较为强劲的增长态势。我国出口巴基斯坦和缅甸的产品档次有所提升，主要用于中高档床品和服装加工。2013年"一带一路"倡议提出以来，沿线国家在我国化纤长丝织物对外贸易中的市场份额日益扩大、地位日益增强。在出口金额排名前十的国家和地区中，"一带一路"沿线国家占据了七席，出口金额达54.71亿美元，较2013年增长75.82%，占我国长丝织物出口总额的35.58%。

（三）美国市场分析

据美国商务部纺织服装办公室数据显示，2019年美国从全球进口长丝织物总金额为7亿美元，同比下降5.69%。其中，家用服饰类长丝织物累计进口额为1.35亿美元，同比下降15.83%，降幅较前三季度收窄2.34个百分点；产业用类长丝织物累计进口额为5.65亿美元，同比下降2.88%。由此可见，美国市场需求略显不足。

从美国家用服饰类长丝织物的进口市场分布来看，2019年美国从全球进口额为1.35亿美元，从中国进口额为0.52亿美元，同比下降24.09%，增速下降较大，但中国依旧是美国进口此类产品占比第一的国家，占据其市场份额38.44%，比去年同期减少了4.18个百分点，主要分流到土耳其、北美自由贸易区、印度、日本等国家和地区。数据显示，2019年美国进口此类产品市场份额排名前十的国家

表4 2019年我国化纤长丝织物主要贸易区出口情况

国家或地区	累计金额（亿美元）	金额同比（%）	累计数量（亿米）	数量同比（%）	平均价格（美元/米）	价格同比（%）
越南	14.01	−1.33	11.06	−1.48	1.27	0.16
欧盟	13.08	0.74	12.61	3.62	1.04	−2.77
印度尼西亚	10.34	7.69	11.77	12.42	0.88	−4.21
尼日利亚	9.60	50.61	17.00	42.79	0.56	5.48
巴基斯坦	8.12	59.77	7.40	48.10	1.10	7.88
孟加拉国	7.02	9.00	6.39	8.81	1.10	0.17
阿联酋	6.17	53.05	5.86	61.29	1.05	−5.11
缅甸	5.27	34.11	4.58	25.15	1.15	7.15
巴西	4.66	−5.81	6.70	0.83	0.70	−6.59
印度	3.77	12.73	5.08	4.55	0.74	7.82
总计	153.79	11.32	171.52	14.32	0.90	−2.62

资料来源：中国海关

和地区中，土耳其和印度有小幅增长，其进口金额分别占据美国市场的9.16%和2.59%。

2019年美国从全球进口产业用类长丝织物金额为5.65亿美元，同比下降2.88%。其中，美国从中国进口此类产品金额累计为1.06亿美元，同比下降33.08%；中国占据美国此类产品市场份额为18.85%，较去年同期下降8.51个百分点，成为美国进口此类产品第二大进口国；美国从印度进口金额累计为1.24亿美元，同比增长0.56%，占据21.87%的市场份额，较去年同期增加0.75个百分点，印度成为美国进口此类产品第一进口国。此外，欧盟、北美自由贸易区、东盟、沙特阿拉伯、土耳其等国家和地区市场占比也有一定提升。

2019年，一方面，中美贸易摩擦的不确定性对我国长丝织物出口至美国造成了实际伤害；但另一方面，也促进了我国长丝织造产业供应链向东南亚扩展，产业国际融合深化。此外，2020年1月15日，中美签署第一阶段经贸协议，将有利于增加全球经济发展的稳定性，提振投资者的信心和市场信心。但值得注意的是，中美双方“有限合作、长期竞争、相互依存”的关系并未改变。贸易摩擦将是一个长期的过程，必将持续引发未来产业格局深度整合。我国长丝织造企业需要做好长期打算，提高产品核心竞争力，练好内功；同时在“一带一路”关键节点发力，调整供应链模式，从容应对复杂的国际贸易环境。

（四）长丝织物进口量跌价涨

据中国海关统计，2019年我国化纤长丝织物累计进口额13.74亿美元，同比下降9.09%，见表5。其中，锦纶长丝织物累计进口4.04亿美元，同比下降13.06%；涤纶长丝织物累计进口6.13亿美元，同比下降8.03%。

从进口价格来看，2019年我国化纤长丝织物进口价格同比上升3.33%，略有增长；锦纶长丝织物进口量价齐降，这说明随着我国锦纶生产能力的提升，国内产能基本实现自给自足，锦纶长丝织物产品的数量和质量正在逐步满足国内市场需求。但从涤纶长丝织物来看，2019年平均进口价格在2.17美元/米，而平均出口价格仅为0.88美元/米，价格相差大，这表明我国在涤纶高档织物的研究领域仍有较大的提升空间。

四、内销市场稳定

由于季节原因，仿真丝、轻型女装面料等季节敏感型面料价格在2018年三、四季度到2019年一季度有明显波动，从2019年二季度开始，我国主要的长丝面料的价格一直比较平稳，内销市场价格稳定，见图4。综合市场情况和生产成本可知，虽然主要长丝面料的价格平稳，但是企业盈利能力被削弱。

表5 2019年我国长丝织物累计进口情况

名称	进口金额（亿美元）		进口数量（亿米）		平均价格（美元/米）	
	数值	同比（%）	数值	同比（%）	数值	同比（%）
长丝织物	13.74	−9.09	7.39	−11.79	1.86	3.33
锦纶长丝织物	4.04	−13.06	2.94	−10.63	1.37	−2.84
涤纶长丝织物	6.13	−8.03	2.82	−13.25	2.17	5.85

资料来源：中国海关

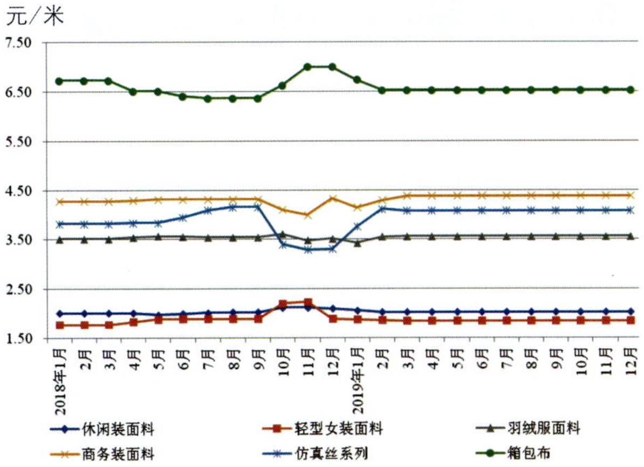

图4 2018年1月～2019年12月我国主要长丝面料价格走势

资料来源：中国绸都网

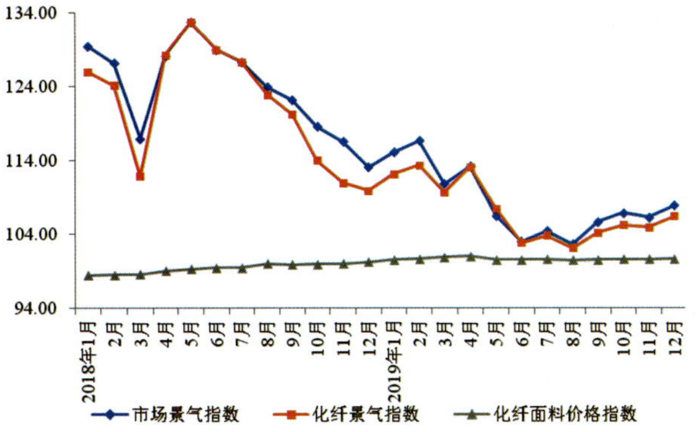

图5 2019年我国市场景气、化纤景气和化纤面料价格指数走势

资料来源：中国绸都网

我国市场景气指数曲线在经历了波动下滑之后，出现"翘尾"，见图5。2019年12月该指数达到107.88，说明企业家对未来市场信心有所提升。但是受新冠肺炎疫情影响，该指数在2020年3月骤降至76.72，市场遇冷。化纤景气指数则通过生产成本、产品出口、设备利用率、劳动力需求、固定资产投资、技术进步、原料价格等方面综合测评化纤行业景气程度，基本紧随市场景气指数，说明化纤行业景气程度与市场景气指数息息相关，2020年3月该指数也下降至78.75，降幅明显。2019年，我国化纤面料价格指数基本维持在100，表明我国化纤面料整体价格相对稳定，这在一定程度上也说明了我国化纤面料市场需求疲软，动力不足。2020年以来，该指数出现微幅下降，位于99～100区间，化纤面料价格相对坚挺。据了解，疫情发酵下，目前坯布已进入下跌通道，企业面临库存增加、价格下行压力。

五、化纤原料价格呈现下降趋势

我国化纤长丝、棉花、PTA期货及布伦特原油一系列原料的价格走势见图6。布伦特原油2019年以来价格一路上涨，在5月出现短暂下降，6月价格略有回升，之后趋向稳定，年末"翘尾"。纵观布伦特原油全年的价格趋势图可知，原油价格整体呈现下降趋势，表明原料市场有回暖迹象。

化纤长丝价格呈现下降态势，下降的原因一方面是受原油价格波动影响，另一方面是受中美贸易摩擦的影响，下游企业下单都比较谨慎，织造企业则根据客户需求采购原料。

2019年以来，由于棉纺织行业的持续低迷及化纤长丝面料产品的不断发展壮大，棉花的价格较2018年呈现明显的下降趋势，下半年表现得尤为明显，这与化纤长丝价格呈现下降态势也有一定关系。

2019年12月，中美双方就第一阶段协议文本达成一致，基本止住长丝价格下跌势头。受春节假期影响，织造企业在放假前会提前购买原料，以供节后开工使用。但是新冠肺炎疫情的突发打乱了长丝织造行业的原有节奏，织造企业多在2020年2月底开始复工复产，开机率不高。此时，有一定的原料库存，加之后续订单需求偏弱，同时PX及聚酯原料价格连续下跌，涤纶长丝工厂预计采取优惠出货、降低库存的政策，这会造成长丝价格继续下跌。

2020年3月以来，国际原油价格暴跌，聚酯市场大幅下挫，PTA上涨动力缺乏，成本支撑塌陷，涤纶长丝价格一再探底，价格重心不断下滑。由于疫情已在世界范围内蔓延，织造市场行情低迷，接单困难、订单取消、外贸告急等，化纤长丝织造企业后续订单预期不乐观，同时存在“买涨不买跌”的心理，涤纶长丝企业未来一段时间或将进一步延续下跌促销模式。

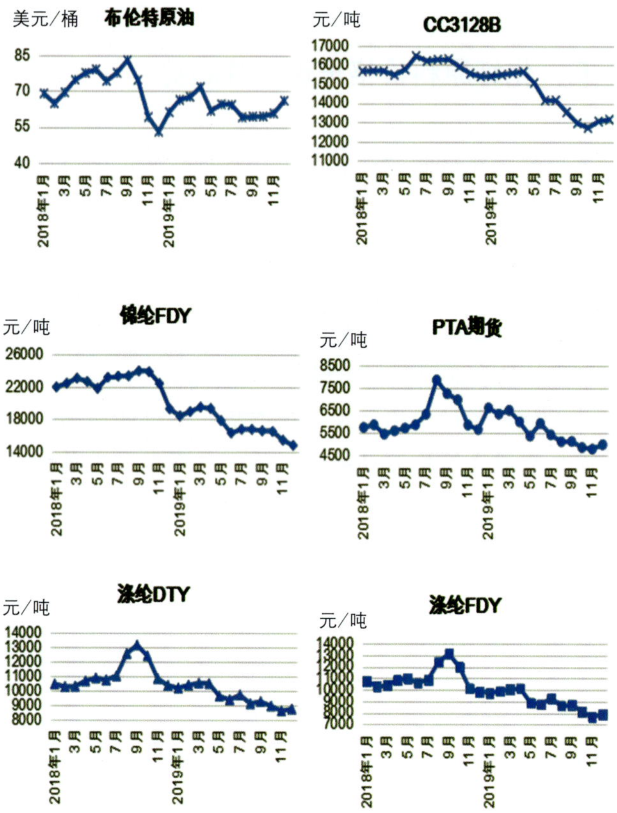

图6 2018年1月～2019年12月我国化纤长丝、棉花及布伦特原油价格走势

资料来源：中国绸都网

2020年中国长丝织造行业发展形势展望

一、面临的机遇和风险

2020年伊始，新冠肺炎疫情突发并在全球蔓延，这对全球经济造成了一定的冲击，全球经济下行压力加大。随着欧美国家成为新冠肺炎重灾区，国内纺织外贸供应链受到严重冲击，大量面料订单被推迟或取消，出口面临重大挑战。2020年一季度国内终端消费的停滞，叠加海外订单下滑，长丝织造行业企业对二季度订单存在同比明显下降的担忧，旺季大概率落空。

但危中有机，疫情对长丝织造行业的影响主要是生产的临时受挫或延迟，并没有破坏生产能力。虽然面临的形势错综复杂，但经过多年的开拓进取，我国长丝织造产业的基本面良好，制造优势仍然存在。国内市场正逐步回暖，待疫情过去之后，国外市场也会继续选择中国制造。疫情使企业深刻感受到了生产自动化、智能化的必要性和紧急性，迫使企业下定决心，进行生产设备的改造与升级。外贸企业则需要开拓多元化市场、调整产品结构，抓住国内消费恢复的机会，利用好内需市场，同时积极使用现代技术拓展网络订单，拓宽销售渠道。

此外，目前也是企业进行产品研发的好时机，深化供给侧改革，全面提升产品生产质量和核心竞争力，提高全行业的利润率。在此阶段，更凸显企业生产管理精细化的重要性，企业要顺应时势，积极应对，主动谋划危机之后的生产经营，释放产能，实现全行业的高质量发展。

二、行业发展的重点方向

（一）走自主创新之路，实现行业科技发展

当前，世界政治经济格局面临深度调整，发展不稳定、不确定因素增加，科技创新成为大国战略

博弈重要战场，全球科技创新进入高度密集活跃期，各层次各领域的技术都在加速突破。长丝织造行业要把握时代脉搏，主动进行科技革新，推动数字化、网络化、智能化与产业融合，实现全行业科技发展。在实际生产中，积极推进各项生产环节的自动化、智能化水平，加快全行业落后设备的淘汰步伐，积极借鉴、引进国内外最新的工艺、技术和装备，全面推进技术改造升级，助力行业高质量发展；主动与高校、装备制造企业合作，加强硬核创新，实现自主可控，攻克技术难关，开发满足市场需求的先进织造技术。同时，加强企业管理，注重人才培养，为长丝织造产业的高质量发展提供真正的智慧源动力。

（二）走清洁生产之路，实现行业绿色发展

随着国家环保政策的完善和趋紧，各级政府和部门普遍加大了对环境排污的治理整顿力度，绿色生产已成为各行各业的大势所趋。近年来，我国长丝织造行业绝大多数企业的环保意识普遍增强，逐渐意识到绿色清洁生产是全行业发展的必然选择。江苏、浙江等地的化纤长丝织造集群多是随着市场发展而自发产生的，由于起初缺少统一规划，企业分布比较分散，规模大小不一，基础设施不健全，造成了废水管控困难，管控不到位的情况。总结江、浙等地集群的发展教训，今后化纤长丝织造工业新建项目建设之前，应制定系统的工业园区规划，鼓励企业自建污水处理和中水回用系统以及落实园区集中污水处理与中水回用设施的建设。

另外，面对越来越严峻的环保形势，为实现长丝织造产业的清洁生产，企业除了采用节水型喷水织机和加大污水治理外，还需加大推广“车间照明LED节能灯”“厂房屋顶光伏发电”和“永磁电动机”等一系列清洁生产新技术的力度。积极参与生态文明建设，倡导绿色环保生产，在行业内树立中国纺织生态文明示范企业先进典型，助力全行业绿色环保发展。

（三）走品牌建设之路，实现行业时尚发展

时尚就是与时俱进，产品时尚化就是要满足广大消费者普遍存在、又不断变化的“赶时髦”要求。随着我国长丝织造产业的快速发展，常规化纤产品在产能相对过剩、生产成本上涨等因素的影响下渐渐失去竞争力。长丝织造企业应强化大数据、人工智能等技术与趋势研究分析的结合，研究市场动态与消费需求，主动调整产品结构，着力加大品牌培育力度与品牌建设基础研究力度，主攻优势产品，逐步提高产品质量和附加值，有效规避常规化纤产品的低价竞争，形成自主品牌。围绕树立文化自信，形成有中国特色、世界影响、时代特征的时尚生态。全行业应该积极参与各产业联盟，把跨行业文化创意与本行业优势产品融合发展，促进文化创意在化纤长丝织造产业的萌发，培育引领消费方式及消费习惯的创新企业，为实现全行业的时尚发展做出努力。利用长丝织物的出口优势，打响中国品牌影响力，逐步展现出超强的凝聚力和带动力，以更好地应对国际市场的挑战。

（撰稿人：黄潇瑾　贾慧莹）

印染业

中国印染行业协会

2019年印染行业经济运行情况

2019年，是决胜全面建成小康社会的关键之年，也是纺织强国目标基本实现，印染行业转型升级取得积极进展的重要一年。在科技引领、时尚赋能和绿色发展的三重驱动下，行业加快转型升级和结构调整，推动经济高质量发展迈出新步伐。2019年全行业发展稳中有进，产量、利润、出口等主要经济指标实现正增长，但不确定、不稳定的因素仍较多，行业总体生产经营形势依然严峻，企稳基础有待进一步夯实，加快形成发展新动能更加迫切。

一、生产增速小幅回升

2019年，规模以上印染企业印染布产量537.63亿米，同比增加2.80%，增速较2018年提高0.17个百分点。“十三五”以来，印染行业逐步由数量规模型向质量效益型转变，生产增速整体维持在合理区间，见图1。

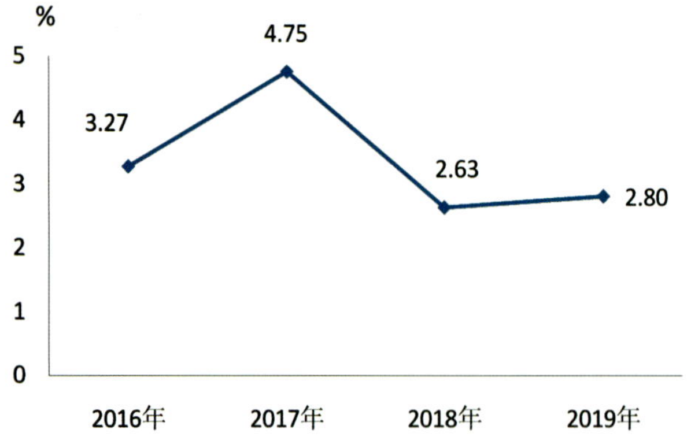

图1 “十三五”以来规模以上印染企业印染布产量增速情况

资料来源：国家统计局

二、运行质效继续改善

（一）运行质量稳中向好

2019年，印染行业规模以上企业主要运行效益指标，见表1。规上企业三费比例6.72%，同比增加0.16个百分点，其中棉印染精加工企业为6.44%，化纤织物染整精加工企业为8.92%；成本费用利润率6.06%，同比增加0.39个百分点；销售利润率5.59%，同比增加0.30个百分点，高于纺织行业1.04个百分点，为历史最高点，见图2，其中棉印染精加工企业为5.65%，同比增加0.35个百分点，化纤织物染整精加工企业5.14%，同比减少0.12个百分点；产成品周转率21.72次/年，同比降低0.80%；应收账款周转率8.17次/年，同比提高8.74%；总资产周转率1.10次/年，同比增加1.44%。

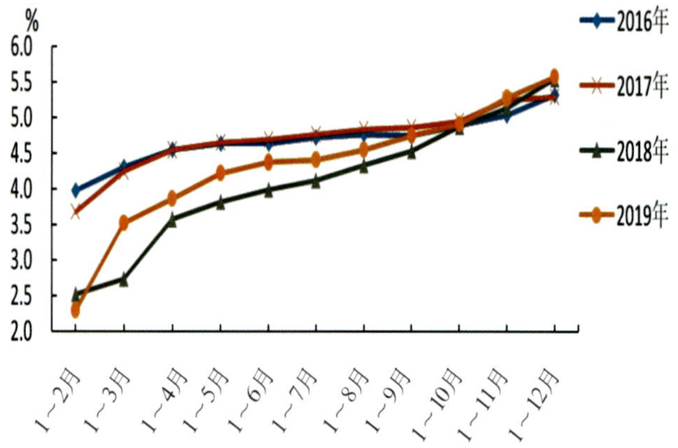

图2 “十三五”以来规模以上印染企业销售利润率情况

资料来源：国家统计局

（二）盈利能力有所提高

根据国家统计局公布的数据，2019年，1633家

表1 2019年印染行业运行效益指标

印染企业	规模以上印染企业	棉印染精加工	化纤织物染整精加工
三费比例(%)	6.72	6.44	8.92
同比(百分点)	0.16	0.12	0.29
成本费用利润率(%)	6.06	6.12	5.54
同比(百分点)	0.39	0.45	-0.09
销售利润率(%)	5.59	5.65	5.14
同比(百分点)	0.30	0.35	-0.12
产成品周转率(次/年)	21.72	21.20	27.13
同比(%)	-0.80	-1.97	10.58
应收账款周转率（次/年)	8.17	8.14	8.38
同比(%)	8.74	9.57	1.30
总资产周转率(次/年)	1.10	1.13	0.91
同比(%)	1.44	2.23	-2.68

资料来源：国家统计局

规模以上印染企业实现主营业务收入2831.53亿元，同比增加0.83%，增速较2018年回落2.15个百分点；实现利润总额158.35亿元，同比增加6.49%，增速较2018年减少11.44个百分点；主营业务成本2424.81亿元，同比减少0.58%，占主营业务收入的比重达85.64%；出口交货值414.69亿元，同比增加0.31%。2019年，国家出台一系列减税降费政策，赋能企业发展和产业转型升级，印染行业主营业务收入和利润实现增长，但企业成本负担依然较重，如何提质降本增效成为企业生存和发展的关键问题。

2019年，规模以上印染企业亏损企业户数309家，亏损面18.92%，较2018年扩大1.25个百分点，近年来印染行业亏损面变化情况见图3。亏损企业亏损总额17.11亿元，同比增加9.76%，增速较2018年增加21.24个百分点。“十三五”以来行业亏损面呈逐年扩大态势。

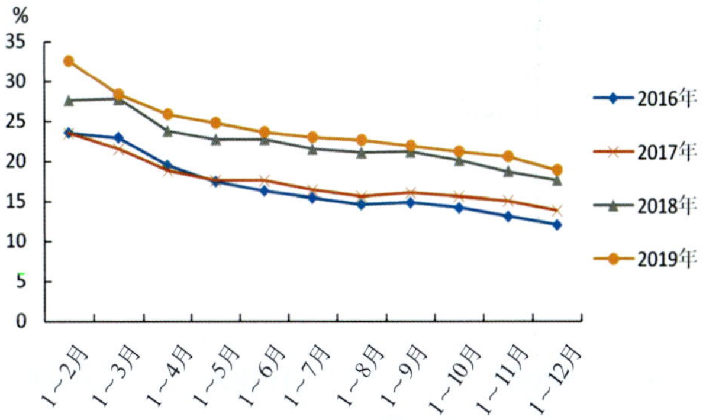

图3 “十三五”以来规模以上印染企业亏损面变化情况

资料来源：国家统计局

三、进出口情况

2019年，印染八大类产品进出口总额291.44亿美元，同比增加7.34%，增速较2018年同期提高0.69个百分点；贸易顺差256.89亿美元，同比增加10.40%，增速较2018年同期提高1.87个百分点。

（一）进口继续减少

2019年，印染八大类产品进口数量8.78亿米，同比减少12.62%，增速较2018年回落8.40个百分点；进口金额17.27亿美元，同比减少10.94%，增速较2018年回落7.69个百分点；进口平均单价1.97美元/米，同比增加1.92%，增速较2018年提高0.86个百分点。

（二）出口保持增长

2019年，印染八大类产品出口数量268.23亿米，同比增加12.83%，增速较2018年提高10.13个百分点；出口金额274.17亿美元，同比增加8.75%，增速较2018年提高1.24个百分点；出口平均单价1.02美元/米，同比减少3.62%，增速较2018年回落8.57个百分点。2016～2019年，印染八大类产品出口数量逐年增加，出口平均单价有所波动，2019年出口数量和金额同比均有所增长，出口情况整体良好，见图4。

图4 “十三五”以来印染八大类产品出口情况

资料来源：中国海关

1、大类产品出口情况

2019年，印染八大类产品出口数量均有所增加，出口平均单价除棉混纺印花布上升和涤纶短纤织物持平以外，其余六大类产品的出口平均单价同比均有不同程度的下降，其中棉混纺染色布同比下降13.33%，T/C印染布同比下降9.23%，下降幅度相对较大。印染八大类产品中，纯棉染色布、合成长丝织物和再生纤维短纤织物出口数量和金额均呈现两位数的增长，见表2。

表2 2019年印染八大类产品出口情况

品种	数量（亿米）	金额（亿美元）	单价（美元/米）	数量同比（%）	金额同比（%）	单价同比（%）
纯棉染色布	17.90	31.80	1.78	26.00	17.95	−6.32
纯棉印花布	18.18	22.08	1.21	0.81	−1.43	−2.42
棉混纺染色布	4.51	8.81	1.95	13.17	−1.87	−13.33
棉混纺印花布	0.60	1.28	2.14	2.89	5.82	2.88
合成长丝织物	170.10	151.24	0.89	14.44	11.58	−2.20
涤纶短纤织物	12.95	10.51	0.81	6.09	6.61	0
T/C印染布	14.96	17.71	1.18	0.25	−8.37	−9.23
再生纤维短纤织物	29.05	30.74	1.06	15.42	10.46	−4.5
合计	268.23	274.17	1.02	12.83	8.75	−3.62

资料来源：中国海关

2、主要出口市场情况

2019年，印染八大类出口市场前十位依次为越南、尼日利亚、印度尼西亚、孟加拉国、巴基斯坦、巴西、贝宁、缅甸、阿联酋和菲律宾，见表3。前10位市场出口数量合计120.70亿米，占总出口数量的45.00%；出口金额130.76亿美元，占总出口金额的47.69%。其中越南仍是最大的出口市场，占出口总量的7.80%。2019年，对尼日利亚、巴基斯坦、阿联酋和菲律宾的出口大幅增加，增速均达40%以上。同2018年相比，前十位出口市场中，菲律宾和阿联酋分别取代了美国和印度位列出口市场的第九和第十位。

3、传统出口市场情况

2019年，受产业转移、国际市场需求放缓和中美贸易摩擦等影响，我国纺织品服装出口美国、欧盟和日本三大传统市场都呈现下降走势。印染八大类产品对传统市场出口情况，见表4。2019年，多重因素导致市场缺乏回升动力，欧盟市场表现依旧低迷，虽然对欧盟市场出口数量和出口金额同比实现小幅增加，但出口下行压力持续存在。2019年受制造业持续低迷、投资和出口疲弱以及非金融企业债务风险不断上升，美国经济下行压力加大，加之中美贸易冲突的长期性、艰巨性和复杂性，印染八大类产品对美出口下滑明显，出口数量、金额和单价均呈现负增长态势。日本是我国纺织品服装出口主要市场之一，2019年印染布对日本出口继续回暖，出口数量和金额同比分别增加5.90%和0.56%，但出口平均单价减少5.04%，表明出口日本市场竞争激烈，提供深加工、高质量的产品同时提升产品附加值及品牌服务对开拓日本市场具有重要意义。

4、新兴市场出口情况

2019年，印染布对东盟等新兴市场出口表现良好，见表5。当前中国与新兴市场和发展中国家贸易增长强劲，发展潜力大。随着中国与东盟自由贸易协定全面实施，有力地推动了中国东盟双边贸易迅速增长。2019年，印染八大类产品对东盟出口数量同比增加12.11%；出口金额同比增加8.65%。2019年俄罗斯对外贸易市场逐步回暖，印染八大类

表3 2019年印染布出口主要市场情况

国家及地区	数量（亿米）	金额（亿美元）	单价（美元/米）	数量同比（±%）	金额同比（±%）	单价同比（±%）
越南	20.92	32.04	1.53	4.95	−0.72	−5.40
尼日利亚	20.32	13.27	0.65	41.14	45.50	3.09
印度尼西亚	14.03	14.31	1.02	11.25	5.49	−5.18
孟加拉国	13.75	19.85	1.44	−2.53	−5.80	−3.36
巴基斯坦	10.43	11.62	1.11	51.22	64.56	8.83
巴西	9.39	7.73	0.82	11.73	7.98	−3.36
贝宁	9.01	6.77	0.56	29.63	10.42	−14.82
缅甸	8.46	9.37	1.11	12.77	19.35	5.84
阿联酋	7.63	8.15	1.07	62.46	54.79	−4.72
菲律宾	6.76	7.65	1.13	56.96	88.96	20.39

资料来源：中国海关

表4 2019年印染布出口传统市场情况

出口传统市场	数量（亿米）	金额（亿美元）	单价（美元/米）	数量同比（±%）	金额同比（±%）	单价同比（±%）
欧盟	18.01	19.51	1.08	2.97	0.15	-2.74
美国	5.99	5.67	0.95	-11.09	-19.14	-9.06
中国香港	2.14	3.57	1.67	-28.68	-21.74	9.72
日本	1.72	1.36	0.79	5.90	0.56	-5.04

资料来源：中国海关

表5 2019年印染布出口新兴市场情况

出口新兴市场	数量（亿米）	金额（亿美元）	单价（美元/米）	数量同比（±%）	金额同比（±%）	单价同比（±%）
东盟	61.25	76.61	1.25	12.11	8.65	-3.10
俄罗斯	4.53	4.66	1.03	4.91	7.43	2.40
印度	6.62	5.86	0.89	8.47	15.55	6.53

资料来源：中国海关

产品对俄出口数量同比增加4.91%，出口金额同比增加7.43%。2018年印度上调20%纺织服装进口关税，但2019年上调纺织品服装基本关税并未实施，印度对纺织服装产品进口关税仍具有较大不确定性。2019年印染八大类产品对印度的出口数量和出口金额分别增长8.47%和15.55%。

2019年印染行业主要影响因素

一、世界经济增长动能减弱

2019年，世界主要经济体贸易出口明显减弱，一些国家出口更是持续下滑，导致全球货物贸易增长严重减缓，包括美国在内的主要发达国家对经济衰退的担忧不断加剧，整体经济增长放缓。美国经济维持扩张但增长放缓，制造业持续萎缩，企业固定投资和出口仍然疲软；全球贸易紧张局势和英国“脱欧”不确定性对欧元区冲击加剧，加上内部制造业遇冷和投资不足，欧元区经济放缓幅度超过预期；受外部需求不振、自然灾害以及消费税上调的三重打击，日本经济增长疲态显露，出口持续下降，消费面临挑战；受全球贸易摩擦加剧、经济增长放缓导致需求疲软的影响，再加上自身一些结构性问题制约，2019年新兴经济体和发展中国家经济增长动能减弱，贸易疲软，投资不振，经济增速普遍回落。

二、中美贸易摩擦

近年来，单边主义、贸易保护主义阴霾始终笼罩着全球经济，成为影响全球经济可持续增长前景的威胁之一。2019年，受中美贸易摩擦影响，我国纺织行业出口持续承压，全年纺织品服装出口数量同比增加3.98%，出口金额同比减少1.5%，呈现

“量升价跌”的态势。中美贸易摩擦的持续性和不确定性对市场信心造成较大影响，市场普遍对中美贸易局势的走向担忧，国际采购商对采购战略和供应链布局进行大幅调整，部分国际采购商和国内生产企业的订单转移至国外，削弱我国纺织品服装的出口竞争力。作为纺织产业链重要环节的印染行业，2019年中美贸易摩擦对行业出口和运行产生较大影响。综合来看，中美贸易摩擦一方面对中国纺织印染行业造成了较大影响；另一方面倒逼印染行业深度调整转型，加快行业转型升级进程。

三、国内经济下行压力加大

2019年，中美贸易战、英国脱欧、地缘政治等全球不确定因素增多，我国经济下行压力持续加大。2019年我国经济增速为6.1%，较2018年降低0.5个百分点，下行幅度为近五年之最；全社会投资表现持续低迷，消费出现比较明显的放缓，出口增速则出现显著下滑。相关宏观数据显示，2019年我国社会经济增长动能不足，市场信心有待恢复，社会各界盼望进一步出台结构性改革、扩大内需市场及扩大开放等政策。宏观经济下行压力加大，印染行业面临更为复杂多变的市场环境。

四、市场需求

2019年，世界主要经济体经济呈现同步减速趋势，全球制造业活动普遍疲软，同时，由于全球贸易紧张局势不时升级及其带来的不确定性凸显，国际贸易体系受到扰乱，对我国纺织品进出口、外商直接投资和供应链造成破坏并直接拖累需求，致使市场需求动力不足。2019年以来，我国纺织品服装出口规模缩减，内销增速较2018年明显放缓。面对压力，印染行业深挖内需潜力，提升供给能力，积极调整市场结构，优化产品结构，拓展多元化国际市场，对新兴市场和“一带一路”国家出口表现良好。2019年，印染八大类产品对“一带一路”沿线国家出口数量为132.85亿米，同比增加14.06%；出口金额157.99亿美元，同比增加11.07%。当前我国与“一带一路”沿线国家贸易合作潜力正在持续释放，成为拉动我国纺织品服装外贸发展的新动力。

五、产业转移

近年来，随着我国人口老龄化加速，有效劳动力减少，人口红利逐渐消失，加之东南亚地区劳动力、原材料等生产要素及关税、贸易壁垒等方面的比较优势，我国积极布局纺织业海外转移路径，东南亚地区已成为我国纺织印染行业转移的主要地区，中美贸易战导致的国际订单转移加速了这一进程。产业转移尽管会在一定程度上削弱我国纺织品服装出口竞争优势，但对优化全球资源配置，提升行业国际竞争力具有促进作用。产业转移促使我国印染行业由中低端向高端及上下游产业环节延伸，提升产品附加值，推动国内企业由加工型向品牌企业转型，提升我国在全球纺织产业链中的地位。

六、环保形势

当前在我国环境问题日益严峻的形势下，印染行业作为全国污染减排的重点行业之一，其环保治理以国家环保政策为导向。2019年，随着《污染源源强核算技术指南纺织印染工业》、《国家先进污染防治技术目录（水污染防治领域）》、《中国严格限制的有毒化学品名录》（2020年）（全氟辛基磺酸等）、《污水监测技术规范》、《规划环境影响评价技术导则总纲》、固定污染源排污许可分类管理名录（2019年版）等多项生态环境建设相关的政策法规的落地实施，印染行业环保监管力度进一步加大，企业的环保压力和投入持续增加。

2020年印染行业发展环境与趋势

展望2020年，印染行业面临国内外形势更加复杂严峻。新冠肺炎疫情给全球经济带来自2008年金融危机以来的最严峻挑战，2020年上半年世界经济增长将急剧放缓。经合组织下调了大多数经济体2020年的经济增长预期，对市场需求回暖的支撑力度减弱，国际市场需求将进一步低迷。疫情短期内对中国经济发展和经济增长带来冲击，增大了全年经济下行压力，但是并不会改变中国经济长期向好的根本趋势。为应对疫情，中央政府加大了宏观政策调节力度，各级政府及时出台政策举措，在保障物资供应、恢复生产运营、扶持中小企业、保障就业民生等方面有力有效，将降低疫情对经济的负面影响。同时，各级政府出台的很多政策对纾缓民营企业疫情冲击起到积极作用。从国内外宏观经济环境看，印染行业发展面临的形势较为严峻，继续保持平稳运行的压力较大，转型发展任务依然艰巨。

一、全球经济增速放缓，出口形势较严峻

受新冠肺炎疫情、全球贸易摩擦、英国脱欧和金融不稳定性等下行风险影响，经合组织将2020年的全球经济增速预期由2.9%下调至2.4%。如果疫情在亚太、欧美地区继续蔓延或长期持续，2020年的全球经济增长预期将进一步降至1.5%。在全球经济下行压力加大的背景下，主要发达经济体经济增速放缓，美国经济维持扩张难度越来越大，欧洲和日本经济仍可能继续走弱，传统市场对纺织品服装需求恐进一步放缓。与此同时，中美贸易局势的变化增加了经济的不确定性，虽然中美贸易谈判取得积极进展，第一阶段协议已经完成，中美同意随协议进展分阶段取消加征关税，涉及15个纺织服装产品税号，后续执行阶段及第二阶段协议的谈判进程依然存在较大不确定性，中美贸易摩擦具有长期性和日益严峻性，出口仍面临加大压力。随着“一带一路”建设稳步推进、东盟等新兴经济体释放经济增长潜力，加上区域全面经济伙伴关系协定RCEP协议即将达成等影响出口积极因素的不断显现，将给行业出口增长带来新动能。2020年，印染行业出口仍面临较大压力，预计对传统市场出口呈下降态势，对东盟等新兴市场出口有望保持增长。

二、多策并举，为行业经济平稳运行提供有力保障

2020年初暴发的新冠肺炎疫情给中国经济带来了下行风险，疫情的全球蔓延又进一步加大了中国经济企稳的难度，但疫情对我国宏观经济的影响是暂时的，我国经济长期向好、高质量发展的基础没有改变。2020年一季度，印染企业由于受到疫情的影响，推迟复工导致部分企业无法按时完成原有的订单，加上物流运输不能正常运行，订单减少、库存积压、贷款到期，资金周转等困难叠加，企业生产运营受到一定影响。随着全国疫情得到较好的控制以及有关部门制定并出台对冲疫情影响的政策措施，工业企业陆续复工复产，产能利用率逐渐上升，企业运营将出现回暖趋势。此外，2020年，中央将深化金融供给侧结构性改革并进一步优化减税降费政策，实现巩固和拓展减税降费成效，民营和中小微企业融资难、融资贵问题将得到更好缓解，企业生产成本有望进一步降低，为印染行业经济平稳运行提供重要保障。总体来看，2020年规模以上印染企业运行将呈现先降、后增、再稳的增长趋势。

三、市场竞争压力或加剧

从全球情况来看，新冠肺炎病例仍在全球多地蔓延，处于“上升期”。受疫情影响，国际订单出现断崖式下降，不少外贸企业出口受阻或订单量减少，萌生外贸转内贸想法，势必会加剧内贸市场竞争。2019年我国纺织品服装内销市场增长速度较2018年已有所放缓。叠加疫情因素和部分企业出口

转内销的压力，2020年上半年，国内纺织服装市场压力或将进一步增加，对上游印染行业内销市场竞争带来明显影响。随着国内疫情的逐渐缓解，春节以来被疫情压制的纺织品生产需求可能在未来某一时段集中出现，并刺激纺织品服装消费出现阶段性恢复。同时，2020年全面建成小康社会进入决胜阶段，经济营商环境将持续改善，消费增长的体制机制将进一步完善，制约消费增长的因素有所缓解，全年内需消费增长将会继续向好，为进一步激活纺织印染业市场主体的内生动力和释放内销需求潜力发挥支撑性作用。

四、高质量发展进程加快推进

疫情对行业发展产生影响，同时也将促使企业加快改革创新，加快技术进步，培育竞争新优势。中央经济工作会议指出，2020年将坚持稳中求进工作总基调，在深化供给侧结构性改革上持续用力，确保经济实现量的合理增长和质的稳步提升。这意味着未来不会简单地追求经济增速，而是兼顾质与量的平衡，甚至更加重视经济发展的质量。在此经济环境下，印染行业也将进一步加速由数量规模型向质量效益型转变，加快推进高质量发展进程。

（撰稿人：丁思佳　李鹏飞　林　琳）

针织业

中国针织工业协会

2019年针织行业经济运行特点

一、行业整体增速放缓，针织面料优于针织服装

据国家统计局统计，2019年针织行业（包括针织面料类和针织服装类企业）5732家规模以上企业完成主营业务收入5993.81亿元，同比增长0.10%，增速较2018年下降4.28个百分点。其中，针织面料类2068家规模以上企业完成主营收入2241.83亿元，同比增长0.35%，增速较2018年下降6.06个百分点。针织面料织造类规模以上企业主营业务收入同比下降1.06%，针织面料印染类规模以上企业增长8.14%，增速较2018年提高3.3个百分点，针织制品类规模以上企业增长3.08%。

同期，针织服装类3664家规模以上企业完成主营业务收入3751.98亿元，同比下降0.05%，增速较2018年降低4.65个百分点。针织服装类规模以上企业完成针织服装产量133.67亿件，同比减少2.09%，增速较2018年回升1.53个百分点。

从年度数据看，2013年开始针织行业规模以上企业主营业务收入增速呈现一个波动下降趋势，见图1。

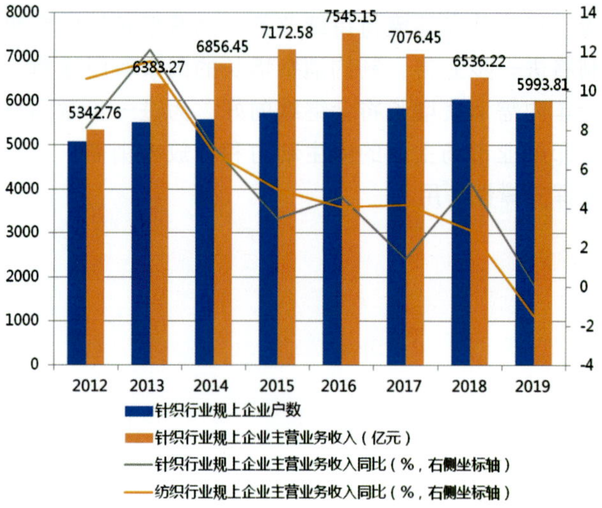

图1 2012～2019年针织行业规模以上企业主营业务收入变化情况

资料来源：国家统计局

二、海外市场出口出现负增长，突发事件加剧行业风险

据中国海关统计，2019年我国针织行业（包括针织织物和针织服装及附件）出口金额为900.16亿美元，同比下降1.60%，增速较2018年回落5.24个百分点，行业再次出现负增长。其中，针织织物出口186.62亿美元，同比增长2.8%，针织服装及附件出口713.53亿美元，同比下降2.69%。从海关月度数据看，2019年针织行业出口增速由1～3月的−3.16%逐步回暖到1～12月的−1.6%，出口降幅收窄，见表1。

表1 2019年针织行业各品类出口情况及2018年同期对比情况

项目	出口额(亿美元)	同比(%)	2018年同期同比(%)
针织产品	900.16	−1.6	3.64
针织织物	186.62	0.33	10.61
起绒织物	43.04	7.57	17.36
针织物<30cm	2.02	12.32	1.6
针织物>30cm	32.64	−0.74	10
经编织物	11.15	−4.7	14.77
其他针织物	97.77	−2.04	7.95
针织服装及附件	713.53	−3.14	2.05
1、毛针织服装及附件	20.32	−4.34	0.92
2、棉针织服装及附件	280.44	−5.95	−1.81
3、化纤针织服装及附件	333.12	0.48	6.01
针织服装	583.94	−3.72	1.16
1、棉针织服装	231.69	−6.33	−2.55
2、化纤针织服装	282.40	0.39	5.36
3、毛针织服装	18.39	−6.43	−0.21

资料来源：中国海关

另据国家统计局统计，2019年针织行业规模以上企业出口交货值完成1616.30亿元，同比增长0.76%，增速较2018年降低1.07个百分点；其中，针织面料类企业出口交货值333.23亿元，同比0.44%，针织服装类企业出口交货值1283.07亿元，同比增长0.84%。

三、内销市场略有收缩，根基作用稳定行业发展

据国家统计局统计，2019年我国社会消费品零售总额411649亿元，比2018年增长8.0%，其中，限额以上服装鞋帽针纺织品零售总额13516.6亿元，同比增长2.9 %，限额以上服装类商品零售总额9778.1亿元，同比增长2.6%。全年实物商品网上零售额85239亿元，比2018年增长19.5%，占社会消费品零售总额的比重为20.7%，比2018年提高2.3个百分点。其中，穿类网上零售同比增长15.4%，针织产品作为国内居民重要的日常消费品，电商等新兴商业模式不断拓展针织产品市场。

从规模以上企业统计数据看，2019年针织行业规模以上企业内销占比为73.03%，较2018年微降

0.18个百分点；其中，针织面料类规模以上企业内销占比为85.14%，针织服装类规模以上企业内销占比为65.80%。

从海关进口数据看，2019年我国进口针织产品（包括针织织物和针织服装及附件）金额合计为50.24亿美元，同比增长0.1%。其中，针织织物进口13.71亿美元，同比降低16.33%，进口针织织物的大幅减少，说明国内针织织物的竞争力在不断提高，市场占额不断扩大；针织服装及附件进口36.53亿美元，同比增长8.06%，相较于2018年的增速11.86%有所回落，针织服装进口近年来一直保持正向增长，说明国内终端消费市场对中高端针织产品的需求依然旺盛；同时，增速的回落也说明随着国内针织品牌的转型升级、创新发展，在内销市场的发展空间越来越大。

四、行业运行质效维稳，动能优化提高应变能力

2019年针织行业经济运行质效总体优于整个纺织行业。据国家统计局统计，2019年针织行业营业收入增速维持正增长，并略高于纺织行业营业收入增速，全年增速为0.1%；行业利润总额完成286.65亿元，全年同比下降3.81%，增速较2018年出现大幅下跌。其中，针织面料类2068家规模以上企业利润总额完成110.19亿元，同比增长0.19%；针织服装类3664家规模以上企业利润总额完成176.46亿元，同比下降6.16%，见表2。

从具体财务指标数据看，2019年，针织行业利润率4.78%，较纺织行业高0.23个百分点，较2018年降低了0.43个百分点，其中针织面料类规模以上企业利润率为4.92%，针织服装类规模以上企业利润率为4.7%；针织行业总资产周转率和产成品周转率分别为1.35次/年和15.34次/年，均高于纺织行业平均水平；针织行业三费占比为7.91%，略低于2018年0.19个百分比，其中针织面料5.77%，针织服装9.19%；行业亏损面为13.30%，较2018年的13.50%收窄了0.20个百分点，见表2。

行业运行中存在的问题

一、内外市场持续承压

全球经济动荡源和风险点增多的复杂局面与国内结构性、周期性问题相互交织，贸易摩擦不断、成本上涨、竞争加剧等常态化因素也给行业保持平

表2 2019年针织行业主要财务指标数据

国家及地区	企业户数（户）	亏损面（%）	营业收入（亿元）	营业成本（亿元）	毛利率（%）	利润总额（亿元）	利润率（%）	总资产周转率（次/年）	产成品周转率（次/年）	三费占比（%）
纺织行业	34734	16.88	49436.45	43372.57	12.27	2251.40	4.55	1.22	14.93	6.87
针织行业	5732	15.88	5993.81	5190.45	13.40	286.65	4.78	1.35	15.34	7.91
针织面料	2068	13.30	2241.83	1980.31	11.67	110.19	4.92	1.42	16.12	5.77
针织服装	3664	17.33	3751.98	3210.14	14.44	176.46	4.70	1.31	14.89	9.19

资料来源：国家统计局

稳运行施加了较大压力。

就国际形势而言，一方面，全球制造业整体增长萎缩、国际贸易摩擦不断升级、区域性贸易保护主义加剧，导致全球市场竞争日益激烈；另一方面，消费市场需求动力日趋减弱、市场信心大幅削弱，导致消费者购买力呈下降态势；加之行业内传统优势减弱、竞争新优势尚未确立，导致国际市场需求不断缩减，行业出口压力明显加大，经济下行趋势明显。

就国内形势而言，行业运行成本上升，市场压力、库存压力不断加大，加之企业成本费用压力的加剧、国内消费升级适应难度的加大、消费者信心的弱化，针织行业的发展形势不容乐观。特别是对处于市场竞争激烈、利润微薄的出口企业而言，订单难度加大，企业只能通过对内挖潜增效，对外增强沟通，同时加大研发力度，增加在新产品上的议价权等方式获取发展机遇。

二、效益压力持续增大

行业盈利压力显著增加，投资规模有所缩减，产业链多数环节效益持续承压。全行业34734家规模以上纺织企业实现主营业务收入49436.4亿元，同比减少1.47%，增速低于2018年4.37个百分点；实现利润总额2251.4亿元，同比减少11.65%，增速低于上年19.67个百分点。针织行业利润总额完成286.65亿元，同比下降3.81%，增速较2018年出现大幅下跌，低于上年9.8个百分点。全年，规模以上纺织企业营业收入利润率为4.55%，较上年回落0.6个百分点；针织行业利润率为4.78%，较上年回落0.43个百分点。针织行业三费比例7.91%，略高于纺织行业0.04个百分点，表明针织企业整体运营压力较大。

三、行业创新有待提升

在行业转型升级迈向中高端发展过程中，设计研发和品牌营销处于中心位置，向针织产品设计和品牌营销的产业价值链高附加值环节转型是突破现有发展阶段瓶颈的重要方向，而目前行业发展在创新升级、动能优化方面仍然存在一定的问题。特别是，在针织产品的市场拓展及内销品牌打造过程中，我国大型针织企业多从为国际大品牌代工型企业发展起来，创新能力较低，企业自主品牌发展滞后，其自主品牌发展受到国外品牌的压倒性制约，为保证企业正常运转，运营成本因素普遍限制了自主品牌发展，目前，发展较好的国内针织品牌多选择覆盖多生产线品类产品。代工生产模式维持发展的同时，要积极转型自主设计，提升行业创新能力，抢占新兴消费族群。

四、产业配套需要完善

产业集群在实质上是一种商业生态系统，企业间通过专业化分工形成网络，从而实现相互依存、互助互利的状态。目前，部分集群仅仅实现了简单的地理聚集，尚未形成真正意义上的产业集群生态系统。日趋激烈的相互竞争导致企业更加封闭独立，各种知识、技术与信息的传播和溢出效果被削弱。限制产业集群形成的原因很大一部分源于产业配套的不完善，产业配套涵盖众多软硬实力，行业的集群发展一方面要注重地区性生产运输配套的完善，环境压力的规划整改；同时，也要注重技术人才和基本劳动力的引进和培养，企业普遍反映人才短缺及用工紧张的情况，特别是沿海发达地区外地劳动力占比较高，未来有面临人才回流的压力，产业内人才短缺的问题及如何将过去的劳动力红利转化为人才红利、人力资源红利仍是未来企业和行业必须重视和着力解决的问题。

行业发展趋势和重点方向

一、提升产品品质，“质”优为王

近年来，行业已由数量扩张进入提升品质的重要时期，以需求为导向，通过技术研发、创意设计、产品创新提高针织产品的时尚外观、科技含量和产品附加值，丰富针织产品的文化内涵已成为今后针织产品的发展趋势。

（一）唯品而生，生产源头丰富产品品种

在技术研发上，随着中国居民消费需求的持续升级以及生态文明理念的深入人心，产品的功能性、环境友好性以及智能性成为消费关注热点。短纤纱经编产品；生物基纤维、原液着色纤维、循环再生纤维等产品；双向温度调节智能产品；针织成型鞋面；针织成型家居产品等不断开拓新兴的大众针织品消费热点。功能性针织产品市场的广度和深度，不断要求着也激励着海内外品牌企业的创新技术研发及产品跨界应用的拓展。

在产品创新上，随着人们对针织产品的要求越来越高，针织产品的开发不断发展为重视安全、卫生、健康、环保的复合型功能性时尚型针织产品的创新开发，强调功能与美观并重。企业应积极参与社会需求的设计，不断探索潜在需求，与时俱进地更新设计理念，创新开发出质量优、档次高、适合时代潮流的新兴针织产品。

在文化内涵上，与其他文创产品一样，文化也是针织产品设计的灵魂，随着新型消费力的觉醒，针织产品也具有了独特的文化诉求。我国的针织产品还存在设计陈旧、缺乏个性化和时尚感等问题，有些则是盲目模仿西方设计，缺乏民族性。因此，行业企业要大力倡导设计文化，在以人为本、强调个性化设计的同时，弘扬民族文化，融入现代时尚元素，开拓自主创新的新领域。

（二）注优入质，生产过程调控产品品质

不同企业抓质量工作的方式不同，特点不同，有的企业在生产环节做专做精，以求极致；有的企业强调产品与文化属性的紧密结合；有的企业走质量为王的路线，还有的企业用科技创新成就品质等方式。生产过程成就产品品质的方向主要包括三方面。

质量监管系统的完善。质量管理是一门科学，要尽量地量化分析，量化评定，增强可操作性，才能真正促进企业发展。成立质量监管小组，通过组织企业质量改进活动，在提高企业产品质量与服务质量、节能降耗、提高职工素质、应对市场挑战、提高企业经济效益与社会效益等方面发挥积极的作用。

技术装备的改良升级。提升自动化、高速化技术的应用转化率，成立设备监控改进小组，改进设备织造过程中可能出现的任何瑕疵问题，不断在制造全过程中提升产品质量。

行业标准的不断完善。不断完善标准体系，有助于提升产品质量。例如：团体标准中引入工艺标准的制定；“针织服装服饰优等品评价技术规范袜子”通过优质企业带动袜品行业提升袜品品质；优等品袜子标准号型引入体重标注并对袜子延伸值进行修订，是以提高连裤袜的穿着舒适度，等等。

二、引领智能创造，“智”领市场

智能制造日益成为行业持续向好的发展趋势和核心内容，是加快转型升级，促进行业向中高端迈进的重要举措，也是新时期增强国际竞争优势的必然选择。

（一）行业转型升级步伐持续推进，智能制造成企业转型升级必然方向

面对来自各方的挑战，推动行业向着自动化、数字化、智能化转型升级十分必要。在“中国制造2025”等政策的推动下，各个企业只有与时俱进，推进智能工厂建设，才能不断提高产品的生产效率

和产品质量。同时，将5G运营、云计算、大数据等技术融入行业的发展过程，加快现代化模式、智能化发展转变，实现企业的转型升级。

为加快智能化转型升级，企业可以设置智能车间来实现生产全程的自动化、控制系统的智能化和在线监测的信息化；注重采用机器人等现代化设备来促进产品生产效率的提升、节约人力成本。同时，将新一代人工智能技术与行业的设计、生产、营销、物流等环节结合起来，推动生产模式向着柔性化、智能化、精细化转变，由传统生产制造向智能制造转变也有助于企业不断改进技术，实现智能化升级。

（二）抢占制造“智”高点，加快生产流程自动化及企业管理信息化的建设步伐

“互联网+”正在快速渗透行业，企业应大力推进互联网信息技术与企业的融合发展，加快企业向智能化、绿色化、服务化转型的步伐，紧跟行业科技发展动态，创新应用产业创新成果，关注智能型、功能型针织产品与发展趋势。

运用ERP等互联网软件管理体系，逐渐实现全自动化流程运营，实现真正意义上的“人机互动”，在制造过程中，车间的机台数据收集归纳后传输到管理办公室，通过数据整理分析判定，在织造产品完成后直接进行产品的质量分类以及生产订单匹配等环节。在供给侧，实时匹配订单，增加有效匹配，减少库存，同时，也便于工人劳动的工作效率统计，提升全流程自动化水平。

（三）以科技创新技术的发展为武器，践行智能发展之路

面对新的国际形势，行业已经开始形成科技创新发展的新格局。特别是随着信息化、智能化、全球化的高度发展，企业开始由提供产品向提供体验转变，从生产制造向服务制造转变，从提供设备向提供整体解决方案转变。就针织服装而言，创意设计与时尚文化也不断改变着产品、产业的价值构成。

近年来，行业已经开始形成科技创新发展的新格局。特别是随着信息化、智能化、全球化的高度发展，企业开始由提供产品向提供体验转变，从生产制造向服务制造转变，从提供设备向提供整体解决方案转变。就针织服装而言，创意设计与时尚文化也不断改变着产品、产业的价值构成。

三、讲好品牌故事，“品”控需求

（一）诉说品牌故事，培育个性IP，培养“非我莫属”的忠实粉丝群

针织企业应推进转型升级步伐，由低端、低附加值的加工制造型向高端、高附加值的自主品牌型企业转型，关注设计研发和文化营销；同时要深度融合传统文化和现代时尚，以“大师、大事、大牌”为抓手，加快推进自主品牌建设，讲好品牌故事。关注市场运营，传播品牌故事，推动故事的“现象化”，借助各类流量平台培育自有流量IP，培养“非我莫属”的忠实粉丝群。

（二）展现文化自信，用品牌故事引领时尚，适应国内消费升级

讲好讲长品牌故事，建设中国针织自己的“现象级”民族品牌。我们的产业集群中有成千上万的中小微企业，这些中小微企业正是培养本土自主品牌的根基。因此，行业有必要肩负起品牌孵化的重任，助力有成长空间的优秀自主品牌。大力发展区域品牌、市场品牌、产品品牌三位一体的品牌体系，最大化发挥品牌效应与延伸价值，充分满足广大人民群众美好生活的新需要。

（三）流量经济引领消费风潮，品牌多样化、渠道细分化成为主旋律

随着90、95、00后成为消费主力，消费升级在年轻消费群体更强的消费意愿之下正在成为持续的大趋势，消费者对品牌诉求的多样化成为中国消费

市场的代名词。线上流量正在从传统的旗舰店逐步转向细分的直播网红等渠道，年轻消费者对社交和视频的偏爱，使得传统的单一旗舰店渠道正在快速转变为基于内容和互动的众多新细分渠道。

消费升级带来的高端化、民族自豪感带来的国潮、新渠道带来的新兴品牌成长，均培育了优秀的消费品公司。这样的增长说明，在经济增速趋缓的大背景下，中国市场多样化的需求，使得拥有自身独特定位的消费品品牌仍旧能够找到增长的空间，针织品牌要关注各类新思路、新渠道的变化与发展，借势而上。

四、发展绿色生产，“绿”启未来

（一）责任导向，构筑行业发展与社会责任的和谐之境

针对当前行业发展面临的巨大压力，维持企业社会责任建设意义十分重大。一方面，企业要承压而上，钻研机遇，夯实企业基础，保持生产稳定；保证产品质量，树立企业诚信的形象，建立品牌诚信供应链；注重提升员工节能减排意识，完善企业节能减排绩效评测体系，维护绿色持续发展生态。另一方面，加强产融合作，促进企业转型升级。

（二）绿色发展，实现生存文明与市场环境的共赢之梦

绿色制造是企业在产品设计、采购、生产、流通、消费、循环再利用等各个环节中系统考虑对资源环境和人体环境造成的影响，尽可能在产品全生命周期中提高资源效率、降低对自然环境以及人体环境的消极影响。

在绿色制造企业的发展之路上，企业应关注并应用节能少耗、可循环再利用的绿色原材料、有机纤维等进行生产，全面了解产品的原材料构成、原产地保护政策，等等；关注各类节能降耗的环保工艺，进行绿色成本核算，提升环境友好型企业形象。

在绿色环保产品开发上，使用绿色天然纤维以及环保再生纤维进行面料创新设计，如采用天然纤维织成的绿色健康多功能面料；加大循环再生系统技术的革新，如涤纶化学循环再生系统技术的研发创新；提高纤维循环利用率，减少环境污染；使用绿色自然的功能性环保面料，如采用天丝、棉麻纤维制成的绿色健康多功能性针织面料等。

在节能减排技术的创新上，引导企业选用低能耗、低排放的高端技术装备；加大高品质针织印染产品设计与开发力度，如功能性针织品染整技术、高色牢度纺织染整技术；加强新型纤维染整技术和工业用水的循环利用等。

（撰稿人：张旭兰）

服装业

中国服装协会

2019年行业经济运行情况

2019年是中国服装行业在不确定因素中积极探索、谋求新发展的一年，也是非常艰难的一年。国内外发展环境更为严峻复杂，市场需求放缓与消费变革叠加，贸易风险与不确定性因素增多。我国服装行业承压负重、迎难前行，坚持以供给侧结构性改革为主线，积极推进转型升级和务实创新发展，在生产经营压力加大的情况下总体保持了基本平稳的发展态势，进入新一轮的战略重构与积累发展期。

一、服装产量小幅下降

根据国家统计局数据，2019年1～12月，服装行业规模以上企业累计完成服装产量244.72亿件，同比下降3.28%，降幅比2018年同期收窄0.09个百分点，见图1。从分品类服装产量来看，针织服装产量降幅略低于机织服装，针织服装133.67亿件，同比下降2.09%；机织服装111亿件，同比下降4.69%，其中，羽绒服装和衬衫产量同比分别下降22.34%和5.78%，西服套装产量同比小幅增长1.40%。

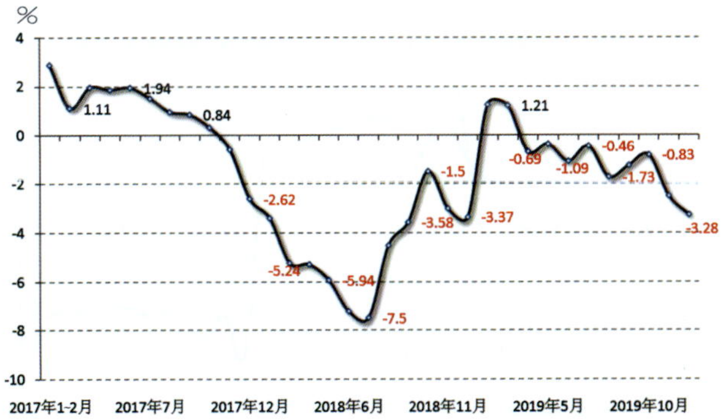

图1 2017～2019年服装行业规模以上企业产量累计增幅情况

资料来源：国家统计局

二、服装出口压力加大

受国际市场需求低迷、中美贸易摩擦不断升级以及市场竞争日益激烈等因素影响，我国服装出口明显下降，国际市场结构和国内区域布局加快调整。根据中国海关统计，2019年1～12月我国服装出口呈现量价齐跌态势，服装及衣着附件出口1534.53亿美元，同比下降3.74%，见图2；出口数量298.43亿件，同比下降2.98%；出口平均单价3.96美元/件，同比下降1.98%。

图2 2013～2019年中国服装出口情况

资料来源：中国海关

对传统市场出口明显下降，国际市场布局更加多元。根据中国海关统计，2019年1～12月，我国对欧盟、美国、日本、东盟服装出口下跌明显，同比分别下降5.94%、6.89%、5.39%和4.31%，以上四大主要市场合计出口金额925.32亿美元，占服装出口总额的60.30%。我国对部分一带一路沿线国家服装出口显现亮点，对整体出口形成正向拉动。我国对菲律宾、吉尔吉斯斯坦、沙特阿拉伯、哈萨克斯坦、波兰、马来西亚、印度七个国家的服装出口

表1 2019年我国对主要国家/地区服装出口金额情况

出口市场	出口金额（亿美元）	金额同比（%）	占比（%）	国别	出口金额（亿美元）	金额同比（%）	占比（%）
欧盟	339.80	-5.94	22.14	菲律宾	31.01	20.55	2.02
美国	330.52	-6.89	21.54	吉尔吉斯斯坦	27.58	24.83	1.80
日本	154.32	-5.39	10.06	越南	27.45	-34.53	1.79
东盟	100.68	-4.31	6.56	沙特阿拉伯	26.69	53.29	1.74
俄罗斯	69.24	-7.26	4.51	哈萨克斯坦	26.01	36.12	1.70
韩国	60.36	16.16	3.93	阿联酋	24.51	-0.52	1.60
中国香港	47.73	-31.2	3.11	波兰	16.09	6.55	1.05
澳大利亚	38.30	0.02	2.50	马来西亚	15.52	17.9	1.01
加拿大	28.18	-17.52	1.84	印度	11.10	10.02	0.72
智利	22.71	-17.94	1.48	以色列	10.79	1.89	0.70

资料来源：中国海关

金额保持不同幅度增长，对沙特阿拉伯、哈萨克斯坦同比增幅高达53.29%和36.12%，以上七国的出口金额对服装行业整体出口形成1.96个百分点的正向拉动，见表1。

三、国内销售稳中趋缓

据国家统计局数据，2019年1～12月，我国社会消费品零售总额411649亿元，同比增长8.0%，增速比2018年同期放缓1.0个百分点。其中，限额以上单位服装类商品零售额累计9778.1亿元，同比增长2.6%，比2018年同期放缓5.9个百分点，占限额以上单位商品零售总额的比重从2018年的7.25%下降至7.06%。同时，部分与消费升级相关的商品零售额快速增长，限额以上单位家电类、通信器材、体育娱乐用品和化妆品类商品零售同比增速均高于服装类商品。

线上服装零售额保持快速增长，网络销售是2019年服装市场重要的销售渠道。据国家统计局数据，2019年1～12月，全国穿类商品网上零售额同比增长15.4%，虽然增速比2018年同期放缓6.6个百分点，但依然保持了较快的增长，见图3。10月由于受双十一虹吸效应的影响，穿类商品网上零售额增速降至7.1%，其余各月穿类商品网销增速走势与实物类商品网上零售额增速基本趋同。

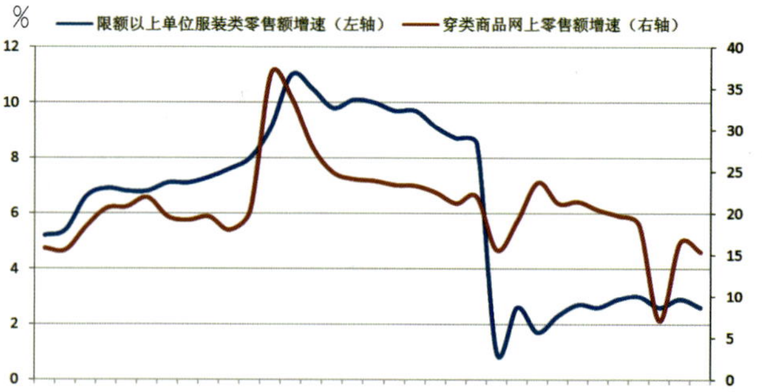

图3 2017～2019年各渠道服装销售增幅变化情况

资料来源：国家统计局

四、行业投资实现正增长

受市场需求和贸易环境不确定性影响，2019年前三季度服装行业固定资产投资增速呈现持续回落的态势，第四季度投资增速震荡回升，2019年投资额实现正向增长。据国家统计局数据显示，2019年1～12月我国服装行业实际完成投资（投资金额500万元以上的项目）同比增长1.8%，增速比2018年同期提升3.3个百分点，见图4。

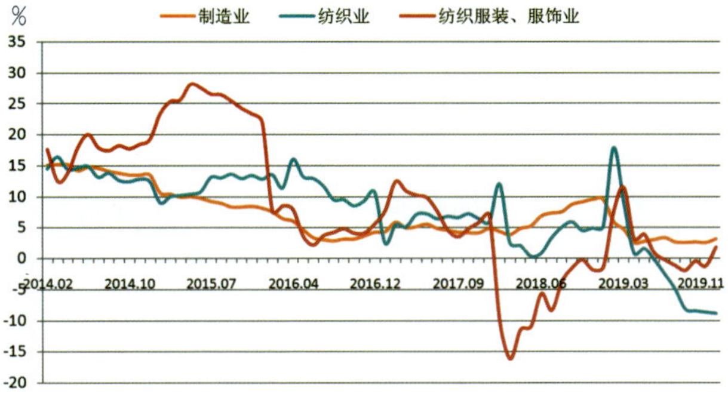

图4 2014～2019年实际完成投资累计增速情况示意图

资料来源：国家统计局

五、运行质效持续承压

由于2019年以来经济总体偏弱，服装出口和内销市场均表现欠佳，加之制造成本高企、订单转移、出厂价格增长乏力、库存增长等因素导致服装企业利润空间严重压缩，服装行业效益指标增速呈现明显下降趋势，企业盈利压力显著增加，运行质量提升难度加大。据国家统计局数据，2019年1～12月，服装行业规模以上（年主营业务收入2000万元及以上）企业13876家，累计实现营业收入16010.33亿元，同比下降3.45%；利润总额872.83亿元，同比下降9.75%；营业收入利润率为5.45%，比2018年同期下降0.38个百分点；三费比例为8.91%，比2018年同期增长0.20个百分点。同时，行业亏损面扩大，亏损企业单位数2225家，比2018年同期增加544家，亏损总额同比增长40.39%，见表2。

表2 我国服装行业规模以上企业主要经济指标完成情况

指标名称	单位	2019年1～12月累计	2018年同期累计	同比变化
企业单位数	户	13876	—	—
亏损企业单位数	户	2225	1681	32.36%
亏损企业亏损总额	亿元	79.22	56.43	40.39%
营业收入	亿元	16010.33	16582.20	−3.45%
利润总额	亿元	872.83	967.15	−9.75%
营业成本	亿元	13603.11	14123.19	−3.68%
营业收入利润率	%	5.45	5.83	−0.38个百分点
三费比例	%	8.91	8.71	+0.20个百分点
产成品周转率	次/年	14.51	15.08	−3.78%
流动资产周转率	次/年	2.26	2.39	−5.44%
总资产周转率	次/年	1.35	1.40	−3.57%

资料来源：国家统计局

中国服装行业发展特点

2019年，在国际经济复苏乏力、中国经济进入新常态的背景下，我国服装产业坚守“科技、时尚、绿色”的新定位，瞄准创新发展的新方向，在困难和压力中创新前行，依然显现出昂扬向上的发展态势，从新制造、新生态、新路径等方面实现新突破，充分展现了行业的活力与韧性，中国服装行业稳健而快速地步入高质量发展的新轨道。

一、品牌影响力不断提升

消费升级带来的高端化、民族自豪感带来的国潮、新渠道带来的新兴品牌，越来越多的服装品牌更加注重研究消费者的购买行为和心理需求，寻找市场突破口，建立自身产品的独特市场定位，以满足消费群体的不同需求。品牌和市场的不断细分，品牌效应也变得更加明显。领先的优势企业实施多品牌平台化运营，布局多品类、多业务和多渠道，精准指向消费人群，立足于消费者生活方式、工作方式场景，不断提升产品时尚度和细分领域的市场占有率。同时，国潮品牌既满足了新生代消费群体的消费主张，又是对传统文化价值的回归和凸显，成为2019年服装行业潮流新趋势。

二、智能制造持续推进

随着大数据、云计算、物联网、区块链等新技术的不断延伸和渗透，服装产业在生产方式、管理模式、服务系统等方面的转型升级步伐不断加快，智能制造持续推进。2019年，我国服装行业制造端的自动化、柔性化生产能力大幅提升，服装个性化定制和协同制造快速发展，智能制造系统整体解决方案广泛实施应用，数字化车间、智能化工厂建设步伐加快，以消费者为中心、以品牌为龙头的全产业链融合创新跨越式发展初露端倪。走在服装行业智能制造前列的优势企业基本实现了生产环节的智能化和管理体系智能化，数字化技术在研发设计、生产制造、物流仓储、客户服务等多个环节深度应用。

三、新零售驱动营销模式创新

2019年以来，新技术浪潮推动国内消费市场经历了颠覆性变革，数字化爆炸式发展放大消费者购买力的同时裂变出更多的消费热点与消费模式，社群经济、网红经济、粉丝经济蓬勃发展，借助微博、微信、快手、抖音、天猫等各类营销新渠道，消费者的购物行为变成“全天候购物、全渠道购物、个性化购物”。在消费变革的背景下，服装企业积极整合资源，借助多元化渠道与客户沟通，加速电商布局的同时，推动实体零售门店的数字化变革，线上线下相互引流，有效服务全渠道消费者，线上服务、线下体验以及现代物流深度融合的新零售模式为消费者提供更好的购物体验。

四、社交电商助力网上销售持续发展

2019年，社交电商凭借其交互性强、沟通方便快捷、用户对接精准等突出优势快速发展，成为网上销售持续增长的重要助力。随着微博、微信小程序、短视频平台、自媒体平台等新媒体渠道快速发展并互联互通，各大品牌纷纷利用社交媒体的流量效应，从文字到图片到视频、VR，用带入性和体验性的传播方式强化产品与用户的互动，口碑分享、内容传递、场景体验带来了产品信息传播的几何式增长。电商直播是2019年网络销售的新亮点，网红与KOL直播内容的有效性直接影响了消费者的购买决策，从根本上改变了消费习惯以及传统供应链的生产方式和商业逻辑。

行业运行主要影响因素

一、国际市场需求增速放缓

2019年，世界经济复苏乏力，全球贸易陷入疲软态势。多家国际组织和机构下调全球经济增长预期，世界贸易组织（WTO）将2019年全球货物贸易量增速从4月预测的2.6%下调至1.2%，是十年来的最低水平。从我国服装三大传统出口市场的服装销售表现来看，美国经济保持温和扩张但下行风险加剧，个人可支配收入和个人支出增速均较前期有所放缓，2019年个人成衣消费同比增长1.29%，比2018年回落2.8个百分点；欧盟经济持续低迷，需求疲软，消费者正在抑制对可自由支配资金的支出，主要国家批发和零售业纺织服装及鞋类营业额指数下半年有所回落，12月指数为103.4%，低于6月4个百分点；日本经济维持扩张态势，但增速有所放缓，消费税从8%上调至10%也对消费产生负面影响，服装销售市场增长乏力，2019年日本大型百货店和超市服装销售金额同比下降4.2%。

二、国际市场竞争日趋激烈

在国际市场需求增长乏力背景下，服装产业传统比较优势明显削弱的同时，贸易政策变革也在深刻影响全球服装供应链的重塑，部分区域贸易协定给我国服装产业的外贸发展带来较大挑战，东南亚、南亚等国家享有的优惠关税政策，加速了国际订单的转移。同时，中美贸易摩擦加剧了制造产能向海外转移，客观上促进了现有服装产业供应链也随之转移，产业中长期可持续发展能力或将受损。近年来，中国占美国、欧盟、日本服装进口市场的份额不断下降，而越南、孟加拉国、柬埔寨和缅甸等国家的市场份额持续增长。从2019年各市场的服装进口数据来看，欧盟、美国和日本自中国进口服装的比重分别减少了1.29、3.35和2.90个百分点，见表3。

三、消费结构变化影响服装消费提升

2019年以来，在经济增速放缓、居民收入增长面临压力的环境下，服装消费增速持续处于较低水平，而且居民消费结构也在不断变化，包括衣着、日用品在内的生存型消费比重不断下降。国家统计局数据显示，2019年，全国居民人均衣着消费支出为1338元，同比增长3.80%，增速比2018年同期放缓0.32个百分点，人均交通通信、教育文化娱乐和医疗保健消费支出增速均高于衣着消费支出。同时，在居民消费总支出中，居住消费支出、教育文化娱乐支出和医疗保健支出所占比重分别比2018年增加0.04、0.44和0.33个百分点，而人均衣着消费支出占消费总支出的6.21%，比2018年同期减少0.29个百分点。

四、消费年轻化加速市场下沉

三、四线城市和小城镇的年轻消费者成为消费增长新引擎。受益于区域协调发展战略的深入推进以及城镇化进程的不断深化，外流人口加速回流，消费群体稳步扩大，消费潜力进一步释放，三、四线城市逐渐成为国内外服装品牌重点布局的市场。在三、四线城市及农村市场的移动互联网用户中，绝大部分是35岁以下受过良好教育、拥有更开阔眼界的年轻消费者，这个消费群体注重产品的品质和产品的独特性，更加愿意通过消费清晰表达自己生活交际的理念和态度。随着互联网技术与普及程度的提升，电商平台和社交媒体的崛起以及物流体系的不断完善必将推动中低线城市年轻消费群体品质需求的加快释放。

2020年中国服装行业发展趋势展望

2020年是全面建成小康社会和“十三五”规划的收官之年，作为重要的民生产业和基础性消费产

表3 我国与东南亚国家服装在主要进口市场份额变化情况

欧盟			美国			日本		
国别	份额（%）	份额变化（百分点）	国别	份额（%）	份额变化（百分点）	国别	份额（%）	份额变化（百分点）
中国	31.12	-1.29	中国	29.68	-3.35	中国	55.89	-2.90
孟加拉国	18.91	0.65	越南	16.18	1.44	越南	15.07	1.21
土耳其	11.02	-0.02	孟加拉国	7.08	0.56	孟加拉国	4.04	0.23
印度	5.82	-0.15	印度尼西亚	5.25	-0.15	柬埔寨	3.92	0.35
柬埔寨	4.33	-0.09	印度	4.85	0.26	印度尼西亚	3.60	-0.07
越南	4.13	0.19	墨西哥	3.73	-0.31	缅甸	3.54	0.48
巴基斯坦	3.54	0.17	洪都拉斯	3.36	0.27	意大利	3.38	0.19
摩洛哥	2.97	-0.10	柬埔寨	3.20	0.29	泰国	2.02	0.04
缅甸	2.64	0.72	萨尔瓦多	2.22	-0.08	马来西亚	1.57	0.14
突尼斯	2.19	-0.13	尼加拉瓜	2.16	0.19	印度	1.00	0.09

资料来源：欧盟统计局、美国商务部、日本财务省

业，服装行业肩负着义不容辞的光荣使命。面对国内外形势的不确定性，服装行业平稳运行的压力会比2019年有所加大，但正面积极的因素依然存在。

一、2020年行业发展形势预测

在全球经济下行、贸易形势存在不确定性的大背景下，预计2020年服装行业发展形势是“内需稳、外需降”，行业总体保持基本平稳运行的压力进一步加大。从国内市场来看，虽然年初的新冠肺炎疫情给服装销售带来较大影响，短期内服装消费明显下降，但中长期来看，国内服装销售市场消费潜力释放和消费升级的趋势不变，在宏观经济稳定向好、营商环境大幅改善、数字化技术快速发展的促进下，2020年服装消费市场仍将保持平稳高质量增长；从国际市场来看，服装主要出口市场欧盟、美国和日本的经济增长动能趋弱，不确定性、不稳定性因素增多，特别是疫情结束后一段时间内行业将面临外贸订单流失和国际竞争加剧的严峻考验，将进一步加速产能转移进程，服装出口将受到市场需求减弱和订单转移双重压力，短期内难有明显改善。

综合来看，服装行业发展也存在诸多正面积极的因素，行业将继续深化供给侧结构性改革力度，进一步转变发展理念，全面推动创新发展，在开

放中增强新动能，着力提升企业内生动力和协同创新能力，加快产业的转型升级和向高质量发展的转变。

二、2020年行业发展展望

（一）新消费主义引发产业新巨变

在互联网时代下，95后与Z世代的消费者成为消费群体的新势力。新一代消费者希望更多地参与到产品的设计研发、生产制造、销售决策过程中，对品牌的价值观、个性化、服务化、时尚化都有新的要求。独特的时代特征和群体特性逐渐形成新的零售业态和消费形式，将会推动服装行业继续向个性化、年轻化、高端化转变，同时，优势企业加快全球化零售体系建设，布局中高端市场，逐步构建全球化运营能力，向品牌更丰富多元、更具创新能力的全球化时尚集团发展。

（二）数字化、智能化转型步伐加速

新技术穿透边界并缩短了路径或半径，重构产业的结构和形态。数字经济与产业融合的需求将进一步释放，服装产业的数字化转型将从网络和设备的数字化升级向更高维度的全流程、全环节数字化运营延伸，智能制造正朝着数字化、网络化、智能化方向深入迈进。行业将进一步推进信息技术、网络技术等新技术与产业的融合与应用，提高企业生产、管理以及决策的智能化水平，同时，加强服装行业智能制造产业互联网的探索，促进智能制造柔性生态体系加速落地。

（三）数字技术赋能企业组织平台化发展

随着数字化技术在消费感知、产品创意、柔性化智能化生产以及供应链管理等全渠道广泛深度应用，服装行业的组织结构变革悄然开启，正在从管理数字化向数字化管理转型，平台化发展成为我国服装产业转型升级的重要方向。扁平化的组织结构以消费者为中心，打造设计团队、营销团队、服务团队等多个权责明确的应用组合，以适应外部的快速变化，将进一步提高企业运作的专业性和高效性，使企业内部的组织机制变得更有序、更专业、更敏捷。

（四）新体验营销引领价值零售

内容和体验为渠道赋能，新体验营销将成为新零售时代价值升级的重要驱动力。5G时代的开启将给服装市场带来爆炸式的营销变革，视频传播渐成主流，内容更加优质，体验达到可触知的维度，品牌的零售渠道、数据采集、传播内容、交互体验等方面将实现全方位升级。产品成为自带流量的内容载体，品牌与消费者的互动逐步变成传递知识、倡导生活方式、宣传价值观的渠道，有意识地启发和引导消费者接受产品传递的价值和理念，并利用消费者的体验、影响力、话语和情感成为品牌的媒介，提升消费者的忠诚度和品牌的影响力。

（五）协同创新成为行业发展必然趋势

在行业正处于历史性大变革的背景下，服装行业创新体系正在从以企业为主体向跨领域多主体协同创新网络转变，以跨界、融合、共享为核心的服装产业协同创新体系日趋成熟。行业企业将进一步加强与产业链上下游企业、跨领域跨行业的专业组织、国际国内知名院校与设计机构开展深度合作，积极发展数字化精益管理、智能制造以及工业互联网，共建产业协同创新中心、时尚创意设计中心、品牌孵化基地等创新平台，提升产业链条的劳动生产率与柔性制造水平的同时，全面提升产业的内生动力和价值创造能力。

（六）专注的价值和力量持续突显

回归主业、专注细分成为服装产业发展的重要方向。产业的专注既体现在对产品、技术、市场的聚焦与不断投入，也体现在科技创新、文化创意、

人才育留等方面的务实发展，专注的价值和力量将在中国服装行业发展新征程中持续突显，成为引领服装行业重塑价值链的动力所在。行业将进一步加大对企业家、高级管理人员和专业技术人员的发展理念、思维模式和技术创新等方面的培育力度，关注文化、人员、能力的整合，推动行业高质量发展新路径的探索与新形象的塑造。

（撰稿人：刘　静）

家用纺织品业

中国家用纺织品行业协会

2019年国际贸易环境更趋复杂，国内外风险挑战明显增多，内外市场需求放缓、综合成本持续提升，多重因素导致家纺行业主要经济运行指标出现回落，行业运行压力较大。与此同时，家纺行业继续深入供给侧改革，注重提升产品内在质量及品牌核心竞争力，积极调整产业结构，多维度探索产业融合和发展之路，勇于面对机遇和挑战，推动行业向高质量发展方向迈进。

2019年家纺行业运行概况

一、下行压力加大，行业景气度回落

2019年我国家纺行业在内外销需求不足、期间费用上涨等原因的影响下，行业主营业务收入和利润总额均呈现不同程度的降幅。行业整体景气指数有所下降。

根据国家统计局数据显示，2019年全国1790家规模以上家纺企业实现主营业务收入1854.31亿元，同比下降3.19%。实现利润总额94.79亿元，同比下降7.34%，见图1。这是自2015年以来，家纺行业首次出现负增长。

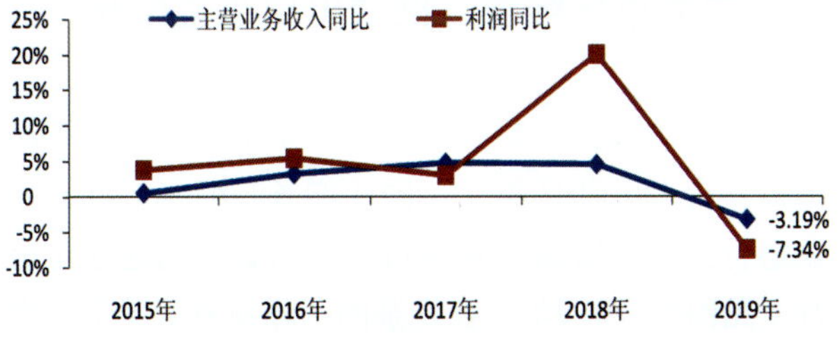

图1 全国家纺规模以上企业主营业务收入与利润增速走势

资料来源：国家统计局

2019年家纺市场需求不景气，导致家纺产品价格总体呈缓慢下降走势。据中国柯桥纺织指数网数据显示，2019年家纺产品价格指数为105.23，较2018年下降1.13个点，见图2。据中纺联“中国纺织企业经营管理者问卷调查”结果测算，2019年家纺企业的产品销售价格指数为47.93，较2018年下降16.35%；盈利指数为50.70，较2018年下降5.11%，见图3。

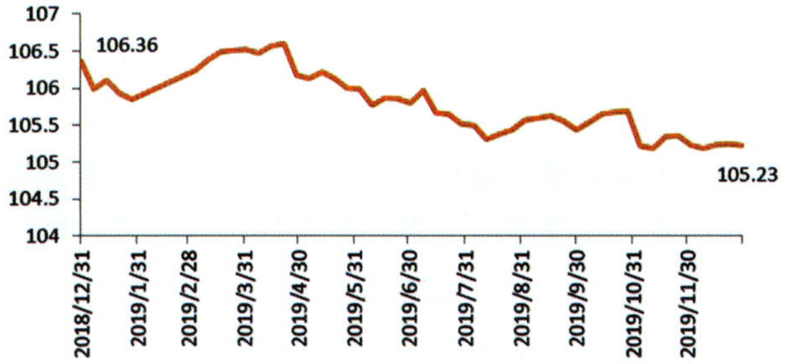

图2 2018～2019年家纺价格指数

资料来源：中国柯桥指数网

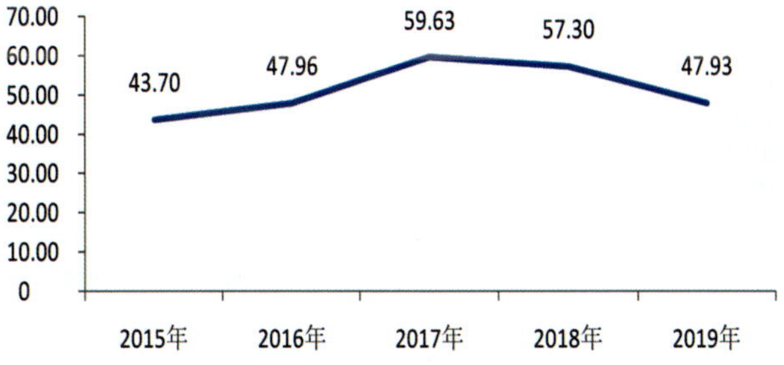

图3 2015～2019年家纺企业销售价格指数

资料来源：中国纺织企业经营管理者调查问卷

市场需求不旺，产品价格下降从而导致行业内销产值同比减少。据国家统计局数据测算，2019年全国1790家规模以上家纺企业内销产值1317.19亿元，同比下降2.90%，见图4，是近五年以来首次出

现负增长。

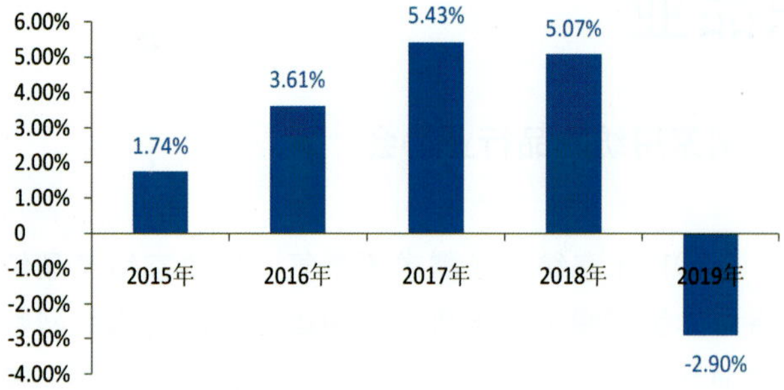

图4 全国规模以上家纺企业内销产值历年增长趋势

资料来源：国家统计局

2019年，家纺行业各项主营业务成本呈下降态势，但期间费用高涨从而影响了行业利润。据国家统计局数据显示，2019年全国规模以上家纺企业主营业务成本为1577.88亿元，同比下降4.45%。增速较近五年来有所下降。其中，原材料成本及用工成本均呈下降趋势。据中纺联“纺织企业经营管理者问卷调查”结果显示，2019年家纺企业的原材料购进价格指数为56.08，较前几年逐步回落；2019年家纺企业从业人员指数为47.69，较2018年下降1.71个点，见图5。

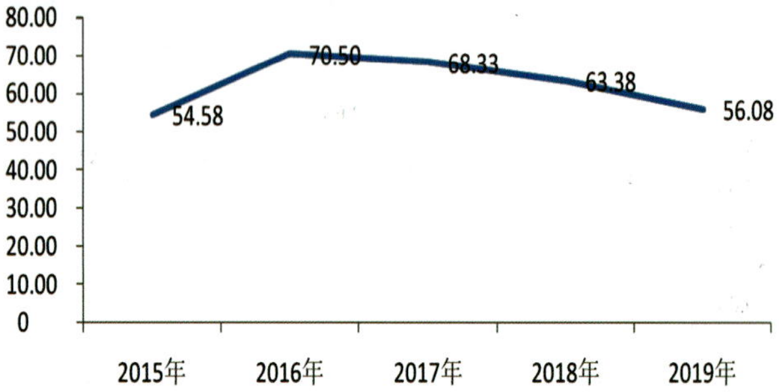

图5 2015～2019年家纺企业原材料购进价格指数

资料来源：中国纺织企业经营管理者调查问卷

三项期间费用的提升，进一步挤压了行业的利润空间。据国家统计局数据测算，2019年全国规模以上家纺企业的营业费用、管理费用及财务费用合计同比提高了2.09%，三费比例较2018年扩大了8.47%，见图6。

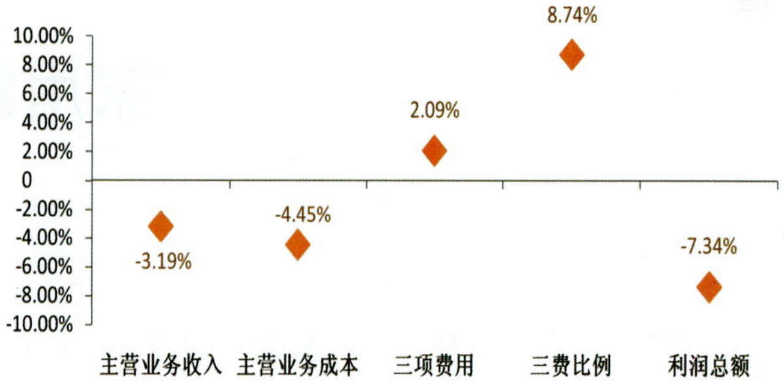

图6 2019年全国规模以上家纺企业主要指标增幅

资料来源：国家统计局

总体来看，受市场影响，行业主营业务收入下降，三项期间费用增加，影响了行业利润，从而给行业带来极大压力。2019年我国家纺行业景气度较2018年有所回落。据中国柯桥纺织指数网数据显示，2019年家纺行业景气指数为1262.91，较2018年下降了9.16%；家纺行业流通景气指数1356.33，较2018年下降7.92%；生产景气指数为1169.49，较2018年下降10.61%，见图7。

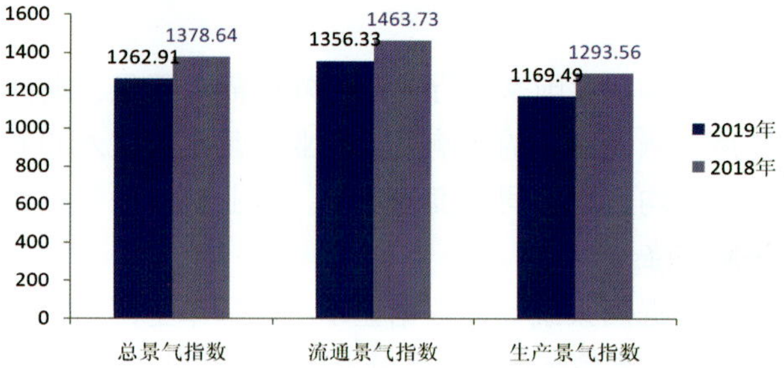

图7 2019年家纺行业景气指数

资料来源：中国柯桥纺织指数网

二、主要市场维稳，推动出口小幅增长

据中国海关数据显示，2019年全国家用纺织品出口共计426.79亿美元，同比增长1.41%。近五年家纺行业出口贸易一直保持稳步增长，增速逐年提升，见图8。2019年，在复杂的国际贸易背景下，尤其是中美贸易摩擦及国际需求放缓的环境下，家纺行业出口贸易仍然保持了小幅增长，但增速较2018年明显放缓。

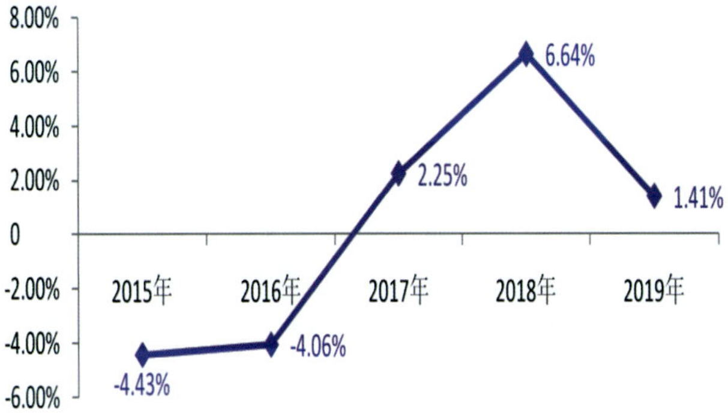

图8 2015～2019年我国家纺产品出口增速

资料来源：中国海关

维持出口小幅增长的原因：一方面是由于出口数量增长的拉动；另一方面是全球主要市场保持持平且新兴市场增长良好。据中国海关数据显示，2019年我国家纺出口数量同比增长6.67%，全球几大出口市场的出口数量均有不同程度的增长；而单价同比呈下降趋势，中国海关数据显示2019年我国家纺出口单价同比下降4.39%，见图9。

从我国家纺出口的主要市场情况看，美、欧、日三大传统家纺市场成交额共计222.58亿美元，较2018年基本持平，同比略降0.30%。受中美贸易摩擦影响，2019年我国对美国出口家纺产品同比下降0.96%，其中地毯出口同比下降26.09%，是几类出口产品中下降幅度最大的品类。日本市场则相对疲软，2019年对日本出口家纺产品同比减少1.3%。欧盟市场近几年一直保持相对稳定，2019年我国对欧盟出口家纺产品同比增长1.35%，见表1。

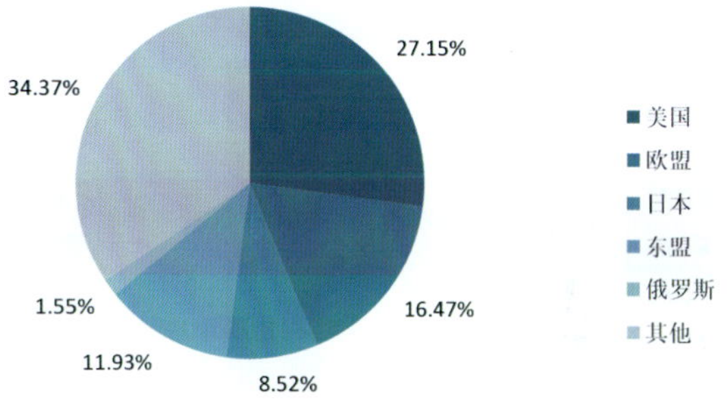

图9 2019年家纺主要出口市场所占份额

资料来源：中国海关

表1 2019年美、欧、日三大传统市场产品份额及增幅

产品类别	美国		欧盟		日本	
家纺产品	100%	−0.96%	100%	1.35%	100%	−1.30%
床上用品	39.02%	2.60%	28.45%	2.32%	40.12%	−4.28%
布艺产品	14.09%	−5.46%	18.79%	3.49%	10.33%	4.69%
毛巾产品	4.21%	−8.05%	3.76%	−12.31%	10.06%	−2.25%
地毯	4.47%	−26.09%	7.50%	3.94%	9.81%	−1.28%
毯子	10.64%	12.95%	8.48%	−7.53%	5.32%	−8.78%
餐厨用纺织品	6.11%	2.12%	9.24%	2.50%	5.64%	3.04%
绳、边、线、带	2.66%	−14.57%	5.68%	−4.85%	2.79%	9.02%
其他制成品	18.81%	−0.48%	18.10%	6.15%	15.95%	3.17%

资料来源：中国海关

新兴市场东盟和俄罗斯则增长强劲。据中国海关统计，2019年我国对东盟出口家纺产品共计50.90亿美元，占比为11.93%，份额超过日本，是目前我国的第三大出口市场。且东盟市场近两年表现活跃，2019年出口额同比增幅高达13.90%。此外，俄罗斯市场也表现良好。据中国海关统计，2019年我国对俄罗斯出口家纺产品共计6.63亿美元，同比增长6.68%，增速高于我国家纺出口平均增速5.27个百分点，见图10。

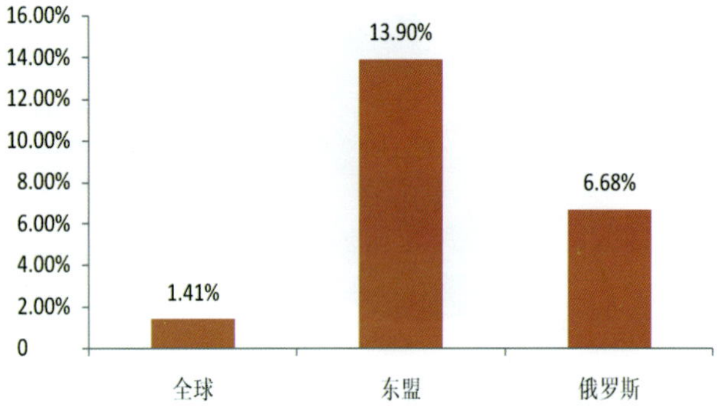

图10 2019年新兴市场家纺产品出口增速

资料来源：中国海关

从家纺出口产品类别情况看，出口规模最大的是床上用品，占出口总额的30.86%，出口额较2018年增长2.69%。其次为布艺类产品，占家纺出口总额的18.43%，同比略增0.04%。餐厨用纺织品是几类家纺出口产品中增长幅度最大的，较2018年增长7.75%，占家纺出口总额的6.09%。与此同时，毛巾类产品出口额下降幅度最大，降幅为15.05%。在中美贸易摩擦影响下，地毯是美国对中国第二批2000亿美元产品加征关税中主要受影响的家纺产品，2019年地毯出口额同比下降2.24%，见表2。

2019年我国出口棉制家纺产品降幅较为明显。据中国海关数据统计，我国出口的棉制毛巾、棉制床品、棉制絮胎、棉制刺绣装饰品等主要品类均呈现较大幅度的下降。尤其是毛巾类出口产品大都以棉为原料，2019年我国出口纯棉毛巾24.85亿美元，同比下降16.07%；其次为棉制床品，同比下降9.6%。

对主要出口市场美国出口的棉制家纺产品也呈

表2 2019年各类家纺产品出口所占比重及同比增幅

产品类别	占比	同比
家纺产品	100%	1.41%
床上用品	30.86%	2.69%
布艺产品	18.43%	0.04%
毛巾产品	6.18%	-15.05%
地毯	6.86%	-2.24%
毯子	8.70%	1.32%
餐厨用纺织品	6.09%	7.75%
绳、边、线、带	8.51%	4.52%
其他制成品	14.37%	6.72%

资料来源：中国海关

表3 2019年我国出口主要棉制家纺产品及增幅

产品类别	全球		其中：美国	
	金额（万美元）	同比	金额（万美元）	同比
棉制毛巾	248501	−16.07%	47393	−7.64%
棉制床品	148786	−9.60%	45327	−11.33%
棉制絮胎	15663	−9.69%	2740	−28.51%
棉制装饰织物制品	13378	−15.13%	2734	−24.37%
棉制餐桌用纺织品	8317	−9.46%	3545	−14.20%
棉制手帕	7586	−14.56%	1353	−40.05%
棉制纱罗及网眼织物	657	−19.36%	22	−68.41%

资料来源：中国海关

现这一态势。据美国商务部统计，2019年我国对美国出口棉制家用纺织品出口额同比下降16.97%。据中国海关数据统计，2019年我国对美国出口的棉制家纺产品中所占份额最多的为毛巾和床品类产品，分别呈现−7.64%和−11.33%的降幅；棉制纱罗及网眼类织物和棉制手帕下降幅度最大，降幅分别为68.41%和40.05%，见表3。

三、主要子行业下行压力大

（一）床品行业降幅明显

2019年床品行业下行压力较大，内外需放缓、产品价格下降等多种原因对行业造成重大影响。据国家统计局数据显示，全国973家规模以上床品企业实现主营业务收入995.05亿元，同比下降4.26%，近五年以来首次出现负增长局面，且下降幅度大于家纺行业平均水平。近几年床品行业效益增速普遍低于收入增速，且2019年这一态势越发明显。据国家统计局数据显示，2019年全国973家规模以上床品企业利润总额43.31亿元，同比大幅下降22.63%，见图11，达到近五年来最低水平；行业利润率为4.35%，较2018年同比下降1.03个百分点。协会跟踪的3个重点床品产业集群2019年利润总额同比下降12.55%，其中规模以上企业利润下降幅度较大，降幅为24.39%。

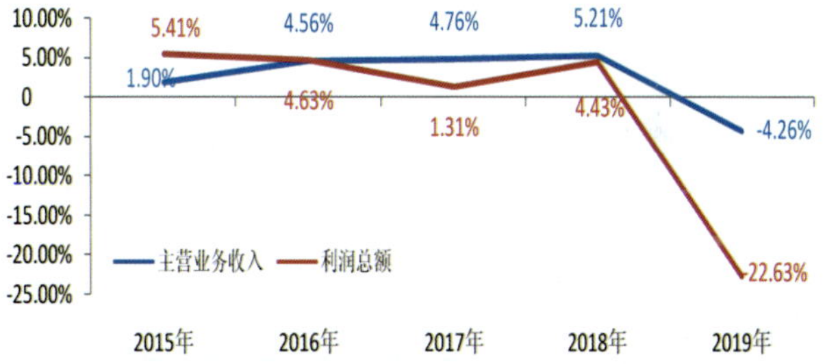

图11 全国规模以上床品企业主要经济指标增长趋势

资料来源：国家统计局

床品行业出现负增长受内外销共同作用的影响。2019年床品行业出口增幅放缓。据中国海关数据统计，2019年我国出口床品同比增长2.69%，增幅较2018年回落4.30个百分点。据国家统计局数据显示，973家规模以上床品企业内销占比超过了60%，2019年内销产值679.04亿元，同比下降

3.31%，见图12，是近五年以来首次出现负增长；成本费用利润率为4.61%，较2018年降低了1.06个百分点。

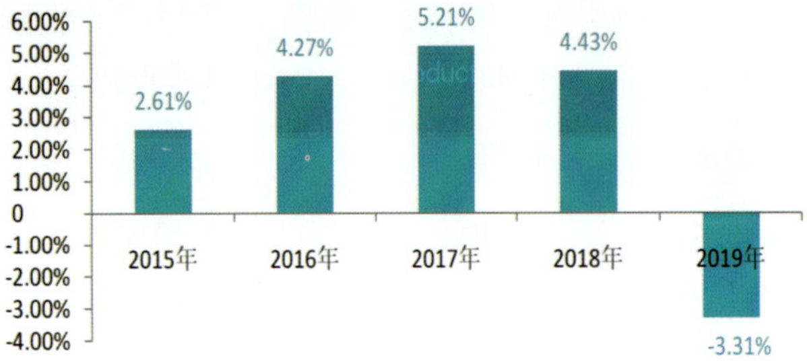

图12 全国规模以上床品企业内销产值2015～2019年增长幅度

资料来源：国家统计局

市场销售价格下降，三项费用占比提升，从而影响了床品行业的发展。据国家统计局数据显示，2019年全国规模以上床品企业的三费比例为9.17%，较2018年增长3.90个百分点。据中国柯桥纺织指数网数据显示，2019年床品行业价格指数为108.27，较2018年下降2.44%，见图13。2019年床品行业总景气指数为1436.16，同比下降3.94%；流通景气指数1758.45，同比下降6.26%。

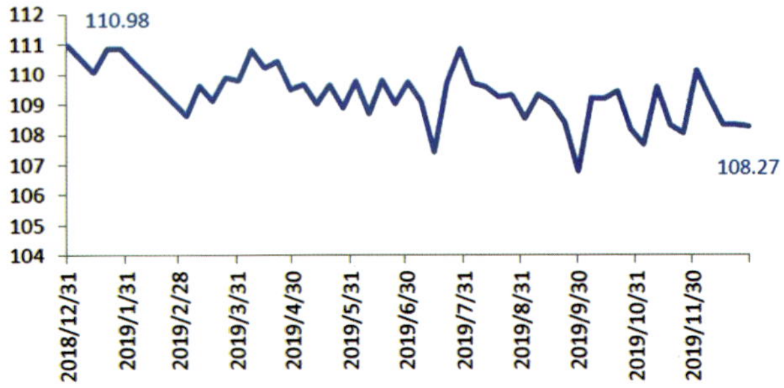

图13 2018～2019年床品价格指数

资料来源：中国柯桥指数网

（二）毛巾行业收入下降，效益提升

据国家统计局数据显示，2019年全国231家规模以上毛巾企业的收入增速跌落至–8.09%，见图14。与此同时，毛巾企业的成本也得到有效控制，从而保证了行业利润维持平稳增长速度。

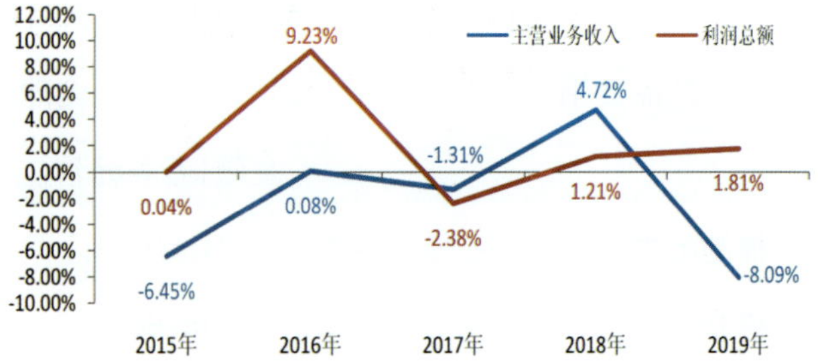

图14 全国规模以上毛巾企业主要经济指标增长趋势

资料来源：国家统计局

据我国海关数据显示，2019年我国出口毛巾产品共计26.36亿美元，同比下降15.05%。另据国家统计局数据显示，231家规模以上毛巾企业中，内销占比达到75%以上，2019年全国规模以上毛巾企业内销产值250.82亿元，同比下降10.60%，降幅达近五年中最低，见图15。内外销同时下降严重影响毛巾行业收入。

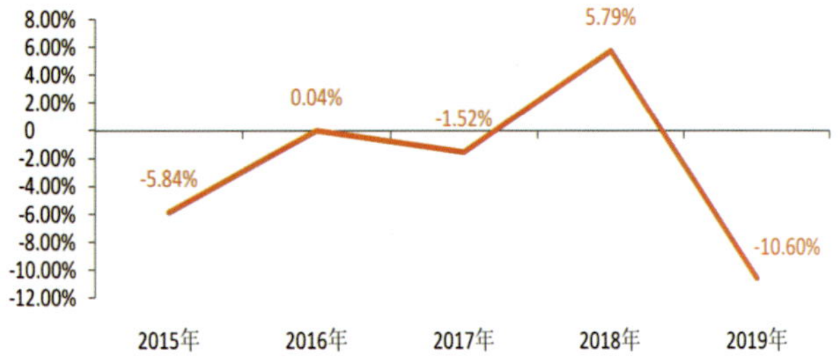

图15 全国规模以上毛巾企业内销产值2015～2019年增长趋势

资料来源：国家统计局

在较为严峻的形势之下，毛巾行业更加注重成本控制，提升效率保证行业效益维持正增长。2019年国家统计局统计的231家规模以上毛巾企业主营业务成本同比下降9.49%；利润总额同比增长1.81%，增速较前两年均有小幅增长。

原料成本下降对毛巾行业带来利好因素。毛巾行业普遍以棉为主要原料，2019年受外部不确定因素影响，国内棉花需求量减少，国内棉花价格同比下降对家纺行业的成本控制带来利好因素，见图

16。另外，在国内外复杂的宏观环境压力下，企业更加注重有效地提高效率，降低能耗；注重创新，提高自动化水平，从而使成本得到有效控制。

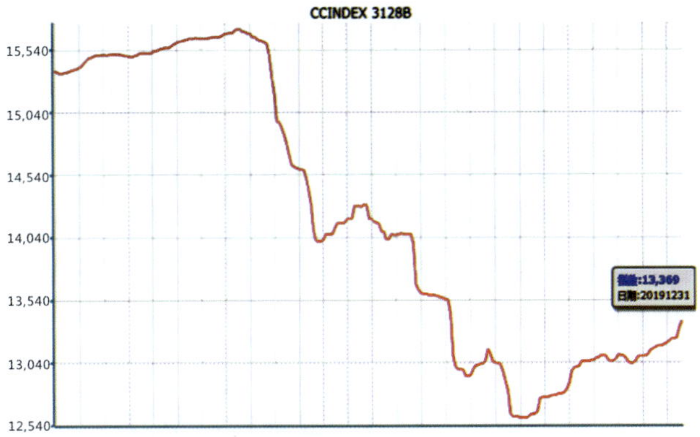

图16 2019年国内棉花（CCINDEX 3128B）价格走势

资料来源：中国纺织经济信息网

（三）布艺行业增速放缓

布艺行业效益自2016年以来增速向好，2019年依然保持着收入与利润双增长的稳定局面，但增长速度均有所放缓。据国家统计局数据显示，2019年全国242家规模以上布艺企业实现主营业务收入216.42亿元，同比增长4.17%，增速较前两年有所回落。2019年，布艺行业的效益在前几年20%左右的高增长基础上依然保持增长，但增速明显放缓。全国242家规模以上布艺企业2019年实现利润总额同比增长6.29%，见图17。

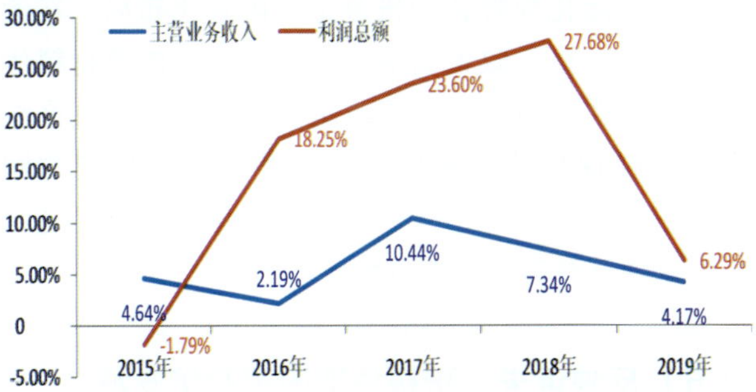

图17 全国规模以上布艺企业主要经济指标增长趋势

资料来源：国家统计局

2019年布艺行业受国内需求放缓影响，行业各项景气指数下降。据国家统计局数据测算，2019年布艺行业内销产值增速放缓，但依然保持了正增长态势。全国242家规模以上布艺企业内销产值同比增长7.32%，较2018年回落5.57个百分点，见图18。

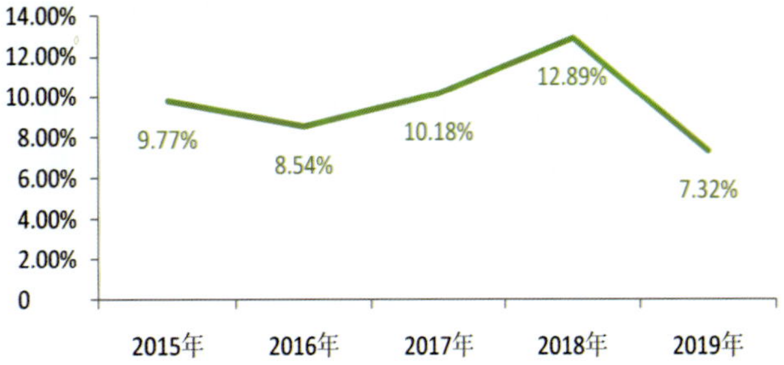

图18 全国规模以上布艺企业内销产值2015～2019年增长趋势

资料来源：国家统计局

据中国柯桥纺织指数网数据显示，2019年窗帘总景气指数下降11.53%，流通景气指数下降13.13%，生产景气指数下降9.54%，价格指数略降0.05%；窗纱总景气指数下降8.10%，流通景气指数下降4.62%，生产指数下降13.70%，价格指数下降0.29%。

家纺行业2020年发展面临的机遇和风险

一、疫情发展使行业内外销均受影响

自2020年1月以来，新型冠状病毒肺炎疫情在全国范围内的全面暴发，对于劳动力密集型的家纺行业产生了很大的影响。同时，随着疫情在海外的蔓延发展，势必也将对行业出口造成影响。

家纺企业普遍预计疫情对2020年上半年营业收入的影响达到10%～50%，其中预计减少20%～30%的企业相对较多。在疫情结束后一段时间内面临外贸订单流失及国际竞争加剧的情况，进一步增加了

发展不确定性。企业预计上半年利润比2019年同期会减少10%～50%。出口型企业大多预计受疫情影响2020年上半年收入同比会减少10%～20%。

2020年全球经济总体将充满不确定性。国内宏观经济政策将更加着重稳增长、防风险，并将完善中小民营企业政策环境放在更重要位置。在宏观经济长期向好的基础上，为积极应对突发疫情对行业造成的不利影响，家纺行业将在政府帮助扶植下，多方面采取行动支持企业尽快复工、减轻企业税负负担。家纺行业需要加强市场宣传与开拓，创新商业模式，以恢复消费信心。此次疫情也是推动企业内部经营管理数字化转型的契机，促进企业从生产、客户服务以及内部管理的数字化改造。突发疫情也让家纺企业看到新的发展空间，健康、抗菌家纺产品在医疗等公共场所的应用将成为家纺行业的一个新的增长点。

二、中美贸易摩擦的不确定性增加海外市场压力

美国是世界主要的家纺产品消费市场，也是我国家纺产品出口最主要的国家。自2018年9月以来，美国先后对我国出口的地毯、毛巾、装饰辅料、餐厨用纺织品等约43亿美元的家纺产品加征关税，不仅给我国家纺产品的出口造成影响，同时对国际经济环境增加了更多不确定的风险因素。

在我国对美国出口的家纺品类中，睡袋、化纤床品件套、毯子、手帕、芯被类产品、装饰织物制品等产品在美国进口市场中占有主导地位，市场占有率基本都在70%以上。褥垫、床罩、窗帘、厨卫用纺织品、装饰布面料等产品在美国进口市场优势也较明显。而占比份额小于40%的棉制床品件套、毛巾、地毯这几类产品在美国的市场份额均不敌印度，排在第二位。同时，印度、巴基斯坦和土耳其也是全球重要的家纺产品制造与出口国，依托原料及劳动力成本等竞争优势，在美国占有非常重要的市场地位，是我国强劲的竞争对手。

目前中美双方的谈判磋商仍在进行，呈现积极良好的态势，但贸易不确定性因素仍然存在，严重影响家纺企业海外投资的信心。对此，家纺行业应积极展开思考，把握不确定性，确保行业企业平稳健康发展。

（一）密切合作，确保绝对市场竞争优势

企业要密切保持与美国的经销商和零售商的沟通与合作，要求对方向美国有关政府部门将这些品类排除在加税清单外，确保企业出口稳定。

（二）做强自己，提升企业综合竞争力

加强精益生产管理，提高产品质量，利用我国完整产业链优势减少中间环节，降低成本，使产品性价比提高；持续推进企业的转型升级，由生产型企业向生产服务型企业转变，提高企业对美的直接出口比例和自主品牌的出口，提升企业的综合竞争力。

（三）加强技改，加快智能制造改造升级

加大研发和技术投入，提高企业智能化、数字化水平。不断优化产业链生产流程，培育建设全球具有品质、成本、交期绝对优势的智能制造家纺企业。

（四）布局全球，积极开拓多元国际市场

以国际化视野合理推进企业国际化布局，在国家“一带一路”政策引导下，利用投资国原材料优势、劳动力优势以及贸易政策优势，积极开展产能合作。在保持我国家纺产品对美国出口稳定的同时，进一步拓展“一带一路”沿线国家的贸易合作，以降低对美市场的依赖。

（五）反映诉求，积极争取国家政策支持

营造有利于出口生产企业的生态环境，不断完善进出口税政、税则，对相关原料进口给予支持。维护产业链的完整和提升，在产业集群中保持纺织

印染等关键环节的生产稳定与发展。

家纺行业发展趋势与重点方向

一、深化供给侧结构性改革，提升产品质量、品牌核心竞争力

随着向往美好生活的消费者对家用纺织品质量、设计、品牌、安全性等方面要求越来越高，家纺行业面临着消费升级的重要机遇，提升家纺产品设计质量、推动家纺产业迈向中高端水平已成为行业共识。

2019年，家纺行业在质量提升、标准推进、团标引领等方面向前发展了一大步。《精品纯棉床上用品》《精品鹅绒被》《精品毛巾》《毛巾健康使用指南》《床品用涤棉提花转移印花布》5项与家纺相关的团体标准正式实施。随着全行业和企业质量管理意识的提升，供应链管理能力不断加强，各项标准体系深入推进实施和不断完善升级。

在助推行业向高质量发展迈进的进程中，设计创新是引领发展的重要一环。2019年，家纺行业在培养设计师人才、传承与繁荣产业文化、积极推进产品设计研发等方面实现了重要发展。侧面反映出在新经济形势下，企业开始日益重视加强自身设计研发能力，大力培育设计人才，注重用产品设计创新提升品牌附加值和竞争力，努力实现由中国制造向中国创造转变。

二、深入推进行业跨界合作，为行业发展拓宽新思路

在产业转型升级的重要时期，家纺企业为赢得更多产业升级先机和主动权，突破固有模式，以更快的频率进行自我革新和跨界尝试。2019年家纺行业从多维度将跨界合作引向深入，将行业向无界延伸，使行业与行业、企业与企业之间的融合变得更加紧密。

（一）渠道跨界

与天猫家纺联合家纺品牌进行的渠道跨界，在春、秋两季家纺展上打造了主题为“25小时舒适上瘾”的潮流家纺展、“换个窗帘换个家”互联网家装新体验等活动，使家纺企业充分利用展会平台拓展跨界新模式。

（二）技术跨界

2019年家纺行业与海尔集团的技术跨界实现进一步深入合作，打破了传统产业上下游封闭的商业模式，形成了一个洗衣机企业、家纺企业、洗涤剂企业等共创共赢的生态平台，为资源方、平台方实现价值增值和资源赋能，也为用户提供全流程的解决方案。

（三）领域跨界

实现与家具行业的跨领域合作，通过直洽会、参观交流、“一对一”沟通等多种形式，精准匹配需求，让跨界合作真正落地。

（四）电商跨界

直播与电商两者的结合已是现阶段购买转化率最高的营销方式，其经济效益已经大幅超越传统电商。这种快速成交的购物方式也正在倒逼整个供应链升级。跨领域、跨技术的交流协作加快了行业实现数字化、智能化的步伐，推动了产业由生产型向生产服务型转变。

三、推动“一带一路”贸易合作，为行业发展注入新能量

当前，全球产业呈现深度融合发展态势，家纺行业也借力“一带一路”推动海外布局，不断为产业升级与发展注入全新的能量。2019年，随着国际

经济环境更加复杂多变，家纺企业“走出去”的意愿尤为强烈，行业考察交流的国际范围更加广阔。随着产业融合走向深入，原来的竞争者将转变成贸易合作伙伴。借助“一带一路”倡议的平台，家纺行业还将积极稳妥地开展全球布局，在尊重和沟通的基础上塑造企业共同的价值观，拓宽国际视野，兼顾社会责任，以此获得行业发展的新机遇。

综上所述，随着家纺行业抵御下行风险的韧性逐步增强，2020年，家纺行业仍将积极面对各种挑战和不确定性，坚持深化供给侧结构性改革，勇于探索新的发展路径，向着行业高质量发展不断迈进。

（撰稿人：王　冉）

产业用纺织品业

中国产业用纺织品行业协会

2019年产业用纺织品行业经济运行情况

2019年，我国产业用纺织品行业坚持创新导向，积极推动行业的转型升级和结构改革，充分开拓国内外市场，努力克服经济下行压力，全年运行稳中有进。

根据国家统计局数据，2019年我国产业用纺织品行业规模以上企业的工业增加值同比增长6.9%，增速与2018年相比放缓了1.7个百分点，见图1。根据中国产业用纺织品行业协会（以下简称“协会”）对重点企业的调研，行业2019年的景气指数为77.7，高于上年同期水平，处于较高的景气区间。

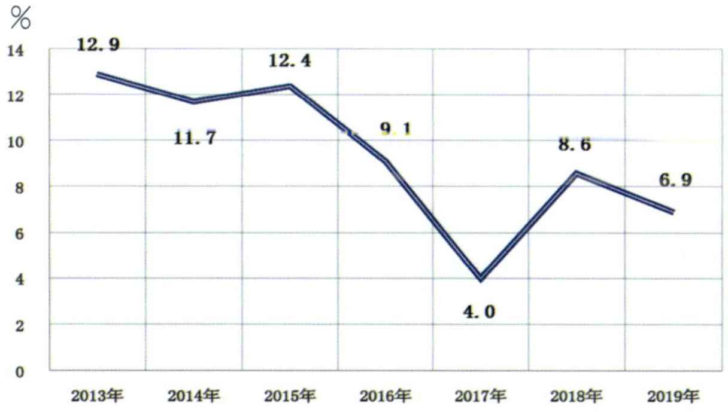

图1 产业用纺织品行业工业增加值增速

资料来源：国家统计局

一、生产平稳增长

经过多年的发展，我国已经成为全球最大的产业用纺织品生产国。“十三五”时期以来，行业坚持高质量发展理念，加速产业结构调整和升级，生产增速有所放缓。根据协会调研，2019年我国产业用纺织品行业的市场需求指数为65.1，其中国际市场指数为57.9，纤维加工总量达到1620.31万吨，同比增长3.1%，见表1；作为产业用纺织品的主要原材料，我国非织造布的产量为621.3万吨，同比增长4.73%。

二、经济效益良好

根据国家统计局数据，2019年，产业用纺织品行业规模以上企业（非全口径）实现营业收入2359.31亿元，同比增长1.18%，利润总额为118.79亿元，同比下降4.27%。行业的平均利润率5.9%，同比降低0.3个百分点，见表2。

2019年主要纤维原材料价格低位运行，企业的税费负担有所减轻，产业用纺织品行业的毛利润率和营业利润率均增加0.5个百分点；但营业外收入和支出的变动导致了行业利润水平的降低。

2019年企业间的经营分化继续扩大，行业规模以上企业的亏损面达到12%，亏损企业的亏损额同比大幅增长29.4%。行业不同规模的企业经济效益差异明显。根据协会统计，样本企业的营业收入和利润总额分别增长8.8%和15.64%，利润率7.69%。营业收入1亿元以上的企业，其营业收入和利润总额的增速分别达到9.81%和16.95%，利润率7.31%；而营业收入在5000万元以下的企业，其营业收入和利润总额的增速仅为0.98%和2.88%，利润率也下降到3.71%，这些企业主要来自各个产业集群。

分行业看，2019年我国规模以上非织造布企业的营业收入为1104.04亿元，同比增长2.94%，利润

表1 2019年中国产业用纺织品行业纤维加工量（按应用领域计算）

类别	纤维加工量(万吨)	同比(%)
医疗与卫生用纺织品	179.42	7.2
过滤与分离用纺织品	151.24	7.5
土工用纺织品	110.59	4.1
建筑用纺织品	83.74	6.2
交通工具用纺织品	73.28	−5.0
安全与防护用纺织品	42.42	4.8
结构增强用纺织品	132.83	1.0
农业用纺织品	83.79	2.6
包装用纺织品	110.15	3.4
文体与休闲用纺织品	43.02	3.0
篷帆类纺织品	264.95	2.8
合成革用纺织品	111.73	−4.3
隔离与绝缘用纺织品	48.74	3.0
线绳（缆）带类纺织品	82.57	4.0
工业用毡毯（呢）类纺织品	50.04	2.5
其它	51.80	4.9
合计	1620.31	3.1

资料来源：中国产业用纺织品行业协会

总额56.93亿元，同比下降3.76%，毛利润率为14.77%，同比提高0.25个百分点，利润率为6.05%，同比下降0.4个百分点；篷、帆布企业的营业收入为246.01亿元，同比下降2.88%，实现利润总额12.21亿元，同比下降0.39%，但毛利润率和利润率分别达到15.82%和5.89%，与上年相比分别提高了1.46和0.25个百分点，行业的盈利能力得到改善；绳、索、缆行业规上企业的营业收入和利润总额分别达到129.31亿元和4.97亿元，增速分别下降了2.26%和18.19%，毛利润率为13.06%，同比增长1.12个百分点，利润率为4.42%，下降了0.79个百分点；纺织带、帘子布行业受市场需求等因素的影响，营业收入和利润总额分别为345.23亿元和12.58亿元，增速分别下降了3.61%和9.73%，毛利润率为12.19%，同比下降0.03个百分点，利润率为4.16%，同比提高0.26个百分点；其他产业用纺织品（包含过滤、土工、安全防护、交通和复合材料等类别）的营业收入达到534.72亿元，增长

3.71%，实现利润总额32.11亿元，同比降低1.73%，但毛利润率和利润率分别达到16.08%和7.16%，仍在行业内处于领先水平，见表2。

三、投资保持活跃

当前，多数企业对行业的发展继续保持乐观态度，针对重点领域的投资热度不减，投资的重点主要集中在先进产能项目建设、引进先进装备扩产以及对既有设备进行智能化升级改造、节能改造等。其中，非织造布行业的投资继续保持非常旺盛的状态，纺粘、水刺和针刺非织造布领域的投资尤为活跃。根据不完全统计，2019年我国新增纺粘非织造布生产线90条、水刺生产线63条、针刺生产线175条。投资的增长反映出企业对行业的发展充满信心，特别是医疗卫生、擦拭、土工建筑、环境保护等领域的需求持续增长。

四、出口较为平稳，进口持续下降

（一）出口情况

根据中国海关数据，2019年我国出口各类产业用纺织品价值273.44亿美元，同比增长2.06%，增速比2018年有所放缓，见表3。

1. 主要产品情况

2019年我国产业用纺织品行业主要产品的出口在需求的支撑下稳步增长。产业用涂层织物是行业最大的出口产品，出口额为37.9亿美元，与2018年基本持平，毡布、帐篷等传统产品的出口额小幅增长2.72%。非织造布及相关制品的出口额也保持了较高的增长速度，非织造布卷材出口31.1亿美元，同比增长5.36%；一次性卫生用品出口20.86亿美

表2 2019年中国产业用纺织品行业主要经济指标

项目	单位	产业用纺织品	非织造布	绳、索、缆	纺织带和帘子布	篷、帆布	其他产业用
营业收入	亿元	2359.31	1104.04	129.31	345.23	246.01	534.72
	±%	1.18	2.94	−2.26	−3.61	−2.88	3.71
营业成本	亿元	2012.40	941.01	112.42	303.13	207.08	448.75
	±%	0.62	2.63	−3.49	−3.58	−4.54	3.10
毛利率	%	14.70	14.77	13.06	12.19	15.82	16.08
	±百分点	0.47	0.25	1.12	−0.03	1.46	0.49
利润总额	亿元	118.79	56.93	4.97	12.58	12.21	32.11
	±%	−4.27	−3.76	−18.19	−9.73	−0.39	−1.73
利润率	%	5.90	6.05	4.42	4.15	5.89	7.16
	±百分点	−0.30	−0.40	−0.79	0.26	0.25	−0.35

资料来源：国家统计局

元，同比增长16%。

行业内也有部分产品的出口出现下降。合成革及基布和非织造防护服的出口额分别同比降低1.69%和0.39%，包装用纺织品的出口额降幅达到10.6%，表明国外市场对这三类产品的需求基本稳定甚至有所下降。

从产品出口价格看，排名前十的产品中有4类产品的出口单价有小幅度的增长，其中线绳（缆）带纺织品的增幅为5.16%，其余产品的出口价格均呈小幅下降的状态。从整体看，数量依然是推动我国产业用纺织品出口增长的主要因素。

2. 主要出口市场

亚洲是我国产业用纺织品最大的出口地区，占全年出口额的47.31%，其次是欧盟和北美市场，份额分别为15.78%和15.51%，非洲和拉美市场的份额分别为7.12%和7.11%，见图2。

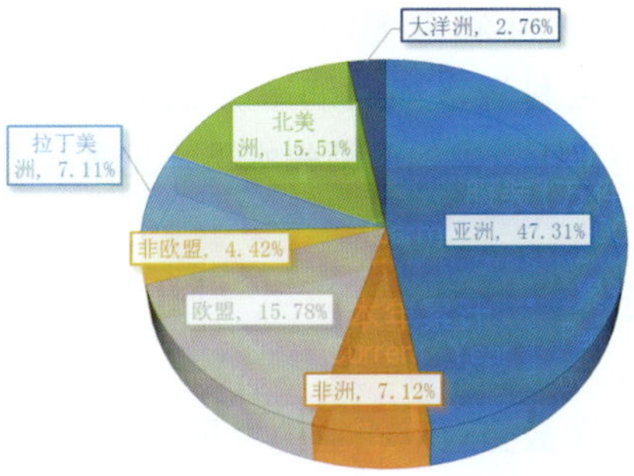

图2 2019年中国产业用纺织品行业的主要出口地区

资料来源：中国海关

美国是我国产业用纺织品最大的出口国，2019年对美国出口37.01亿美元，受贸易摩擦影响，出口额较2018年同期下降9.1%，见表4。其中对美国出口最多的商品是篷帆类纺织品，占对美出口总额的23%，其余依次为非织造布制防护服、一次性卫生用品、擦拭布、线绳（缆）带纺

表3 2019年行业主要产品出口情况

产品	出口额(亿美元)	出口额增速(%)	出口量增速(%)	出口价格增速(%)
产业用纺织品	273.44	2.06	—	—
产业用涂层织物	37.90	0.41	-3.21	3.74
非织造布	31.10	5.36	9.12	-3.45
毡布、帐篷	27.38	2.72	-1.21	3.98
一次性卫生用品	20.86	16.00	18.82	-2.37
合成革、革基布	20.38	-1.69	-2.11	0.43
线绳（缆）带纺织品	19.16	6.98	1.73	5.16
包装用纺织品	16.66	-10.60	-7.84	-2.99
擦拭布	11.33	5.48	7.07	-1.49
产业用玻纤制品	10.31	7.32	11.54	-3.78
非织造防护服	9.23	-0.39	0.61	-0.99

资料来源：中国海关

织品等产品，这5类产品在对美出口总量中的占比接近60%。

日本是我国产业用纺织品重要的出口市场，2019年我国产业用纺织品对日本市场的出口额为16.59亿美元，与2018年同期相比基本持平，出口额占总量的6.07%，见表4。包装用纺织品、非织造布、安全气囊以及毡布/帐篷是我国对日出口的主要商品，占对日出口总额的64.68%。

欧盟也是我国产业用纺织品的一个重要出口市场，占我国出口总量的15.25%。2019年我国对欧盟出口额41.69亿美元，同比微增0.27%。篷帆类纺织品是对欧盟市场出口额最大的产品，出口额增长2.6%，产业用涂层织物和非织造防护服的出口额分别增长6.77%和1.6%，而非织造布和线绳（缆）带纺织品的出口额分别稍降0.65%和2.69%。

2019年越南超越日本成为中国第二大出口国，出口额达到17.38亿元，同比增长10.06%，见表4。我国对越南出口的主要产品包括产业用涂层织物、合成革及基布、非织造布和线绳（缆）带纺织品，占全部出口额的73.81%。

其他主要出口市场中，对韩国市场出口的产业用纺织品价值10.65亿美元，同比小幅上涨1.07%，对印度市场的出口额为10.6亿美元，与2018年同期相比微降1.39%，见表4。

2019年我国产业用纺织品对“一带一路”沿线国家的出口额达到108.48亿美元，同比增长7.13%，出口额占总额的比重为39.67%，其中非织造布对其出口额和出口量的增幅分别达到16.7%和18.9%。“一带一路”沿线国家需求的快速增长正成为行业出口增长的重要动力。

（二）进口情况

我国产业用纺织品的技术创新近年来实现了较大突破，产品高端化趋势越发明显，重点企业的产品在质量上已经接近国外先进水平，企业用户和普通消费者对国产品牌的接受程度越发提高，我国进口产业用纺织品的金额在逐步降低。2019年，我国进口产业用纺织品价值67.28亿美元，同比下降5.72%，见表5。

在主要进口产品中，一次性卫生用品的进口需求依然最大，进口额达到10.63亿美元，但降幅也达到了14.63%，非织造布、产业用涂层织物、产业用玻纤制品和结构增强用纺织品的进口额也分别达到8.18亿美元、6.88亿美元、6.8亿美元和6.13亿美元，其中结构增强用纺织品的进口额增长11.53%，见表5。分地区看，日本、中国台湾、韩国、美国和德国等发达国家和地区是我国进口产业用纺织品的主要来源地，进口额占总量的64.4%。

表4 2019年我国产业用纺织品主要出口市场情况

国家及地区	出口金额(美元)	增速(%)
美国	3,701,090,629	−9.08
越南	1,738,380,784	10.06
日本	1,659,074,812	0.72
韩国	1,065,290,934	1.07
印度	1,059,846,824	−1.39

资料来源：中国海关

表5 2019年行业主要进口产品情况

产品	进口额(亿美元)	进口额增速(%)	进口量增速(%)	进口价格增速(%)
产业用纺织品	67.28	5.72	—	—
一次性卫生用品	10.63	−14.63	−11.60	−3.43
非织造布	8.18	−8.61	−9.49	0.97
产业用涂层织物	6.88	−6.77	−11.92	5.84
产业用玻纤制品	6.80	7.44	−29.48	52.36
结构增强用纺织品	6.13	11.53	17.42	−5.01
安全气囊	5.45	−13.18	−11.01	−2.44
其他工业用纺织品	4.49	−1.51	−11.20	10.91
合成革、革基布	2.84	−11.93	−13.56	1.89

资料来源：中国海关

2019年行业重点领域发展情况

一、医疗卫生用纺织品

医疗用纺织品主要包括医用敷料、医用防护产品、植入性医用产品以及应用于康复治疗的纺织品，其中医用敷料和医用防护产品的需求量非常大。我国是医用纺织品的生产大国，不仅满足国内市场的需求，还大量出口欧美日等发达国家和地区。医用纺织品的市场需求比较稳定，基本保持在5%左右的增长速度。

医用纺织品在原料端的集中度比较高，而在制品端则非常分散，中小企业居多，行业内的骨干企业主要聚焦中高端市场和海外市场。由于医疗产品的标准和监管非常严格，我国企业主要采用OEM、ODM的形式出口医用纺织品。2019年我国出口药棉、纱布、绷带等产品8.4亿美元，同比增长5.03%，出口防护服9.23亿美元，出口额与2018年基本持平。随着国内医用耗材采购体制的改革和医疗器械监管体系的完善，我国医用纺织品的市场集中度将会逐步提高，国内市场将成为未来的主要增长动力，同时，通过技术创新和品牌建设巩固我国产业在海外市场的竞争力。

卫生用纺织品主要包含妇女卫生用品、婴儿尿裤、成人失禁用品等吸收性产品和各种湿巾、干巾。我国的妇女卫生用品和婴儿尿裤的市场渗透率已经处于比较高的水平，二胎政策后人口出生率没有明显增加，而成人失禁用品虽然保持高速增长但产品依然处于导入期，市场总量还比较小。整体看，吸收性卫生材料的国内市场增速在进一步放缓，但海外市场的需求增长较快。2019年我国出口尿裤、卫生巾20.86亿美元，同比增长16%，美国、东南亚、俄罗斯及非洲都是我国产品的重要市场。

非织造布制湿巾、干巾等擦拭产品的发展比较快，使用人群和应用场景不断细分，产品精品化、高端化、功能化、电商化销售的趋势明显，2019年的销售增长超过20%。擦拭产品的市场发展推动了我国水刺非织造布的投资和生产持续增长，2019年水刺非织造布的产量增长了9.5%。

二、土工与建筑用纺织品

土工与建筑用纺织品的市场和国家的基础设施建设密切相关，2019年，我国铁路固定资产投资完成8029亿元，与2018年基本持平；公路建设投资完成2.16万亿元，比去年同期增长1.3%。土工用纺织品在环境保护工程、海绵城市建设中也有大量的应用。

“一带一路”市场正成为我国土工与建筑用纺织品发展的新引擎。我国是对外工程承包大国，土工用纺织品通过中国公司承接的国外工程出口到世界各地。2019年，中国企业在“一带一路”沿线的62个国家新签对外承包工程项目6944个，合同额1548.9亿美元，占中国对外承包工程新签合同额总量近60%。

目前，我国大约有500家土工用纺织品企业，以生产非织造土工布的中小企业为主，主要集中在山东省、江苏省等地。山东省形成了多个土工用纺织品的集聚地区，如德州、潍坊、莱芜、泰安等地区，具备较为完整的产业链条，一批重点企业得到快速成长。根据协会对行业骨干企业的调研，2019年其主营业务收入和利润总额分别同比增长14.85%和11.26%。

三、交通工具用纺织品

交通工具用纺织品是产业用纺织品内比较重要的一个领域，主要包括座椅、顶棚、地毯，隔音、隔热毡，空气和燃油过滤材料，安全气囊和安全带，帘子布，以及用于车身的纤维复合材料。交通工具用纺织品对于提高乘坐舒适性和安全性、降低油耗都有非常重要的作用，行业进入门槛较高，需求比较稳定，也具有较高的盈利能力。

2018年，中国汽车市场在保持持续增长近28年后出现首次下跌。2019年，在中美经贸摩擦、新能源补贴持续退坡、新增产能不断投放、海外巨头进入国内市场的影响下，我国汽车行业产业链各环节持续承压，汽车产销量分别降低7.5%和8.2%。相应地，汽车行业对纺织品的需求也出现下降，造成产业纺织品相关企业的盈利能力降低，行业处于比较困难的时期。根据协会调研，2019年行业骨干企业的主营业务收入和利润总额分别下降6.2%和16.97%。但行业内的骨干企业仍坚持通过产品创新以及新产品的研发和设计，顺应下游客户的需求变化，并基于对国家政策及汽车产业发展趋势的研究和分析，继续寻找在相关领域的布局机会，以实现企业的长期可持续发展。

四、过滤与分离用纺织品

近年来，随着中国经济的快速增长、国民环保意识的增强和环境保护工作力度的加大，中国环保产业取得了较大的发展，为过滤与分离用纺织品提供了良好的发展环境。

过滤与分离用纺织品主要分为三个部分，工业除尘、空气净化和液体过滤。工业除尘主要面向钢铁、水泥、火力发电、垃圾焚烧等领域提供高性能的袋式除尘产品，2019年受宏观环境的影响，这些领域的环保设施技改项目放缓，部分滤料企业出现订单不饱满的情况，产品单价略有下降，因此，滤料产量同比增加较多，但销售额与利润增长较少。由于产品利润率降低，小微企业的生存空间越来越小，市场集中度逐渐提高。工业除尘是一个技术含量高、创新活跃的产业，企业不断加大技改投入，提升装备水平，围绕超净排放进行高品质滤料的开发。当前，国家正在大力推广工业烟尘5mg/m³以下的排放浓度要求，并会逐步成为常态，这将有助于推动基于超低排放设计的超细纤维、高密面层滤料工艺技术不断进步，产品不断获得新应用。

空气净化产品主要面向室内空气过滤、楼宇空气过滤以及洁净车间的空气过滤。纳米纤维材料的研发和应用仍是行业的热点。熔喷滤料生产工艺技术取得进步，达到纳米级别的熔喷纤维过滤材料已经具备产业化的能力，熔喷滤材有望迎来快速增长。将熔喷、针刺等工艺复合形成的滤料能充分发挥各自的优势，已经广泛应用于各个领域。

液体过滤是一个涉及面非常广泛的领域，在污水处理、饮用水净化，以及化工、食品、医疗等领域都会得到应用，其过滤介质包括机织物、非织造材料、纤维束等。非织造材料和膜材料凭借其出色的过滤性能在液体过滤中的应用越来越广泛。

过滤与分类用纺织品行业是一个高速成长的行业。2019年行业骨干企业的主营业务收入和利润总额分别增长9.79%和7.42%，利润率在12%左右。

五、安全防护用纺织品

安全防护用纺织品应用范围非常广，消防、石油石化、煤炭、钢铁冶金等一线工人都需要高质量的个体防护产品来保障职业安全，军队、武警、公安也是安全防护装备的重要用户。

随着以人为本理念的深入和相关安全生产法规的完善，国家应急管理体制的深入改革和军民融合战略的推进，安全防护产品的发展受到了越来越多的关注。但相较于医疗卫生用纺织品、过滤与分离用纺织品等快速发展的领域，该领域的发展速度不高，新技术、新产品大范围推广应用的速度较慢。

我国在各种阻燃、防割、抗静电的特种纤维及面料开发方面已经取得了很大的突破，但是受制于标准、检测和认证，该领域的高端应用（如一些特殊工况防护产品）还需要采购跨国公司的产品。相比于杜邦、3M和霍尼韦尔等行业内的巨头，我国企业的规模小、创新能力偏弱，在基础研发、产品开发方面的差距较大。低价中标的采购政策，也在一定程度上限制了新产品和新技术的应用，不能给劳动者有效保护。

根据协会调研，2019年行业骨干企业的主营业务收入和利润总额分别增长8.72%和10.37%。

六、结构增强用纺织品

随着我国碳纤维技术的进步和产能释放，以及国内风电产业的高速发展，我国结构增强用纺织品步入了高速发展的通道。当前，我国已经建立起聚丙烯腈基碳纤维技术体系，全国约有20余家聚丙烯腈基碳纤维生产企业和6家碳纤维研究单位，其中产能千吨以上的企业有8家，产能约3万吨，实际产量超过1万吨。2019年我国进口碳纤维及复合材料2.59万吨，价值6.13亿美元，分别同比增长11.53%和17.42%。玻璃纤维是复合材料的低成本解决方案，我国产量已经超过500万吨。

在应用市场方面，风电成为结构增强用纺织品增长最快的领域。在低功率风电叶片中主要使用玻璃纤维，当功率超过3MW时则需要应用碳纤维，随着海上风电业务的发展，目前已经出现超过100米的叶片，全球每年在风电领域内使用的碳纤维超过2万吨。2018年，我国新增并网风电装机2059万千瓦，占全球新增装机容量的45%。2019年上半年全国新增风电装机容量909万千瓦，继续保持了较高的增长速度，碳纤维的消耗量接近1万吨，玻璃纤维的消耗量在30万吨左右。

纤维复合材料的使用能够显著减轻交通工具的重量，降低其能源消耗、提高有效装载能力，因此，新能源汽车、地铁列车、高速列车成为行业重点开拓的领域，陆军装备中也通过大量使用纤维复合材料提高了防护水平，这些领域都是结构增强用纺织品未来大规模应用需要重点拓展的领域。需求的复苏和增长带来行业效益的明显改善，2019年结构增强用纺织品行业的主营业务收入增长超过15%，盈利能力也得到较大提高。

2020年行业发展预测

2020年初，“新冠肺炎”疫情在全球范围内蔓延，企业复工复产推迟，国内外市场需求出现较大波动，行业发展面临着复杂、严峻的环境。

经过多年的发展，我国产业用纺织品行业已经具备了较高的抗风险能力。产业用纺织品的领域比较广，医疗卫生用纺织品企业生产抗击疫情的相关物资，疫情以来基本满负荷生产；土工与建筑、过滤与分离、安全防护、结构增强等领域主要面向机构市场，其需求具有一定的刚性，疫情结束后这些领域的投资将会恢复甚至加大；我国产业用纺织品的发展主要依靠庞大的内需市场，出口比重不高，疫情带来的国外需求下降对行业的影响有限。但是，疫情的暴发，对本已面临较大困难的交通工具用纺织品、合成革基布、篷帆用纺织品等产业的发展带来了更大的压力。整体来看，企业对克服疫情影响，完成全年经营目标还抱有比较乐观的态度。

疫情所带来的国内口罩、医用防护服和消毒湿巾等产品的生产、投资高速增长，国际上对于抗疫物资需求的持续放大，国家针对疫情出台的一系列帮助企业纾困的扶持政策，这些积极因素都有益于缓解行业的下行压力。

预计2020年上半年我国产业用纺织品行业的生产和销售将会出现一定程度下滑，下半年随着疫情影响消退、各项支持经济发展的政策落地，行业的需求、生产和销售将有所好转。行业的固定资产投资，特别是扩充产能的投资将趋于谨慎，但在智能化改造、绿色生产方面的投资将会继续保持一定增长。全年行业的生产、销售和出口将小幅增长。

（撰稿人：白　晓　季建兵）

纺织机械制造业

中国纺织机械协会

2019年，在国内外风险挑战上升的复杂背景下，我国纺机行业承压前行，行业主要经济指标呈现回落态势，但我国纺机出口仍保持小幅增长，进口则出现两位数的下降。同时，行业继续深入推进产业升级，在新型高效、低能耗、智能化等方面取得了不同程度的进展，行业发展充满韧性。

2019年纺机行业经济运行情况

一、行业营业收入同比负增长

2019年，全国675家规模以上纺机企业行业累计实现营业收入819.52亿元，同比减少7%，是“十三五”以来纺机行业营业收入首次出现同比负增长，增速较2018年减少15.82个百分点。资产总额为1072.29亿元，同比增长4.94%。纺机行业营业收入及资产总额增速情况如图1所示。

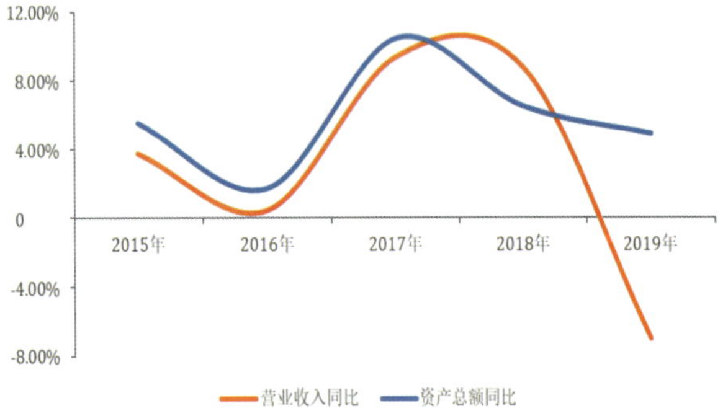

图1 纺机行业营业收入及资产总额增速情况

资料来源：国家统计局

二、行业盈利压力不减

2019年，规模以上纺机企业累计实现利润总额58.67亿元，同比减少3.60%；营业收入利润率7.12%，比2018年降低0.38个百分点。亏损企业亏损额为3.75亿元，同比减少8.32%；亏损面为14.96%，比2018年扩大了1.59个百分点。

三、行业成本费用下降

2019年，规模以上纺机企业成本费用总额为752.39亿元，同比下降7.35%，增速较2018年下降16个百分点。营业成本为533.62亿元，同比减少5.90%，占成本费用总额的比重为89.45%；全行业三费比例为9.69%，较2018年减少1.01个百分点。其中，销售费用为27.77亿元，同比减少8.48%；管理费用为44.63亿元，同比减少8.69%；财务费用为7.44亿元，同比减少6.1%。2019年纺机行业各项费用占总费用的比重见图2。

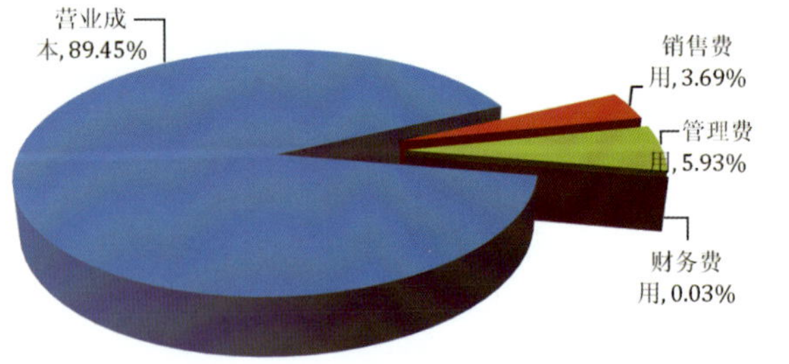

图2 2019年纺机行业各项费用占总费用的比重

资料来源：国家统计局

四、行业资产负债基本平稳

2019年，规模以上纺机企业资产总额为1072.29亿元，同比增长4.94%；负债为607.01亿元。行业资产负债率56.61%，略低于我国工业企业的平均水平56.90%，较2018年略增1.40个百分点。

五、出口市场好于进口市场

据中国海关统计，2019年，我国纺织机械进出口累计总额为71.16亿美元，同比下降3.81%。其中，纺织机械进口金额为33.33亿美元，同比下降10.49%；出口金额为37.83亿美元，同比增长2.96%。出口增速明显大于进口增速，2019年以来一直保持贸易顺差。图3反映了我国纺机行业进出口情况。

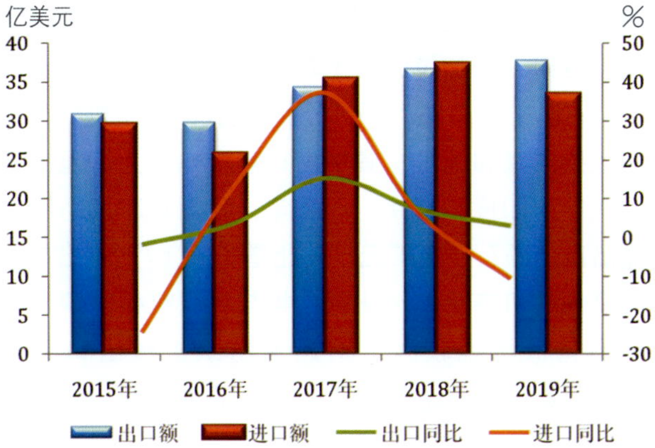

图3 纺机行业进出口情况

资料来源：中国海关

(一)出口情况

国外市场方面，随着“一带一路”沿线国家和地区市场需求的增长及纺织产业布局的调整，国内纺机行业国际市场开拓步伐加快，纺机行业出口保持了增长势头，说明国内纺机产品在国际市场中的竞争力不断提高。

2019年，我国共向全球192个国家及地区出口纺

表1 2019年纺织机械出口国家和地区情况

国家及地区	累计出口金额(美元)	所占比重(%)	金额同比(%)
全球	3782788654	100.00	2.96
印度	714078104	18.88	15.67
越南	623645530	16.49	11.64
孟加拉国	304149444	8.04	−10.39
土耳其	185509164	4.90	5.17
印度尼西亚	184646607	4.88	−4.73
其他国家和地区	1770759805	46.81	−0.98

资料来源：中国海关

织机械37.83亿美元，同比增长2.96%。出口到印度、越南、孟加拉国、土耳其及印度尼西亚的合计金额占全部出口额的53.19%，是我国纺织机械出口的主要国家和地区，其中出口额增幅最为明显的贸易伙伴为印度和越南。2019年，我国对印度纺织机械出口金额7.14亿美元，同比增长15.67%，出口到印度的纺机产品中，化纤机械与针织机械、织造机械出口额增幅较大。对越南纺织机械出口金额6.24亿美元，同比增长11.64%，在对越南出口的所有类别产品中，印染后整理机械金额占比最高，占对越南出口总额的26.36%，纺纱机械2019年出口额同比减少。2019年纺织机械出口国家和地区情况见表1。

从出口产品类别看，针织机械出口额为10.12亿美元，同比增加5.87%，占纺机行业出口的比重为26.76%，位居第一，其后依次为印染后整理机械、辅助装置及零配件、纺纱机械、织造机械、化纤机械和非织造布机械。化纤机械出口同比增长依然明显。2019年我国纺织机械产品出口情况见表2。

表2 2019年纺织机械产品出口情况

产品类别	累计出口金额（美元）	所占比重（%）	金额同比（%）
出口金额合计	3782788654	100.00	2.96
针织机械	1012324134	26.76	5.87
印染后整理机械	741914432	19.61	3.99
辅助装置及零配件	642451512	16.98	−3.01
纺纱机械	487723371	12.89	−7.88
织造机械	411460067	10.88	7.09
化纤机械	316341602	8.36	20.95
非织造布机械	170573536	4.51	2.28

资料来源：中国海关

表3 2019年纺织机械进口国家和地区情况

国家和地区	累计金额（美元）	所占比重（%）	金额同比（%）
全球	3333094745	100.00	−10.49
日本	1252414006	37.58	5.80
德国	952627761	28.58	−17.36
意大利	347478870	10.43	−10.41
中国台湾	127617811	3.83	−19.47
比利时	96585428	2.90	−38.46
其他国家和地区	556370869	16.69	−18.64

资料来源：中国海关

表4 2019年纺织机械按产品类别进口情况

国家和地区	累计金额(美元)	所占比重(%)	金额同比(%)
进口金额合计	3333094745	100.00	-10.49
化纤机械	912923818	27.39	20.44
辅助装置及零配件	709081197	21.27	-20.70
纺纱机械	562428894	16.87	-12.61
织造机械	479068321	14.37	-12.33
印染后整理机械	371143454	11.14	-15.77
针织机械	199874010	6.00	-36.04
非织造布机械	98575051	2.96	-23.19

资料来源：中国海关

（二）进口情况

2019年，我国共从全球70个国家和地区进口纺织机械，进口总额33.33亿美元，同比下降10.49%。纺织机械进口的主要国家和地区以日本、德国、意大利、中国台湾和比利时为主，进口前五位的贸易额为27.77亿美元，同比相对减少8.65%，占进口总额的83.31%。自2019年3月以来，对日本进口贸易额一直保持首位，且维持了正增长的态势。2019年纺织机械按国别和地区进口的情况见表3。

纺织机械进口的产品中，化纤机械进口排在第一位，进口总额为9.13亿美元，同比增长20.44%，占进口总额的27.39%；七大类产品除化纤机械外，均较大幅度减少。在下游需求的带动下，化纤机械继续维持了进口增长态势。2019年纺织机械产品按产品类别进口情况见表4。

六、分行业情况

2019年以来，纺机各细分行业的市场销售情况各有不同。随着智能制造等的不断推进，纺织机械产品整体水平不断提升。

纺纱机械企业整体运行呈下降趋势，特别是第四季度下降明显。前纺设备销售基本持平，用户短流程设备需求不减，在存量市场，精梳机、粗纱机、细纱机、自动络筒机等主机也围绕节约用工进行自动化升级改造，用户对自动化、连续化、智能化的需求持续增强。

织造机械保持稳中趋缓的发展态势，前三季度，虽然国内产业转移、升级过程仍然持续，但投资者投资意愿下降，销量增速有所放缓，四季度随着国际贸易局势缓和、下游库存不足等原因，国内企业投资信心逐步恢复，销量呈现回暖态势。

针织机械三大类机型，圆纬机市场整体表现稳中有增；横机与经编机整体市场表现均不及预期。

印染机械行业整体运行情况基本稳定。国内棉机织物前处理设备市场需求减少，出口市场增加。国内传统印花机市场情况波动不大，出口市场情况向好；拉幅定形机市场情况波动较大，整体与2018年持平。

化纤机械企业全年出货量整体保持平稳趋势，化纤纺丝机整体依旧保持上升趋势。大型化纤企业整合新上产能、产业转型升级项目多，产能集中情况越来越明显。加弹机市场销售情况与2018年相比有所下降。在短纤装备方面，黏胶短纤装备市场需求有所下降，未来新溶剂法纤维素纤维等绿色纤维的生产装备将会是市场关注的重点。

非织造布机械全年产销量相比2018年有所下降，纺粘和熔喷设备产销量持续上升。非织造布装备企业2019年注重开发差别化产品，提高生产线柔性生产能力，开拓海外市场。

行业发展特点及主要问题

智能制造再升级是行业发展的一大特点。2019年是中国纺织工业“十三五”规划的关键年，纺机行业全力推进动能转换，用科技创新引领产业发展，深入推进转型升级和结构调整。智能制造作为近几年行业发展的主旋律，棉纺、化纤、印染等七大智能化生产示范线建设均取得了可喜的成绩。纺机企业不仅关注单机智能化的提升，还包括可服务纺企生产工序连续化以及车间智能化的技术创新。

行业发展特点二是企业的产品研发更加贴近市场需求。从需求中寻找创新方向已经成为中国纺机企业的重要共识和发展思路。2019年纺机行业无论智能化工厂建设，还是单机自动化和局部连续化、自动化、智能化的存量改造，都与纺织行业高效高质发展契合，并倒逼纺机企业加快产品研发，扩大产业链合作，不断推出创新产品。针对下游企业高端、小众的需求，定制化的产品越来越多。

行业发展特点三是纺机产品国际竞争力增强。2019年以来，全球主要纺机制造国家和地区均出现整体调整的态势，而我国纺机出口仍然保持了正增长的态势，纺机企业参与国际竞争的能力越来越强。

行业发展亮点很多，但仍然存在自主创新能力薄弱、制造水平有待提高等问题。对于纺机企业，要抓住市场机遇，关键是要提升自身的核心竞争力，提高整体自主创新能力还需继续努力。同时，国内制造水平与国外先进水平还存在很大差距，生产制造环节的连续化、自动化、网络化和智能化是我国纺机企业今后要更加努力的重点。

2020年纺织机械行业发展趋势展望

2020年是全面建成小康社会和“十三五”规划收官之年，从全球经济看，制约经济增长的因素目前尚未有确定性好转的迹象，内生性增长动能减弱。新型冠状病毒肺炎疫情对我国经济发展目前产生了一定影响，造成需求和生产放缓，消费低迷，投资不振，行业面临巨大挑战。国家和地方有关部门发布的多项扶持政策，有助于提振市场信心。长期看，我国经济的基本面依然是稳定的，国内纺织产业转移带来的新产能以及现有产能的升级改造仍然有较大的空间，新兴的纺织服装生产国家中市场多层次的需求也将为我国纺机企业带来长期的增长空间，行业发展仍具韧性，纺机行业更需苦练内功，提高产品质量和开发能力，增强国际竞争力，保证行业稳步前行。

（撰稿人：孙少波）

CNTAC

2019/2020 中国纺织工业发展报告

2019/2020 CHINA TEXTILE INDUSTRY DEVELOPMENT REPORT

70年足迹

不忘初心 牢记使命 深入推进纺织行业高质量发展

中国纺织工业联合会会长 孙瑞哲

2019年是新中国成立70周年。七十年沧海桑田，在中国共产党的正确领导下，中国人民成功开辟了中国特色社会主义道路，中华民族实现了从站起来、富起来到强起来的历史性飞跃，迎来了伟大复兴的光明前景。七十年波澜壮阔，中国纺织工业作为关系国计民生的重要支柱产业，在这场伟大的历史变革中，取得了全方位、开创性的发展。行业从不能满足国内需求做到了衣被天下，成为支撑世界纺织工业体系平稳运行的核心力量。如今，中国纺织工业已矗立于世界纺织之巅，无限接近实现世界纺织强国的目标，但同时也面临着前所未有的复杂局面与艰巨挑战。

新形势下，如何实现高质量的发展，为中华民族伟大复兴注入行业力量，考验着中国纺织人的智慧与能力、责任与担当。前事不忘，后事之师。历史经验证明，产业要成长就必须在历史前进的逻辑中前进、在时代发展的潮流中发展。更好的发展，需要产业厘清历史逻辑，辨明时代潮流。只有深刻总结从何而来，才能更好明白去向何方。

党的领导和中国特色社会主义是中国纺织工业实现70年巨变的核心逻辑与根本原因

新中国成立以来，几代“纺织人”艰苦拼搏，有筚路蓝缕的创业艰辛，也有气壮山河的建设豪情，有披荆斩棘的改革实践，也有风雨兼程的强国探索。站在历史的维度，将行业发展放在时代大背景下观察，中国纺织工业经历了几个重要阶段，见图1。

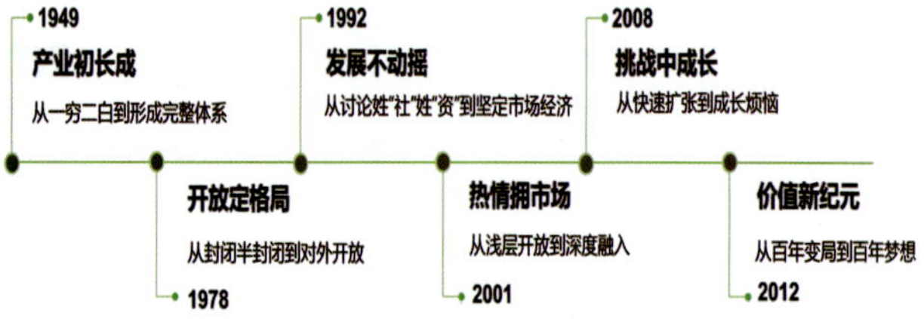

图1 中国纺织工业的重要发展阶段

一、产业初长成

从一穷二白到形成完整体系，行业打下了坚实基础。

新中国的成立彻底结束了旧中国半封建半殖民地社会的历史，彻底结束了旧中国一盘散沙的局面。民族得到独立、人民当家做主，极大地激发了广大群众的积极性，极大地解放和发展了社会生产力。以毛泽东同志为代表的中国共产党人带领全国人民，创造性地建立起社会主义基本制度，为当代中国一切发展进步奠定了根本政治前提和制度基础。这种开天辟地的变化使得中国纺织工业彻底摆脱了过去在夹缝中求生存的窘迫局面，迎来飞速发展新时期。

在东西方“冷战”和一穷二白的背景下，面对物质资源极度缺乏、产业基础极度薄弱、人民生活极度贫困的现实，党和国家高度重视纺织工业的建设发展，集中力量办大事。纺织工业部是新中国成立的第一批部委，先后规划布局，建成了石家庄、邯郸、郑州、西安、北京“五大纺织新基地”和（山西）经纬纺织机械厂、郑州纺机厂，迅速打开大规模建设纺织工业的局面；于20世纪70～80年代，建成了辽阳石化等十个大型合成纤维工厂，奠定了化纤工业体系基础。截至1978年，我国建成纺机厂153个，依靠自主研发制造的成套设备，建成了棉、毛、丝、麻、化纤、印染等生产基地。与1952年相比，1978年全国棉纺锭增长了2.1倍，棉纱产量增长了4.4倍，布产量增长了3.4倍。衣被甚少的状况得到明显改善，人均棉布产量从1950年的4.57米增长到1978年的11.46米；化纤产量从忽略不计发展到28.5万吨。在党的领导下，这一时期我国基本建成了门类齐全、供应链完整的纺织工业体系，奠定了中国纺织工业长远发展的深厚基础。

二、开放定格局

从封闭半封闭到对外开放，行业打开了广阔空间。

经过30年的艰难探索，在总结新中国成立以来正反两方面经验的基础上，中国共产党对社会主义本质的认识更加成熟。通过将马克思主义与中国基本国情相结合，以邓小平同志为核心的党中央做出改革开放的战略决策，从此开辟了中国特色社会主义道路。在党的领导下，从单一的公有制经济到“计划经济为主、市场经济为辅”再到“有计划的商品经济”，从建立经济特区到沿海开放城市再到沿江开放港口城市，社会生产力得到进一步解放。

作为改革开放的先行者，纺织行业积极顺应时代潮流。1979年，纺织工业部成立深圳华联纺织联合公司作为中国纺织工业经济直接对外开放的窗口；之后在青岛进行“青纺联”工业企业联合经营纺织品进出口贸易的试点，纺织行业逐渐成为我国出口创汇的核心来源。在中国与美国为首的西方国家关系解冻、时代色调“由冷转暖”的背景下，纺织行业抓住了全球产业转移的历史机遇，充分发挥劳动力资源优势，“三来一补”外向型经济迅猛发展。1983年，以“取消布票，敞开供应”为标志，中国纺织工业率先告别“短缺经济”，成为五大民生问题中解决得最早、最好的一项。1986年，国务院决定将服装行业划转至纺织工业，使纺织工业的体系得到完善。1984～1992年，纺织服装出口额增长了5.9倍，年均增长27.23%，中国占世界纺织服装出口比重从6.4%上升到10.2%；进口纤维原料从60万吨扩大到134万吨；进出口顺差增长了5.7倍，扭转了我国货物贸易持续逆差的局面，见图2。不断深入的改革开放为纺织行业发展拓展了空间。

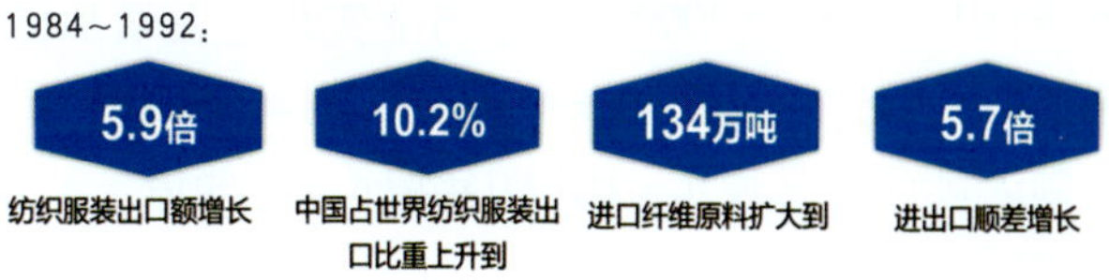

图2 1984～1992年中国纺织工业的增长情况

资料来源：中国海关，世界贸易组织（WTO）

三、发展不动摇

从讨论姓“社”姓“资”到坚定市场经济，行业激发了发展活力。

20世纪90年代初，在经历了东欧剧变等一系列国际动荡之后，中国面对的内外环境非常复杂，关于“社会主义能走多久”“改革开放姓‘社’姓‘资’”的讨论甚嚣尘上。面对纷扰与动摇，以邓小平同志“南方讲话”和党的“十四大”为标志，中国共产党人给出了“三个有利于”的标准，确立了社会主义市场经济体制改革的目标方向。此后，人民对改革开放的信心更加坚定，企业和职工的积极性得到很大提升，市场活力得以有效激发。

1993年，纺织工业部作为第一批政府部门改革的国务院组成部门，改为国务院直属事业单位中国纺织总会。1998年又组建国家纺织工业局，隶属国家经贸委，中国纺织工业协会作为政府部门改革后承担行业服务和吸纳分流人员的部门也于同年成立。

这一时期，随着经济体制改革的深入，纺织行业的市场化程度不断加深，所有制结构开始发生重大变化。宽松的经济政策和稳定的市场环境使得民营纺织服装企业大量涌现，竞争力不断提升。出现了如雅戈尔、杉杉等一大批优秀民营纺织企业。产业集群与专业市场开始快速发展，典型代表有绍兴柯桥的中国轻纺城。20世纪90年代末期，“压锭解困”的政策实施，为纺织工业营造了“充分竞争”的市场环境，形成了国退民进的发展格局，行业活力进一步得到释放。1997～2000年，淘汰落后棉纺锭近1000万锭，纺织国企数量减少23%，亏损企业数下降1/3。截至2000年，全行业实现工业增加值增长61.34%，销售额增长44.59%，利润69亿元；出口额达到530.4亿美元，比1991年增长了2.46倍。

四、热情拥市场

从浅层开放到深度融入，行业顺应了时代潮流。

2001年加入WTO，中国开始深度融入全球价值链，为纺织服装行业竞争力充分释放提供了重大历史机遇。党中央根据国情世情的变化，引导产业在更大范围、更广领域、更高层次参与国际经济技术合作与竞争，充分利用国际国内两个市场。在经济全球化的大潮中，中国纺织工业进入“快车道”，迎来“黄金期”。行业在世界纺织价值链中的地位稳步提升，所占市场份额不断扩大，影响力与话语权持续增强。2002～2008年出口额年均增速达到19.5%；2001年中国纺织服装出口额占世界的比重为14.83%，到2008年提升到26.1%，世界第一大纺织品服装出口国的地位更加稳固。

中国纺织工业的产业规模、产品结构、发展模式、技术水平在这一时期取得重大突破。2008年，中国纤维加工总量达3510万吨，占世界的比重为48.25%；化纤产量从2000年的694.2万吨增长到2430.5万吨，增长了2.5倍。

随着国家纺织工业局于2001年初撤销，行业服务职能也彻底融入中国纺织工业协会。相关行业服务在摸索中起步、在创新中壮大。在全部工业领域中，纺织行业工作开创了一系列先河，第一个开展行业信息化工作，第一个开展产业集群试点与公共服务平台搭建，第一个开展企业社会责任实践，第一个将纺织服装展览工作集成，等等。许多工作至今依然无人超越。

五、挑战中成长

从快速扩张到成长烦恼，行业加快了转型探索。

伴随着2008年全球金融危机的发生，国际纺织品服装市场需求萎缩，给行业发展带来了巨大挑战。人民币升值、原材料涨价、劳动力成本上升，我国纺织企业利润空间被大幅压缩，不少企业陷入困境。网络经济的发展对实体经济也形成了一定冲击，如何平衡线上线下渠道的竞争、如何应对网络经济的快速成长成为行业的现实考验。同时，前期行业膨胀式发展积累的问题，引致了一些外界的傲慢与偏见。针对行业的发展方向之惑、转型升级之痛、持续成长之痒，2009年4月国务院专门出台了《纺织工业调整和振兴规划》并配套扶持政策，行业发展信心得到很大鼓舞。

在党的领导下，行业对外开拓市场，对内挖掘潜力，及时调整产品产业结构，积极推进两化融合，加快拥抱网络经济，最终实现了缓中有进，在全球纺织产业中的地位进一步巩固。到2010年，纺织品服装出口突破2000亿美元大关，2012年全国纺织服装出口贸易额为2625.63亿美元，比2008年增加了38.47%。中国纤维加工总量2012年达到4530万吨，占世界的一半以上。行业区域结构加快调整。2012年，西部地区服装产量占全国的比重从2008年的0.92%增长到1.74%，中部地区从10%增长到16.13%，见图3。

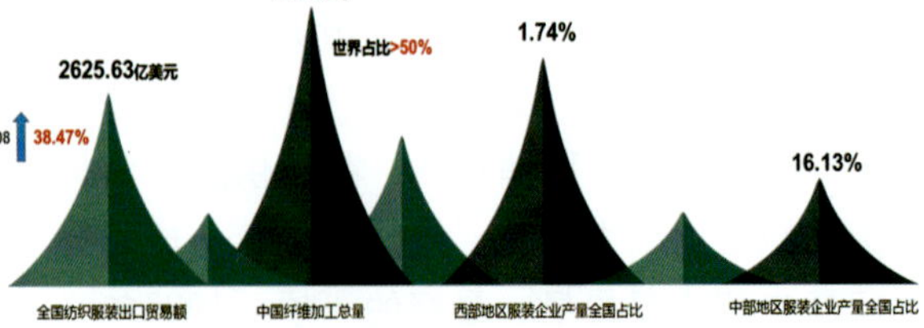

图3 2012年中国纺织工业的发展情况

资料来源：国家统计局，中国海关

六、价值新纪元

从百年变局到百年梦想，行业进入发展新阶段。

党的十八大以来，世界经济处在了新的“十字路口”。全球分工格局、贸易格局、创新格局深刻调整，周期性问题、结构性问题、突发性问题相互叠加，全球治理体系变革加速推进。国内经济发展进入新常态，社会主要矛盾转化为人民日益增长的美好生活需要和不平衡不充分的发展之间的矛盾，经济开始由高速增长阶段转向高质量发展阶段。面对复杂的内外形势，以习近平总书记为核心的党中央站在历史的高度，将中国特色社会主义带入新时代，纺织行业发生了深层次、根本性的变化，开启了价值新纪元。中国纺织工业联合会也于2012年发布了《建设纺织强国纲要（2011～2020）》，提出到2020年建成纺织科技、品牌、可持续发展、人才强国。

目前，我国已拥有全世界最为完善的现代纺织产业制造体系，产业链各环节制造能力与水平均位居世界前列。2018年，我国纤维加工总量约为5460万吨，占全球纤维加工总量的51.28%，是1978年的近20倍；化学纤维产量突破5000万吨，占全球化纤产量三分之二以上；60英支以上纱线生产量的80%在中国，色纺纱生产量的90%以上在中国，高档衬衫色织面料生产量的60%在中国，高档牛仔面料生产量的30%在中国，高支高密织物的生产技术主要在中国。产业用纺织品在纤维消费中的占比达到27%以上，广泛应用于医疗卫生、过滤、土工建筑、安全防护、结构增强等领域。2019年，规上纺织企业营业收入达到49436.4亿元，占全国规上工业的4.67%；中国纺织品服装出口额2807.05亿美元，占全国出口额的11.24%；全行业净创汇2552.31亿美元。

树高千尺也有根，江河万里总有源。新中国成立以来，中国纺织工业取得一切成绩和进步的根本原因，归结起来就是坚持党的领导、坚持中国特色社会主义。只有坚持和发展中国特色社会主义才能实现中华民族伟大复兴，这是历史的结论，也是未来的昭示。面向未来，中国纺织工业要以习近平新时代中国特色社会主义思想为指引，不忘产业报国初心，坚定不移推进纺织“科技、品牌、可持续发展、人才”强国建设，服务发展大局，服务战略需要；牢记强国富民使命，坚定不移树立“科技、时尚、绿色”发展新定位、行业新标签、社会新认知，不断满足人民对美好生活的新期待；大力弘扬“实业兴国的爱国精神，务实创新的科学精神，协同发展的团结精神，人才为先的人本精神”，稳步推进行业高质量发展。

满足人民对美好生活的新期待，推进国家富强、民族复兴、人民幸福是纺织工业的责任与使命

中国纺织工业作为支撑经济发展的基础产业和重要民生产品的供给部门，“真”“善”“美”是产业发展的价值取向和根本追求。所谓“真”就是聚焦创新驱动，以现实生产力的发展和高质量的供给，切实满足人民需要；所谓“善”就是聚焦社会责任，以人为本、保护环境、公平竞争，不断推进可持续发展；所谓“美”就是聚焦文化自信，促进先进文化的创新性发展、创造性转化，不断美化人民生活。行业对“真”“善”“美”的追求统一于不断满足人民对美好生活的新期待。这是中国纺织工业的责任与使命，这种使命体现在产品与人、企业与社会、产业与国家三大关系中。

一、使命体现在产品与人的关系中

产品与人的关系本质上是供给与需求的关系。产品是材料、结构、形式、功能等内容构成的有机整体，产品供给的过程就是产品要素满足需求的过程。

从材料看，纺织材料发展的背后是人民需要的不断发展，带动的是工艺流程的不断进步。纤维材料的应用大致经历了用天然、仿天然、返天然和超天然四个阶段，见图4。用天然阶段，在新中国成立初期，纺织材料几乎全部来自棉毛丝麻等天然纤维，材料供给只能满足人民最基本的生存需求。仿天然阶段，为弥补天然纤维资源不足，解决人民穿衣问题，纺织行业加快发展化纤工业，以涤纶等纤维弥补天然纤维的短缺，满足了纤维量的需求。返天然阶段，随着环境问题日渐突出、人民更加关注健康和自然，纺织材料开始回归天然。一方面，竹原纤维、天丝、聚乳酸纤维、壳聚糖纤维等生物基纤维快速发展；另一方面，通过技术和工艺改进天然纤维产品，性能得到极大改善。超天然阶段，高性能、多功能化学纤维已不再是天然纤维的简单替代品，纤维性能大幅提升，应用领域不断拓展，纤维材料在生活、生产、生态中的架构与支撑作用更加凸显。

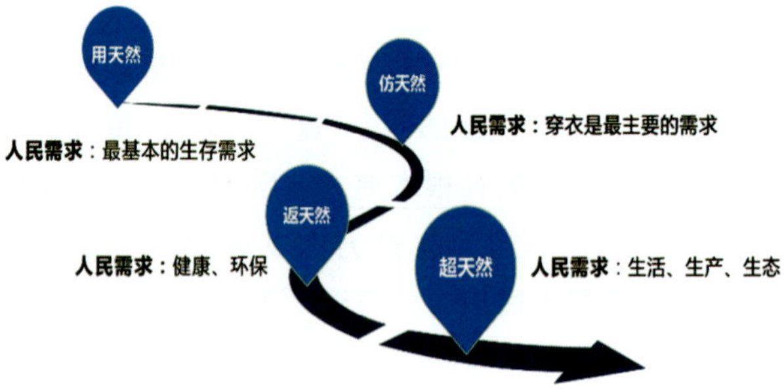

图4 纤维材料发展的四个阶段

从产品看，产品升级折射出的是消费需求的持续升级。围绕产品形式，改革开放前，我国居民衣着消费水平较低，产品品类、衣着款式、服装色彩等均较为单一、单调。改革开放后，随着行业的快速发展，城乡居民服饰"蓝、黑、灰一抹色"的情景消失了，"新三年、旧三年、缝缝补补又三年"的情况消失了，取而代之的是更加个性化、多元化、专业化的服饰。围绕产品性能，防皱、抗菌、抗紫外线、除螨、防霉、抗病毒、防蚊虫、防蛀等功能越来越多，产品在提升生活品质中扮演了重要角色。围绕用途，除了传统服用外，产品已广泛应用于医疗与卫生、生态与环保、安全与防护、交通运输与农业生产、基础设施建设与航空航天发展等重要领域。

从价值看，"品质、品行、品味"成为产品价值的重要构成，反映出的是人民需求的多元化。纺织服装产品的价值开始更多来自品质。这种品质不仅包含产品质量，还包括品牌以及产品背后的服务体验，比如店面服务、智能纺织品承载的服务等。产品的价值开始更多来自品味，即文化创意。纺织产品在通过点、线、面、体、色彩、肌理等内容达成某种"形式美感"的同时，也在传递思想或情感，这成为产品文化价值的重要来源。例如，将中国传统文化元素与产品相结合、将二次元等IP与产品相结合。产品价值开始更多来自品行，即社会责任。消费者在产品品质之外，开始关注生产过程是否符合社会责任要求，并愿意为负责任的产品付出额外费用。

纺织产品是科技与时尚的融合体，是生产、生活、生态的发展美学。人民群众消费需求升级的趋势不可逆转，纺织产品在满足人民美好生活中的作用不可替代。

二、使命体现在企业与社会的关系中

回顾中国纺织企业的发展历程，企业与社会间的关系经历了从"企业办社会"的单位制社会向"社会办企业"的市场化服务演变。总体看，企业与社会是一种适应与共生关系，企业是社会生态的构建者，社会是企业发展的大环境。

纺织企业是社会财富的重要创造者。2019年，福布斯排行榜世界前6位富豪中有2位来自纺织服装行业，这折射出纺织服装企业创造社会财富的巨大潜力。集群式的发展模式使得纺织企业成为繁荣区域经济的重要力量。以柯桥区为例，地区65%左右的工业产值是由纺织企业创造的。在与中纺联有集群试点共建关系的214个地区中，纺织企业在支撑当地经济、稳定就业中都起到了非常重要的作用。纺织企业在服务三农方面十分关键。行业企业为农村进城务工人员提供了1000多万个就业岗位和数千亿元现金收入；企业每年使用国产天然纤维原料约900万吨，为农村、农民、农业发展做出了巨大贡献。

纺织企业是社会创新的重要输出者。纺织行业具有产业链长、关联度高、区域化程度高的特征，这使得纺织企业的创新溢出效应非常显著。人员的流动、知识的输出，能有效带动周边产业创新。纺织企业在输出产品的同时，也在输出文化创意与设计。很多企业本身就是植根于当地服饰文化，如非遗。企业的发展对于繁荣当地文化、提升区域时尚影响力意义重大。纺织服装作为电子商务的第一大细分品类，行业企业是新经济的重要参与者和实践者。从大规模定制到工业互联网，从网红经济、共享经济到社群经济、订阅经济，行业企业有力地推动了新经济发展和网络生态的形成。

纺织企业是社会责任的重要承担者。作为容纳2000万就业人口的经济部门，纺织行业是推进社会责任建设的重要阵地。一方面，纺织企业的社会责任建设对于推进整个社会的公平正义和劳动者的全面发展具有非常重要的意义；另一方面，纺织企业的生产运营与生态环境密切相关，行业企业是推动社会绿色发展的重要力量，见图5。

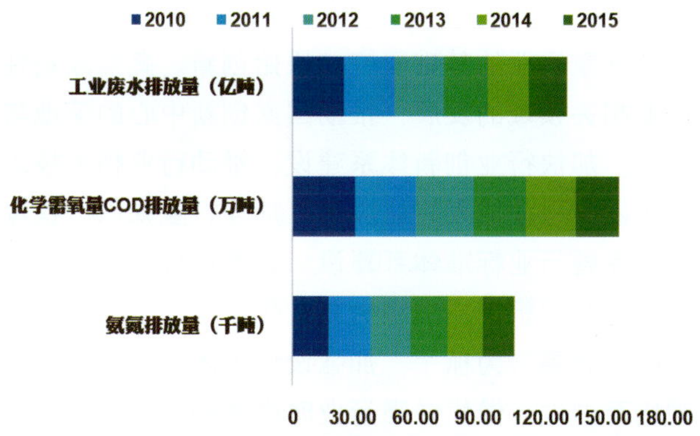

图5 2010～2015年纺织行业污染排放总量

注 2011年起，环境统计按《国民经济行业分类》（GB/T4754—2011）标准执行分类统计。

资料来源：《中国环境统计年报》

企业的发展也受社会生态的影响。行业企业要在满足人民群众美好生活需要和实现中华民族伟大复兴的过程中发挥更大作用，需要社会为企业的发展营造良好的氛围。不断优化营商环境，促进民营经济与国有经济、内资与外资、线上与线下、新经济与传统经济间的公平竞争与协调发展。

三、使命体现在产业与国家的关系中

中国纺织工业是产业报国和强国富民的有力承担者，在实现中华民族伟大复兴的过程中发挥着重要作用。

中国纺织工业是社会主义现代化强国建设的重要支撑力量。行业是中国最有潜力率先跨入世界制造强国行列的工业部门之一。从原料供应、设计研发，到纺织染加工、三大终端制造、运营零售，中国纺织工业形成了全球体量最大、最完备的产业体系。纺织工业是中国为数不多的具有全产业链闭环创新能力的工业部门，一个环节的创新可以在另一个环节快速得到应用转化，这种能力使得行业创新能够以平台化、集聚化、融合化的方式涌现。纤维新材料、智能装备、新经济模式等领域的创新成果对于支撑整个经济体系高质量发展具有重要意义。

中国纺织工业是实现全面建成小康社会的重要支撑力量。作为民生产业，纺织工业在改善人民生活水平、解决就业方面发挥着积极作用，是打好脱贫攻坚战的重要产业力量。在衣食住行等民生领域，穿衣问题解决得最彻底。全行业就业人口超过2000万。产业的区域结构特征，使得产业转移工作能极大带动产业扶贫与乡村振兴。中国纺织工业的支柱产业地位始终没有动摇，是稳增长、防风险的重要产业力量。行业创汇在维持币值稳定，平衡国际收支，保障经济金融安全，服务国家发展战略等方面发挥着支柱作用。绿色是纺织工业新的产业定位之一，作为社会责任的积极践行者，中国纺织工业的绿色实践对于打好污染防治攻坚战非常关键。

中国纺织工业是推动人类命运共同体建设的重

要支撑力量。纺织工业从产品设计、原料供应到加工生产和消费流通各环节都表现出非常高的国际性。作为目前全球化程度最高的工业部门之一，中国纺织工业是人类命运共同体的积极践行者。以“一带一路”倡议为契机，纺织企业在“走出去”的过程中，将先进装备、优势产能、成功经验输出给有需求的国家和地区，延伸当地产业链，不断填补发展空缺，促进当地经济发展，同时拉动就业促进当地税收增长。中国与“一带一路”国家在纺织工业领域有非常强的互补性，随着基础设施的不断完善，未来产业合作将有非常大的空间。

中国纺织工业是树立文化自信的重要支撑力量。一个国家的发展与崛起不仅是经济现象，而且是文化现象；不仅要经济增长，而且要文化繁荣。中国自古被称为“衣冠上国，礼仪之邦”。纺织品服装作为文化载体，蕴含着国家的文化传统和价值理念，积淀着中华民族最深层的精神追求。推进中国先进文化在纺织品服装中的创新性发展和创造性转化，提升中国纺织服装品牌影响力和时尚话语权是树立文化自信的重要途径。

继往开来，牢记初心使命，切实推进中国纺织工业高质量发展

当前，世界大变局加速演变的特征更趋明显，全球动荡源和风险点显著增多，经济下行压力显著加大。特别是2020年伊始，新冠肺炎疫情的全球蔓延，严重损害了全球价值链合作，给世界经济造成了巨大冲击。在防控新冠肺炎疫情过程中，中国纺织工业充分展现了时代担当与战略价值。广大纺织企业克服了用工短缺、原料不足、成本高企、物流受阻、产业链运转不畅等重重困难，积极恢复生产，保障了口罩、医用防护服等关键物资的供应，跑出了中国制造的加速度。行业的积极作为有力遏制了疫情蔓延，不仅为打赢中国的疫情防控阻击战做出了重要贡献，也为其他国家的疫情防控提供了有力支持。

面向未来，中国纺织工业需要与时俱进、攻坚克难，不断提升自身能力，为稳定经济发展的基本盘、全面建成小康社会顺利收官做出更大贡献。

一、强化愿景，服务国家大局

要将行业发展融入中华民族伟大复兴的进程中，以“创新、协调、绿色、开放、共享”五大发展理念为统领，同社会生产力的提升相对接，同更好实现人民美好生活需要相对接。要从战略高度、历史维度、时代角度推进行业发展。比如，近年来，全球重大突发公共卫生事件频发，防控难度不断加大。严峻形势下，需要充分重视纺织行业的民生作用，特别是产业用纺织品的战略价值；完善口罩、防护服等重要物资的应急储备机制，提高应急状态下的供应保障能力。完善行业统计调研工作，开展具有前瞻性、针对性、有效性的产业研究工作，科学引导产业发展。同时，要强化行业媒体的能力建设与资源支持，提升其传播力、引导力、影响力。做好宣传和引导，让社会正确认识纺织工业在国民经济中的贡献和在国家战略中的作用。

二、创新引领，夯实基础能力

注重行业的基础研究、原始创新。聚焦战略性产业相关领域的发展，推动国家创新中心的落地与发展。加快行业创新体系建设，推动行业相关技术的研发与科技成果转化应用。加强行业知识产权保护，完善行业标准体系建设，完善科技人才发现、培养、激励机制。围绕树立文化自信，以“大师、大牌、大事”为抓手，加强设计人才培养，加大品牌培育力度，做优做强行业时尚活动，加快形成有中国特色、世界影响、时代特征的时尚生态。发展纺织工业文化，注重纺织非物质文化遗产的传承、保护、发展，推动中华优秀文化在当代的创新运用。深化行业人本责任、环境责任、市场责任建

设，推进绿色发展标准化和企业生态文明建设。加快淘汰企业落后产能，发展清洁生产。推进绿色关键技术的应用与转化；发展行业循环经济，推进绿色标准体系建设。

三、深化开放，打开发展空间

平衡国际国内两个市场，要充分关注转移产业对经济、社会、生态的影响，平衡好本地发展、区域转移与国际产业转移三者之间的关系，防止产业空心化。激发有效需求，形成强大国内市场。充分挖掘超大规模市场优势，以消费升级带动产业升级。调整展会结构，开拓展会市场，打造全产业链、国际化品牌展会。加强行业质量管理。引导企业积极应对市场变化、适应消费升级。不断开拓新市场、新领域，加强军民融合，促进行业电子商务发展。推动行业新旧动能转换，引导产业有序转移，稳定行业投资，促进区域协调发展。科学推进贸易和投资发展，构建产业全面开放新格局。引导产业国际合作向更大范围、更宽领域、更深层次发展。做好形势研判，推动行业对外贸易稳中提质，鼓励企业开拓多元化出口市场。加强行业企业海外社会责任建设。

四、集约发展，融汇产业力量

探索整合社会资源和举全行业之力的新型“举国体制”，把集中力量办大事、超大规模的产业与市场、市场在资源配置中的决定性作用这三种优势充分结合起来，推进集约化发展。发展平台经济，加强各类平台建设，集聚和整合资源推进大中小企业融通发展。不断丰富强化行业组织的服务能力。推进全产业链趋势发布、产品开发协同和供应链社会责任管理。发展集群经济，充分发挥先行区的示范效应和引领效应。建设国家级纺织服装战略性新兴产业基地和世界级先进纺织服装产业集群。加快提升产业集群的基础能力和产业链现代化水平。发现与培育具有时代性、前瞻性、引领性的新兴产业集群。发展数字经济，深化两化融合，加快企业在组织管理、生产制造、商业模式等方面的数字化转型。推进行业大数据中心和工业互联网平台建设，加快在重点产业集群、专业市场和企业的落地应用。推进产融合作，鼓励企业之间兼并、收购和联合，提高行业集中度和效率。

律回岁晚冰霜少，春到人间草木知。尽管外部环境风云变幻，中国“稳中向好、长期向好”的基本趋势没有改变。中国纺织工业要坚定信心、把握时机，以更大的发展韧性与责任担当，坚定推进行业高质量发展，建设世界纺织强国。

中国化纤 壮丽70年

中国纺织工业联合会副会长 端小平

1949年，中华人民共和国向全世界宣告成立，开辟了中国历史新纪元。从此，中国真正成为独立自主的国家，实现了中华民族空前的稳定统一，从根本上改变了中华民族的地位，掀开了民族复兴的新篇章；70年，在时光的长河中不过是短暂一瞬，却深刻改变了中国的历史进程，改变了全球的发展格局。

70年砥砺奋进，70年春华秋实，中华民族迎来了从站起来、富起来到强起来的伟大飞跃。70年筚路蓝缕、矢志不渝，中国各行各业开创了前所未有的深刻变革，很多行业的产能规模、技术装备和运营管理水平等跨入了世界前列。

纺织工业作为母亲工业，是解决温饱问题的支柱产业，中华人民共和国中央人民政府成立之初就建立了纺织工业部。70年来，中国纺织工业在国民经济中的重要地位一直没有改变，依然是支撑经济发展的基础产业，是重要民生产品的供给部门。作为纺织工业的源头，中国化纤工业在世界范围后来居上的过程更是堪称奇迹。70年来，中国化纤工业走过的波澜壮阔的奋斗进程，沉淀着一个产业从无到有、从弱小到强大、从稚嫩到成熟的空前飞越，蕴含着几代化纤人始终朝气蓬勃的探索实践。中国化纤产量规模占世界化纤产量规模比重持续提升，见图1。

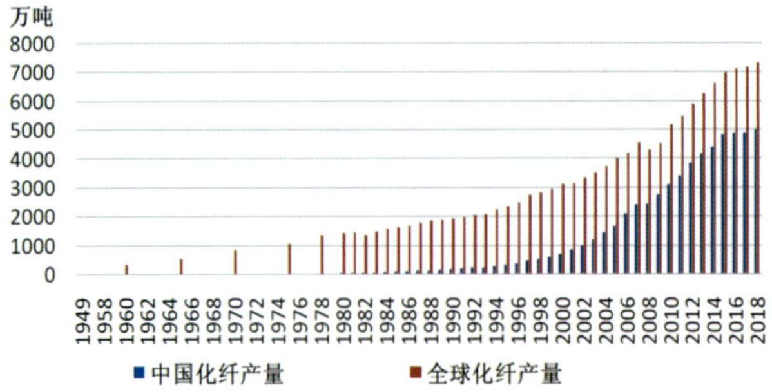

图1 中国和全球化纤产量变化

资料来源：中国化学纤维工业协会

新中国成立初期（1949～1978年）——从零起步铸就基石

新中国成立之初，纺织工业的主要原料为棉花、羊毛、麻、蚕丝等天然纤维，远远不能满足纺织工业的加工需要和人民的衣被需求，1949年，全国仅能生产18.9亿米棉布，人均3.5米。当时布票的匮乏和“新三年，旧三年，缝缝补补又三年”的习惯正反映了我国在纺织原料、纺织品服装等方面的贫瘠、供应不足。如何从根本上解决大规模发展纺织工业所需的原料问题，解决人民的衣被问题？在建设发展新中国纺织工业的实践中，中国共产党人高瞻远瞩地看到了发展化纤工业的必要性，开始酝酿实施“天然纤维与化学纤维并举”的大战略。

中国化纤工业开始了从零起步的艰难之路，直到20世纪50年代后期，中国化纤年产量还不足1万吨，故在全球统计中被“忽略不计”。1960年，中国化纤以年产量1.06万吨进入“世界化纤产量统计”。化纤工业早期建设者们以顽强的毅力和探索精神，创建了化学纤维、合成纤维和化纤机械等工业基础，建成了五大国有石油化纤生产基地，初步形成了化纤工业技术体系，奠定了我国化纤工业的基石，初步解决了人民的穿衣问题。

改革开放之后（1978～2000年）——拓展空间初建完整工业体系

1978年，党的十一届三中全会作出了把工作重点转移到社会主义现代化建设上来的战略决策，改革开放序幕拉开，中国化纤工业也迎来了历史性的发展机遇。1978年中国化纤产量为28.5万吨，占世界化纤总产量的3%；1985年，由纺织工业部和联合国工业发展组织举办的第一届北京国际化纤会议（后改为中国国际化纤会议）召开，开启了中国与全球化纤界互相学习、交流的大门，这是中国化纤行业改革开放的又一重大举措，对全球化纤行业的融合发展意义深远；1986年中国化纤以“年产量破百万吨”和“全球占比6%”，进入化纤制造业“世界主要国家”行列；1990年，我国已能生产几乎所有的常规化学纤维，生产能力已达到180万吨，基本形成了较为完整的化纤工业体系；1998年，中国化纤产量达到510万吨，占世界化纤总产量的24%，至此，改革开放后中国用了20年的时间成为全球第一大化纤生产国，成为世界化纤业界最具活力、最具影响力的国家；化纤工业的发展也促成中国彻底告别了“布票时代”，化纤逐渐成为纺织工业最主要原料，为小康社会打下了坚实基础。

新世纪黄金时代（2000～2010年）——深度融合铸就优势产业

进入新世纪，特别是加入世界贸易组织（入世）以来，我国化纤工业改革开放力度加大，使其技术全面升级，产业规模显著提升；化纤工业资本结构发生了明显变化，形成了民营企业占主导，国有及“三资”企业共同竞争的态势。同时，企业的产权主体也呈现多元化，出现了一批混合所有制的化纤企业，大大增强了产业发展的活力。众多因素合力之下，中国化纤工业迎来快速发展的黄金十年，大容量聚酯技术的突破造就化纤工业的规模神话。2010年，中国化纤产量达到3090万吨，占世界的近60%，中国纺织纤维加工量中化学纤维占比超过2/3，纺织品服装出口总额中化纤制产品占40.4%。中国化纤产品不仅满足了国内需求，出口量也快速增加，于2007年实现了化纤净出口，见图2。中国化纤产业已成为我国国民经济中充满活力、不可或缺的优势产业之一，中国已成为世界化纤产业大国，为满足中国人民及世界人民的美好生活需求做出了巨大贡献。

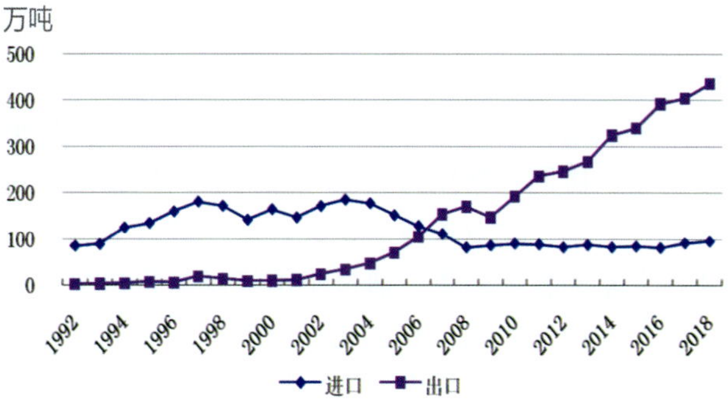

图2 化纤进出口数量变化

资料来源：中国海关

新常态新发展阶段（2010年～现在）——顺应趋势开创产业新格局

一、转型升级培育行业新优势

“十二五”时期，中国化纤工业持续推进结构调整和产业升级，逐步建立起在常规纤维生产领域与发达国家同步的全球领先地位；生产的产品从常规化学纤维、高性能化学纤维到生物基化学纤维，成为产品覆盖面及应用范围最广的国家。高新技术纤维生产全面推进，大幅缩短了与发达国家近30年的水平差距，其研发和产业化取得突破性进展。行业在生产水平、运行质量及效益、产业升级、科技创新、品牌建设、节能减排、核心竞争力等方面均取得丰硕成果。

但2012年之后，化纤行业增长速度明显减缓，行业发展逐渐步入中低速增长的“新常态”，倒逼着企业切实加快转型升级的步伐。调整中的生存将注定伴随着行业企业的蜕变，切实让行业从规模数量型增长向质量效益型发展转变。

在此背景下，中国纤维流行趋势应运而生，经过2012～2019年的培育和发酵，中国纤维流行趋势在实践中将越来越多的化纤企业吸引到这个平台上来，推动了中国国际纱线展参展面积、展商数量和规模屡创新高；引导化纤企业参与到了“中国纤维品牌建设”的进程中来，成为中国化纤产业进入品牌化发展阶段的标志之一，同时使各企业切实得到了实惠，增加了各企业的获得感、满足感；致使原始创新、协同创新成为行业一道亮丽的风景线；引领炼化一体、产业集聚、龙头效应、细分为王等成为行业新的发展趋势。通过中国纤维流行趋势战略研究与发布的引领，我国化纤企业加大了差异化、高附加值产品开发力度，研发投入不断提高，入选企业平均研发投资比例是行业平均水平的5倍多。有付出就有回报，化纤行业从2015年率先走出谷底，行业盈利能力持续提高，行业利润总额连续4年实现双位数增长。

二、全面发力推进高质量发展

“十三五”期间，中国化纤行业继续深化改革开放，行业供给侧结构性改革成效显著，创新活力空前，除了中国纤维流行趋势掀起了一场中国纤维产业的革命外；科技、绿色、智能制造、产融结合、标准、人才等也已成为行业发展的主旋律。

（一）科技

科技层面，化纤关键原料、功能性纤维、生物基化学纤维、循环再利用化学纤维、高性能纤维等制备技术实现飞越。如聚乳酸纤维已突破了原液着色和面料低温染色技术；碳纤维T300、T700、T800、T1000已全部实现产业化，间位芳纶、聚苯硫醚纤维和连续玄武岩纤维等实现快速发展，对位芳纶、聚酰亚胺纤维、聚四氟乙烯纤维等打破国外垄断，聚芳醚酮纤维、碳化硅纤维等攻克关键技术。特别是一些龙头企业的创新技术取得了空前的成果。中复神鹰碳纤维有限责任公司的“干喷湿纺千吨级高强/百吨级中模碳纤维产业化关键技术及应用”荣获国家科技进步奖一等奖；“国产化Lyocell纤维产业化成套技术及装备研发”“静电喷射沉积碳纳米管增强碳纤维及其复合材料关键制备技术与应用”“粗旦锦纶6单丝及分纤母丝纺牵一步法高速纺关键技术与装备”等项目荣获“纺织之光”2018年度中国纺织工业联合会科学技术奖一等奖等；由中国化学纤维工业协会牵头推进的新视界先进功能纤维创新中心，已经获得江苏省省级评定认可，正向国家级制造业创新中心迈进；就在不久前，中复神鹰年产2万吨高性能碳纤维及配套原丝项目在西宁正式动工，投产后将极大提高国产高性能碳纤维的自主保障能力；而光威复材在包头的万吨级碳纤维产业化项目也已顺利签约，布局大丝束碳纤维，不断满足各行各业对碳纤维的需求。高性能化学纤维及复合材料已然成为国防军工、航空航天不可或缺的重要支柱材料产业。

（二）绿色

绿色层面，化纤行业也取得了明显的成效，呈现出崭新面貌。如绿色纤维标志认证工作从正面引导行业走绿色发展之路，倡导绿色设计、绿色生产、绿色消费，通过第三方认证与管理的形式对市场进行规范，有效提升了化纤行业的绿色发展水平，目前已有27家生物基化学纤维、循环再利用化学纤维和原液着色化学纤维生产企业积极参与其中；再生纤维素纤维行业绿色发展联盟等引导行业主动适应环保从严要求、应用节能减排技术，使好的企业从竞争中胜出，既推动技术进步，又能获得更好的市场份额，同时为全社会的“绿水青山”建设承担更多社会责任，并将用三年时间使行业的环保水平达到国际先进；“十三五”期间提出的“绿色制造技术：8+3”的概念，即8项节能减排技术和3项绿色纤维制造技术，总体上得到了长足的进步。

（三）智能制造

智能制造层面，众多化纤企业通过“机器换人”，从机械化向自动化转变，生产中的一些环节由人力换成了机器手或是自动线，节约了大量人力，也实现了数据采集的机器化；信息化和大数据在生产线上的应用，使数据成为可利用的资源，实现产品开发的可逆和可塑，缩短产品开发周期，为客户提供大规模定制服务成为可能；智能制造的规范化带来的产品品质的提升，为行业高质量发展提供重要支撑。未来，智能制造必将给行业带来日新月异的变化并且进一步巩固现代制造业的国际竞争力。

（四）产融结合

产融结合层面，行业在资本市场的改革开放成效显著，更多符合条件的企业先后上市。时至今日，化纤行业已有几十家上市企业，化纤板块股票的活跃程度是行业充满活力的佐证。另外，中国化学纤维工业协会会同中纺资产管理有限公司共同确定了“2017～2018年度化纤行业10户重点培育预备上市企业”。2018年发布的《纺织行业产融结合三年行动计划》规划了三大培育重点：科技创新型、品牌创新型、发展模式创新型，包括细分龙头、“一带一路”全球布局、“一条龙”生产等。通过产融结合，将从根本上可持续地促进纺织化纤行业转型升级，实现高质量发展。目前，化纤行业主流产品的主流生产企业几乎实现了100%的资产证券化，在纺织行业独树一帜。

（五）标准

标准层面，化纤领域标准化工作在化纤行业高质量发展中的基础支撑作用越来越明显，标准有效性、先进性和适用性进一步增强，与行业绿色发展、科技创新深度融合，初步开创市场规范有标可循、创新驱动有标引领、转型升级有标支撑的新局面。全国化学纤维标准化技术委员会在历经数十载的不懈努力下，也将修成正果。

（六）人才

人才层面，行业企业对人才、对研发更加重视。人们已经意识到，产品是可以复制的，但是日积月累形成的产品研发体系和模式是很难复制的，所以要储备人才，留住人才，要做一些前瞻性研究，以免被新技术、新进入者颠覆。而全国纺织复合人才培养工程高级培训班，为行业从业人员打开了产业链复合知识学习之门，更为上下游的沟通、合作架起了信任之桥，开创了纺织化纤行业复合人才成长的新路径。

（七）炼化一体化

中国化纤行业的改革开放为企业的壮大和企业家的成长创造了良好环境，提供了公平公正的政策支持，促使他们成为推动行业快速发展的核心动力和不竭财富。随着国家放开炼化领域投资限制，民营资本迅速进入，恒力、盛虹、荣盛、桐昆4家化纤企业进入国内炼化领域，恒逸更是继续发扬“敢为人先”的精神，践行“一带一路”战略，布局文莱炼化。到2020年民营化纤企业主导的炼油能力合计可达约1亿吨，化纤工业特别是合成纤维工业将获得质量更高、成本更低的更稳定的原料供应，这将是我国化纤工业一个新的竞争优势。

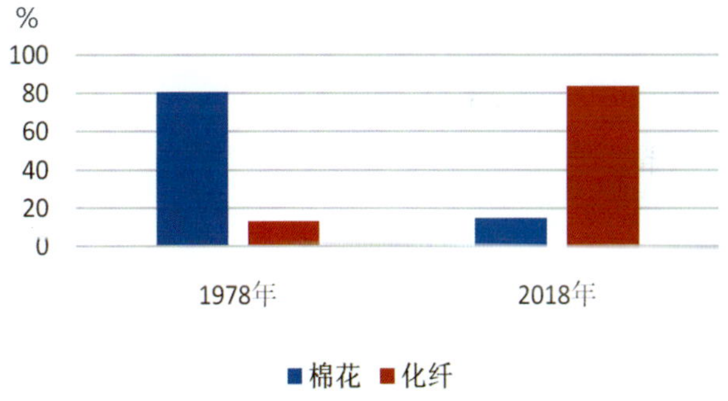

图3 棉花与化纤在纺织纤维加工总量中占比变化

资料来源：中国纺织工业联合会

70年来，中国化纤工业走过无数艰难与沧桑，终铸就了今日之壮丽与辉煌。2018年化纤产量达到5011万吨，占全球化纤产量的近70%，中国纺织工业纤维加工量中化纤占83.6%，见图3。2018年化纤行业实现主营业务收入7990亿元，同比增长12.4%，实现利润总额394亿元，同比增长10.3%，成为纺织行业经济增长的重要支撑。中国化纤工业拥有了“具有国际竞争优势的产业、重要纺织支柱产业、战略性新兴产业的重要组成部分、创新驱动的科技产业、文化引领的时尚产业、责任导向的绿色产业”的新定位。

70年来，中国共产党始终秉持“执政为民”的发展理念，把发展纺织化纤工业列为“保障和改善民生”的重要一环；并在推动纺织化纤工业发展中，充分发挥了中国特色社会主义的制度优势。中国化纤工业的成长壮大，发展初期得益于举一国之力办大事的计划经济优势，发展壮大得益于改革开放使市场在资源配置中占主导作用，得益于先进技术装备和管理理念的引进，得益于全球范围内的交流与合作。

今日之中国，正处在历史和未来交汇的重要节点上，形势越复杂，任务越艰巨。未来，中国化纤工业要坚定不忘“满足人民美好生活需求”的初心，要以无比的智慧，兼顾满足当代人的需要，又不可对后代人满足其需要的能力构成危害，同时还要不断提高生存和竞争能力，切实践行新发展理念，持续推进中国化纤工业可持续发展；要更加注重产业链上下游的协同发展、绿色发展、差异化发展，更加注重机器换人、智能化发展；要以勇于创新的胆魄、匠心实干的精神，挺立时代潮头，继续推进中国化纤工业伟大事业，为实现中华民族伟大复兴的中国梦做出贡献。

新中国成立70年产业用纺织品行业发展巨变

中国产业用纺织品行业协会

产业用纺织品行业是我国纺织工业的重要组成部分。新中国成立70年尤其是改革开放40年来，产业用纺织品行业实现快速发展，不仅产业规模不断扩大，成为纺织全产业链发展的重要增长极，而且在推动纺织工业基础研究突破、高新技术纤维材料创新、纤维应用领域拓展方面做出重大贡献。产业用纺织品以其广泛的应用空间和贯穿全产业链的生产力拉动作用，获得了日益广泛的认知与认可。

产业发展由弱到强，不断奏响发展新篇章

新中国成立初期，我国产业用纺织品品种较少，主要是一些筛网、工业毡呢、绳线带、帘子布（线）等，以及应用于国防军工的特种纺织品。

1978年，我国帘子布产量4.68万吨，工业用呢产量2695吨，工业用毡产量1602吨，麻袋产量约3.2亿条。

1984年，我国纺织工业部确定纺织分为服装、装饰、产业用纺织品三大领域。1985年，纺织工业部召开了第一次产业用纺织品工作会议，将产业用纺织品分为十六大类。

1988年，我国产业用纺织品行业有1200家企业，扣除麻袋消耗量，产业用纺织品的纤维消耗量约53万吨，占纺织纤维消耗量的比重仅为11%。

1998年，帘子布的产量达到19.4万吨。

2017年，我国产业用纺织品消耗纤维量达到1508.3万吨，占纺织纤维加工量的比重为27.8%，化纤的消耗比重约90%。

1978～2017年，产业用纺织品行业及相关领域，共有40余项科技成果获得国家科技进步奖或技术发明奖。

1987年，广州第二合成纤维厂引进的德国莱芬豪舍公司纺粘生产线举行了投产仪式，结束了我国没有纺粘法非织造布设备和产品的历史。

1995年，海南欣龙公司引进欧洲2.5米水刺生产线，20多年来，我国已成为亚洲最大的水刺非织造布生产和供应基地，也是湿巾和医疗产品OEM最大的制造商。

20世纪80年代，上海纺织机械研究所引进设计了112型针刺机，委托江苏任阳农业机械厂加工制造样机，逐渐在江苏省常熟市任阳镇形成了我国最早的针刺机生产基地。

产业体系日益完善，供给能力稳步提升

1984年，纺织行业确定了服装、装饰、产业用三大终端产品门类。1985年，纺织工业部召开了第一次产业用纺织品工作会议，将产业用纺织品分为十六大类。表1列出各非织造布加工工艺的生产能力和产量情况。

1978年，我国帘子布的产量为4.68万吨，工业用呢的产量为2695吨，工业用毡的产量为1602吨，麻袋的产量约为3.2亿条。棉花是产业用纺织品的主要原料，化纤的比例比较小，如在1978年的帘子布生产中，棉帘子布占77%，化纤帘子布只占23%；而到了20年后的1998年，帘子布的产量达到19.4万吨，棉帘子布的比重已经不到1%，而锦纶帘子布的比重达到了84.9%；2017年，中国帘子布的产量已经达到80.4万吨，锦纶和涤纶帘子布的产量基本持平，棉帘子布已经没有生产。40年间，中国

帘子布的产量年均增长7.37%，如图1所示。

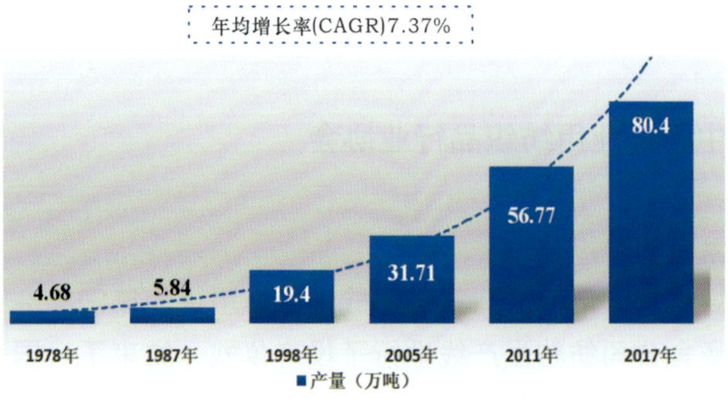

图1 1978～2017年我国帘子布产量情况

资料来源：国家统计局

1988年，中国产业用纺织品行业有1200家企业，纤维消耗量约120万吨，占全部纺织纤维消耗量的22%，但是其中化纤的消耗量只有40万吨，约占三分之一（表2）。虽然纤维消耗量很大，但是麻袋占据了很大一部分。1988年，我国麻袋的产量达到9.3亿条，消耗的纤维约60万吨，如果扣除麻袋因素，产业用纺织品的纤维消耗量为53万吨左右，占纺织纤维消耗量的比重则降为11%，而服装和装饰用纺织品的纤维消耗量分别占67%和22%。

如图2所示，2017年我国产业用纺织品消耗的纤维量已经达到1508.3万吨，占纺织纤维加工量的比重为27.8%，化纤在产业用纺织品消耗纤维的比重已经在90%左右，消耗的其他纤维包括玻璃纤维，而棉花、麻和毛纤维的用量已经非常低。1988～2017年，我国产业用纺织品的纤维消耗年均增长为12.24%，在纺织中的比重增加近18个百分点（1988年的数据不含麻袋的消耗量）。

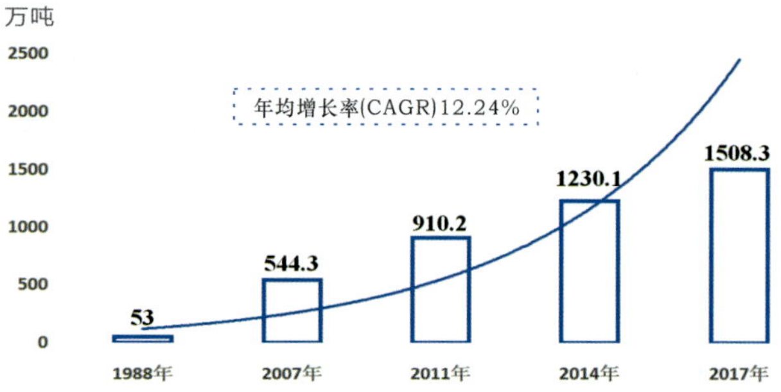

图2 1988～2017年我国产业用纤维加工总量情况

资料来源：国家统计局

表1 各非织造布加工工艺的生产能力和产量情况

工艺	生产线（条）		年生产能力（吨）		产量（吨）	
	1997年	2001年	1997年	2001年	1997年	2001年
针刺	345	800	129600	450000	72860	180000
热黏合（热轧+热风）	169	220	110410	142000	68638	90000
化学黏合	306	600	171320	350000	88210	120000
纺粘	28	70	75300	240000	47327	130000
熔喷	86	90	7357	12000	3434	7000
水刺	10	18	18000	30000	3500	19000
缝编	60	80	12000	16000	4800	8000
湿法	10	12	10000	12000	4000	5000
总计	1015	1914	536987	1292000	292769	569000

资料来源：根据中国产业用纺织品行业协会数据整理

2017年，我国产业用纺织品的出口达242.61亿美元，产业用涂层织物、非织造布、毡布、帐篷、合成革及基布、包装用纺织品、尿裤卫生巾、线绳（缆）带、擦拭布、产业用玻纤制品非织造防护服是我国的主要出口产品。而在2005年，我国产业用纺织品的出口额只有54亿美元，2005～2017年，我国产业用纺织品出口额年增长13.3%，如图3所示。如果以第59章工业用纺织品为例，2000年我国该章产品的出口额只有3.96亿美元，2016年则达到69亿美元，年均增长19.6%。

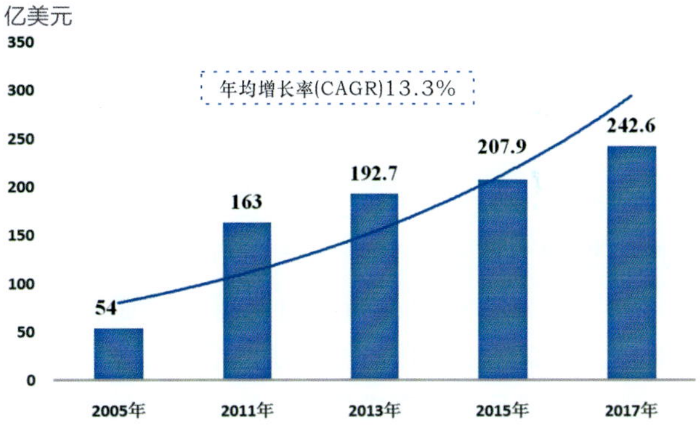

图3 2005～2017年我国产业用纺织品出口情况

资料来源：中国海关

表2 1988年我国产业用纺织品的分类及纤维消耗情况

类别	名称	原来消耗(万吨)	比例(%)
1	农业栽培用	0.30	0.30
2	渔业和水产殖用材料	2.02	2.02
3	土工织物	0.45	0.45
4	骨架材料	11.79	11.79
5	篷盖帐帆布	8.52	8.52
6	工业用呢、毡、垫	0.79	0.79
7	线、带、绳、缆	5.60	5.60
8	革、毡、瓦等的基布	3.21	3.21
9	过滤材料及筛网	2.59	2.59
10	隔层材料及绝缘材料	0.75	0.75
11	包装材料（不含麻袋）	5.18	5.18
12	劳保防护用品	2.06	2.06
13	文娱、体育用品基布	1.78	1.78
14	医疗卫生及妇婴保健材料	2.18	2.18
15	国防工业用材料	0.53	0.53
16	其他类	4.60	4.60
总计	产业用纺织品	52.35	52.35

资料来源：《产业用纺织品》期刊，1992年第3期

行业组织走向成熟，为产业发展保驾护航

20世纪80年代，纺织工业部提出将纺织工业终端产品划分为服装、装饰、产业用纺织品三大领域，我国产业用纺织品行业自此得到快速发展。1987年，纺织工业部提出拟组建包括中国非织造布和产业用纺织品协会在内的12个行业协会的规划。1995年初，中国纺织总会批准着手组建中国非织造布和产业用纺织品行业协会，随后几年，根据“边筹建，边工作”要求，会员登记管理、展会、科技服务、国际交流等工作逐步开展。20世纪90年代，产业纺织品行业实现快速发展，在1998年抗洪救灾中，土工用纺织合成材料发挥重要作用，得到了国务院领导高度重视，正式建立全国性的产业用纺织品行业社团组织的需求也日益迫切。

2001年，经批复，“中国纺织工业企业（集团）公司联合会”正式更名为“中国产业用纺织品行业协会”。至2018年，协会共有下属10个分会、14个产业集群，建立了专业而广泛的公共服务平台；举办国际性产业用纺织品展览会十余届，成为亚洲甚至全球的产业名片，搭建了高质量高水平的国际商贸平台。在抗击甲型H1N1流感病毒、新型冠状病毒肺炎等重大事件中，协会在服务社会、企业和人民群众等方面彰显协会的社会责任。

中国产业用纺织品行业协会从“广业与崇德并重、服务与聚人兼顾”的理念出发，围绕能力提升、绩效提升、管理提升、文化提升，通过转换服务模式和延伸服务链条，在引导行业健康有序发展、促进产业转型升级、加快培育行业协同创新、深入开展国际交流与合作、创建公共服务平台、利用国家相关产业政策促进大中小企业协调发展、完善行业标准化工作以及应用领域的深度融合等方面做了大量工作，协会2012年被民政部评为4A级协会、2015年被民政部评为全国先进社会组织。

重点领域稳步发展，奠定坚实发展基础

非织造布是产业用纺织品的重要领域。1958年，上海纺织科学研究院率先开始研究非织造布工艺技术和设备，1966年第一家非织造布厂投产，用纤网型缝编与饱和浸渍粘合法生产非织布。1986年，中国约有非织造布生产企业300家，产量在1.8亿平方米左右，折合成重量约5.4万吨，当时全球的产量在100万吨左右。但是，300家非织造布企业中，在纺织系统内的只占18%，而82%的企业在轻工、建材、石化、手工和商业系统内，从一个侧面反映了产业用纺织品行业跨领域、跨行业的特点。从工艺看，当时热粘合和化学黏合是主流的技术，占比超过70%，而主流的纺粘工艺还处在设备调试阶段，水刺工艺国内还没有引进。当时产品应用领域主要以喷胶棉、衬布等为主，在应用量最大的医疗卫生领域还处于空白。

1997年，我国非织造布的生产线数量已经超过1000条，产能54万吨，实际产量29万吨，相比于1986年，产量增长了437%，年均增长16.5%。

2017年中国非织造布的产量为564.3万吨，纺粘非织造布的比重已经近50%，而热粘合、化学黏合的比重已经不到13%，如图4所示。2000～2017年，我国非织造布的出口量由3.4万吨增长到89.4万吨，出口额由9400万美元增长到26.1亿美元，分别年均增长21.21%和21.59%，在全球贸易中的份额由2.1%增长到2016年的17.6%。

图4 1986～2017年我国非织造布产量情况

资料来源：国家统计局

科技驱动力持续增强，加速赶超世界先进

产业用纺织品行业广泛应用于医疗卫生、环境保护、土工建筑、交通运输、应急安全、航空航天等领域，技术含量高、应用范围广、市场潜力大，是战略性新材料的组成部分，是全球纺织领域竞相发展的重点。1978年改革开放以来，国民经济的快速发展在为行业科技发展提供了物质基础的同时，也不断对行业科技创新工作提出了新的需要和方向，各级相关科技政策、科技发展战略和行业重大科技规划的发布实施，为行业科技进步提供了指导和支撑，产业用纺织品行业企业和科研院所积极通过自主创新、集成创新和引进吸收再创新等方式，取得了一系列成果和快速推广应用，持续支撑推进了行业整体发展。

一、行业国家荣誉日益增加

改革开放以来，行业科技工作取得多项重大成功，据统计，1978～2017年，行业及相关领域，共有40余项科技成果获得国家科技进步奖或技术发明奖，如表3所示。改革开放初期，产业用纺织品行业处于起步阶段，行业科技成果主要集中在生产加工设备的借鉴和创新应用等方面，如1979年，行业相关两项抓棉机项目分别获得国家技术发明奖三等奖和四等奖；进入20世纪80年代后，以满足人民生活和基本工业生产的部分产业用纺织品制品实现突破，可溶性止血纱布、防水防油透气涂层布、针刺造纸毯、高档合成革、南极科考防寒服等项目分别荣获国家技术发明奖或科学技术进步奖，同时，行业已经注重一些国际前沿的技术和产品发展趋势，在人造血管、静电纺纱技术、中空纤维及超滤器等方面，进行了部分探索研究并取得一定成果，分别获得国家技术发明奖或科技进步奖；纤维原料和机械装备是产业用纺织品行业快速发展的基础和重要动力。20世纪末，随着水溶性纤维、高强高模维尼纶、高产梳棉机、针刺机等化纤和纺机领域重点技术和产品的突破，产业用纺织品行业在产品性能、应用领域等方面有了大幅提升和拓展。

进入21世纪后，产业用纺织品行业更好地满足了工业生产、国防军工、人民生活、环境保护等领域的应用需求，行业更加体现出高科技含量、广应用领域和无限替代的特点，行业科技成果更加获得认可和重视，所获国家级奖项的级别和权重日益提高。2017年，大连理工大学“高性能碳纤维复合材料构件高质高效加工技术与装备”获得国家技术发明奖一等奖；中复神鹰碳纤维有限责任公司“干喷湿纺千吨级高强/百吨级中模碳纤维产业化关键技术及应用”获得国家科学技术进步奖一等奖。

二、纺粘熔喷技术跨越三阶段跻身世界先进

1987年1月18日，广州第二合成纤维厂引进的德国莱芬豪舍公司纺粘生产线举行了投产仪式，结束了中国没有纺粘法非织造布设备和产品的历史，该生产线幅宽2.4米、生产能力1000 吨/年，采用整板、负压牵伸工艺；1992年7月11日，第一条国产纺粘法非织造布生产线在金州无纺布厂进行了实物投料试车，该线采取了多板、小狭缝牵伸方式，幅宽2.5米、产能为1000吨/年；1993年7月，江阴金凤特种纺织品有限公司首先引进了德国莱芬豪舍公司2.4米幅宽熔喷法生产线，天津泰达洁净材料有限公司、安徽奥宏超细滤材有限公司引进了美国Accurate（精确）公司1.6米的熔喷设备，这些连续式的卷材生产线改变了我国只能以间歇式工艺生产熔喷片材的历史；1996年5月，北京宝斯特公司研制成功国产幅宽1米熔喷模头，实现了国产熔喷法非织造布生产线宽幅连续生产。

30多年来，我国纺粘熔喷行业通过消化吸收、自主创新、产品开发和市场拓展，经历起步建设、高速增长和调整升级三个阶段，目前，我国纺粘熔

喷行业产品门类齐全、应用广泛，设备制造也取得了长足的进步，部分技术和产品性能接近甚至超过世界先进水平，适用原料涵盖聚丙烯、聚乙烯、聚酯、聚酰胺、聚乳酸和聚苯硫醚，生产工艺囊括了热轧、针刺、水刺、熔喷、SMS、多模头组合、双组分复合等多种门类，不仅基本满足了国内需求，也已成功出口世界多个国家。

三、水刺技术快速发展为亚洲最大产销基地

1995年，海南欣龙公司引进欧洲水刺生产线，幅宽2.5米；1996年，宁波育豪公司成功安装台湾产水刺生产线；1998年，常熟飞龙公司开发出第一条国产平网水刺生产线；2001年，河北东纶公司建成第一条国产转鼓水刺生产线，生产线设备由郑纺机提供，幅宽2.5米。20多年来，我国水刺非织造行业快速发展，我国已成为亚洲最大的水刺非织造布生产和供应基地，也是湿巾和医疗产品OEM最大的制造国。近年来，水刺非织造行业逐步转变为按市场需求规律进行产品结构调整，产业技术路线和产品类别呈现差别化趋势，目前，水刺非织造产品分布主要有三大类，第一大类是面广量大的医卫材料，主要有干/湿擦布、手术衣及帷幔、医用辅料、面膜基材等；第二大类是工业用材料，主要有普通合成革基布、超细纤维革基布、汽车复合基布等；第三大类是建筑装饰用材料，主要有装饰墙布、窗帘布等。

四、针刺技术起步晚但市场渐成熟

我国的针刺非织造技术起步较晚，20世纪80年代，上海纺织机械研究所引进设计了112型针刺机，幅宽1.12米，频率120次/分钟。上海纺织机械研究所委托江苏常熟任阳农业机械厂加工制造样机，任阳农业机械厂拥有了针刺机制造技术，并逐渐在常熟任阳形成了我国最早的针刺机生产基地。20世纪末，我国针刺法非织造布市场逐渐成熟，技术快速进步，竞争逐渐激烈，开始出现250型、360型等宽幅针刺机，针刺频率达到600次/分钟，针刺机品种增加到起绒针刺机、提花针刺机等。目前，我国针刺机可加工产品幅宽8.5米，针刺频率1800次/分钟，总体水平与国际领先技术仍有差距。

表3 1978～2017年产业用纺织品及相关行业国家奖汇总表

序号	年份	项目名称	奖项类别	奖项级别	第一完成单位
1	1979	墙轨往复上抓式（A005型）自动抓棉机	国家技术发明奖	3	纺织部纺织科学研究院等
2	1979	单轨环行上抓式（A002型）自动抓棉机	国家技术发明奖	4	河南七一棉纺厂
3	1983	机织涤纶毛绒型人造血管	国家技术发明奖	3	苏州丝织试样厂
4	1983	可溶性止血纱布	国家技术发明奖	4	北京化纤研究所
5	1983	防水防油透气涂层布	国家技术发明奖	4	华东纺织工学院
6	1984	静电纺纱新技术	国家技术发明奖	3	纺织部静电纺纱研究协作组
7	1984	无纬针刺联合机全化纤无纬针刺造纸湿毯	国家技术发明奖	4	上海工业用呢厂

续表

序号	年份	项目名称	奖项类别	奖项级别	第一完成单位
8	1985	高档仿兽皮研制	国家科学技术进步奖	2	吉林通化人造毛皮厂
9	1985	聚砜中空纤维纺丝工艺及超滤器	国家科学技术进步奖	3	天津纺织工学院
10	1985	高效吸滤尘设备	国家科学技术进步奖	3	江阴纺织机械厂
11	1987	南极考察防寒服面料	国家科学技术进步奖	3	上海纺织科学院
12	1987	水溶性纤维	国家科学技术进步奖	3	北京维尼纶厂研究所
13	1989	FA201型梳棉机	国家科学技术进步奖	2	青岛纺织机械厂
14	1990	人工肾吸透器新材料及制造技术	国家技术发明奖	2	中国纺织大学
15	1990	高强力高模量维尼纶	国家科学技术进步奖	2	北京维尼纶厂
16	1993	聚丙烯腈预氧化纤维针刺整体毡及针刺机	国家技术发明奖	2	上海市纺织科学研究院
17	1996	FA006型往返抓棉机	国家科学技术进步奖	2	上海市纺织科学研究院
18	1996	FA203型高产梳棉机	国家科学技术进步奖	3	青岛纺织机械厂
19	1996	热熔粘合衬	国家科学技术进步奖	3	朝阳衬布总厂
20	1998	高速龙带（高强度传动平带）	国家科学技术进步奖	3	济南天齐特种平带有限公司
21	2001	三维异型整体编织工艺的研究和三维编织设备及织物的研制	国家科学技术进步奖	2	天津工业大学
22	2002	海洋生物甲壳质纤维及针织物	国家科学技术进步奖	2	青岛即发集团股份有限公司

续表

序号	年份	项目名称	奖项类别	奖项级别	第一完成单位
23	2003	航天级高纯粘胶基碳纤维的研制及应用	国家科学技术进步奖	2	东华大学
24	2004	新型鞋靴材料与模压工艺设备	国家技术发明奖	2	
25	2006	PA6/PE共混海岛法超细纤维及人造麂皮的系列化产品开发和产业化	国家科学技术进步奖	2	北京服装学院
26	2007	卫星结构用高性能三维编织复合材料构件的研制及其生产线的建设	国家科学技术进步奖	2	天津工业大学
27	2008	新型功能中空纤维膜制备技术及其产业化应用	国家技术发明奖	2	天津工业大学
28	2009	聚四氟乙烯复合膜共拉伸制备方法与层压覆膜技术	国家技术发明奖	2	浙江理工大学
29	2009	凝胶纺高强高模聚乙烯纤维及其连续无纬布的制备技术、产业化及应用开发	国家科学技术进步奖	2	东华大学
30	2009	复合型导电纤维系列产品研制与应用开发	国家科学技术进步奖	2	中国纺织科学研究院
31	2010	耐高温相变材料微胶囊、高储热量储热调温纤维及其制备技术	国家技术发明奖	2	天津工业大学
32	2010	聚苯硫醚（PPS）纤维产业化成套技术开发与应用	国家科学技术进步奖	2	四川得阳科技股份有限公司
33	2010	聚间苯二甲酰间苯二胺纤维与耐高温绝缘纸制备关键技术及产业化	国家科学技术进步奖	2	东华大学
34	2011	高品质熔体直纺超细旦涤纶长丝关键技术开发	国家科学技术进步奖	2	东华大学
35	2012	碳/碳复合材料工艺技术装备及应用	国家科学技术进步奖	2	上海大学

续表

序号	年份	项目名称	奖项类别	奖项级别	第一完成单位
36	2012	高性能聚偏氟乙烯中空纤维膜制备及在污水资源化应用中的关键技术	国家科学技术进步奖	2	天津工业大学
37	2012	纤维增强复合材料的高性能化及结构性能提升关键技术与应用	国家科学技术进步奖	2	东南大学
38	2012	高性能聚偏氟乙烯中空纤维膜制备及在污水资源化应用中的关键技术	国家技术发明奖	2	天津工业大学
39	2013	功能吸附纤维的制备及其在工业有机废水处置中的关键技术	国家科学技术进步奖	2	天津工业大学
40	2013	土木工程用高性能纤维复合材料制备及应用关键技术	国家科学技术进步奖	2	中冶建筑研究总院有限公司
41	2014	新型熔喷非织造材料的关键制备技术及其产业化	国家科学技术进步奖	2	天津工业大学
42	2014	电袋复合除尘技术及产业化	国家科学技术进步奖	2	福建龙净环保股份有限公司
43	2014	耐烧蚀复合材料用碳纤维多向预成型体结构设计、控制、制备及应用	国家技术发明奖	2	中材科技股份有限公司
44	2016	干法聚酰亚胺制备关键技术及产业化	国家科学技术进步奖	2	东华大学
45	2017	干喷湿纺千吨级高强/百吨级中模碳纤维产业化关键技术及应用	国家科学技术进步奖	1	中复神鹰碳纤维有限责任公司
46	2017	工业排放烟气用聚四氟乙烯基过滤材料关键技术及产业化	国家科学技术进步奖	2	浙江理工大学
47	2017	高性能碳纤维复合材料构件高质高效加工技术与装备	国家技术发明奖	1	大连理工大学

（撰稿人：韩　竞　季建兵　李昱昊）

70年变化天翻地覆，70件大事见证辉煌
——纪念新中国成立70周年，记录纺织工业70年发展

中国纺织经济研究中心

1949～1978年：基本建成比较完整的工业体系，奠定纺织工业长远发展的基础

1949年11月1日　中央人民政府纺织工业部正式办公，是新中国成立后中央人民政府第一批设立的五个工业部之一（其他四个部是重工业部、轻工业部、燃料工业部和食品工业部）。当时全国有500万棉纺锭的规模，1949年产量：棉纱180万件（32.4万吨），棉布18.9亿米，呢绒544万米，丝绸0.5亿米。由于开工严重不足，各项指标都低于历史最高数值。

1950年3月，纺织工业部召开全国公营纺织机械厂会议，确定了自主发展纺织机械工业的工作方针和基本任务，并逐步形成了“统筹规划，合理分工，专业生产，全国成套，统一分配”的方针，成为计划经济时期纺织机械工业生产建设的一条成功经验。1951年4月，山西经纬纺织机械厂动工建设。

1951年8月，全国纺织企业研究推广“郝建秀工作法”。青岛第六棉纺织厂细纱挡车工郝建秀创造出“少出白花”的先进工作法。10月，中共中央办公厅秘书室代表国家领导人复信郝建秀，勉励她继续提高生产。

1952年5月以来，中国新建了西北国棉一厂、新疆七一棉纺织厂、邯郸棉纺织厂、哈尔滨亚麻纺织厂和郑州棉纺织厂等现代化纺织厂。1952年棉纱、棉布产量分别超过历史最高年产量的47.8%和37.8%。

1953年10月8日，党中央做出对《纺织工业部党组关于目前纺织工业基本情况及今后工作部署的报告》的批示，明确在集中力量建设重工业与继续努力发展现有企业的生产潜力的方针下，应适当地发展纺织工业的问题。认为纺织工业系统在第一个五年计划期间应考虑至少争取增加300万左右的纱锭（包括50万锭扩建在内）。

1955年7月，中国无偿援助越南建设南定纺织厂，规模为织机1108台；9月，以贸易方式帮助缅甸建设直迈棉纺织厂，规模为纺锭2.16万枚，织机196台。在1959年以前，又援建了蒙古、柬埔寨、朝鲜、也门、斯里兰卡等亚洲国家的纺织厂。

1956年2月6日，纺织工业部制定的《1956年至1967年科学研究规划》指出，我国纺织工业要研究采用新设备以缩短棉、毛、麻的纺纱工艺过程，提高织造各工序的机械速度，增加染整的机械化、自动化程度，充分使用麻、丝等可纺纤维，改进纱布成品尤其是染整成品的品质和染色坚牢度，并尽量增加新品种，以适应广大人民日益增长的需要。

1956年8月，杭州丝绸印染联合厂动工建设，缫丝、织绸车间于1958年5月试车生产，印染车间于1959年国庆节投产，是我国第一座现代化的丝绸印染联合厂。12月，株洲苎麻纺织厂动工建设，1958年3月建成投产，是我国第一座现代化的苎麻纺织厂。

1958年1月，相关报告总结：第一个五年计划期间，我国纺织工业在五年之内总共新建棉纺织厂68个，总规模240万锭（包括在建工程，建设规模超过300万锭），棉织机6.1万台；还有5个印染厂，生产能力3.5亿米。并初步建成了北京、石家庄、邯

郸、郑州和西安五大棉纺织工业新基地。

1958年11月15日，《中国纺织》社论指出：设备车速提高到什么程度，不可能千篇一律，应结合具体情况有步骤地提高；在提高车速的过程中，要注意提高效率，对产品质量也必须给予足够的重视；必须注意节约。同时指出，在大搞群众运动的同时，要加强经常性的技术工作，加强设备的保全保养。

1960年8月，为了解决农业原料严重不足的问题，纺织工业部向中央建议实行发展天然纤维与化学纤维同时并举的方针，把基本建设计划调整后腾出的资金和材料用于发展化学纤维。从1961年开始，南京、新乡、杭州、吉林等地陆续兴建了一批中等规模的黏胶纤维厂，丹东化纤厂、保定化纤厂也进行了扩建。

1961年3月20～28日，纺织工业部在北京召开了会议，落实贯彻调整时期中央关于统一调拨、合理使用轻工业和纺织工业原料、材料的指示和“三统一优先”（统一规划生产、统一调拨原料材料、统一分配产品，把极为有限的原料，集中在设备好、技术水平高、用料省、成品质量好的企业，优先开工）的方针。

1963年3月25日，国务院批转纺织工业部《1962年的主要工作情况和1963年的主要工作安排的报告》。报告中强调要贯彻执行“调整、巩固、充实、提高”的八字方针，调整生产战线，精简职工；扩大外销产品的生产；贯彻“工业七十条”，加强企业管理。

1964年1月2日，《人民日报》报道：我国新建、扩建10个毛纺织厂，工程全部自己设计，设备大部分自己制造，总共6万锭，每年生产1100万米毛纺织品。

1965年7月，我国内地“三线”建设的6个纺机厂项目全面开展，包括黄石纺织机械厂、白银钢丝针布厂、常德纺织机械厂、邵阳纺织机械厂、渭南纺织机械厂和湖北宜昌纺织机械厂。

1966年5月1日～6月30日，全国纺织工业技术革命展览会在上海中苏友好大厦正式展出。这次展览是新中国成立以来第一次举办的大规模技术展览会，共收集1.1万多项重大的技术革命项目，正式展出3100多项。

1968年4月8～22日，纺织工业部在北京召开全国纺织工业抓革命促生产会议，分析了国内外形势，讨论了纺织工业面临的任务，重点是保持纺织工业平稳生产，以及加强纺织机械、纺织机配件、纺织器材生产。

1969年7月，纺织工业部军代表向中央报送《关于纺织工业部精简机构、干部下放劳动的情况报告》，决定撤销部内原有的司局，成立政工、办事、生产、计划、机械、科技、物资财务等7个组，人员编制180人。在此前后，部机关大批干部下放到外地。

1971年1月15日，国家领导人在接见美国友人斯诺时首次宣布：中国棉纱产量1131万件（203.6万吨）、棉布产量91.5亿米，已居世界第一位。这是1959年以来国家对外公布的第一项重要工业产品的产量统计数字。

1972年1月16日，国家计委与轻工业部（1970年，纺织工业部与一轻部、二轻部合并为轻工业部）等部门向国务院报告：为利用国内石油（天然气）资源，迅速发展化学纤维和化肥，申请进口化纤、化肥技术和设备。国家领导人批示同意了这个报告。轻工业部经过认真论证，提出了建设方案。1973年国务院、国家计委批准了从国外引进建设4个大型联合企业（简称“四大化纤”）的方案，即上海石油化工厂、辽阳石油化纤厂、天津石油化纤厂、四川维尼纶厂，成为新中国最早从国外引进大型成套设备的项目。

1973年5月16～29日，轻工业部在长沙市召开全国纺织工业生产经验交流会议，会上传达了国家领导人“要研究国际市场纺织品的需要，应当多出口成品，多搞花色品种，不要老出口坯布”的指示，明确了适应扩大出口的需要，整顿和加强企业管理，提高出口产品质量和档次等工作方向。

1975年6月27日，国家领导人视察上海石油化工总厂工地，赞扬这项工程搞得很快，看了高兴。回北京后，提议由国务院召开现场会议，总结推广这一工程的建设经验。1976年7月15日，上海石油化工总厂乙烯装置第一次投料试车，纺出涤纶丝。至此，该厂乙烯、丙烯、芳烃三条生产线都已打通，18套装置全部开车试生产，为“四大化纤”最早投产的项目。

1977年7月21～31日，轻工业部在太原召开全国纺织、化纤科技规划座谈会，着重对纺织、化纤科技规划进行了深入研究讨论，制订了棉、毛、麻、丝、化纤、印染、针织行业1978～1985年的科技规划和2000年的设想。

1978年5月10～23日，全国纺织工业学大庆会议先后在天津和北京举行。大会授予18个企业和单位“全国纺织工业大庆式企业标兵”称号。结合学大庆、创大庆式企业对全行业进行整顿，解决“文化大革命”遗留的问题。

1978年12月，据统计，1978年产量：棉纱238万吨，棉布110亿米，呢绒8885万米，丝织品6.11亿米，化纤28.5万吨；总产值约占全国工业总产值的11%，上缴利润、税收约占国家财政收入的10%。纺织工业包括了棉纺织、毛纺织、麻纺织、丝绸、印染、针织、化学纤维、纺织机械等行业，基本建成了一个比较完整的工业体系。

1979～1999年：改革开放开创现代化建设新局面，战略调整实现历史性变革

1979年2月26日～3月8日，纺织工业部（纺织工业部、轻工业部于1978年1月分开办公）在北京召开全国纺织工业局长会议，贯彻中央十一届三中全会精神，研究纺织工业如何搞好工作重点转移，加快发展步伐的问题。

1979年3月，法国著名服装设计大师皮尔·卡丹来到中国，在北京民族文化宫举办了第一场服装表演会，在改革开放之初的中国，造成很大的影响。此后很长一段时间里，“皮尔·卡丹”成了中国消费者心目中的知名外国服装品牌。

1979年11月7日，香港企业家曹光彪在珠海建立的香洲毛纺厂正式开工。这是纺织工业最早引进的港资企业，在“三来一补”(来料加工、来样加工、来件装配和补偿贸易)这种形式上进行了大胆的实践。

1980年1月8日，新华社报道：国家决定对轻纺工业实行“六个优先”的原则，确保轻纺工业加快发展的步伐。六个优先是：原材料、燃料、电力供应优先；挖潜、革新、改造的措施优先；基本建设优先；银行贷款优先；外汇和引进新技术优先；交通运输优先。

1981年12月19日，仪征化纤工业联合公司举行第一次董事会，宣布公司正式成立，由纺织工业部和中信公司联合投资，以中信公司名义在日本发行日元私募债券100亿日元，于1982年1月获得成功。这种融资方式开了我国国营企业以发行债券方式利用外资建厂的先河，被称为“仪征模式”。仪征化纤工程1982年1月动工，1990年11月全面投产，形成年产50万吨聚酯生产能力，成为特大型化纤骨干企业。

1983年11月16日，《人民日报》发表《一个独创精神的厂长》的报道，介绍了浙江海盐衬衫厂300多职工在厂长步鑫生的带领下，学习农村联产承包责任制，采取了一系列改革措施，用了两年时间，跻身全国著名衬衫厂行列，实现利税164万元，在全国造成很大影响。

1983年12月1日，商业部发出通告，从即日起全国临时免收布票、絮棉票，对棉布、絮棉敞开供应，1984年不发布票和絮棉票。实行了29年的棉布限量供应办法成为历史。

1984年6月11～18日，全国纺织工业技术进步会议在上海召开，提出了重点开发服装、装饰用纺织品、产业用纺织品“三大支柱”产品。这是在解决了供应短缺问题后，以面向市场的终端产品为重点，调整产品结构，大力开发新产品的重要举措。

1985年1月，《国务院关于纺织品进出口若干问题的规定》肯定了青岛纺织品联合进出口公司（青纺联）推进工贸结合的经验，指出纺织品扩大出口要积极搞工贸结合，由此打开了工业直接面向国际市场，纺织企业自营出口的大门。

1986年11月28日，按照国务院关于服装行业划归纺织工业部统一管理的决定，中国服装工业总公司正式移交给纺织工业部。整个服装行业，包括轻工系统的中国服装工业总公司和其他系统的服装企业，全部由纺织工业部归口统一管理，在国家管理层面形成了完整的纺织工业产业链，构建了“大纺织”的格局。

1988年7月8～14日，第一届中国国际纺机展览会在北京举行，来自世界20多个国家和地区的520家厂商，510多台先进纺织机械和仪器参加了展出。展览会中国馆有全国60多个纺机厂展出60台设备。以后国际纺机展每两年举办一次。

1989年12月2日，中国首届最佳时装模特表演艺术大赛在广州拉下帷幕。这是国内第一次具有权威性的大规模时装模特比赛，来自深圳、上海、北京、天津的10位时装模特荣获首届中国时装模特表演艺术大赛10大名模的桂冠。

1992年4月，“自动络筒机和无梭织机引进技术与国产化”（简称“两机”专项）开始实施。该项目批准的总投资为14.86亿元和国拨外汇1.56亿美元，总共从德国、英国、丹麦、日本、瑞士、法国、意大利7个国家的17家公司引进19种纺机产品和相关专用基础件、配套件的设计制造技术。

1993年5月14～19日，中国国际服装服饰博览会在京举行，法、意、英、美、德、日、韩、奥地利等国家和港台地区的200多家企业和300多家国内企业参加了展出。服装设计大师——意大利的瓦伦蒂诺、费雷和法国的皮尔·卡丹应邀在博览会上举行专场时装表演，江泽民总书记在博览会期间会见了3位设计大师。

1994年8月6日，国家领导人在北戴河主持会议，专题听取中国纺织总会（1993年3月纺织工业部撤销，组建中国纺织总会）关于纺织工业情况的汇报。随后，国务院于8月23～25日在北京召开全国纺织工作会议，研究纺织工业限产压库促销、压锭改造、结构调整、企业破产试点和妥善安置停产、部分停产企业职工生活等问题的措施。这是新中国成立以来第一次以国务院名义召开的纺织方面的工作会议。

1994年12月，我国全年纺织品服装出口突破300亿美元，达到355.5亿美元，占全球纺织品服装出口总额的13.2%，成为世界纺织品服装第一大出口国。

1996年10月5日，钱之光科技教育基金在上海宣布设立，一期基金筹集860万元，用于奖励在纺织科研教学工作中做出突出贡献的科技工作者、教师和教育管理干部、品学兼优的学生，以及在振兴纺织工业中做出特殊贡献的先进工作者。后于2008年在民政部注册为“纺织之光科技教育基金”。

1996年12月，据统计：从1992年国有纺织企业出现全行业亏损开始，到1996年已经连续5年，亏损额达106亿元。同时，全国工业国有企业也处在困难的时期，1996年国有大中型亏损企业近6000户，亏损额555亿，国有企业改革已经进入攻坚阶段。

1997年12月9～11日，中央经济工作会议在北京召开，提出的用三年左右的时间，通过改革、改组、改造和加强管理，使大多数国有大中型亏损企业摆脱困境，力争到20世纪末大多数国有大中型骨干企业初步建立现代企业制度，确定将纺织行业作为国有企业改革和摆脱困境的突破口。

1998年2月，国务院发出《关于纺织工业深化改革调整结构解困扭亏工作有关问题的通知》，明确提出了纺织工业压锭调整的任务目标和政策措施，目标是从1998年起，用3年左右时间压缩落后棉纺锭1000万锭，分流安置下岗职工120万人，到2000年实现全行业扭亏为盈。

1999年11月19日，国家纺织工业局（1998年4月中国纺织总会撤销，组建国家纺织工业局）召开大会，要求抓紧年底前关键40天，确保当年基本完成突破口三大任务。到1999年底，纺织行业两年来累计完成压缩落后棉纺锭906万锭，分流安置下岗职工116万人，系统内国有纺织企业实现扭亏为盈，利润9亿元，提前一年就已基本完成任务，实现了战略调整的目标。

2000～2019年：新世纪迎来最好的发展时期，高质量发展迈向纺织强国

2000年12月23日，国务院办公厅印发文件，宣布撤销9个国家工业局，组建10个行业协会。2001年2月23日，新一届中国纺织工业协会理事会成立，成为全国性的纺织行业组织，以行业服务为宗旨，积极引导和指导行业在新时期的发展。

2001年12月11日，我国正式加入世界贸易组织（WTO），使一直受到配额限制的纺织品服装出口大大受益。先是赶上“分阶段取消配额”的最后三年释放出口能量，出口增长83%，2004年达到974亿美元。2005年全面取消配额后(虽然对美国、欧盟仍有过渡期和一些贸易摩擦)，又得到新一轮大发展，进一步巩固了出口第一大国的地位。

2002年5月，中国纺织工业协会向浙江省提交了一份长达20万字的研究报告——《浙江纺织工业国际竞争力研究》，得到浙江省委、省政府的高度评价，在行业内引起强烈反响。2003年，又对广东省纺织工业的竞争力展开调研、咨询。

2002年12月24日，中国纺织工业协会首批选取19个市（县）、19个镇作为全国纺织产业集群化发展的试点，分别授予他们为中国纺织产业基地市（县）和特色城（镇）称号。纺织产业集群是市场经济的产物，依托于地方区位优势，专业化分工程度高，形成了比较完善的产业链和配套体系。

2003年4月，“非典”疫情开始在全国蔓延，对纺织行业造成了影响，内需不旺，产品销售不畅，许多购货商不敢出门。而电子商务在这一时期发挥了重要作用，各大纺织商务网站纷纷推出自己的网上商务中心，以保证纺织上下游企业间的联系及交易的正常开展。

2004年10月13日，中国纺织工业协会首次召开全国纺织科学技术大会，颁发2004年纺织科技进步奖73项，并提出了《纺织行业科学技术进步发展纲要》，包括需要重点攻关的28项关键技术和十大新型成套设备技术。在此之前，经科学技术部国家科学技术奖励工作办公室批准，中国纺织工业协会设立了“中国纺织工业协会科学技术奖”。

2005年5月31日，中国纺织工业协会社会责任建设推广委员会成立大会在北京举行，其中160余家纺织服装企业、全国和地方协会组织作为首批成员，共同推动中国纺织企业社会责任管理体系CSC 9000T。

2006年12月6日，全国纺织工业劳动模范、先进工作者和先进集体表彰大会在北京人民大会堂召开，表彰了500名全国纺织劳模、先进工作者，100个先进集体。这是进入21世纪以来在我国纺织工业首次召开的劳模表彰大会。

2007年2月27日，国家科学技术奖励大会在京隆重举行。纺织行业“年产45000吨黏胶短纤维工程系统集成化研究”项目获国家科学技术进步一等奖。以后又有“高效短流程嵌入式复合纺纱技术”“筒子纱数字化自动染色成套技术与装备”“千吨级干喷湿纺高强/中模碳纤维产业化关键技术”三个项目获同一奖项。

2008年5月12日，我国四川省汶川县发生8.0级强烈地震后，国家领导人赶赴浙江省湖州市，实地考察救灾帐篷生产情况时指出，救灾任务依然艰巨，特别是安置受灾群众急需大量帐篷，努力生产出更多高质量的帐篷，就是对抗震救灾的最大支持。相关纺织企业努力生产，出色完成了这项任务。

2009年4月24日，国务院公布《纺织工业调整和振兴规划》，充分肯定了纺织工业的地位和重要作用，鼓舞了纺织行业战胜国际金融危机所带来困难的信心。随后，中央不断对纺织工业出台一系列扶持政策，包括分4次连续提高纺织品服装的出口退税

率。到了2009年12月，出口增速转负为正，相比其他行业较快出现了企稳回升态势，产业结构调整取得成效。

2010年10月1日，我国研制的“嫦娥二号”卫星和运载火箭顺利升空，“嫦娥二号”卫星的发动机支架采用高性能纤维复合材料制作而成，并使用了树脂固化及一系列复杂技术。由于这种支架在“神舟七号”飞船应用过程中性能良好，成为这次绕月探测工程的首选。

2012年5月，中国纺织工业联合会（2011年11月，中国纺织工业协会更名为中国纺织工业联合会）发布《建设纺织强国纲要（2011～2020年）》（简称《强国纲要》），成为中国纺织工业首个十年中长期发展规划纲要。《强国纲要》明确提出了到2020年建成纺织强国的宏伟目标，明确了科学技术进步、品牌建设、可持续发展和人才队伍建设这四大核心任务。

2013年6月28日，中国纺织产业实施“走出去”战略交流大会在北京召开。这是纺织行业第一次召开的“走出去”专题会议，提出加快实施国家“十二五”规划提出的“走出去”战略，探讨纺织业全球化布局的现实路径起到推动作用。在国家“一带一路”倡议提出以后，更是为企业“走出去”提供了有力的政策和制度保障。

2013年11月11日，“双11”天猫商城全网销售额突破350亿元，服装、家纺类品牌成了除智能手机之外的最大赢家，两知名家纺品牌跻身前十：罗莱家纺以1.55亿元的销售额位居第四，销售额同比增长逾50%；富安娜以1.16亿元排名第七，销售额增幅约45%。

2014年2月1日，安徽省率先宣布将皮棉、棉纱纳入农产品增值税进项税额核定扣除试点范围，成为全国范围内首个打破“高征低扣”政策的省份。随后，河北、河南、浙江、湖南、山东、陕西、江西、江苏省陆续加入“高征低扣”试点。随着简政放权日益深入，纺织企业呼吁多年的棉纺业“高征低扣”不合理税赋现象得以逐步松绑。

2015年5月19日，国务院印发《中国制造2025》，纺织工业开展了多方面的工作贯彻落实，重点是加快纺织业智能制造的进程，积极推进智能化装备、智能化运营和智能化产品的开发应用。在后来的几年中，有近20家纺织企业获批国家工信部智能制造试点示范企业。

2016年1月，新疆维吾尔自治区在2014年出台的促进新疆纺织服装业十大优惠政策基础上，又推出8项新的政策措施，为新疆纺织业发展保驾护航。并在全区范围内布局棉纺织、化纤、织造（含棉织、针织）、服装等11个纺织服装产业集群，以强化产业布局和政策引导，促进产业集聚发展和特色化、差异化发展。

2017年11月28～30日，首届中国纺织非物质文化遗产大会在浙江杭州召开，旨在积极推动纺织非遗的保护和传承，提升文化软实力和创造力。期间发布了《中国纺织非遗可持续发展千岛湖宣言》。

2018年11月2日，在第三届中国质量奖颁奖会上，江苏阳光集团有限公司凭借“经纬编织法质量管理模式”斩获中国质量奖。12月9日在第五届中国工业大奖颁奖会上，山东康平纳集团有限公司的“筒子纱智能染色工业示范项目”荣膺中国工业大奖。

2019年6月，《中国纺织工业发展报告》刊文指出，2018年我国纤维加工量已经达到5460万吨，纱、布、化纤产量分别达到2958.9万吨、657.3亿米和5011.1万吨，不仅满足了我国占全世界五分之一人口、约占全世界近三分之一的纤维消费需求，还为其他国家提供了2000多万吨的优质纤维制品；产业链不断延伸发展，逐步建立起了全世界最为完善的现代纺织制造产业体系，门类齐全、品种丰富、品质优良、结构优化的优势全面显现。

2019年11月12日，陕西省省委向咸阳纺织集团赵梦桃小组转达习近平总书记的亲切勉励：希望大家以赵梦桃为榜样，在工作上勇于创新、甘于奉献、精益求精、争做新时代的最美奋斗者，把梦桃精神一代一代传下去。

2019年12月5日，在京举行的中国纺织工业联合会第四届第六次常务理事扩大会指出，根据《建设纺织强国纲要（2011～2020年）》和《纺织工业发展规划（2016～2020年）》，计划到2020年基本建成纺织强国。从具体指标来看，除个别指标稍落后于世界先进水平外，绝大多数指标已接近甚至领先于世界先进水平，“纺织强国”目标已基本实现。

（撰稿人：吴 迪）

纺织导报®
CHINA TEXTILE LEADER
关注《纺织导报》官方微信
传递纺织科技信息
推动企业价值增长
以全新视野、宏观视角、深刻思想、前瞻观点，发现纺织科技进步所带来的巨大价值和无限潜力，解析技术市场变局，促进价值生产和传递，实现传媒自身价值，构建纺织业交流平台。
欢迎订阅《纺织导报》杂志
纺织导报
CHINA TEXTILE LEADER
Mar. 2017 No.3
HUNTSMAN
天空一望
无际的蔚蓝
订阅热线：010-84463638-8850
更多精彩内容请登录本刊网站：www.texleader.com.cn

CNTAC

2019/2020 中国纺织工业发展报告

2019/2020 CHINA TEXTILE INDUSTRY DEVELOPMENT REPORT

高质量发展

新趋势，新调整，新格局

中国纺织工业联合会党委书记兼秘书长　高勇

纺织强国目标已基本实现

党的十九大报告指出，我国经济已由高速增长阶段转向高质量发展阶段，正处在转变发展方式、优化经济结构、转换增长动力的攻关期。这也正是我国纺织行业当前所处的发展阶段。

最近3～4年时间，纺织行业连续处于低速增长阶段，2018年全国规模以上纺织企业工业增加值同比增长2.9%，2019年同比增长2.5%，与仍处于6%左右中高速增长阶段的国民经济相比较，纺织行业明显正运行在低速轨道上。但是，尽管进入低速增长阶段，纺织行业对于这种运行常态已经有了充分的认识。在最近40年里，世界纤维消费总量年均增长率约为3%，略高于人口增长率；近20年里，我国纤维加工量年均增长率为8%左右，表明我国纺织行业在国际供应链上占据了重要地位。“十三五”以来，纺织行业纤维加工总量年均增速已经下降到1%左右，这种发展速度的切换是产业经济发展规律的约束，也是产业结构调整不断走向深化的依据。

在低速平稳运行中，我国纺织行业走到了基本建成纺织强国的关键节点。根据《建设纺织强国纲要（2011～2020年）》和《纺织工业发展规划（2016～2020年）》，到2020年，我国将实现基本建成纺织强国的目标。目前，从具体指标来看，规划中制定的发展目标绝大部分顺利完成；从国际比较来看，除了个别指标稍落后于世界先进水平外，绝大多数指标已经接近甚至领先于世界先进水平，“纺织强国”目标已基本实现。

“十四五”发展周期即将到来，纺织行业如何在新的历史条件、新的时代、新的发展阶段充分实现高质量发展，是值得深入思考的问题。2018、2019年，中美贸易摩擦不断升级，给纺织行业发展造成了一定的冲击。虽然贸易摩擦的影响是暂时的、短期的，并不会产生改变纺织行业原有发展轨迹的影响，但仍然给纺织行业带来了重要的发展启示。过去以出口为重要拉动力的产业发展方式必须做出重大改变，这是纺织行业实现高质量发展的重要一环，结构调整与转型升级仍要坚持不懈地走向深化。

持续推进“两个调整”

一、区域结构调整

首先是国际间的生产力布局区域结构调整，也就是以出口为主的劳动密集型产能向低要素成本国家和地区转移。这部分转移在过去几年推进速度比较快，尤其是服装产业。“十三五”以来，服装出口额一直处于零增长、负增长状态，服装与纺织品的出口比例已经接近50:50。2019年，我国纺织品服装全年出口额为2807亿美元，其中纺织品出口额同比增长了1.3%，而服装出口额同比下降了3.7%。从出口产品结构的变化可以看出：一方面，我国服装产能已基本完成向东南亚、南亚等地区的产业转移；另一方面，随着东南亚、非洲等地服装加工业持续发展，我国对这些地区出口的面料、纱线、化纤等纺织品快速增长。

国际间产能的转移主要有两个动因：一是经济趋势，劳动密集型产业总是向低要素成本地区流动，就像20年前由美国、日本、韩国、中国台湾向中国大陆转移。国际采购商以订单为筹码，要求企业到南亚、东南亚、非洲设厂，也加快了这部分制造转移的进度。二是国内“一带一路”倡议的推动，对于改善相关国家的投资环境发挥了积极作用，也加快了国内产能向外转移的速度。最近一年多时间，东南亚、南亚等地区随着服装制造业规模扩大，对于在本地建立产业链配套能力的需求不断增强，因此，跨国区域结构调整的领域正在由服装制造业向上游纺织、染整环节加快延伸。

其次是国内区域布局结构调整。过去我国纺织工业86%以上的产能都集中在沿海的广东、福建、浙江、江苏和山东五省。纺织行业从“十一五”规划期间开始推动纺织产能从沿海向中西部地区转移，到“十三五”时期，按照党中央发展新疆纺织服装产业促进就业的要求，纺织产能进疆速度明显加快，几年内新疆的棉纺纱锭增长了1800万锭，取得了成效。

近几年，随着我国经济水平快速提升，内需市场对于纺织行业经济发展的支撑作用不断增强。在此背景下，以中部城市群的消费潜力和便于辐射内需市场的区位优势为基础，中部地区纺织产能开始增长，比如，河南、湖南、安徽、江西等。与此同时，长三角地区也出现了区域内布局调整的情况，如江苏南部产能向苏北转移。2019年12月，党中央、国务院印发了《长江三角洲区域一体化发展规划纲要》，纺织服装产业仍然是长三角地区重点发展的产业，并列入“长三角地区优势产业在地区内加快转移”的政策，这也是纺织产业在国内进行区域布局调整所需要关注的重要政策导向。

二、产业结构和产品结构的调整

除了区域结构的调整，纺织行业产业结构和产品结构的调整也在持续推进。比如，针对产业用纺织品在整个纺织行业中占比较低的情况，《纺织工业“十一五”发展纲要》就提出要大力发展产业用纺织品，争取到“十一五”末产业用纺织品纤维耗费量占纤维加工总量的比重达到17%，并明确了产业用纺织品的重点发展门类。《纺织工业发展规划（2016～2020年）》提出，到2020年，产业用纺织品纤维加工量占全行业比重要达到33%。到2018年，我国产业用纺织品在纤维加工总量中的占比已经达到28%，预计到2020年，33%的目标基本可以实现，产业用纺织品行业的结构调整和产业升级也取得了积极成效。

过去，除服装和家用纺织品以外，其他都归到产业用纺织品中，因此，产业用纺织品包括的门类非常广，“十三五”期间，行业重点发展了5个大类产品，包括战略性新兴产业用纺织品、环境保护用纺织品、健康养老用纺织品、应急和公共安全用纺织品、以及“一带一路”配套纺织材料。“十三五”以来都获得了较好发展。“十四五”时期，继续提升产业用纺织品对纺织全产业链的拉动作用，加强在高性能产业用纺织品重点领域的技术研发与应用突破，仍是纺织行业产业与产品结构调整的重要内容。

持续增强内生发展动力

党的十九大报告指出，我国社会主要矛盾已经转化为人民日益增长的美好生活需要和不平衡不充分发展之间的矛盾。消费是人民对美好生活需要的直接体现，也是工业生产的最终目的和核心动力。

21世纪以来，我国内需市场持续实现快速发展，为纺织行业内生发展动力增长提供了重要支撑，从2003年到2014年，全国限额以上服装鞋帽、针纺织品零售额一直以两位数的速度持续增长。最近两年，随着规模增大，纺织服装产品内需消费增速有所减缓，2019年全国限额以上服装鞋帽、针纺织品零售额同比仅增长3%左右。但是，经济发展水平提升所带动的新一轮消费升级，为纺织行业持续增强内生发展动力提供了更多空间。

2019年，中国全年最终消费支出对国内生产总值增长贡献率为57.8%，连续第六年成为拉动经济增长的第一驱动力。根据国际组织的标准，中国沿海以及中部地区已有15个城市人均GDP达到发达经济体标准，覆盖人口近1.5亿。在这样的背景下，消费者日趋成熟、理性，不再将价格、数量、新品、商标和可炫耀程度作为消费的主要考量，而是呈现出从注重量的满足向追求质的提升、从有形物质产品向更多服务消费、从模仿型排浪式消费向个性化多样化消费等一系列转变。把握内需市场发展特征，利用更好信息网络时代的科技手段更好满足内需，是纺织行业增强发展动力的必然途径。

充分利用现代科技改变发展格局

作为传统的基础性工业产业，纺织行业正在被现代信息网络技术改变着发展格局。促进数字经济和实体经济融合发展，加快新旧发展动能接续转换，打造新产业、新业态，是纺织行业面临的重要任务。

在流通领域，纺织服装企业间（B2B）交易平台大量涌现，新兴平台不断兴起。《2017～2018中国纺织服装产业互联网发展报告》指出，2017年纺织服装电子商务交易总额为5.3万亿元，同比增长18.7%，占全国电子商务交易总额的18.1%。其中，纺织服装企业间电子商务交易额为4.1万亿元，同比增长18.6%；以服装服饰、家用纺织品为主的网络商品零售总额为1.2万亿元，同比增长20.1%，占全国实物商品网络零售总额的21.6%。电子商务带给纺织行业的价值，除了交易流程更加便捷，更多的是产业链资源配置突破了原有的地域限制，实现了不同地区产业链上下游企业间的供需结合，解决了传统的“卖布难”“找布烦”等问题。

在制造领域，纺织行业近年来出现了“机器换人”的热潮，其出发点是以机器替代传统的人工操作，以提高生产环节的自动化、精准化与高效率。据不完全统计，目前，国内纺织企业生产设备数字化率约达到36%，数字化生产设备的联网率约达到28%，生产管理环节信息化普及率超过50%，实现管控集成的企业比例达到20%左右。

（本文根据高勇书记在2019年全国化纤长丝织物产品开发年会和全球纺织业可持续发展高峰论坛上的讲话整理）

坚持创新驱动，推进新时代纺织科技工作高质量发展

中国纺织工业联合会副会长　李陵申

纺织科技创新工作面临的新形势

当前，随着全球经济增速持续放缓，各国纷纷加大研发投入力度，科技创新空前活跃，创新成果层出不穷，大国之间科技竞争态势进一步加剧；世界科技大国在基因编辑、量子、人工智能等颠覆性技术领域和信息、能源、先进制造等基础性科技领域纷纷加强战略性和针对性布局，确保紧跟新科技革命浪潮、把握发展先机，以期形成非对称战略优势。全球科技有望在新一轮科技革命中从诸多新兴领域实现突破，并将对全球经济与国际关系等产生深远影响。未来全球产业格局、商业模式等也将受新兴科技创新的影响而不断呈现出新的面貌。科技因素对国家间实力对比、战争形态演变以及国家外交资源构成的影响将进一步上升，进而推动国际格局的演变。与此同时，在超级大国零和竞争思维和“自身优先”理念的影响下，众多不确定因素成为影响全球科技、经济、军事格局最突出的变量；去全球化、贸易保护主义和科技封锁交织，强烈冲击国际社会数十年来形成并稳定运行的规则与秩序，给世界政治经济军事格局和科技发展环境带来了极大不确定性，科技创新在全球范围内的溢出效应和扩散效应明显下降，深刻影响未来的发展态势。

在世界政治经济格局深度调整、科技创新成为大国战略博弈重要战场的新形势下，我国科技发展再次面临重大机遇和挑战。当今世界正处于百年未有之大变局，既蕴含机遇，也面临挑战，新一轮科技革命和产业变革加速演进，是我们面向未来必须抓住的重大战略机遇。世界科技基础前沿领域孕育重大突破，交叉融合态势更加明显，基础研究、应用基础研究和技术创新相互带动作用不断增强，创新模式向网络化、生态化转变；人工智能、量子计算、脑科学、基因编辑等新技术加速突破，颠覆性创新持续涌现；新科技革命带来的技术轨道变化，为我国科技创新提供了难得的赶超“机会窗口”。

新中国成立70年来，从初期吹响向科学进军的号角，到改革开放提出“科学技术是第一生产力”的论断；从跨越新世纪加强自主创新能力到党的十八大后全面实施创新驱动发展战略，再到确立创新是引领发展的第一动力；在党的正确领导下，一代又一代科技工作者艰苦奋斗、不懈努力，中国科技实力伴随着经济发展同步壮大，实现了从难以望其项背到跟跑、并跑乃至部分领跑的历史性跨越。2018年，我国科技创新能力大幅增强，主要科技创新指标稳步提升。中国已成为具有重要国际影响力的科技创新大国，在全球创新版图中的影响力和贡献度不断扩大，进入了从量的积累到质的跃升、点的突破到系统能力提升的历史阶段。

与此同时，我国纺织工业也实现了全方位、深层次的发展，成为建设社会主义现代化强国、实现全面建成小康社会、推进创新发展、推动人类命运共同体建设和区域经济发展的重要支撑力量，在服务国家战略大局和满足人民对美好生活需求中发挥着日渐重要的作用。纺织工业将成为中国最有潜力率先跨入世界制造强国行列的工业部门之一。据第四次全国经济普查（2018年）数据显示，我国纺织工业企业法人单位32.9万个，占全国工业的9.5%，占制造业的10.1%；从业人数1103.2万人，占全国工业的9.6%，占制造业的10.5%，加上批发零售从业人数总人数达到1612万人；总资产50111亿元，占全国工业的4.8%，占全国制造业的6.2%；总

营业收入64060.8亿元，占全国工业的5.4%，占制造业的6.1%。2018年，中国纺织纤维加工总量5460万吨，占世界纤维加工总量的一半以上；中国纺织品服装出口额为2849.7亿美元，占全球三分之一以上。从原料供应、设计研发，到纺织品加工、后整理、运营销售，中国纺织工业已成为全球体量最大、产业体系最完备的工业领域。

产业链自主创新能力不断提高，在高性能高功能性纤维材料、高端装备制造和产业用纺织品等领域实现重大突破。2018年，我国纺织工业科学研究与试验发展（R&D）投入为471亿元，占全国工业的3.60%；与5年前相比，研发投入强度为0.88%，增加了0.41%，我国纺织工业从业人数减少了367.5万人，总资产却增加了4047亿元，人均资产增加了15万元，这充分体现了科技在行业提质增效的效用。2011年以来，全行业共有28项科技成果获国家科学技术奖，其中两项获国家科技进步一等奖。

“创新驱动的科技产业、文化引领的时尚产业、责任导向的绿色产业”已成为我国纺织行业推进高质量发展的新定位和战略重心。但是，也要充分认识到我国纺织科技工作中存在的不平衡不充分的问题，诸如后发优势逐渐减弱给行业带来的挑战，学习借鉴吸收创新国外先进技术的空间日益萎缩，研发投入边际效益不断下降，产业集中度低造成的研发投入强度和成果转化率低等。未来，以前沿技术创新代替技术模仿必将成为我国纺织工业新旧动能转换和高质量发展的重要动力。

未来纺织科技工作新的关注点

一、紧跟时代科技潮流，主动融入发展大趋势

进入21世纪以来，大数据、云计算、物联网、人工智能、区块链等新技术不断涌现，数字经济正深刻改变着人类的生产和生活方式。以材料技术、信息技术与制造技术融合为核心的智能制造、数字制造、网络制造等新型制造模式带来的第四次工业革命，将对制造业未来的发展方向产生深远影响。

最近一段时间，“区块链”成为舆论热词。以区块链技术落地的应用场景已从金融领域向实体经济领域延伸，覆盖了供应链金融、互助保险、清算与结算、资产交易等金融领域，也覆盖了商品溯源、版权保护、医疗、物流、电子证据存证、电子政务等非金融领域。在纺织产业中，区块链技术可贯穿产品的整个生命周期，不仅可以增强纺织服装价值链的透明度和可追溯性，还可以提高产品的可信度以及品牌度。区块链技术有望成为第四次工业革命的基础技术之一，与大数据、云计算、人工智能有机融合，将极大提升实体经济的运行效率，推进制造业的转型升级。

在历史上，一项技术带动整个社会变革的事情曾多次发生，它们通常遵循一个模式，即：新技术+原有产业从而创造出新产业。在产业与新技术的融合上，纺织工业有历史渊源，第一次工业革命的标志就是珍妮纺纱机的发明，使纺纱效率提高了40倍以上。在科技日新月异的当下，持续吸纳新技术、主动融入科技发展大趋势以保持产业的持续革新是保证我国纺织工业立于不败之地的必由之路。

二、科技元素已成为引导消费的重要力量

随着我国供给侧和需求侧的同时发力，消费升级已融入日常生活中，科技元素已成为引导消费的重要力量。特别是近年来，“黑科技+”产品频频出现在人们的视线中，无论是各类电子产品，还是家居用品、户外运动装备和智能化可穿戴服装，越来越多的新材料、新技术、新工艺等被商家挖掘应用到各类产品中，成为商品宣传的亮点。而且随着我国教育事业的发展，消费者的文化水平、科学素养不断加强，商品的科技元素也渐渐成为消费选择

的重要因素。据毕马威全球调查发现，中国消费者在认同新科技方面领先全球，超过半数受访的中国消费者表示对新科技非常感兴趣，每当有新产品推出市场便会率先购买，比例远高于全球平均的29%；最近几年国内火爆的各类众筹平台也印证了上述调查研究的结论。

在纺织服装领域，随着人们生活水平的提高，消费者对时尚化、功能化和个性化产品的需求节节攀升，科技与时尚融合之势将更加明显。“科技+”产品近年来逐渐增多，涉及领域也不断拓展，高科技、可穿戴、智能化成为了不少品牌宣传的关键词。例如，将柔性电子元件植入纺织品，使传感器、柔性开关、柔性电子线路板、导电纱线与传统纺织品融为一体，实现传感、通信功能从外挂到内嵌再到内生的跨越。科技和纺织的融合不仅体现在科技赋予了纺织产品新的生命力，而且，纺织品也通过美学和设计赋予了科技更美妙的使用载体。随着科技的推动，消费变得越来越精致、智慧、高效，科技元素已逐渐成为新的消费时尚、新的功能体现，纺织行业要在“科技革命”和“消费升级”浪潮中保持先机，必须不断加强对新材料、新技术等科技元素的应用研究和产业推广。

三、一场基于纤维材料的工业革命对纺织的再认知

随着基因工程、高分子合成改性、纳米材料、半导体电子器件等诸多学科和技术的介入，当下纤维材料的内涵已大大改变。一个以纤维材料为基础，具备多材料、多结构、多功能、超性能和绿色化等特点，能够感知、计算、储能、通信、执行的新型基础材料，已经出现并走向市场。这种被国际上称为“革命性纺织纤维”的新一代纤维，将成为功能纺织品、智能纺织品以及先进产业用纺织品的基础，对众多传统及新兴产业产生颠覆性和革命性的影响。美国、日本、德国等发达国家已经率先意识到新一代纤维将产生的革命性影响，相继发布了相关国家战略或计划，并通过技术突破、产品革新、跨界融合，以期在新一代纤维发展大潮中率先布局。

新一代纤维材料的变革还将对未来纺织品设计和制造技术产生深远影响。在产品设计上，过去更多是从纤维特性和织物结构出发，而未来则可以从应用端对纤维结构进行编辑和设计，直接实现所需产品功能。在制造技术上，新一代纤维材料不仅对传统纺纱织造工艺、装备提出了新的革新要求，同时，以建模仿真、立体编织和3D打印为代表的数字制造和增材制造等新型制造技术也将逐步采用。新一代纤维和纺织产品将超越穿戴和美感的传统概念，在力、热、电等方面拥有不同以往的高性能，并集成数据传输、能量存储等全新应用，全方位融入人们的日常生活中。在2019年法兰克福产业用纺织品展览会上，“城市生活——未来之城”的展示空间，向人们展示了智能纺织、建筑和土木工程、汽车、医疗、运动和危险防护等领域的高技术纺织品，呈现出一个精彩的未来纺织世界。

纤维成为一种构筑自然万物的基础物质形态，纺织则成为一种刚柔并济、变化多端的制造成型技术，在新一轮工业革命带动下，未来纺织产业将在美化生活、医疗保健、环境保护、土工、建筑、国防军工、安全防护、交通工具、新能源、食品等众多领域不断拓宽应用范围，一场基于纤维材料的工业革命将掀起世界对纺织的重新认知。

对下一步纺织科技工作的建议

一、加强重点领域前沿技术研究，引领行业科技发展

（一）纤维新材料

重点突破基础纤维、关键战略纤维与前沿纤维制备及应用技术，研究开发先进功能、高仿真、生

物基等基础纤维，高性能T1000、M55碳纤维、对位芳纶等关键战略纤维，以及纳米纤维、智能纤维、生物医用等前沿纤维。力争到2025年，先进功能、生物基、可降解等基础纤维总体技术水平达到国际先进；碳纤维T1000、芳纶1414规模化制备技术接近发达国家水平；纳米纤维实现产业化，智能、生物医用纤维部分品种实现产业化。

（二）先进纺织制品

重点发展应急与公共安全用纺织品、土工建筑用纺织品、海洋用纺织品、环境保护用纺织品、纺织复合材料、医卫健康用纺织品、高端消费纺织品。到2025年，基本建成较为完善的产业用纺织品行业创新体系，行业技术创新能力和国际竞争力明显增强，基本能够满足下游应用市场需求，先进产业用纺织品在安全防护、基础设施建设、海洋工程、环境保护等领域批量应用，国产化率提高20%；大部分功能纺织面料处于国际领先地位。

（三）纺织绿色制造

重点研究开发绿色化学品、高效纺织化学品利用及短流程印染技术、非水介质印染加工技术、低温节能印染新技术以及循环再生纤维利用技术。到2025年，印染工业能耗降低20%以上，全行业水回用率达到40%，废旧化纤纺织品再生资源利用率达到10%以上。

（四）纺织智能制造

重点研究纺织机器人、纺织智能检测、短流程纺织工艺、智能织造、智能染整、智能缝制等关键技术及装备，推进纺纱、化纤、印染、针织、非织造布、服装、家纺等智能工厂建设，形成纺织智能制造标准体系。到2025年，纺机行业实现由中低端向中高端的全面转型升级；化纤、纺纱、织造、印染等行业的自动化、数字化、智能化装备与智能制造达到国际领先水平；纺织服装行业实现大批量定制；纺纱智能工厂实现万锭用工15人以下。

二、加强新时代纺织科技创新工作的顶层设计

（一）坚持党对科技事业的全面领导，加强纺织科技工作者的理论武装

党的十八大以来，以习近平同志为核心的党中央高瞻远瞩、审时度势，对科技创新进行了全局谋划和系统部署。习近平总书记关于科技创新的重要论述不断丰富和发展，成为实施创新驱动发展战略、建设创新型国家的根本遵循和行动指南。我们要深入学习理解习近平总书记关于科技创新重要论述的核心要义和深邃内涵，健全党对科技工作的领导体制，充分发挥党的领导政治优势，提高政治站位，确保纺织科技工作在政治立场、政治方向、政治原则、政治道路上同党中央保持一致，在战略谋划、政策制定、工作推进上始终按照党中央的决策部署来开展。

（二）坚持做好基础研究，强化纺织科技创新根基

基础研究是科学之本、技术之源，是提升原始创新能力的根本途径，也是建成世界纺织科技强国的根基；行业应当在重大基础前沿科学问题上聚焦发力，在新科技革命可能产生重大突破的方向上聚焦发力，在实现绿色发展和可持续发展能力建设上聚焦发力，在关系国家战略必争领域上聚焦发力，着力提升致命短板技术、关键共性技术、前沿引领技术、现代工程技术，进一步增强颠覆性技术的突破能力，推进行业进入全球产业链高端环节，打造纺织重大原始创新策源地和世界级产业集群区域创新发展增长极。

（三）坚持需求导向，完善创新体系和成果转换平台建设

构建由创新供给、创新需求和创新载体相融合的产业技术创新体系。在创新供给方面，一方面结

合国家战略、重点研发计划、行业技术发展路线图和转型升级与结构调整开展自主创新的研究；另一方面鼓励行业龙头企业与国内外知名大学和科研院建立战略合作关系，通过联合培养研究生、联合研究共性技术、联合建立新型研发机构、联合开发重点项目等方式，打造产业技术供给体系。在创新需求方面，组织细分领域的领军企业共同建设企业联合创新中心，借助产融结合和专业人员，凝炼和挖掘出企业愿意解决的"卡脖子"的难点、痛点和关键技术，定向发布企业提出的亟待解决的技术需求，对接第三方专业科研院所、国内外大学共同研发满足需求的解决方案，打通技术需求和供给的通道。在成果转化方面，采用"一体两制"等新的体制机制，构建成果转化平台，通过引进或积聚国内外领军人才，布局建设新型成果转化中介机构，推进创新供给与创新需求的有效对接。成果转化机构可由多方共建、混合所有，资产的所有权归投资方所有，机构的运营权、成果的所有权、收益的分配权与团队共享，对研发成果转化机构的考核更多聚焦于促进产业创新提升、经济高质量的发展，而不是简单地以盈利为目标。

（四）坚持双轮驱动，发挥好政府和市场的叠加效应

我国正在大力推进供给侧结构性改革，推动经济向高质量转变，既向科技创新提出了前所未有的巨大需求，也为成果转化应用提供了得天独厚的庞大市场。我们既要充分发挥市场在资源配置中的决定性作用，以技术、资本、人才市场为纽带，强化技术创新的市场导向作用，由市场和企业来决定新技术、新产品、新业态的开发；也要发挥政府在推动科技创新上的引导作用，借助国家相关科技专项、基金等"政策性金融"支持，以及行业内国家级创新中心、孵化园、科技金融服务中心等创新平台，调动产业科技创新积极性，降低企业研发创新风险和成本；同时，还要抓住全球创新资源加速流动的历史机遇，在"一带一路"和国际产业布局、产能合作中，面向全球布局创新网络，让优秀的资源、人才、技术为我所用。

（五）坚持打造高效、充满活力的科技创新环境

创新从来都是有风险和不确定性的。研发关键核心技术，意味着承担比一般技术创新更高的风险、更多的失败。有核心技术不一定会赢，但没有核心技术一定不会赢，行业需要大力营造"鼓励创新、允许试错"的创新氛围，让广大科研人员解放思想、放下包袱、轻装上阵，敢啃"硬骨头"、勇闯"无人区"。同时，要进一步完善科技创新的政策体系、生态系统和文化环境，统筹解决好激励创新与宽容失败的问题、知识共享与产权保护的问题，形成敢于创新、便于创新、乐于创新、尊重创新、保护创新的氛围。

（本文根据李陵申副会长在"纺织之光"2019年中国纺织工业联合会科技教育奖励大会上的讲话整理）

2019年中国纺织服装品牌发展报告

中国纺织工业联合会品牌工作办公室

2019年，中国纺织服装品牌进入加快调整创新、持续提质增效的良性发展新阶段。品牌作为拉动内需、促进消费的重要支撑作用持续增强，生存与发展的环境不断优化。品牌建设的国家战略地位、纺织服装自主品牌的社会地位进一步巩固提升，自2017年国务院批准将5月10日设为“中国品牌日”以来，由国家发展和改革委员会等部门联合主办的2019年“中国品牌日”活动首次增设纺织行业专场活动，15家优秀品牌参加互动体验与联合展示，向全社会展现了当代中国纺织服装品牌的新动向、新风貌与优秀力量，引起了全社会的广泛关注。

品牌建设给企业运营带来明显竞争优势。在国内外宏观形势错综复杂、市场压力加大的背景下，2019年纺织全行业产销、投资、效益等运行指标均有所波动，而品牌企业运营情况明显好于纺织全行业。自2012年开始，工业和信息化部会同中国纺织工业联合会开展“重点跟踪培育纺织服装品牌企业”遴选与动态调整工作，每年开展品牌建设情况调查，建立品牌数据库。2019年对于“重点跟踪培育纺织服装品牌企业”开展的调查（以下简称“品牌调查”）显示，上半年样本品牌企业平均主营业务收入14.7亿元，平均利润总额为1.1亿元，利润率达9.9%，与2018年同期基本持平。主要经济指标均明显高于纺织全行业水平。

在人们消费方式更趋品质型、年轻化、时尚化、体验式的今天，纺织服装品牌与新消费方式的契合度进一步提升，拉动与引领消费的作用更加突出。“科技、时尚、绿色”三大特征在品牌建设工作中表现得尤为凸显，科技创新升级、深入渗透消费、文化赋能时尚、战略不断升级、区域品牌加快发展成为中国纺织服装品牌的新趋势。

持续加强产品创新与新技术应用，大力夯实品牌硬实力

科技是硬实力，注重研发设计是支撑品牌企业提升核心竞争力的重要支撑。品牌调查显示，样本品牌企业2019年上半年研发设计投入保持较高水平。一方面，专业人才队伍建设持续加强，2019年上半年平均拥有研发设计人员255名，同比增长2.3%，占全部职工的4.7%。另一方面，研发设计投入明显增长，上半年平均研发设计投入3704万元，同比增长2.3%；研发设计投入强度为2.52%，同比提升0.07个百分点，其中，终端消费品牌、加工制造品牌研发设计投入强度分别为3.08%、2.03%，明显高于纺织全行业水平。九成以上加工制造品牌企业自建或合作建设了研发机构，建设国家级、省级研发机构的加工制造品牌企业占比分别为53.8%、38.5%。

一、更加注重智能型、功能性、环保型新产品研发

品牌调查显示，2019年上半年终端消费品牌产品新品销售额占比为61.5%，同比提高1.9个百分点。在新品更新速度不断提升的同时，产品研发领域不断细分，智能纺织品服装渗透到保暖、防晒、健康养生、健身、睡眠领域，功能性产品渗透到运动、医疗卫生、穿着舒适等领域，易护理、安全防护、健康保健、生态环保等新产品研发成为重点领

域。值得关注的是，在纺织服装产品开发上，科技与时尚实现了深度的融合，以科技的手段提升了创意设计。

产品创新持续升级。“2019年度十大类纺织创新产品”中，探路者、七匹狼等推出变色防晒皮肤衣、智能发热羽绒服、智慧瘦身衣、智能升降床垫等智能科技产品；威克多、森马、华纺等推出火山岩纤维卫衣、儿童保温牛仔裤、抗菌汉麻超柔床品等舒适功能产品；安踏、爱慕、优联捷推出石墨烯保暖棉服、碳纤维柔性发热衣、高强运动文胸、运动心电T恤等运动功能、健康保健产品；如意、阳光、鲁丰等推出可装成口袋的抗皱西装、可喷淋西装、防污消臭易打理衬衫等易护理产品；鲁泰、格雷时尚、孚日、魏桥等推出生态环保衬衫、环保咖啡炭纤维休闲裤、原液着色生态毛巾、一次制造成型石墨烯立体无缝羽绒被等生态环保产品。

纺织科技为国献力献礼。新中国成立70周年国庆阅兵典礼，凸显了纺织服装品牌的高品质、设计水平与快速反应能力。江苏阳光集团参与设计和制作解放军三军仪仗队新式礼宾服和军乐团演奏服；际华集团承担服装、鞋靴、五星红旗共139个品种、12.33万套（件、双）生产保障任务，包括陆海空火箭军礼服、常服、大檐帽，装备方队、火箭军、舰艇、徒步方队作战靴，仪仗队长筒皮鞋、飞行靴，海空军航空兵飞行装具包、突击背包、防弹背心、战斗携行具、作战手套、体能训练服，各种胸标肩章等；北京邦维高科特种纺织品有限责任公司提供了重量轻、抗撕裂性好、强重比高、防水、防雨、防污、应对强大气流吹击的旗帜材料，以及携行具材料；申达股份芳砜纶配套应用于阅兵军机；北京英特莱科技有限公司联合清华大学美术学院、空军研究院特种勤务研究所共同研发设计了新型连体飞行服；滨州阳信龙福环能公司承担了庆典天安门广场和观礼台2.4万平方米的使用再生涤纶织造的地毯生产工作，这些体现最新技术的地毯具有阻燃、抗污、抗紫外线等功能。愉悦家纺作为纺织行业的引领者，已建成六大自主研发平台、十大创新联盟，拥有183项自主关键技术、486项国家发明及实用新型专利，两次荣获国家科技进步奖。欣悦健康自主研发多种纤维新材料，年产10000吨的生物基长效抗菌纤维新材料，为人民子弟兵配备高寒地区，温湿、热带地区特种防护被装，智能化军需装备等三大系列产品。年产5000吨的纳米碳素远红外纤维新材料，成为2022年北京冬奥会设计专用御寒装备，世界第一种自主研发的集导电、远红外线发射、保暖和抗菌于一体的多功能纤维，市值潜力逾千亿元。

二、加速推进与新一代信息技术的融合

以互联网、大数据、人工智能为代表的新一代信息技术加速与纺织工业的深度融合，主要体现在：一是数字化、网络化、智能化生产水平明显提升；二是工业互联网在纺织行业快速发展；三是个性化定制、网络化协同、服务化延伸等新模式不断涌现；四是物联网、人工智能、5G等新技术加快在纺织行业的渗透与应用。新一代信息技术助力纺织行业加快推进数字化转型，企业实现提质、降本、增效、创新。

国家工业信息安全发展研究中心、中关村信息技术和实体经济融合发展联盟数据显示，截至2019年9月，纺织行业实现网络化协同的企业比例为38.5%，较2018年提升3.0个百分点；生产设备数字化率为49.7%，数字化研发设计工具普及率67.5%，关键工序数控化率为47.0%，分别提升1.7、2.0、3.8个百分点；应用电子商务比例63.1%，提升2.0个百分点；开展个性化定制的企业比例为10.7%，提升1.7个百分点；智能制造就绪率8.6%，提升2.0个百分点。中国家用纺织品行业协会联合中国缝制机械协会、中国纺机协会组建了“家纺智能制造创新联盟”，随着联盟工作的开展，家纺生产自动化程度将稳步提升，智能制造将逐步推进，加上物联技术的不断成熟与完善带来数据孤岛的打通，形成物联生态闭环，家纺智慧工厂的雏形将显现，必将有力推进中国家纺品牌的跨越式升级。

5G技术将为纺织智能制造带来新的机遇。根据中国信息通信研究院数据，按照2020年5G正式商用算起，预计全年将带动约4840亿元的直接产出，2025年、2030年将分别增长到3.3万亿元、6.3万亿元，十年间的年复合增长率为29%。纺织企业将借助5G的超高网速、超低延迟、超大连接的优势，在自动化控制、物流追踪、工业AR、云化机器人等智能制造领域，实现无人操作、工业控制、远程运维等技术创新。

魏桥纺织于2019年5月新建一条自动化、智能化的纺织和织布生产线，该工厂建设完成后，可年产1.5万吨高档紧密纺纱及3500万码高档面料，且用工人数将降低90%。项目采用“互联网+”、产品自动检验、机器人应用、自动运输工具应用、节能设备使用等措施。生产线的智能化轨道输送系统长度达35公里，从粗纱到产品入库全自动化运输，自动包装，整个流程无任何人工直接参与。借助智能化控制系统平台，该生产线可通过手机、平板、电脑等终端设备进行远程管理，实时对每个工序和作业点进行可视化监控。

羊绒高端定制品牌“旦可韵”，随着企业智能化生产线的投用，成功实现了“互联网+服装定制”。用大数据、智能制造打通生产、销售的旦可韵，定制一件羊绒衫的时间已从原先的一周缩短至8小时。实现了柔性生产线与大数据的融合，产能提高了50%以上。在满足消费者个性化需求的同时，通过大数据积累下来的消费者资料，也将为企业进一步提升生产效率打下基础。

山东如意建设智慧门店，从消费者人脸识别的如意慧眼，到消费者参与的服装纱线面料智慧设计，从如意智慧量体到服装智慧选择、智慧试衣、智慧商城和智慧衣架，注入智慧内涵的智能化服装选购过程，不仅以强烈的体验感吸引消费者，更使科学的智能技术人性化。如意智慧量体，不仅能够瞬间精准地测量出人体头、颈、肩、胸、腰、手、腿、裆等部位的16个数据，还可以通过后台的100多个数据，提交客户的形体特点和个性消费需求，打造独具个性、人衣合一的特色消费体验。

愉悦家纺与滨州联通共建“5G联合实验室”，双方计划结合国内外先进智慧医疗园区建设经验，共同进行欣悦康复医院新建园区的顶层设计规划及需求落地，在AR设计、医疗园区、颐养护理、医疗应用、金融服务等领域进行长期稳定的合作；共同发掘5G在纺织行业边缘计算、能源管理、设备管理、视频监控等领域内的创新应用。

浙江秀欣科技有限公司在传统袜子生产线的基础上，增加了互联网动态管理系统和自动化智能操作系统，只需要输入订单数据，就能实现生产、定型、包装、入库等一系列工序，生产过程中一旦出现故障，系统会自动预警。系统投入使用后，实现了日断线次数由原来的80次减少至20次，工人减少80%，产能提升了20%。

三、积极借助数字化手段实现精准化营销

据中国信息通信研究院预测，2020年中国数字经济规模将超过32万亿元，占GDP比重35%，到2030年，数字经济占GDP比重将超过50%，全面步入数字经济时代。当前数字化技术对于纺织服装品牌的精准化营销应用在以下几个方面。

一是建立消费者信息库并进行用户画像。利用大数据技术准确收集消费者基本信息、消费记录、浏览轨迹、购买物品等信息，进行挖掘、分析与运用，从而进行消费者画像，精准挖掘出有价值信息。

二是通过消费群体深度分析实现精准市场定位。基于目标群体数据库，对消费群体进行深度分析与精准划分，选定具体目标市场，同时，根据消费需求特征，对商品进行进一步完善，实现精准定位。

三是实现个性化、前瞻性商品营销。顺应与引领个性化、特色化消费趋势，通过消费者深度分析与消费需求反馈，满足顾客的个性化需求。同时，利用大数据技术，对于未来消费趋势进行前沿预判。

四是实现精准推送提升营销效果。根据清晰的

用户画像与未来消费趋势的预判，针对性推送消费群体未来可能需要的相关商品信息；通过畅销滞销商品、库存数据、销量数据等重要信息，准确掌控销售数据，即时调整商品结构，以此提高营销效果、消费黏性和顾客满意度。

特步通过线上运营自建夜跑社区，线下在门店放置标准化的测量设施，对顾客的脚型、体型、运动偏好等进行标准化的数字沉淀，所有的消费者信息、销售信息都同步传输到特步中台，利用大数据建模分析形成市场预测结果，一方面，输出到市场部门作为促销计划输入；另一方面，将结果即时同步到产品设计和研发部门进行产品类别和特性调整，市场反应可以立即体现在下季产品中。在内部资源的整合提效方面，特步与阿里云合作，建立数据中台系统，全面打通会员、订单、库存、物流、结算系统，将线下门店作为前置仓，收到订单后，系统会根据“先就全、再就近”的智能算法将订单自动派送至最近的门店，并实现自动物流配送。从店面选址到顾客管理、商品选择上，特步正在尝试用更加智能化的工具来代替传统的人工决策。比如，根据店面的销售历史，结合天气、区域喜好等，智能调拨系统，门店可以预测出未来一周的需求，并给出精确到SKU的补货订单；生产制造则据此进行SKU调整，由“收到订单后发货”改为“基于预测提前备货”，出货时间由平均45天减少至20天，极大减少了缺货情况，提高了门店收益。

太平鸟实施数据驱动战略，包括门店的数据化改造、数据收集、大数据选址，以及智能算法驱动商业决策、供应链TOC的数字化变革等。一方面，在销售门店获取大量信息数据，了解各种尺码、款式的产品在某个门店销售情况，将补单周期缩短到10～14天；另一方面，将供应链数据信息打通，实现数字化门店实时数据和供应商、加盟商、生产厂的数据打通。

MISS SIXTY灵活运用腾讯的数字工具，积极进入智慧零售生态圈。腾讯TDC数据标签帮助MISS SIXTY形成客制化的用户画像，其中包括老客户、未消费潜客以及品牌未触达到的目标消费群，未来即将形成“千人千面”的公众号和广告内容推送，实现客户的所见即所想，极大提升了数字化营销的精准度和效率。同时，腾讯LBS定位功能，则能实现在MISS SIXTY门店的物理半径内投放，使门店更加高效引来附近地区客流。

深度关注消费与生活体验，切实增强品牌市场力

《哈佛商业评论》对于体验经济的定义是：“体验经济就是企业以服务为舞台，以商品为道具，以消费者为中心，创造能够使消费者参与值得记忆的活动。其中的商品是有形的，服务是无形的，而创造出的体验是令人难忘的。”

新一代信息技术不仅重构了市场竞争格局，而且也让品牌与消费者的沟通和互动实现了深层次、多维化。美国SAS公司与Futurum Research近期合作发布的《消费体验2030》研究报告数据显示，消费者对于增强现实或虚拟现实的消费体验十分期待，78%的消费者期待到2030年AR/VR成为消费体验的一部分；36%的消费者在未来一年内接受由聊天机器人提供问答或服务支持，到2025年这一数字将上升到约67%，而到2030年将上升到81%；65%的消费者期待到2025年使用智能助手与品牌、产品和服务互动，到2030年将达到80%；64%的消费者期待到2025年使用可穿戴设备控制周围的智能设备，到2030年将达到78%。

越来越多的纺织服装品牌在深度洞察消费者喜好，思索如何提升消费体验，不断探索新做法，归纳划分为四种方式。

一是借助艺术手段提高店铺颜值。通过对色彩艺术、空间艺术、装饰艺术等的使用，实现视觉冲击力强、创意新颖、品位别具一格的门店设计，通过打造高设计水平的店铺来塑造提升品牌形象、提升消费体验。

二是终端店铺的生活场景化。品牌营销理念从过去的以商品为中心，逐渐转向以消费者为中心、以生活场景为中心，从提供商品品类转向提供带有明确主题概念、情感连接、价值导向的生活方案，通过打造精准的场景定位、场景设计、场景营销体系，拓展更加广阔的营销空间。

三是打造虚拟体验店。利用VR/AR虚拟试衣、虚拟投影等高科技元素，打造沉浸式体验的主题店铺，吸引年轻消费者及以家庭为单位的客群。国内外虚拟试衣技术不断革新提升，为服装终端店铺体验提升提供有力支撑。

四是举办短期互动体验活动。选取运动与健康、绿色与环保、自由简约、文化习俗等不同主题，组织短期消费互动体验活动，将品牌内涵代入并传递给目标消费群体，以增强消费黏性，达到短期高效的品牌营销效果。

森马启动种子店铺计划。2019年7月，森马启动的种子店铺计划，旨在通过建设理想店铺模型来匹配品牌定位，诠释不同的生活场景。同时，森马计划陆续开启更多种子店，进一步强化生活场景感，基于生活的食、住、行、娱，从店铺设计、货品、互动等方面体现多品类探索。其中，种子店铺1号店选择了县城店铺安徽潜山店，以生活场景分区替代以往的大休闲风格分区，划出超过10%的面积作为休息体验区，并将品牌与当地陶文化相结合。此外，森马还表示公司已构建了全渠道的零售体系，包括街边店、商超百货、奥特莱斯、购物中心、电子商务等各种渠道类型，未来也可能会有大店、小店、单一品类店和多品类组合店等不同的门店模型。

太平鸟华南首家集合店落户深圳。PEACEBIRD太平鸟华南地区首家集合店于2019年7月28日在深圳龙华壹方天地店正式开业。该店集结了旗下PEACEBIRD WOMEN女装、LEDIN乐町、PEACEBIRD MEN男装、生活方式品牌PEACEBIRD LIVIN′四大品牌。这也是生活方式品牌PEACEBIRD LIVIN′在华南的首次亮相，意在从生活品质到服饰造型上满足新生代消费者的更多细分需求。

深圳帛可旗下品牌DOTACOKO，将热爱探索趣味与追求纯真美好的生活哲学注入品牌，以轻熟、时髦、优雅为品牌特性。2019年4月，DOTACOKO以全新形象登录深圳海岸城。新门店打破传统方形门，打造以白色为主基调的侧拱造型门洞的开放式入口。以珊瑚橘、宝石绿和白色为主调，诠释品牌的简时尚风格。店铺内的艺术装置充满趣味性，包括毛线球座椅、原生石、透明玻璃球等元素。通过各种灯光交叉性照射消除视觉死角，增强商品的色彩与质感，富有个性化和艺术气息。纵向有序的货品摆放和纵向伸展的通道，不仅有效增强了店内的现代主义美学感，还达到了最大化展示商品，扩大顾客的活动空间。货品颜色与周围的颜色相呼应，明显增强了顾客的消费欲望和体验感。

特步举办“热炼工场”活动。2019年7月，特步于西安、武汉、沈阳三座城市发起“热炼工场”活动，以街头精神为核心动力，以JUST BATTLE作为核心理念，打造潮人运动街趴。此次热炼工场再启街头两大赛事——街舞和街篮，由《这！就是街舞》热门选手Waiwai、冯正、阿牙及路人王实力球员李观洋、韩曙光、安云鹏分别作为西安、武汉、沈阳的街舞&街篮城市战队队长，集结各路街舞、球场达人组建各自团队，挑战“最强战队”。此外，设置多项互动挑战专区，包括“热炼精舞门”“叫板街球”以及“热炼舞装部”快闪店，为观众带来别具一格的现场体验。

家纺品牌探索品类与服务的延伸。罗莱、富安娜、梦洁等越来越多的品牌尝试由家纺向家居门类延伸，通过家居鞋、毛巾、家居服、香薰、家具、地板等品类的延伸，探索尝试渠道转型；同时，梦洁、博洋、堂皇等相继在渠道端提供洗护、上门试铺、床品除螨等满足消费痛点的服务型功能，让家纺与家居生活融为一体，深化消费服务。

华尔泰力推“布魔方”项目。经过两年的潜心研发，布魔方已成为一家独立运营的数字场景科技股份公司，从搭建底层架构（3D建模）做起，为大家居领域的企业和门店提供可以自行导入素材的数字化场景体验平台，实现从“以商品为核心”到“以场景体验为核心”的变革。

借助文化力量赋能创意时尚，有效提升品牌软实力

文化是一个国家、一个民族的灵魂。作为具有强烈文化属性的纺织服装行业，从产品到品牌，从中国制造到中国创造，更需要从文化根源和民族本源中获取更深沉、更持久的力量。“国潮”正猛，传统文化正在受到年轻消费群体的追捧。某电商平台近期统计数据显示，近半年，“中国风”平均每分钟被搜索805次，是2018年的2.5倍，其中50%的用户来自于90后、95后。随着中国文化的自信，国民尤其是年轻一代消费者越来越接纳富有中华文化内涵并与之产生情感关联的中国纺织服装品牌，中国文化、民族元素正被越来越多的国内外企业植入品牌，不断生发新的价值与能量。

一、根植东方文化，表达中国时尚主张

面对新的市场环境与消费变迁，一批根植中华文化、以中华文化价值为主导的纺织服装品牌，正在向全世界表达中国时尚文化态度和生活主张，逐步构建独特的东方时尚文化体系。作为专业发布平台，中国国际时装周不仅是中外知名时装、成衣及配饰品牌展示新设计、新产品、新技术的主流渠道和国家窗口，更成为向全世界展示中国服装品牌新貌与原创设计、展现中国优秀文化与当代时尚的重要载体。截至目前，已有来自中国（含港澳台）、日本、韩国、泰国、新加坡、法国、意大利、美国、俄罗斯、瑞士、德国、荷兰、瑞典、丹麦、英国、澳大利亚等20余个国家的920余位设计师、980余家品牌和机构举办了1636场发布会，吸引数百家中外媒体采访报道。与此同时，中国服装品牌频繁亮相国际时装周，不断和全球设计力量链接。中国设计不仅是对中国本土元素的解读与传达，更是在包容与吸收世界多元文化的基础上，不断进行融合与创新。

之禾ICICLE凭借中国传统文化“天人合一”的智慧走出国门，刷新世人对“中国制造”的认知。2019年5月，ICICLE2019年新品秀在巴黎私享店举行。这种新的“中国制造”模式和追求环保可持续的法式生活理念不谋而合，因此，深受法国人民的喜爱。9月，该品牌于乔治五世大道上开设涵盖女装、男装、配饰、家居用品、艺术陈列甚至书籍在内的多层旗舰店，期望在巴黎打造一个能传递ICICLE之禾艺术生活及人文理念的文化空间。

2019年9月，波司登成为了2019年唯一登陆米兰时装周的中国羽绒服品牌。这次大秀以“星空、极寒、地袤”为主题，将繁星、极光和竹林山水等图案与轻柔、防寒透湿、数码织造的面料结合，用面料与工艺诠释万物融合的概念，让东西方文化相互交融，展现出中国品牌的魅力。不仅明星大咖、时尚权威人士齐聚现场，许多外媒也争相报道，意大利Vogue就在网站上给出了头条。目前，波司登在意大利进驻了350多家买手店，在全世界范围内掀起了一波关注中国时尚的热潮。

太平鸟于2019年9月先后亮相纽约、巴黎两大国际时装周主日程，实力上演中国设计的潮流美学，传递无畏、创新、青年、融合四大设计主张。太平鸟聚焦青年文化，用中国青年无边界的创造力和中国文化无隔阂的包容性去描述中国，和世界对话，呈现中国新生代时尚文化的新篇章。

二、融合传统技艺，赋能品牌活力

中国有着几千年的文化艺术与传统美学、丰富的纺织非物质文化遗产与服饰文明。中国纺织服装品牌正以“不忘本来、吸收外来、面向未来”的理念，科学地把中国元素和文化融入现代生活方式，

以满足消费者对美好生活的需要。将传统工艺文化和纺织服装产品融合创新，已成为品牌设计灵感和文化提升的时尚趋势，为品牌赋予新的活力。

纺织非遗事业正在逐步形成传承链条和推广体系，中国纺织非物质文化遗产大会已成功举办三届，非遗服饰秀、中国纺织非遗推广大使征集、纺织非遗创意精品展、庆祝新中国成立70周年微电影评选活动等系列活动，以非遗传承融入现代生活为抓手，聚集各民族纺织非遗资源，“活态”弘扬纺织传统文化与传统工艺，让消费成为沟通纺织非遗传承链条的根本动力，成为推进我国纺织非遗传承推广与创新应用的重要平台。在2019年3月举办的中国国际家用纺织品及辅料（春夏）博览会上，中国纺织非物质文化遗产展秉承“活态”非遗的设计思路，结合展示展演与互动体验模式，精选贵州最具有代表性的传承人和纺织非物质文化遗产品类，实现了民族的融合、非遗与日常生活的融合。

2019年3月，七匹狼与男装博物馆跨界合作的“寻觅图腾·匠艺东方”民族文化探索计划揭开序幕，七匹狼深度挖掘民族文化瑰宝，创造性地从五个民族——汉族、苗族、蒙古族、彝族、傣族的文化信仰和服饰特色入手，以寻觅图腾的方式，将传统民族文化以焕然一新的方式呈现在大众面前。

7月，快时尚零售巨头H&M宣布与设计师Angel Chen共同推出ANGEL CHEN × H&M 联名系列。该系列以中国功夫为灵感来源，富有中国特色的花鸟字、龙腾图绘、青松与极具标志性的仙鹤刺绣轮番呈现，这也是H&M的首个中国设计师联名系列。

8月，生活在左举行“广东非遗时尚之美发现计划”启动仪式，计划打造一个从手工匠人到设计，从渠道到消费者的非遗文化产业链条。生活在左自品牌成立至今，始终坚持对传统文化、传统手工艺的研究及再造，建立非遗手工基地、与国家非遗传承人合作、成立传统文化研究工坊、携传统手工产品登陆国际时装，目前，已形成品牌极具代表性的“绣钩编织染”手工技法，成为品牌独具一格的标志。

9月，森马旗下童装品牌巴拉巴拉上线汉服系列产品，依托中华传统文化，推出差异化创新产品，寻求新的增长点。随着传统文化复兴和国风热潮来袭，汉服已重回大众视线。据估算，全国汉服市场的消费人群已超过200万，产业总规模约10.9亿元。

着力战略调整与革新升级，更新强化品牌生命力

随着年轻一代高端消费群体知识水平与收入水平的提高，社交媒体推动潮流资讯普及，消费者的需求越发多样性与个性化。品牌企业随之进入深度调整期，从品类布局到品牌内核，不断摸索真正推动品牌良性可持续发展的核心，持续构筑品牌力，力求以商品价值、终端价值、品牌价值、文化价值来满足消费者的需求。中国纺织服装品牌的战略调整新动态主要体现在四个方面。

一、多品牌矩阵、集团化运作趋势更加明显

诸多纺织服装品牌在调整品类布局、满足细分化与差异化消费需求的同时，继续加大多品牌、多业务的布局，寻求新的增长点。更多的品牌尤其是女装品牌开始构建综合性“时尚集团”，通过多品牌矩阵、丰富产品线提升综合市场占有率。

自2018年2月纽约时装周以来，“中国李宁”横空出世，助力李宁成功转型为“国潮”新代表。2019年3月，李宁在上海举办时尚线2019秋冬产品发布会，并首次提出“李宁时尚线”的概念，明确了以运动时尚风格瞄准中高端市场的产品线定位，并会在多个城市核心商圈开设李宁时尚独立店。自此，李宁公司正式形成“李宁”与“中国李宁”两条独立运营又互为补充的产品线。“李宁”定位仍是运动，以科技为核心，“中国李宁”则基于李宁运动基因，将中国文化和潮流元素融合统一，以设计为亮点。

江南布衣为了贯彻集团多品牌扩展的策略，继2018年推出时尚环保品牌REVERB和旗下第二个男装品牌SAMO之后，2019年2月又推出新的男装设计师服饰品牌“A PERSONAL NOTE 73”。

2019年3月，珂莱蒂尔集团公告称，将以23.9亿港元的价格从Apex Noble Holdings Limited手中收购Keen Reach全部发行股份。同时，珂莱蒂尔控股有限公司正式更名为赢家时尚控股有限公司。此次收购对于集团多元化和多品牌矩阵的发展战略具有重要意义，通过整合协同节省运营成本，在强化盈利能力的同时，提升品牌辨识度与知名度。

5月，维格娜丝发布公告称，为提升企业形象、彰显公司实力、整合资源，进一步扩大公司规模以增强集团整体竞争能力，拟对公司名称进行变更并成立集团公司，中文名称变更为“锦泓时装集团股份有限公司”。同时，变更公司经营范围，增加了股权投资、技术服务、企业管理服务及咨询、信息技术服务、文化创意、自营和代理各类商品及技术的进出口业务等服务。

7月，安踏表示将重新调整内部品类架构，由过去只有篮球独立事业部划分为篮球、综训、跑步、运动生活四大独立事业部，从生产到设计都由各事业部独立完成，实现从产品诞生到终端落地的闭环打通。

8月，安正时尚集团股份有限公司控股子公司安正儿童用品（上海）有限公司取得零到七贸易（上海）有限公司51%的股权，实现了公司进入儿童用品行业的又一次战略布局。同时，安正时尚还计划布局时尚标品领域，包括化妆品（彩妆、护肤品）、珠宝首饰等业务。

二、以品牌年轻化、潮流化吸引年轻消费群体

中国的80后、90后人口合计超过4亿人，00后达1.46亿人，这部分群体成为重要消费力量。基于此，品牌纷纷加速转型升级，着眼于年轻化、潮流化，借助数字化、新零售手段精准洞察客群需求，增强消费者黏性。

2019年6月，“中华老字号”恒源祥举行“致敬达·芬奇“活动，展开跨越五百年的艺术对话，早在4月，恒源祥便在国内大学发起了“致敬达·芬奇创意设计大赛”，并在众多参赛者的角逐中挑选出了数件联名T恤。年轻力量的加入，让这些以文艺复兴时代为灵感的单品具有街头潮流气息。活动全程在天猫平台进行直播，通过“品牌+网络视频直播”的形式与年轻消费群进行亲密互动。

同月，361°启动品牌重塑计划，从品牌、产品以及活动等维度对品牌进行重塑。作为品牌重塑战略的重要支点，361°打造了“Home Game”篮球进小区项目，从对篮球运动的热爱出发，打造小区篮球运动场所，充分整合相关的运动资源，为篮球爱好者特别是青少年篮球爱好者建立专业的教练团队。在产品技术方面，361°国际线技术平台已经和国内供应链实现顺利对接，未来361°国内供应链及生产系统将在国际线技术平台的助力下，推出更多高价值、高功能性产品，全面提升361°产品科技功能属性。

8月，“中华老字号”隆庆祥发布了2020流行趋势暨定制新品发布会。此次发布会主题为“重塑”，展现出新时代中国高端审美新风貌。一方面，新品依旧秉承着隆庆祥引以为豪的手作工艺：扎驳头、裁剪、假缝制、钉扣、半成品试样等，体现了品牌对中国传统非遗文化的传承；另一方面，新品也巧妙融入了大量国际时尚元素，让服装成为了文化交流的载体，传递当下民族文化的新内涵。“老字号”品牌从产品设计到营销方式正在以更年轻、更国际化的方式贴近年轻消费群体，使品牌焕发新的活力，展现出内功深厚的老牌国货的时尚力量与高级美感。

利郎从产品、渠道、营销等方面进行全方位变革，以符合千禧一代消费者审美的设计和品牌形象，诠释“新国潮”。秉持“用食品安全做服装”

的理念，利郎从产品原创设计、品牌形象升级，再到渠道结构优化，持续打造核心竞争力、产品力，从传统男装服饰转向“潮流、品位”的时尚服饰品牌运营商。

三、加大跨界融合力度创造品牌增量

通过跨界服务品牌的核心价值，让跨界联名成为承载品牌文化的重要产品和载体，在保持原有品牌个性的基础上，强化品牌定位，提升品牌形象，强化消费认知。实现跨品类、跨圈层、跨文化的诉求，打破界限，积极探求扩大目标人群边界，满足多元化、个性化消费需求。

李宁×人民日报新媒体，成为跨界合作的创新型代表。人民日报新媒体，代表着国内思想的潮流，而李宁则是国产品牌的代表，两者的结合强化了李宁“国潮”的定位与形象。

歌力思ELLASSAY携手SOS儿童村，推出慈善跨界T恤。T恤的包装设计来源于SOS孩子们的绘画作品，每售出一件，销售所得中的99元人民币将捐献给SOS中国儿童村协会。通过此次慈善跨界，凝聚时尚与公益力量，也表达了歌力思品牌的人文情怀。

2019年4月，361°联合著名建盏工艺师廖文兴推出“建盏”篮球鞋系列，无论是建盏独特的铁胎和千变万化的纹理，还是运用鹧鸪纹元素打造“每一双都仅此一双”的设计，都让该产品拥有独特的文化烙印与潮流感。

9月，太平鸟携手荣耀20S手机亮相纽约时装周，这次科技与时尚的跨界交锋再次强化了二者时尚、潮流高度契合的品牌态度，打破消费边界的桎梏。

海聆梦与全屋定制品牌索菲亚开展战略合作，从研发设计、选品搭配、3D建模、柔性制造、智能仓储等一站式解决传统窗帘定制的痛点，与索菲亚合作完成全屋定制的布艺板块，成为窗帘个性规模定制的优势企业。

乐町×大白兔、MO&Co.×月野兔（Sailor Moon）、雅戈尔×《狮子王》……经典IP与品牌的组合借助大家的童年情怀，引发情感共鸣，最大程度发挥品牌的社交属性。安踏×可口可乐、太平鸟PEACEBIRD MEN × M&M′S、塔卡沙TYAKASHA×旺旺、德芙×何方……时尚和食物界的跨界组合与碰撞充满了趣味和火花，让单品别具一格又个性十足。密扇百戏局×999、三枪×网易云音乐、i-am-chen×小狗……这样新鲜有趣且脑洞大开的跨界活动，迎合了年轻人对新鲜事物的喜好，引发话题热度，成功在大众心中留下品牌姓名。

四、不断尝试通过跨国并购打造更强阵营

一批有实力的品牌与企业纷纷通过投资设立合资公司、股权收购等方式，打造多品牌、国际化阵营，提升创意设计水平，整合拓展产品线与渠道，促进品牌高端化运作，提高整体竞争力。

2019年1月底，如意集团斥资20亿美元，从美国科氏工业收购了美国英威达旗下服饰和高级面料业务，包括LYCRA（莱卡）纤维、COOLMAX纤维、THERMOLITE纤维及保暖材料等，此后成立新公司——美国莱卡集团，主要生产用于牛仔裤和瑜伽服的弹性面料。如意集团将为莱卡公司提供全新投资和生产能力，而莱卡公司则为如意集团提供先进的纺织纤维和技术方案。

2月，九牧王宣布与法国音乐、时尚和生活方式公司Kitsuné France达成合作，拟共同投资设立合资公司——小狐狸（中国）有限公司，在中国开展“Maison Kitsuné”及“Kitsuné”品牌服装、配饰、箱包、化妆品和香水产品的经营业务。九牧王拟以7650万元人民币出资，Kitsuné France拟商标所有权出资，各持有50%股权。

同月，复星国际由德国商业银行代表与德国时尚品牌Tom Tailor签订认购合同，将以德国商业银行作为授权代理人，代表其现金出资总额约869.99万欧元认购Tom Tailor合共约384.95万股。认购完成后，复星国际持有Tom Tailor的股份将从29%提高到约35.35%。

5月，特步发布公告称，将以2.6亿美元从韩国E-land公司收购E-land Footwear USA及旗下三个主品牌“K-Swiss”“Palladium”“Supra”和两个子品牌“PLDM”“KR3W”。特步此次收购主要是为了完善、提升其多品牌矩阵，期望凭借其庞大的分销网络、领先的研发和供应链资源，提升收购品牌的竞争力和盈利能力。

7月，歌力思宣布，将以2.42亿元收购复星系持有的深圳前海上林投资管理有限公司35%股权，收购完成后歌力思将取得前海上林100%股权。由此，歌力思持有法国IRO SAS的股权将增加至57%，进一步加强对IRO时装品牌的全球控制权。IRO在中国大陆地区已陆续开设18家终端店铺。

8月，歌力思与圣珀齐知识产权有限公司签署合资经营协议，拟在深圳共同投资设立合资经营企业，拥有英国独立设计师品牌“self-portrait”在中国大陆地区的所有权。歌力思以货币出资3000万元，圣珀齐以知识产权出资3000万元，各持有合资经营企业50%股权。这一举措丰富了歌力思的高端品牌阵容，进一步推动其成为有国际竞争力的高级时装品牌集团。

近期，安踏完成对始祖鸟的收购，收购总价约46亿欧元，这是中国体育用品业迄今为止金额最大的一个收购案例。安踏此次收购，期望扩展户外运动领域，进行差异化运营，同时，持续扩展跨国化运作，进一步推进品牌升级的步伐。

坚持协同创新与可持续发展，着力构筑区域品牌发展力

区域品牌是推动纺织全行业协同发展的载体，也是繁荣区域经济的重要支撑。推动区域品牌建设，已成为国家及地方政府部门、行业协会的重要工作。截至目前，中国纺织工业联合会认定的10家“区域品牌试点地区”总规模已达3854亿元，同比增长17.3%，利润率12.8%，涵盖企业10685家，科技研发投入强度1.7%，明显高于纺织全行业水平；20.2%的企业建立了品牌培育管理体系，30.7%的企业参加过品牌专业人才培训；在产业链协同创新方面，全部实现了稳定的战略合作关系，六成地区在合作中实现了风险共担；在社会责任方面，9个地区开展了社会责任建设，其中3个地区、18.6%的企业建立了社会责任管理体系。可以看出，重视科研投入、开展专业培训、产业链协同创新、履行社会责任等一系列措施成为区域品牌建设能力提升的重要保障。

一、重视研发设计和校企合作

与优势企业、高等院校、研究机构、培训机构合作，以及开展国际交流，成为区域品牌引进高端人才的重要途径。浙江省海宁经济开发区高度重视研发设计与科技创新，重视信息技术研发和数字化技术应用，2018年技改投入11.38亿元，新增省级新产品36个；国家级火炬计划1个；新增外观设计专利346项，实用新型专利58项，发明专利11个；拥有6家省级企业研发中心，5家省级企业技术中心，14家国家级高新技术企业。宁夏银川高新区积极与西安工程大学、东华大学、江南大学、武汉纺织大学等高校开展产学研合作，联合中国纺织科学研究院等多家科研院所组建了宁夏羊绒产业技术创新战略联盟、产业咨询服务中心；积极开展专利“清零”行动，组织完成各类专利申报310余件，授权专利76件；促成西安工程大学与中银绒业建设“邢建伟新型染整技术实验室”；积极培育国家高新技术企业，万殷机械、金海皮业通过自治区专家评审并报科技部认定；将昱辉绒业、夏能生物等10家企业纳入自治区科技型中小企业培育库。

二、借助数字化新技术开创新模式

在互联网技术的背景下，很多区域品牌地区借助数字化、智能化手段，在设计集成创新、高效管

理、精准营销等方面进行了一系列尝试。浙江平湖服装开展机器换人、智能化改造、构建数字化工厂，搭建统一数字化集成平台；依托第三方机构，打集体牌，在京东、天猫、必要、云集、贝店等线上平台进行数字化精准营销；以物联网技术为基础，打造互联网云平台；搭建淘宝网红直播平台，带动提升销售业绩。浙江余杭积极开展机器换人等智能制造建设，远洋丝绸、浙江美术地毯等11家企业推广机器人101台。目前，已引进省家纺布艺产品质量检验中心、省家纺布艺产品质量服务综合站，以及布++、快布云、软装密码、48路家居网、洗窗帘等行业内极具影响力的互联网平台企业和相关设计人才376人，线上成功整合家纺产业链相关企业、供应商10700余家，提供家纺面料和装饰服务产品等。2018年服务企业470多家，服务收入2250万元，设计成果转化产值6.93亿元。宁夏银川高新区建立“中国羊绒电子商务平台”，依托智慧园区建设项目建设电商平台，建立灵武电商服务中心。江苏省南通市叠石桥电商城、阿里巴巴叠石桥家纺生态产业园、中铁叠石桥跨境电商产业园合作共建电商集聚基地，成功创建省级“网络市场监管与服务示范区”，年度电商交易额逾300亿元。

三、注重产业链协同创新

各地区通过搭平台、建体系，切实有效促进企业协同创新能力。浙江濮院建设国家级创意设计平台“320创意广场”、省级小微企业创业创新示范园“濮院毛衫创新园”等公共服务平台，提供“保姆型”“导师型”“经纪人型”服务。广东虎门构建服装设计服务体系、技术创新服务体系、数字化转型服务体系、创新创业孵化服务体系、互联网数据服务体系、“一站式”公共创新服务体系，影尚服饰专注于电商服装供应链服务，拥有2家公司、4家工厂、近30家合作加工厂，面辅料核心供应商300多家，年生产服装800万件，该公司与众多互联网女装品牌深度合作，共同打造完整的O2O服装供应链，为全国各地的电商买家及卖家提供优质货源。

四、深化社会责任保障可持续发展

深化社会责任建设成为区域品牌寻求可持续发展的重要抓手。广东虎门镇政府将推进企业社会责任体系建设作为提升区域竞争力、实现可持续发展的内在要求和参与国际竞争与合作的必由之路。通过制定政策，采取有效措施，提供优质服务，创造可持续发展环境，引导和推动企业自主履行社会责任。浙江平湖共11家服装企业成为中国纺织服装企业社会责任管理体系CSC 9000 T执行企业，获得“中国纺织服装企业社会责任管理体系CSC 9000 T‘10+100+1000’项目先进集体”称号。

总体来看，中国纺织服装品牌呈现更加务实、积极探索、协同合力、加快创新调整的良性态势，国民认可度明显提升，国际竞争力逐步增强。

（撰稿人：惠露露　赵文佳　刘正源）

纺织行业2个项目荣获2019年国家科学技术奖

项目名称：高性能工业丝节能加捻制备技术与装备及其产业化

主要完成单位：宜昌经纬纺机有限公司，武汉纺织大学，中国纺织机械(集团)有限公司，北京经纬纺机新技术有限公司

主要完成人：梅顺齐，杨华明，聂俭，汪斌，潘松，张明，杨华年，范红勇，徐巧

获奖等级：科学技术进步奖二等奖

提名单位：中国纺织工业联合会

高性能工业丝线是汽车、电子、航空航天、建筑等行业重要的高附加值基础材料，需求持续增长，相关高端加捻技术装备市场一直被国外占领。该项目突破了高性能工业丝线难以实现高品质加捻卷绕、装备能耗高、效率低的技术难题，通过装备设计制造的理论创新，成功研制出汽车轮胎帘子线、地毯丝以及玻璃纤维高效节能加捻技术装备，实现了产业化生产，产品不仅覆盖国内高端工业丝线制备市场，而且出口美国、巴西、西班牙、韩国等国家，取得了良好的经济效益。

该项目多项技术属国内外首创，项目整体技术达到国际先进水平，授权发明专利6件、实用新型专利11件。该项目对于提升国产高端纺织装备水平及国际地位，促进产业转型升级具有十分重要的作用。

项目名称：纺织面料颜色数字化关键技术及产业化

主要完成单位：鲁泰纺织股份有限公司，东华大学，香港理工大学，中原工学院，浙江大学

主要完成人：张瑞云，忻浩忠，张建祥，沈会良，杨红英，刘淑云，纪峰，王广武，薛文良，葛权耕

获奖等级：科学技术进步奖二等奖

提名单位：中国纺织工业联合会

传统纺织面料开发周期长、自动化程度低，颜色表达的经验化和实物化问题突出，测配色技术、计算机仿真和影像化精准度偏低，这些问题严重制约了纺织面料个性化、多花色、快交期的市场需求。

该项目结合高档纺织面料产品对颜色高效精准管控的迫切需求，开展了颜色数字化关键技术及产业化应用研究，研发了多光谱成像颜色测量技术，创建了色纺纱高精准光学配色模型，突破了面料纹理的高仿真技术瓶颈，开发了面料影像精准采集和智能检索系统，构建了高效的面料数字化研发和管理云平台，形成在色纺、色织和印染领域广泛应用的颜色数字化功能体系，解决了纺织面料的颜色一致性和精准性问题，大幅缩短了花色面料的开发周期。

该项目已获国内外发明专利授权15件，整体技术达到国际领先水平，项目成果已实现产业化，其相关研究成果分别获2017年中国纺织工业联合会科学技术进步一等奖、2018年山东省科技进步一等奖。

该项目的推广应用，促进了纺织品色织传输技术的发展，对纺织行业转型升级具有积极的示范作用。

2019年度国家科学技术奖纺织获奖项目

提名单位：中国纺织工业联合会

序号	项目名称	主要完成单位	主要完成人	获奖等级
1	高性能工业丝线节能加捻制备技术与装备及其产业化	宜昌经纬纺机有限公司、武汉纺织大学、中国纺织机械(集团)有限公司、北京经纬纺机新技术有限公司	梅顺齐、杨华明、聂俭、汪斌、潘松、张明、杨华年、范红勇、徐巧	科技进步奖二等奖
2	纺织面料颜色数字化关键技术及产业化	鲁泰纺织股份有限公司、东华大学、香港理工大学、中原工学院、浙江大学	张瑞云、忻浩忠、张建祥、沈会良、杨红英、刘淑云、纪峰、王广武、薛文良、葛权耕	科技进步奖二等奖

“纺织之光”2019年度中国纺织工业联合会科学技术奖获奖项目

一、技术发明奖

具体获奖项目名单见表1、表2

表1　壹等奖

序号	项目名称	主要完成单位	主要完成人
1	蚕丝生物活性分析技术体系的建立与应用	苏州大学、鑫缘茧丝绸集团股份有限公司、江苏宝缦家纺科技有限公司	王建南、陆维国、李明忠、卢神州、殷　音
2	纳米颜料胶囊的制备及其在纺织品印染中的应用技术	江南大学、浙江理工大学、苏州世名科技股份有限公司、东华大学	付少海、戚栋明、张丽平、杜长森、隋晓锋

表2　贰等奖

序号	项目名称	主要完成单位	主要完成人
1	基于生物质制备呋喃二甲酸基聚酯纤维技术	天津工业大学、苏州金泉新材料股份有限公司	李振环、樊海彬、苏坤梅、张马亮、曹　磊
2	多锭位高效多功能高速弹力丝机的关键技术研发和整机制造	无锡宏源机电科技股份有限公司	钱凤娥、邓建清、何小明、钱爱梅、史理娥、张洪琪
3	基于织物间歇式气液染色技术产业化应用	佛山市三技精密机械有限公司	郑永忠、刘江坚、陈红军、周生勇、张燕浩、莫庸生
4	开关磁阻电机驱动的高速剑杆织机关键技术及应用	浙江万利纺织机械有限公司、浙江理工大学、中国科学院宁波材料技术与工程研究所、浙江中自机电控制技术有限公司	周香琴、万祖干、张　驰、王琴龙、周巧燕、岳剑锋

二、科技进步奖

具体获奖项目名单见表1、表2

表1 壹等奖

序号	项目名称	主要完成单位	主要完成人
1	基于湿法纺丝工艺的高强PAN基碳纤维产业化制备技术	威海拓展纤维有限公司、北京化工大学	徐樑华、陈 洞、丛宗杰、张大勇、李常清、张月义、王国刚、曹维宇、沙玉林、王 炜、李日滨、童元建、孙绍桓、李松峰、黄大明
2	高值化聚酯纤维柔性及绿色制造集成技术	桐昆集团股份有限公司、新凤鸣集团股份有限公司、东华大学、上海聚友化工有限公司、嘉兴学院、中国纺织科学研究院有限公司、浙江恒优化纤有限公司、新凤鸣集团湖州中石科技有限公司、桐乡市中维化纤有限公司、桐乡市恒隆化工有限公司	庄耀中、陈士南、孙燕琳、吉 鹏、陈向玲、杨剑飞、甘胜华、管永银、沈富强、王华平、梁松华、肖顺立、颜志勇、朱伟楷、张厚羽
3	对位芳香族聚酰胺纤维关键技术开发及规模化生产	东华大学、中化高性能纤维材料有限公司	胡祖明、于俊荣、曹煜彤、宋数宾、刘兆峰、赵开荣、张 浩、祁宏祥、顾克军、戚键楠、李正启、陆春明、刘战武、高元勇、王 彦
4	复合纺新型超细纤维及其纺织品关键技术研发与产业化	浙江古纤道股份有限公司、浙江理工大学、江苏聚杰微纤科技集团股份有限公司、浙江恒烨新材料科技有限公司	王秀华、沈国光、张大省、仲鸿天、张须臻、李为民、张新杰、袁建友、郭福江、张增松、李 蓉、魏明泉
5	阻燃抗燃个体防护装备测试评价技术研究及防护服开发	常熟市宝沣特种纤维有限公司、军事科学院系统工程研究院军需工程技术研究所、应急管理部上海消防研究所、天津工业大学、南通大学、上海赞瑞实业有限公司、天津市宝坻区公安消防支队	谌玉红、钱 俊、李晨明、赵晓明、曹永强、刘 阳、孙启龙、张长琦、俞川华、陈 平、蒋 毅、林建波、曹丽霞、刘凯峰、刘国熠
6	自由液面多射流静电纺非织造材料制备关键技术及产业化	东华大学、苏州九一高科无纺设备有限公司、中原工学院、苏州金泉新材料股份有限公司、苏州康富特环境科技有限公司、河南工程学院、长垣虎泰无纺布有限公司	覃小红、王荣武、张弘楠、何建新、权震震、崔世忠、张海霞、王浦国、贾 琳、王黎明、徐慧琳、邵伟力、李贞兵、王有虎、樊海彬

续表

序号	项目名称	主要完成单位	主要完成人
7	多轴向经编技术装备及复合材料制备关键技术及产业化	常州市宏发纵横新材料科技股份有限公司、东华大学、郑州大学、常州市新创智能科技有限公司、常州市第八纺织机械有限公司、北京航空航天大学	陈南梁、谈昆伦、刘春太、段跃新、蒋金华、谈　源、蒋国中、刘勇俊、季小强、张　娜
8	航空关节轴承用自润滑织物复合材料设计开发	上海大学、上海市合成树脂研究所有限公司、上海市轴承技术研究所、中国航空工业集团公司沈阳飞机设计研究所	俞鸣明、梁　磊、张　艳、任慕苏、方　琳、姚卫刚、段宏瑜、杨　敏、李　红、周　劼、胡和丰、颜莉莉、肖　依、黄雄荣、薛　峰
9	车用非织造材料柔性复合生产关键技术与装备	江苏迎阳无纺机械有限公司、南通大学、江南大学	范立元、张　瑜、章　军、朱亚楠、李素英、付译鋆、范　莉、殷俊良、徐　林、许利中、谈越斌、谢军辉、张鑫荣、王海楼、于树发
10	针织数字化车间智能生产关键技术及其产业化	浙江理工大学、江南大学、浙江恒强科技股份有限公司、泉州佰源机械科技有限公司	胡旭东、彭来湖、蒋高明、向　忠、胡军祥、傅开实、汝　欣、史伟民、沈春娅、汪松松、钱　淼、戴　宁、李建强、张　琦
11	化纤长丝卷装作业的全流程智能化与成套技术装备产业化	北自所（北京）科技发展有限公司、东华大学、福建百宏聚纤科技实业有限公司、浙江恒逸高新材料有限公司、北京机械工业自动化研究所有限公司	王　勇、冯　培、侯　曦、江秀明、吕　斌、杨崇倡、吴振强、徐　慧、王永兴、满运超、曹晓燕、王丽丽、王生泽、王峰年、何鸿强
12	高耐摩色牢度热湿舒适针织产品开发关键技术	东华大学、上海嘉麟杰纺织品股份有限公司、泉州海天材料科技股份有限公司、南通泰慕士服装有限公司、上海三枪（集团）有限公司	蔡再生、杨启东、张佩华、王启明、曹春祥、徐小斌、葛凤燕、王俊丽、李晓燕、顾　海、王　俊、陈力群、王卫民、赵　红、董　蓓
13	印染废水低成本处理与高效再生利用关键技术和产业化	盛虹集团有限公司、时代沃顿科技有限公司、东华大学	唐俊松、李　方、梁松苗、钱琴芳、张雪根、张建国、吴学芬、杨　波、田　晴、吴宗策、王思亮、刘艳彪、马春燕、沈忱思、徐晨烨
14	阳离子漂白活化剂的创制及棉织物前处理关键技术产业化应用	江苏联发纺织股份有限公司、江南大学、传化智联股份有限公司	许长海、唐文君、金鲜花、杜金梅、于拥军、姚金龙、于银军、邵冬燕、向中林、孙　昌、王孟泽、陈八斤

续表

序号	项目名称	主要完成单位	主要完成人
15	涤棉中厚织物短流程连续清洁染色技术与关键装备	东莞市金银丰机械实业有限公司、东华大学、上海安诺其集团股份有限公司、华纺股份有限公司、上海七彩云电子商务有限公司、广东智创无水染坊科技有限公司、东莞市华地皮革有限公司	毛志平、李　智、钟　毅、徐长进、李　裕、孙红玉、吴　冬、栗岱欣、杜红波、闫鹏琼、魏　辉、梁　芳、纪立军、闫英山、袁方怡

表2　贰等奖

序号	项目名称	主要完成单位	主要完成人
1	全棉芯弹纱弹力面料关键技术研发与产业化	东华大学、枣庄海扬王朝纺织有限公司、浙江玉帛纺织股份有限公司、中纺院（浙江）技术研究院有限公司、枣庄市声威商贸有限公司	李毓陵、马秀霞、胡玉华、胡吉永、王　耀、戴亚东、张瑞寅、汤文联、张君凯、马颜雪
2	基于功能性协同生效机理的多功能复合织物关键技术与产业化	浙江理工大学、浙江和心控股集团有限公司、浙江敦奴联合实业股份有限公司、浙江港龙织造科技有限公司、绍兴上虞弘强纺织新型材料有限公司、杭州硕林纺织有限公司	祝成炎、张红霞、黄锦波、田　伟、李艳清、王浙峰、谢建强、金肖克、段小文、贺　荣
3	喷气涡流纺纯棉高支纱生产关键技术及应用	江苏悦达纺织集团有限公司、江南大学	戴　俊、高卫东、傅佳佳、刘必英、凡启光、马春琴、韩晨晨、范宗勤、陆荣生、王　蕾
4	120英支汉麻纺纱关键技术及产业化	山东岱银纺织集团股份有限公司	亓焕军、赵兴波、赵焕臣、谢松才、冯　茹、赵玉水、李　成
5	阶梯式精细化梳理纺纱技术研究与产品开发	德州华源生态科技有限公司	雒书华、刘明哲、刘俊芳、郭　娜、李荣明、赵振林、杨晓艳
6	高密柔软纬编产品关键技术及产业化	上海三枪（集团）有限公司、东华大学、上海纺织裕丰科技有限公司、上海市纺织科学研究院有限公司	王卫民、张佩华、赵　培、李慧霞、曹春祥、薛文良、厉红英、何叶丽、李天剑、沈　为

续表

序号	项目名称	主要完成单位	主要完成人
7	高弹亲肤绒类织物生产关键技术研究及产业化	上海嘉麟杰纺织科技有限公司、上海嘉麟杰纺织品股份有限公司	杨启东、王俊丽、赖俊杰、王怀峰、夏　磊、何国英、刘　影、张义男、徐　林、杨　益
8	国产化装备智能纺纱关键技术创新及产业化应用	武汉裕大华纺织服装集团有限公司、经纬纺织机械股份有限公司、武汉纺织大学、武汉裕大华纺织有限公司	万由顺、卫　江、杨华明、夏治刚、徐卫林、张　弘、蔡明文、金宏健、田　青、刘　武
9	苎麻生物脱胶产业化关键技术研发与集成应用	江西恩达麻世纪科技股份有限公司、南通大学、中国科学院西北生态环境资源研究院	褚特野、董　震、吴绥菊、赵志慧、丁志荣、王少昆、邱新海、袁建林
10	羊绒数码喷墨印花产品清洁染整关键技术	内蒙古鄂尔多斯羊绒集团有限责任公司、天津工业大学、武汉纺织大学	姚金波、田　君、牛家嵘、李　星、孟庆涛、张　云、高建云、杨俊枝、程　彦、王　友
11	丝素蛋白微纳非织造材料关键技术及产业化应用	苏州大学、苏州先蚕丝绸生物科技有限公司、江苏华佳丝绸股份有限公司	卢神州、孙文祥、邢铁玲、郑兆柱、王春花、姜福建
12	领带敏捷生产及高品质功能性产品加工技术示范与推广	浙江理工大学、浙江麦地郎领带织造有限公司、浙江丝绸科技有限公司、浙江雅士林领带服饰有限公司、嵊州市仟代领带织造有限公司、浙江钱江纺织印染有限公司	沈一峰、金　耀、杨　雷、孙锦华、范博源、袁栋宝、李君锋、方卫东、郑晶晶、戚栋明
13	易护理羊绒针织物绿色加工关键技术与产业化	嘉兴学院、湖州珍贝羊绒制品有限公司、浙江兰宝毛纺集团有限公司	沈加加、邱雪芳、何铠君、张伟伟、张　弛、王金玉、许华妹、崔　萍
14	多组份功能性高档职业装面料的开发及关键技术研究	山东如意毛纺服装集团股份有限公司	王彦兰、王科林、李　冲、高佩佩、李春霞、董　晶、高华娟、胡衍聪、石同库、刘　娟
15	熔体直纺高品质深染原液着色聚酯纤维产业化技术开发	中国纺织科学研究院有限公司、中国石化仪征化纤有限责任公司、苏州宝丽迪材料科技股份有限公司、滁州安兴环保彩纤有限公司、浙江恒逸石化有限公司、北京化工大学、沈阳化工研究院有限公司	金　剑、毛绪国、徐毅明、吴鹏飞、丁　筠、王永华、张文强、徐锦龙、盛平厚、孙华平

续表

序号	项目名称	主要完成单位	主要完成人
16	耐切割、抗蠕变、原液着色超高分子量聚乙烯纤维关键技术及产业化	江苏锵尼玛新材料股份有限公司、南通大学、江苏昌邦安防科技股份有限公司、赛立特（南通）安全用品有限公司	沈文东、曹海建、陈清清、高　强、车俊豪、张玲丽、严雪峰、宋兴印、袁修见、李建红
17	中空异形再生纤维素纤维产业化关键技术	山东银鹰化纤有限公司、东华大学	徐元斌、周　哲、成艳华、胡　娜、郭伟才、相恒学、李　娟、鹿泽波、杨利军、马峰刚
18	生态硅氮系阻燃纤维素纤维产业化及多功能制品集成开发	北京赛欧兰阻燃纤维有限公司、东华大学、嘉兴学院、上海大学、浪莎针织有限公司、山东银鹰化纤有限公司	陈　烨、冉国庆、刘承修、姚勇波、姜　沪、刘爱莲、柯福佑、胡金龙、徐元斌、张慧颖
19	高湿模量纤维界面处理技术研究及应用	河北科技大学、唐山三友集团兴达化纤有限公司	张林雅、于捍江、顾丽敏、米世雄、崔海燕、郑晓晨、安　娜、田健泽、李燕青、李学苗
20	毛纺领域用高强竹浆纤维毛条制备技术	河北吉藁化纤有限责任公司、河北艾科瑞纤维有限公司	徐佳威、陈达志、李振峰、赵坤庆、申增路、杨红卫、刘柱君、高彦欣、张焕志、马军峰
21	高强度锦纶6短纤维制备关键技术及其多功能系列产品开发	恒天中纤纺化无锡有限公司、东华大学	赵　岭、王华平、吉　鹏、张建民、林　敏、余　志、薛　建、陈向玲、陈　烨、王朝生
22	硅藻土改性纤维产业化关键技术及其在家纺领域的应用	上海水星家用纺织品股份有限公司	沈守兵、陈秀苗、宋春常、梅山标、汪和春、开吴珍
23	湿抄/水刺联用关键技术研发及轻量超柔异组分复合材料的产业化	杭州诚品实业有限公司、浙江理工大学、西安工程大学、武汉纺织大学、合肥普尔德医疗用品有限公司	于　斌、朱海霖、孙　辉、刘国金、孙利忠、朱斐超、陈美玉、秦扶桑、李建强、周　建
24	风电叶片碳纤维复合材料大梁板材高效拉挤制备技术及产业化	江苏澳盛复合材料科技有限公司、东华大学、上海华渔新材料科技有限公司	余木火、许文前、严　兵、张　辉、张可可、孙泽玉、郎鸣华、唐　许、施刘生、余许多
25	微细粉尘控制专用水刺覆膜高性能滤料关键技术及产业化	厦门三维丝环保股份有限公司	蔡伟龙、郑智宏、王　巍、郑锦森、张静云、李　彪、戴婷婷、陈建文、游丽容

续表

序号	项目名称	主要完成单位	主要完成人
26	仿鹅绒结构轻质保温微细化纤维材料的制备与产业化	南通大学、江苏丽洋新材料股份有限公司	张　伟、魏发云、王海楼、尤祥银、张　瑜
27	卫材专用竹炭粘胶纤维及其水刺非织造布关键技术研究及产业化	东纶科技实业有限公司、唐山三友集团兴达化纤有限公司、诺斯贝尔化妆品股份有限公司、中国纺织科学研究院有限公司	张孝南、张煜国、郝景标、吴　伟、任　强、张聪杰、田健泽、刘东生、孙学刚、任　爽
28	双组份聚酯非织造高效过滤材料产业化关键技术及应用	山东泰鹏环保材料股份有限公司、武汉纺织大学	王　栋、范　明、刘　轲、朱绍存、王海平、张泉城、李沐芳、程翠翠、张　静、杨会敏
29	阻燃浸胶涤纶帆布制备关键技术研发与应用	安徽工程大学、青岛大学、安徽华烨特种材料有限公司	谢艳霞、王宗乾、田明伟、朱泽贺、毕松梅、方寅春、石　杰、周业昌
30	高质低耗仿蜡印印花关键技术研发与产业化	华纺股份有限公司、东华大学、滨州华纺工程技术研究院有限公司、江苏德美科化工有限公司、杭州开源电脑技术有限公司	闫英山、毛志平、孙红玉、盛守祥、刘国锋、李春光、徐　红、王斯亮、赵万强、贾荣霞
31	纺织品天然染料染色印花关键技术及产业化	苏州大学、武汉纺织大学、鑫缘茧丝绸集团股份有限公司、盛虹集团有限公司、烟台明远家用纺织品有限公司、烟台业林纺织印染有限责任公司、苏州虹锦生态纺织科技有限公司	王祥荣、姜会钰、陈忠立、薛志勇、侯学妮、储呈平、段　佳、李　伟、卫金龙、姚金波
32	植物染料工业化生产及其环保染色关键技术	常州大学、中国纺织建设规划院、常州美胜生物材料有限公司、上海之禾服饰有限公司、上海嘉麟杰纺织科技有限公司、宁波广源纺织品有限公司、愉悦家纺有限公司	陈　群、纪俊玲、冯德虎、马志辉、汪　媛、陈海群、黄险峰、陈筱漪、孟丹蕊、程　彦
33	水性膨胀型高克重织物阻燃涂层树脂关键技术研发及产业化	传化智联股份有限公司、浙江皮意纺织有限公司、浙江新中纺实业有限公司、杭州传化精细化工有限公司	王胜鹏、于得海、徐　璀、王小君、李　栋、张建生、敬小波、包界杰、陈八斤、陆林光
34	防水透湿、防绒透气微孔膜及无缝复合纺织品关键技术研发及产业化	四川大学、龙之族（中国）有限公司	成　煦、王海波、罗耀发、杜宗良、蒋荣华、潘锋芳、杜晓声、周　锐

续表

序号	项目名称	主要完成单位	主要完成人
35	多活性基活性染料低盐低耗轧染关键技术研究及产业化应用	鲁丰织染有限公司、鲁泰纺织股份有限公司、亨斯迈纺织染化（青岛）有限公司	张战旗、许秋生、王德振、李友祥、齐元章、孟建平、王 辉、于 滨、葛秋芬、仲伟浩
36	生态染整抗菌保健柞蚕丝织物研制关键技术及产业化	丹东优耐特纺织品有限公司、辽东学院、辽宁恒星精细化工有限公司、常熟理工学院、辽宁柞蚕丝绸科学研究院有限责任公司、丹东华星纺织品有限公司	路艳华、赫荣君、张迎春、程德红、陆 鑫、郑世南、赵兴海、董明东、刘 贝、孟雅贤
37	单向导湿工装面料制备关键技术及其产业化	绍兴水乡纺织科技有限公司、杭州航民达美染整有限公司、绍兴文理学院、浙江省产业用纺织品和非织造布行业协会	马金星、马定海、洪剑寒、张文中、凌声旭、卢重亮、奚柏君、朱顺康、王坚焕、曹淼森
38	PTT纤维/棉超柔弹性针织面料染整技术及产品开发	浙江富润印染有限公司、东华大学、浙江富润股份有限公司、苏州联胜化学有限公司、绍兴文理学院	傅国柱、王益峰、卢孝军、钟 毅、赵林中、周忠翰、蔡润之、李曼丽、项敬国、李正生
39	高品质原液着色聚酯纤维应用技术开发	中国纺织科学研究院有限公司、天津工业大学、鲁丰织染有限公司、际华三五四三针织服饰有限公司、花法科技有限公司、中纺院（天津）科技发展有限公司、纺织化纤产品开发中心	廉志军、刘建勇、张战旗、李宁军、王 忠、王 雪、张子昕、马崇启、齐元章、和超伟
40	高导湿与免烫双重功效面料的创新与应用	鲁泰纺织股份有限公司、武汉纺织大学、鲁丰织染有限公司、青岛大学、亨斯迈纺织染化（青岛）有限公司、山东理工大学	徐卫林、吕文泉、王运利、张战旗、杜立新、耿彩花、张 凯、孟建平、宋金英、陈韶娟
41	基于降低臭气和废水排放的 新型牛仔浆染纱工艺技术与产业应用	中国纺织工程学会、苏州中纺学面料产业研究院、常熟理工学院、佛山华丰纺织有限公司	伏广伟、李瑞卿、李 娟、陆 鑫、林程雄、王 伟、楚本章、蔡 涛、巩继贤、赵春梅
42	旋风转子(Sintensa Cyclone)低张力平幅针织连续煮漂机	立信染整机械(深圳)有限公司	洪子铭、潘 文、朱 飞、何志辉、王仁贵、薛昌泽、吕 坚、邓晓筠、赵 欣
43	3D鞋面成型技术及产业化	江苏金龙科技股份有限公司	兰先川、孙 健、邱 屹

续表

序号	项目名称	主要完成单位	主要完成人
44	纬编高密提花装备的关键技术研究及应用	江苏润山精密机械科技有限公司、江南大学、常熟长润智能科技有限公司	郑泽山、李金池、孙华平、丛洪莲、高　哲、张爱军、陆益健、冯发泉、柏书勤、梁佳璐
45	多横梁数字化自动切割系统	杭州爱科科技股份有限公司	方云科、张东升、伍郁杰、顾　复、白　燕、徐林苗、帅宝玉、苏　凯、丁　威、张传乐
46	双组份纺粘热熔非织造布生产关键技术及装备开发	浙江朝隆纺织机械股份有限公司	陈立东、徐克勤、陆今耕、孙安立、罗鸣杰、邱来东、陈飞宇、蔡崇辉、陈　枚、陈颖娴
47	JCTX300型千吨级碳纤维生产线	浙江精功科技股份有限公司	金越顺、吴海祥、王永法、卫国军、傅建根、陈慧萍、张鹏铭、孙海梁、孙兴祥、庄海林
48	高性能纺纱专用橡胶器材研发关键技术及应用	无锡市兰翔胶业有限公司、江南大学	吴学平、邹小祥、李少周、范雪荣、朱　博、韩晨晨、魏俊虎、司恩为、张　奎
49	集约式长丝卷绕成套装置研发及产业化应用	郑州华萦化纤科技有限责任公司、恒天重工股份有限公司	李新奇、王满朝、刘国志、智红军、尹士朋、常同侠、李　铮、吴长泰、王建沛、张志涛
50	高性能复合材料纤维增强体的三维织造技术及机电一体化装备	武汉纺织大学、湖北菲利华石英玻璃股份有限公司、南通纺织丝绸产业技术研究院	林富生、宋志峰、龚小舟、孙　绯、陈志华、张素婉、严　新、刘泠杉、李　宇、毛江民
51	纺织品水平摩擦静电衰减及电荷面密度测试技术研究及仪器研制	山东省纺织科学研究院、山东省特种纺织品加工技术重点实验室、青岛市计量技术研究院	刘　壮、郭　利、郁　黎、李娟娟、王　慧、冯洪成、李志超
52	数据驱动的棉纺质量智能控制技术及其产业化	西安工程大学、西安心华石数据科技有限公司	邵景峰、陆少锋、王进富、戴　鸿、陈金广、樊　威、马创涛、秦兰双、王蕊超、王希尧
53	多视角数字化纺织品外观检测和逆向工程的关键技术及应用	上海工程技术大学、莱州电子仪器有限公司	辛斌杰、刘　岩、邓　娜、林兰天、李佳平、王文帝、张雪波、邱学明

续表

序号	项目名称	主要完成单位	主要完成人
54	静电植绒毛绒飞升性能测定仪的研制	山东省纺织科学研究院、山东省特种纺织品加工技术重点实验室	杨成丽、胡尊芳、何红霞、付　伟、冯洪成
55	ISO 15625：2014 丝生丝疵点、条干电子检测试验方法	中国丝绸协会、浙江丝绸科技有限公司、杭州海关技术中心、浙江凯喜雅国际股份有限公司、苏州大学	钱有清、周　颖、董锁拽、卞幸儿、许建梅、伍冬平、潘璐璐、赵志民、刘文全
56	主动应对国际纺织领域技术性贸易措施的关键检测技术和标准研究	深圳海关工业品检测技术中心、深圳市检验检疫科学研究院	刘彩明、李丽霞、林君峰、唐莉纯、闫　杰、谢堂堂、李燕华、王成云、褚乃清、钟声扬
57	纺织新材料基础性能数据标准的研究	中纺标检验认证股份有限公司、纺织工业科学技术发展中心、中国化学纤维工业协会、中国纺织科学研究院有限公司	刘飞飞、韩玉茹、斯　颖、徐　路、章　辉、郑宇英、王国建、李德利、任鹤宁、闫春红
58	ISO18068：2014棉纤维含糖量试验方法分光光度法	上海市质量监督检验技术研究院	李卫东、周兆懿、施浩洁、赵海浪、周　炜、谭玉静、徐　媛、胡海蓉、诸佩菊
59	GB/T 35266—2017 纺织品 织物中复合超细纤维开纤率的测定	山东滨州亚光毛巾有限公司、中纺标检验认证股份有限公司、必维申美商品检测（上海）有限公司、苏州天华超净科技股份有限公司、东莞市中港净化用品科技有限公司	高　铭、王红星、刘雁雁、韩玉茹、裴振华、王　珣、庾伟洪
60	纺织品生物安全系列检验方法的建立与应用	郑州海关技术中心、石家庄海关技术中心、四川农业大学、江西省人民医院	郭会清、李　轲、禹建鹰、郭华麟、连素梅、徐　超、孙晓霞、韩国全、苗　丽、杨　娜
61	导电纱线导电性能和检测方法研究及应用	河南省纺织产品质量监督检验院、华北水利水电大学、新乡市北方纤维有限公司	刘晓丹、牧广照、佟　桁、石风俊、贾高鹏、赵华恩、胡　广、余秀艳、刘　洋、李盛仙
62	中亚国家纺织产业投资环境研究报告	东华大学、中国国际贸易促进委员会纺织行业分会	王　华、徐迎新、刘耀中、周小莉、薛　峰、崔晓凌

三、特别贡献奖（桑麻学者）

（排名不分先后，按姓名拼音顺序）

序号	姓名	工作单位
1	陈文兴	浙江理工大学
2	王华平	东华大学
3	王　锐	北京服装学院
4	张国良	中复神鹰碳纤维有限责任公司

CNTAC

2019/2020 中国纺织工业发展报告

2019/2020 CHINA TEXTILE INDUSTRY DEVELOPMENT REPORT

行业研究

“抗疫情 促复产 稳发展”——纺织行业历史印记

中国纺织工业联合会产业经济研究院

前言

步入2020年，一场突如其来的新型冠状病毒感染的肺炎疫情悄然肆虐华夏神州大地，我国人民健康遭受严重威胁。全国人民在党和政府领导下，集中全力抗击疫情。在党中央的集中统一领导下，全国一盘棋，调动全国力量驰援湖北，省市之间对口支援，并实施一系列严格的防控措施。经过两个多月的艰苦努力，我国疫情防控形势持续向好。纺织行业作为国民经济的重要支柱产业，作为与全球产业链深度融合发展的产业，在本次疫情阻击战中发挥了重要作用。

疫情暴发之初，口罩、防护服等成为紧缺而又珍贵的重要防控物资。面对疫情防控的严峻形势和防疫物资极度紧缺的现实问题，纺织行业责无旁贷，全力以赴积极投身到防控疫情的战斗中来。行业协会第一时间协调组织口罩、防护服等应急防控物资生产供给，对重点骨干企业产能及库存开展摸底调查，以确保相关产品可满足防疫及市场需求，搭建了行业合力抗击疫情的关键“桥梁”；重点物资生产企业克服困难、不分昼夜，全力驰援疫情防控工作，铸就了抗击疫情的坚实“后盾”；纺织企业众志成城、积极捐钱捐物，奉献爱心，助力全国疫情防控。在疫情逐渐得到有效控制后，协会进一步发挥行业组织优势和平台作用，协调上下游产业链，为行业平稳恢复运行统筹谋划……在这场战役中，所有纺织人都付出了巨大的心血和汗水，全行业都在为打赢这场战役做出积极贡献！

第一阶段“助力开展疫情防控物资保障工作”

新冠肺炎疫情在国内暴发初期，激增的需求和每日大量的消耗，使医疗物资短缺成为当时最紧迫的问题。面对“口罩告急，医用防护服不够，缺少消毒液”等求助声，中国产业用纺织品行业协会第一时间对相关企业的库存和产能进行调查，发出复工保障物资供应倡议书。中国化纤协会成立了防疫和恢复生产工作协调小组。在政府、协会的号召和支持下，全国各地纺织重点防疫物资生产企业积极响应，在春节期间迅速返工，加班加点，竭尽全力保障医疗物资的生产、供应和调配，充分体现了行业的快速反应能力和服务社会的责任担当。为了打赢疫情这场战役，纺织行业内服装、家纺企业也纷纷改造生产线、购置相关设备，跨界转产口罩、防护服等物资，为全社会提供防疫物资保障。更有诸多企业通过各种渠道捐钱捐物，倾力支持抗击疫情。

一、协会应急调度协调

疫情防控开展初期，防护口罩、医用防护服等防护物资紧缺，又适逢春节放假期间，工厂停工、员工放假。无形中给抗疫物资的供给保障带来了巨大挑战。中国产业用纺织品行业协会快速反应，提前恢复办公，发出关于会员企业提前复工，保障口罩、医用防护服等重要物资供应的倡议书。

为配合国家对新型冠状病毒感染肺炎的卫生防疫工作，中国产业用纺织品行业协会于1月20日对全国生产日常防护型口罩（GB/T 32610—2016）、医用防护口罩（GB 19083—2010）、医用外科防护口罩（YY 0469—2011）、医用一次性防护服（GB 19082—2009）的相关骨干企业产能及库存摸底调查，建立生产企业信息库，逐步完善产业链物资供应信息平台，为国家调度提供了有力支撑。在系统摸查基础上建议国家利用部分优质出口型防护服企业的产能，尽快扩大供给量。帮助有条件的非医疗用防护服和口罩企业及服装、家纺企业转型生产用于疫情防控的相关产品。

1月25日，中国产业用纺织品行业协会向全行业发出提前复工，保障口罩、医用防护服等重要物资供应的倡议书，呼吁企业务必确保产品质量，保证口罩、防护服出厂价格稳定。400多家会员企业积极响应协会号召，全力恢复生产。

为保障疫情期间物资供应，中国产业用纺织品行业协会组成口罩、防护服、消毒产品、原材料和政策保障五个工作组，联系各级政府部门、协调产业链上下游企业，不分昼夜帮助企业解决复工证明、原材料保障、物流运输等问题，及时对接需求和供给，为1000多家企业、20多个省市政府部门对接1万多条物资信息，确保口罩、医用防护服和消毒湿巾产业链的高效运转。

2月上旬，面对上游原料紧缺问题，中国化学纤维工业协会成立"化纤行业防疫和恢复生产工作协调小组"。协调组围绕医用口罩、防护服、防护面罩等急需防疫物资，准确了解掌握丙纶、涤纶短纤、氨纶、再生纤维素纤维等化学纤维，以及聚丙烯、PETG和片材用PET等上游原材料的生产情况，协调加大生产力度满足防疫需求，并收集汇总医用口罩、防护服、防护面罩等下游生产企业相关信息，促进供需对接。

疫情期间，行业协会积极组织企业保障重要抗疫物资，通过精准对接，有力服务了疫情防控的工作大局，积极发挥了平台产业链的高效协调作用。

二、企业全力物资供给

疫情暴发之时，全国各行各业的正常生产经营都按下了"暂停键"。但面对凶猛的疫情，时间就是生命。在这个特殊时期，必须与时间赛跑，才能为生命护航。一批批防疫物资生产企业，勇担使命，取消春节假期，火速复工，加班加点生产口罩、防护服、消毒湿巾等防疫物品，保障抗疫物资供应。正是这批全力投入的生产企业铸就了抗击疫情最坚实的"后盾"，也为打赢病毒"歼灭战"提供了关键支撑。

随着疫情的发展，口罩需求激增。"中国非织造布产业名城"湖北仙桃市全力加强防护用品生产和储备保障，确保相关物资供应充分。据相关统计，截至3月4日，仙桃市96家口罩、防护服等制品加工企业累计为疫情防控供应医用防护服122.5万件，一次性普通医用口罩9037万片、N95口罩232万片、医用外科口罩447万片、一次性民用口罩近15亿片。

稳健、奥美、振德、佛山市南海必得福无纺布、山东俊富非织造、思迈（青岛）防护、新乡华西卫材、北京邦维高科特种纺织品、苏州特茵不织布、河北邯郸恒永防护洁净用品、日照三奇医疗卫生用品等众多企业纷纷取消春节假期，众志成城，义无反顾投入到加班生产中来，连续24小时不停歇。江苏阳光集团为响应防疫防护物资紧缺的需求，防护服生产专线火力全开。金华美鑫防护用品有限公司将20多万只待出口的FFP2欧洲标准口罩，主动优先满足国内防疫需求。成都鑫昇利无纺布有限公司10余条生产线开足马力24小时不间断生产，为四川各大医疗用品生产企业供应非织造布。泰和新材克服物流缺、运费高、通行难等重重困难，安排专车将用于生产医护用品的氨纶长丝，分批运往湖北省的口罩生产基地。河北海德塑业全力生产可用于制作医用防护服的PE透气复合膜，在市场价格高达40000元/吨之时，仍按照25000元/吨的价格向4家国家重点疫情防护物资企业供应原材料。江苏盛虹集团了解到生产口罩企业刚松防护科技股份有限公司有破产清算风险，为保障新冠肺炎防疫期间的医护用品供应，专门设立3000万元扶持资金，复活企业，恢复产能……

正是这一批批防疫物资上下游企业的全力以赴，通力合作，全负荷甚至超负荷生产，驰援疫情防控工作，才保证了大量抗疫急需的高质量产品和原辅料的供应，也铸就了抗击疫情的坚实“后盾”。

三、企业积极捐款捐物

防控疫情期间，纺织企业积极承担社会责任，以实际行动守初心、担使命，积极支持防控工作，力所能及贡献力量，为坚决打赢疫情防控阻击战积极贡献力量。捐赠物资的企业有大众耳熟能详的大型企业，利用资金、资源等方面的优势条件，成为企业抗疫军团的主力军，中小企业本着“你拿一把柴，我出一把米”的团结奉献精神，为各地抗疫一线做出力所能及的贡献。善行不论先后，爱心不分大小，正是这一批批捐款、一份份爱心，汇聚成共克时艰的磅礴力量，为全国重点疫区、地方防控提供了有力的后勤供给保障。

据不完全统计，国内纺织企业在这次疫情中捐款5亿元以上，捐赠各类抗疫物资（口罩、防护服、护目镜、一次性医用手套、卫生消毒液、床上用品、御寒衣物等）估算价值超6亿元。一份份爱心犹如涓涓细流，汇聚成为中国抗“疫”的强大力量，助力打赢疫情防控阻击战。

四、企业跨界转产支援

疫情之前，我国口罩的日产能约2000万只，叠加假期因素，口罩等医疗防护产品的产能不能满足抗击疫情需求。为了打赢疫情这场战役，纺织行业内服装、家纺等企业也纷纷改造生产线、购置相关设备，跨界转产口罩、防护服等物资生产，为全社会提供防疫物资保障。

柒牌迅速响应，成立爱心车间，几经调试，扩增生产线，驰援防护服生产。浙江明丰实业开启“火线转产模式”，腾空清扫车间、添置生产设备、采购原材料、动员全面复工，实现日产医用防护服万件。红豆股份成立防护服项目指挥部，协调面料采购、设备改造、员工召集，并改造运动装生产线，生产防护服、日常防护型口罩和隔离衣。水星家纺也启动防护服全天候生产。三枪集团紧急转产防护服，实现民用防护服生产能力从无到有的突破。报喜鸟紧急在上海松江区工厂成立隔离衣生产线。如意集团通过紧急原材料进货，设计打板、样衣检测，调配技术骨干和生产线配置，生产隔离衣。即发集团对原有流水线进行了重新排列组合，转产口罩。华纺股份在华纺工业园区内建设无菌车间生产医用口罩及防护服，并转产部分产能用于生产民用口罩。雅莹集团第一时间将平日用于生产高端时装的车间改为口罩工厂，组织生产口罩。浙江金三发紧急组织采购、安装必要设备，日夜加班，迅速改造出“驻极熔喷非织造布”生产线。浙江金蝉布艺打通口罩生产的原材料采购、设备制造、产品生产等全产业链，跨界生产“战略物资”……正是诸多企业积极响应，克服困难，跨界转产，才有效缓解了口罩、防护服的需求紧张局面，保障了抗疫工作的顺利推进。

第二阶段“有序推进行业复工复产工作”

为了尽快控制疫情，我国不得不在疫情暴发之初选择暂时停摆经济。但实践证明，经济社会是一个动态循环系统，不能长时间停摆。在确保疫情防控到位的前提下，纺织行业有序推动复工复产，恢复产业链循环秩序，不但关系到为疫情防控提供有力物质保障，也关系到民生保障和社会稳定。在全国疫情形势持续好转的同时，一手抓疫情防控、一手促复工复产，成为纺织行业的责任和使命。

一、协会发布“抗疫情、稳发展”告行业书

中国纺织工业联合会牢记使命，不断提高政治站位，积极发挥党组织的战斗堡垒和行业资源组织协调作用，坚决贯彻落实党中央和国务院及有关部

委的工作部署，指导和帮助企业科学精准防控、有序复工复产。2月12日，中纺联发布了“关于抗击新冠肺炎疫情、保障行业平稳运行的告行业书”，动员全行业共同努力，共同消除疫情对行业的不利影响，保障纺织行业有序健康发展。在告行业书中，从关注疫情影响研究、问题反馈，做好供需服务保障，发挥行业组织的资源优势和平台作用，为企业复工复产做好行业新闻宣传工作等多个角度提出行业工作要求，并开通在线服务平台，快速反馈行业复工复产中存在的问题、有效措施建议等。

中纺联指出，要深入研究疫情对纺织行业的影响和应对措施，加强疫情对行业总体运行状况影响的评估，掌握各类企业复工复产面临的问题和障碍，及时提出有针对性的政策建议和行业帮扶措施；做好口罩、防护服、消毒纸巾等全产业链的生产协调服务工作，及时了解口罩和防护服产业链存在的主要问题，促进口罩和防护服产能得到充分释放，积极保障抗击疫情重要物资供给；为各类企业复工复产提供全方位、高效率的行业服务；充分发挥行业组织的资源优势和平台作用，在行业展览、专业市场、产业集群、技术支持、信息咨询等方面，为复工复产企业提供周到和有价值的服务；充分运用行业全媒体和综合新闻宣传渠道，在行业内宣传中央决策和国家有关部署，及时报道行业中的先进典型和感人事迹，发挥舆论宣传作用，凝聚行业同舟共济的强大力量。

二、协会积极承担桥梁纽带作用，反映企业面临的问题困难、复工复产动态，形成专题调研报告、日报、周报等资料反馈国家有关部委

为深入了解新型冠状病毒肺炎疫情对纺织行业生产运行的直接影响，中纺联开通线上服务平台、监测跟踪问卷，开展对纺织企业复工复产情况的日报、周报调查，持续关注纺织重点企业、重点产业集群、重点专业市场的复工复产、供需衔接、运行困难等问题。通过对在线数据信息的整理和分析，并综合各专业协会及相关部门调研收集的动态信息，每天向国家发改委、工信部有关司局报送行业复工复产进展情况，每周提交专题报告，汇总纺织企业在复工复产过程中遇到的困难问题，及时反馈政策诉求，研究并提出合理的政策措施建议。日报和周报反馈的行业问题被相关部委高度重视，成为动态反映行业复工复产问题的高效纽带。

三、龙头企业先行复产

作为我国纺织行业支柱力量的龙头骨干企业积极响应中央号召，结合自身产业特点和专业优势，主动作为，在这场没有硝烟的抗击新冠肺炎战役中，奋力进行“双线作战”，在做好防控工作的前提下，全力推进复工复产。

据了解，纺织骨干企业积极投入，把疫情防控和企业复工工作统筹起来，一手抓防疫，一手抓发展，围绕市场需求，开拓市场渠道，推动企业自身进一步做优做强。企业通过建立严格的防疫制度和管理制度，充分备好防疫物资，积极进行复工准备，严格落实防疫措施，对工厂人员进行筛查、登记，建立员工健康管理卡，坚持每日对公共区域、生活区域、办公场所、生产场所、生产设备、物料、产品以及进出车辆进行消杀。采取错峰用餐、隔座就餐、分餐配送等方式，避免员工密集就餐。通过一系列措施，确保复工职工有一个安全放心的工作环境。

在疫情防控的同时，骨干企业也面临着诸多经营压力，他们与客户及时沟通、积极协调原料供应，主动开拓市场新渠道，全力以赴组织生产、恢复产能，力求在最短的时间内满足市场供应，为打赢疫情防控阻击战贡献力量。

四、中小企业逐步克服经营困难

疫情给各行各业中小企业带来不小的运营影

响。随着国家有关部委和地方政府出台的多项利好措施助力中小企业复工复产政策落实，纺织中小企业逐步克服困难，提交复工申请，制订复工方案，寻求在疫情之下复工难题的解决之道。

中小企业在当地政府或园区相关疫情防控预案规定指导下，提前做好复工准备，对员工个人保障及企业环境保障、应急处置等做出详细考量，并采取一系列应对措施。包括加强轮岗值班力量，安装测温装置，开具复工证明，确保员工在园区各个关卡顺利通行，对厂区进行消毒，控制人员密度、避免人员聚集，最大限度降低感染风险等。

在抓好防控的同时，有中小企业为了进一步保障订单生产，甚至提出包括行政管理层都在车间顶岗，调整订单排期等，以保障产能的逐步恢复。中纺联产业园区工作办公室监测数据显示，截至4月初，抽样调查的28家全国重点产业集群（园区）规下企业开工率达88.1%，规下企业工人复工率为82.5%。

五、产业集群、专业市场逐步开始运转

随着疫情防控工作持续向好，纺织重点产业集群、专业市场也逐步恢复运转。

集群化发展是我国纺织服装产业突出的特征，也是全行业高速高效成长的重要因素。纺织产业集群的复苏运转，对行业有序恢复运转具有突出意义。根据中纺联集群办、园区办对全国13个省份的28个重点纺织产业集群进行的调查，截至4月3日，重点产业集群规模以上企业已复工企业比例达98.8%，工人复工率达90.2%，比前期有提升表现，且规下企业开工比例也有所提升。总体来看，集群地区逐步恢复有序运转。

纺织服装专业市场连接着产业链上下游，连接着生产端与市场需求端。推动专业市场恢复正常运转，对于加快纺织产业链中下游环节运行，提升全产业链运转效率，具有重要意义。根据中纺联流通分会3月3日对全国101家重点纺织服装专业市场的调查数据，单体市场开市率达84.2%；已开市商铺数占正常情况下市场商铺总数的比例为44.3%。无论是单体市场开市率还是已开市商铺所占比例，均较之前跟踪数据呈现持续提升的态势。

六、运用行业全媒体和综合新闻宣传渠道，以舆论作用凝聚行业力量

在全行业积极参与助力疫情抗击，恢复产业秩序的过程中，舆论平台利用自身特殊优势，有效发挥了宣传窗口作用，进一步提升了行业凝聚力。

《纺织服装周刊》杂志社、中纺网络利用微信公众号、网站等进行全方位、深层次的信息传播，及时准确报道疫情防控信息；发布中纺联疫情防控工作的有关部署；宣传行业企业加班加点生产防护用品、奉献爱心踊跃捐款捐物等正能量新闻；全面准确解读有关政策，传播科学防控知识；采访一线集群、市场、企业，对节后行业发展和企业生产进行跟踪报道等，体现了行业主流媒体的担当与作为。《中国纺织》杂志社全员24小时在线报道，并第一时间组织在杂志、官微、官网以及今日头条等平台进行《众志成城 抗击疫情 纺织人在行动》专题报道，为行业、企业发声，及时报道纺织人共克时艰、全力抗疫、恢复生产、勇于担当的先进事迹和最新动态。各个专业协会也积极利用官方微信、手机报等平台及时宣传党中央重大决策部署，积极发掘和广泛宣传本行业和会员企业在疫情防控和捐款捐物方面的先进事迹，弘扬正能量，分享交流企业在助力抗击疫情的良好经验与做法，激发和鼓舞士气。

第三阶段“稳定行业经济运行与发展”

一、当前行业经济运行状态与2020年发展走势

此次疫情在国内的集中暴发期恰逢春节，对国内市场消费、交通运输、节后复工复产都造成了明显影响。在疫情的冲击之下，社会总需求受到抑制，产业链终端、面向消费者的行业及企业受疫情冲击更为明显。2020年1～2月，我国纺织行业生产、投资、内销、出口等主要指标均呈现大幅下降走势。进入3月，纺织企业集中复工生产，拉动一季度部分运行指标增速降幅较1～2月有所收窄，但行业整体运行压力仍然较大。

据相关资料显示，一季度，我国纺织行业规模以上企业工业增加值同比下降16.5%，较1～2月降幅收窄9.1个百分点；全国限额以上单位服装鞋帽、针纺织品零售额同比下降32.2%，较1～2月降幅扩大1.3个百分点；网上穿类商品零售额同比下降15.1%，较1～2月降幅收窄3个百分点；纺织品服装出口额为452.6亿美元，同比减少18%，较1～2月降幅收窄2个百分点；一季度纺织业固定资产投资同比减少37.1%，服装业投资同比下降45.8%，化纤业投资同比下降19.2%。

总体来看，随着各地复工复产工作的有序推进，我国纺织行业运行走势较1～2月有向好表现。但当前，新冠肺炎疫情对全球的影响依然存在，国际市场需求仍然萎靡，我国纺织行业的海外订单下滑加快。预期，2020年上半年，我国纺织服装出口将难以扭转规模萎缩态势，行业整体运行压力仍然较大。

二、发挥行业组织资源优势和平台作用，在行业展览、专业市场、产业集群、贸易与投资、技术支持、信息咨询、产品开发、网络服务、产融结合、对外交流等方面，为恢复行业稳定运行提供有价值的服务

在推进行业复工复产，稳定行业运行的同时，行业协会积极发挥资源优势和平台作用，从多角度开展与纺织人、企业、集群和园区的对接活动，为推进行业继续迈开高质量发展步伐提供有效服务。

为了顺利完成2020年纺织非遗工作任务，探讨疫情后如何尽快恢复纺织非遗工作和步入传承发展的新局面，2020年3月8日，中纺联非遗办召开“抗击疫情与非遗情怀”主题云论坛。围绕疫情对纺织非遗工作的影响、疫情期间坚持工作的经验交流、疫情后纺织非遗传承发展的工作设想以及对中纺联非遗办的工作建议四个议题展开讨论，为进一步推进非遗工作的高质量发展理清思路。

为加强集群、园区工作了解，中纺联产业园区工作办公室、中国纺织工业企业管理协会启动“2020年春季全国纺织服装产业园区视频调研会”工作，共召开视频调研会6场，调研园区近20家。对2019年国内纺织服装产业园区的运行情况、2020年园区的开局和运行情况，园区生产要素成本变化趋势、园区招商引资热点难点、园区减税降费相关政策的落实情况、东中西部园区的对接需求、推进园区升级发展的新举措和新方向等进行了调研。

为了进一步做好行业发展的战略研判，4月17日，中国纺织信息中心、国家纺织产品开发中心特别邀请了50余位国家纺织产品开发基地企业总裁齐聚“云端”总裁畅谈会，围绕全球需求锐减对中国纺织行业经济影响，企业如何应对变局，如何激发活力迎接疫后“新常态”等议题开展“云对话”，共享风险洞见与战略研判。

当前，商场、百货、专卖店等线下渠道运行缓慢，消费需求下降、外贸订单减少等，都让我国纺织服装企业举步维艰。为拓展新渠道，推动时尚产业的创新与变革，首届CHIC线上展顺势而生。4月22～24日，中国国际服装服饰博览会线上展完成47场商贸对接会、9场线上商业论坛、19场行业分享会、32场企业直播以及诸多时尚嘉年华活动，1350家优质品牌以虚拟空间互动形式展示产品，精准对接市场需求。不仅延续了实体展会的品质，还通过线上对接的便捷赋予了平台更大的流量和能量。

三、稳定行业经济运行与发展的政策建议和步入高质量发展的战略思路

疫情对行业的冲击是短暂的，阴霾过后，行业运行将恢复常态，继续有序步入高质量发展阶段。当前，行业需在加强复工复产保障的同时，克服困难，继续围绕高质量发展之路，迈开新征程。

为稳定当前行业经济运行与发展，我们建议加大对企业的资金扶持力度，在落实好国务院关于贷款延期还本付息政策要求的基础上，鼓励银行对疫情期间以及延期还本期间企业应支付的贷款利息给予优惠利率，指导银行向资信记录良好的复工企业发放短期应急贷款；呼吁切实落实国家及各级地方政府出台的免缴社保费用、降低工业电价、贷款延期还本付息等政策措施，有效减轻企业负担；建议鼓励各级地方政府支持企业加快升级发展，对于企业开展的具有行业先进性、示范性的投资建设项目，帮助对接本地金融资源，对项目贷款给予财政贴息扶持等；建议结合疫情防控进展情况，及时推动商业实体有序恢复营业，支持企业开拓互联网销售渠道，鼓励各级地方政府对本地采用线上销售模式的企业主体和商户，给予电商平台使用费用补助；建议加强与新冠肺炎疫情相关的国际交流工作，确保国际货物贸易通道基本顺畅，避免货物滞港、隔离给企业造成经济损失，强化出口信用保险的兜底功能，扩大出口信用险覆盖范围，全面降低保险费率，帮助出口企业渡过外需急速下滑的难关。

在保障复工复产有序推进的同时，行业仍需围绕“科技、时尚、绿色”的行业发展新标签、新定位，加强基础研究和科技自主创新，全面强化产品、企业、行业各层面的品牌建设，大力推动与环境相融合的可持续发展和社会责任，不断推进高质量发展步伐。第一，加强科技创新。行业需在更加广泛的范围和深度上开展创新研究，加大创新资金投入，摆脱科技创新泡沫化，关注自主知识产权的成果积累，逐步推进产业的转型升级和产业形态的变革。第二，围绕时尚文化推动产品创新，提高附加值，构建品牌的持续创新力。进一步发挥中华优秀传统文化在行业的创造性转化和创新性发展作用，提升产业价值创造力和时尚话语权。第三，推进绿色发展。构建全产业链的绿色制造和行业诚信体系，推动全面实现全产业链制造高效化、清洁化、低碳化、可循环化，依托信息平台，实现全生命周期管理。大力推动与环境相融合的可持续发展和社会责任。

（撰稿人：刘　欣）

2019年中国纺织行业对外投资情况与特点

中国纺织工业联合会国际贸易办公室

2019年，世界经济整体增长动能放缓，民粹主义和逆全球化思潮冲击以及地缘政治的不确定性等对全球商业信心和经济活动造成了不小的负面影响。面对日趋错综复杂的外部环境，在推进“一带一路”建设和继续扩大对外开放战略思想指引下，中国纺织行业及时调整国际布局战略，2019年全行业对外投资增长实现“由负转正”。

从近年纺织行业对外投资发展进程来看，行业持续以生产力跨国布局和全球优质资源配置为对外投资发展双主线的特点未曾改变，越来越多的纺织服装企业集团加快对外投资步伐，深度融入全球纺织产业链供应链体系。与此同时，在中美贸易摩擦和国际贸易环境变化的持续影响下，纺织行业对外投资特点也开始呈现新趋势和新变化。

2019年中国纺织行业对外投资情况

一、对外投资转为正增长，化纤行业投资增长明显

目前，我国纺织行业境外投资合作项目涵盖全球。根据中国商务部统计数据，2003年至今，纺织行业全球投资存量超过110亿美元。随着对国家对外投资监管政策理解的深入，纺织企业及时调整国际布局战略，2019年行业整体对外投资增速“由负转正”，全年投资总额达12.95亿美元，同比增长31.87%。其中纺织业5.2亿美元，同比增长5.05%；纺织服装、服饰业2.7亿美元，同比下降28.47%；化学纤维制造业5.1亿美元，同比增长367.89%，化纤行业对外投资增长明显，见表1。2019年，纺织行业对外投资占全国制造业比重为8.8%，与2018年相比上升3.6个百分点。

表1 2015～2019年纺织行业对外投资额及增速

年份	纺织行业		纺织业		纺织服装、服饰业		化学纤维制造业	
	金额（亿美元）	同比（%）	金额（亿美元）	同比（%）	金额（亿美元）	同比（%）	金额（亿美元）	同比（%）
2015	14.05	47.96	8.60	50.86	2.52	2.83	2.93	118.15
2016	26.60	89.30	19.26	124.05	5.34	111.50	2.00	−31.83
2017	11.84	−55.48	8.37	−56.52	2.62	−50.59	0.85	−57.60
2018	9.82	−17.02	4.95	−40.90	3.78	44.30	1.09	28.70
2019	12.95	31.87	5.20	5.05	2.70	−28.57	5.10	367.89

注 分行业数据因四舍五入原因，相加总和与投资总额有些许差异。

资料来源：商务部

二、越南继续成为纺织行业生产力跨国布局首选地，荷兰成为2019年纺织行业对外投资金额最高的发达国家

根据商务部统计数据，2019年越南继续成为纺织行业对外投资金额最多的国家，全年投资额3.73亿美元。紧随其后的是荷兰，投资额3.41亿美元。恒申集团对福邦特荷兰已内酰胺工厂的收购，是荷兰在2019年一跃成为我国纺织行业对外投资目的地第二位的重要原因。排名第三的是继续稳定发挥“资金池”作用的中国香港，投资金额2.27亿美元。埃塞俄比亚排名第四，同时也是纺织行业在非洲投资最多的国家，投资额1.1亿美元。

从近五年纺织行业对外投资总体数据看，2015～2019年，纺织行业对中国香港累计投资金额最多，达到28.26亿美元，约占同期纺织行业对外总投资的37.55%。越南排名第二，累计投资额14.44亿美元，占比19.18%。新加坡排名第三，累计投资额7.72美元，占比10.26%。因2019年中荷两国投资合作项目金额较大，荷兰目前超过美国，成为五年来我国纺织行业投资金额最多的发达国家，累计直接投资额3.41亿美元，美国同期投资额为2.45亿美元。埃塞俄比亚和埃及是我国纺织行业对非洲大陆投资最多的两个国家，五年来累计投资存量分别为2.96亿美元和1.55亿美元。从区域投资合作角度来看，湄公河流域（越南、缅甸、柬埔寨、泰国、老

表2 2015～2019年纺织行业投资目的地排名
（5年投资总额超过1亿美元的国家和地区）

单位：亿美元

No.	国家/地区	2015年	2016年	2017年	2018年	2019年	总额
1	中国香港	5.05	16.68	2.19	2.07	2.27	28.26
2	越南	1.63	2.26	2.16	4.66	3.73	14.44
3	新加坡	1.83	2.30	3.28	0.29	0.02	7.72
4	荷兰	—	—	—	—	3.41	3.41
5	埃塞俄比亚	0.35	0.11	0.93	0.47	1.10	2.96
6	英属维尔京群岛	—	2.11	0.48	—	—	2.59
7	美国	0.97	0.43	0.33	0.40	0.32	2.45
8	缅甸	0.65	0.30	0.38	0.19	0.73	2.25
9	埃及	0.73	0.42	0.16	0.16	0.08	1.55
10	柬埔寨	0.42	0.48	0.16	0.19	0.28	1.53
11	开曼群岛	0.09	0.01	0.63	0.59	—	1.32
12	法国	0.05	0.78	0.06	0.03	0.23	1.15
13	马来西亚	0.26	0.05	0.53	0.18	0.12	1.14

资料来源：商务部

拙）是纺织行业投资最集中地区，5年投资总额约18.32亿美元，占同期我国纺织行业对外投资总额的比重约24.34%，见表2。

三、东南沿海“五省一市”对外投资额占比超九成，安徽、湖北、新疆、宁夏等中西部省份对外投资稳中有进

纺织行业发展较为发达的“五省一市”即山东、浙江、上海、江苏、福建、广东，是行业对外投资主力军，见表3。根据商务部统计数据，2019年山东超越浙江，继续成为纺织行业对外投资金额最高省份，投资额5.93亿美元，占比45.8%；浙江排名第二，投资额2.21亿美元，占比17%；福建、江苏紧随其后，投资额分别为1.74亿美元和1.6亿美元。安徽首次超越上海和广东，位列第五，投资额4470万美元。安徽纺织行业对外投资已连续两年保持高位增长。

近五年来，东南沿海“五省一市”占全国纺织

表3 2015～2019年全国各省（区、市）纺织产业对外投资排名
（5年投资总额超过1000万美元）

单位：亿美元

总额排名	省(区、市)名称	2015～2019年投资总额
1	山东省	35.77
2	浙江省	15.51
3	上海市	6.45
4	江苏省	5.02
5	福建省	3.15
6	广东省	2.75
7	宁夏回族自治区	1.62
8	新疆维吾尔自治区	1.04
9	安徽省	0.74
10	河南省	0.58
11	辽宁省	0.49
12	江西省	0.43
13	湖北省	0.25
14	北京市	0.21
15	内蒙古自治区	0.20
16	重庆市	0.11

资料来源：商务部

行业对外投资总额比重超九成，安徽、湖北、新疆、宁夏等中西部地区对外投资稳中有进，宁夏回族自治区是五年来除"五省一市"外累计对外投资金额最多省份。

2019年中国纺织行业对外投资新特点

2013年以来，随着国家"一带一路"倡议的深入推进，我国纺织行业对外投资步伐明显加快，逐渐形成了以生产力跨国布局和全球优质资源配置为特点的对外投资双主线。2019年，在中美贸易摩擦和国际贸易投资环境变化的持续影响下，纺织行业对外投资开始呈现新特点和新变化。

一、中美贸易摩擦的持续影响和国际贸易环境的不断变化成为促使纺织行业对外投资加快的外部诱因，部分纺织服装企业"被动走出去"的趋势开始显现

随着全球贸易环境不稳定、不确定性因素的上升，全球纺织供应链的布局结构正在逐渐发生变化。在中美贸易摩擦不断升级变化的催动下，我国纺织行业在国际供应链中的优势地位不断受到挑战，来自东南亚、南亚国家的国际订单争夺进入白热化阶段，行业继续保持全球贸易领先优势承受着较大压力。2019年我国纺织品服装对欧盟、美国、日本三大国际市场出口额继续下降，占上述三大市场纺织品服装进口比重也有不同程度下滑，见表4。

中美贸易摩擦是造成上述情况的首要原因。出于降低采购成本、规避贸易风险的考虑，部分国际品牌采购商开始减少从中国的纺织服装产品采购比例，个别国际品牌更是明确要求其中国供应商在海外设立生产线。一些已有海外工厂的国内纺织企业为保证订单的持续性，开始将出口订单更多地转移到其他国家生产，而一些原本没有海外投资计划的企业"被动走出去"，在海外投资建厂的积极性有所提高。

与此同时，受中美贸易摩擦影响，越来越多的纺织服装企业对关税壁垒更加关注，如何在关税壁垒之下保持自己的市场竞争力成为大多数从事国际合作的纺织服装企业需要研究的课题，也是企业面临的发展难题。放眼全球，非洲新兴市场受益于EBA、AGOA等政策，享受对欧美出口纺织品服装免税待遇，东盟、南亚等国也因不同优惠政策对日本、欧盟等发达国家享受关税优惠。近几年，随着区域自贸协定的蓬勃发展，加快建设的自由贸易体系和部分邻国良好的国际贸易环境也正在成为吸引我国纺织服装企业对外投资的重要因素。例如，2019年之后，越南多项新的FTA生效，"全面与进步跨太平洋伙伴关系协定"（CPTPP）使越南纺织品服装对日本、澳大利亚、加拿大和韩国等市场出口享受零关税安排。据越南媒体引述越南纺织服装

表4 2019年我国纺织品服装对欧美日三大市场出口统计

单位：亿美元，%

出口市场	全年出口	同比	纺织品出口	同比	服装出口	同比
欧盟	484.57	-4.41	175.30	-0.63	339.80	-5.94
美国	482.05	-6.58	151.53	-5.88	330.52	-6.89
日本	208.79	-4.58	54.47	-2.20	154.32	-5.39

资料来源：中国海关

协会统计数据显示，2019年越南纺织品服装出口总额约390亿美元，其中对CPTPP成员国出口55.3亿美元，增长近7%。2019年6月，越南与欧盟签署了“欧盟与越南自由贸易协定”（EVFTA），少部分服装产品关税已直接降为零，大部分服装产品关税将在3～7年内分阶段下调为零。对于出口导向型的纺织服装企业而言，这些对欧盟、美国、日本等全球主要经济体享受零关税或优惠关税安排的贸易条件无疑对其投资越南具有很强的吸引力。

二、投资目的地日渐成熟的投资环境与产业链上下游配套的现实需求也成为吸引部分企业“走出去”的因素之一

近年来，中国纺织服装企业始终积极主动通过对外投资进行跨国产能合作以增强企业国际竞争力，而东南亚地区则是我国纺织行业对外绿地投资存量最大的区域。其中与中国“共饮一江水”的越南、缅甸、柬埔寨等澜湄区域国家，更是纺织行业的重点投资合作伙伴国。越南已经连续5年成为我国纺织行业对外绿地投资金额最多的国家。

随着包括中国在内的境外企业在上述地区纺织产业投资的不断聚集，东南亚国家自身的纺织产业也得到长足发展。为了更好地借助外商投资带来发展机遇，各国也通过制定一系列优惠政策、建立专业工业园区等方式鼓励产业链上游企业投资建设，形成具有一定配套能力的集群效应，以吸引更多新增产能，增强国际竞争力。与此同时，因下游制造企业的不断壮大发展，随之而来的产业链配套需求也开始增强，这为吸引纱线、面料、印染等企业对外投资增添了助力。由此形成的良性循环，是我国纺织行业对外投资持续关注东南亚地区的重要原因之一。以埃塞俄比亚、埃及等为代表的非洲新兴市场国家，近几年也开始了相似发展路径的尝试。

三、越来越多的国内自主服装品牌进军海外，聚焦国际消费市场，取得了较好的发展成绩

不断提升的国民消费能力以及稳定增长的国内消费市场为中国纺织服装企业并购国际品牌提供了强大动力。近年来，山东如意收购法国SMCP、瑞士Bally、美国英威达，安踏体育收购Amer Sports，特步国际完成对K-Swiss、Palladium及Supra三大品牌的收购等均体现了我国纺织服装企业积极主动并购海外品牌，与国际一流的设计研发、品牌管理、渠道营销等机构合作，实现各类优质资源的跨区域深度整合，带动企业向产业价值链的高附加值领域渗透的信心和决心。

与此同时，也可以看到，国内纺织服装企业在不断积累国际化经营经验的同时，也在积极探索适合自身发展优势的国际化道路，众多有实力的企业集团通过自主品牌“走出去”努力实现提升品牌国际影响力和核心竞争力的战略目标。例如，波司登集团早已开启的国际化战略已经使品牌实现了72个国家的超大覆盖范围；安踏集团于2016年开始海外市场开拓，目前已覆盖中东和东南亚的多个国家；迪尚集团陆续在美国、英国、德国等国设立贸易公司，并在澳大利亚、加拿大、荷兰等地设立了办事处，形成了覆盖欧美亚各国的销售渠道；江南布衣旗下品牌海外店铺分布在日本、新加坡、泰国、韩国、法国、俄罗斯、加拿大、英国、迪拜等十多个国家和地区，遍及东南亚、中东、欧洲和北美区域。除此之外，美特斯邦威、海澜之家、森马等众多知名国产品牌，也已纷纷开始了海外市场的发展战略。随着国内企业发展国际品牌步伐的加快，纺织服装企业“品牌走出去”的对外投资路径也将越走越宽。

2019年，我国纺织行业对外投资稳中有进，行业整体对外投资恢复正增长。然而，目前我国纺织行业面临的国内外宏观形势严峻复杂，中美经贸摩擦后续影响不断显现、国际订单竞争压力持续加

大、年初暴发的新冠肺炎疫情影响等不确定性因素，对纺织行业未来对外投资合作健康发展带来了严峻挑战。

面对当前行业对外投资形势，纺织服装企业一是应当深入理解国家对外投资监管政策，根据自身发展切身需要，结合国际客户实际需求，谨慎稳妥寻找适合企业健康发展的对外投资路线。二是坚持国内发展与国际合作并重，保持国内外产能平衡，不盲目跟风，保证投资安全。三是建议企业提升自身国际化发展水平，增强海外投资风险管理和本地化运营管理能力，提高社会责任意识，为可持续的国际合作发展夯实基础。

（撰稿人：薛　峰）

2019年纺织服装专业市场运行分析

中国纺织工业联合会流通分会

2019年，面对严峻的外贸环境和激烈的行业竞争，我国各地纺织服装专业市场积极践行新市场新定位，以发展平台经济为旗帜，不断深化线上线下融合、市场集群融合和内贸外贸融合，以转型促升级，以创新谋发展，基本实现了平稳运行；2019年，我国万平米以上纺织服装专业市场922家，市场总成交额达到2.33万亿元，同比下降1.08%；其中，中纺联流通分会重点监测的45家市场商圈总成交额为12833.54亿元，同比增长6.12%，纺织服装专业市场两极分化更加明显。

2019年纺织服装专业市场运行基本情况

一、总体情况

据中国纺织工业联合会流通分会统计，2019年我国万平方米以上纺织服装专业市场922家，同比增长0.77%；市场经营面积达到7606.21万平方米，同比增长0.76%；市场商铺数量142.08万个，同比增长0.82%；市场商户数量115.39万户，同比增长0.85%；市场总成交额达到2.33万亿元，同比下降1.08%。

总量规模方面，2015～2019年，我国万平方米以上纺织服装专业市场数量、总经营面积、总商铺数量、总商户数量、总成交额连续多年实现平稳增长，整体运营良好。一方面，行业结束了投资过热的扩张期，进入差异化竞争和划行规市的调整期，新市场投资日趋理性；另一方面，中心城市核心城区专业市场业态的调整步伐加快，对市场整体数量带来了一定影响。总的来看，万平方米以上专业市场总量仍保持逐年上升，但增幅放缓，见图1，结构优化取得初步成果。从成交额增速来看，2015～2019年，专业市场总成交额年同比增速依次为2.11%、2.81%、5.12%、3.85%、−1.08%，增长速度逐步放缓；特别是2019年出现了小幅度回落。

单位：个/万亿元

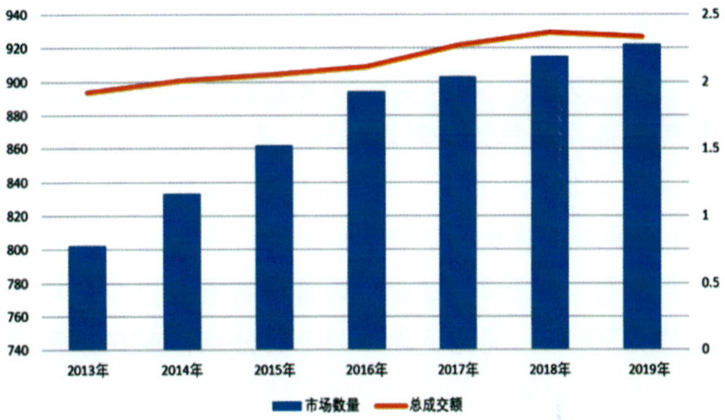

图1 2013～2019年纺织服装专业市场总量规模

资料来源：中国纺织工业联合会流通分会

新市场方面，2019年，新开业万平方米以上纺织服装类专业市场7家，新开业专业市场总投资额为60.2亿元，新开业专业市场总经营面积为57.1万平方米。从新增市场情况来看，一方面，新模式、新业态的不断爆发，带动了产业服务类平台型专业市场的投资建设；另一方面，产地型专业市场集群为延伸和丰富产业链配套建设的单体市场成为投资重点。

运行效率方面，2019年纺织服装专业市场商铺效率为164.13万元/铺，同比下降1.89%；商户效率为202.10万元/户，同比下降1.92%；市场效率为30659.00元/平方米，同比下降1.82%。市场面积、商铺数量、商户数量略有增长，成交额略有下滑，市场的各项运行效率下降。

重点监测市场方面，2019年，45家重点监测市场商圈总成交额为12833.54亿元，同比增长6.12%。其中，25家市场成交额同比上涨，平均增幅为7.88%；18家市场成交额同比下降，平均降幅为5.59%；2家市场成交额与2018年同期持平。从市场运行效率看，2019年，45家重点监测市场平均运行效率为57693.61元/平方米，同比增长5.28%；平均商铺效率为441.06万元/铺，同比增长5.63%；平均商户效率为490.73万元/户，同比增长5.77%。重点监测市场的市场效率、商铺效率、商户效率高于全国纺织服装专业市场的平均水平，可见我国龙头重点市场转型升级成果显著，同时，也可见我国纺织服装专业市场两极化趋势日渐明显。

景气方面，2019年，纺织服装专业市场管理者景气与商户景气走势基本一致。春节假期过后在3月迎来上半年销售旺季，6、7月景气指数下滑，经过8月的调整，在9、10月迎来全年销售黄金期，11、12月回落，见图2；专业市场管理者景气指数全年平均值为50.22，同比下降1.83个百分点，商户景气指数全年平均值为50.52，同比下降0.30个百分点，两项平均数均超过50荣枯线，但相较2018年有所下滑。

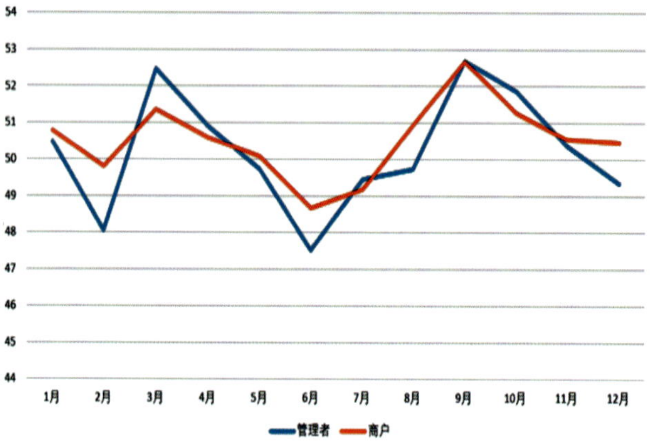

图2 全年景气指数一览

资料来源：中国纺织工业联合会流通分会

二、结构分析

从区域看，922家专业市场中，东部地区561家，成交额18555.67亿元，占总成交额的79.57%，同比增长0.02%，见图3。东部地区仍是我国纺织服装专业市场行业的中坚力量，在众多产地型专业市场群的支撑下，2019年成交额基本保持持平；但与连续几年5个百分点以上的增长相比较，2019年东部地区回落幅度较大，成为全国市场成交总额下滑的主要原因。中部地区受益于产业转移、二三线城市崛起，于2017、2018年连续两年呈现较大幅度增长；2019年，中部销地型市场成交额回落较为明显；200家中部地区市场成交额3285.63亿元，占总成交额的14.09%，同比下降3.94%。2019年西部地区161家市场成交额1478.58亿元，占总成交额的6.34%，同比下降7.76%，见表1。

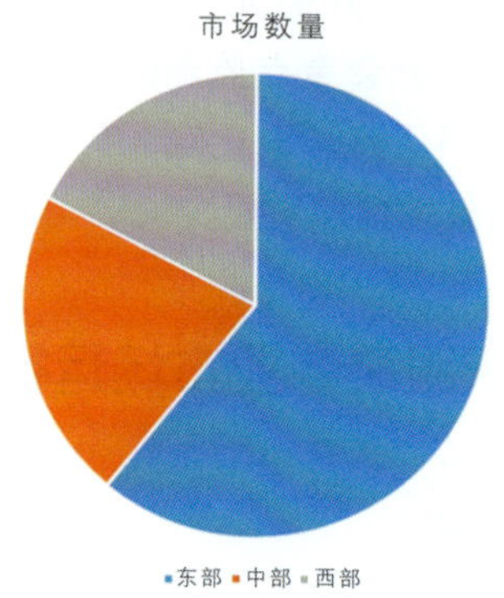

图3 2019年东中西部地区专业市场数量占比

资料来源：中国纺织工业联合会流通分会

从品类看，服装和原、面（辅）料是我国纺织服装专业市场的主营商品，主营服装和原、面（辅）料的专业市场共653家，占市场总量的70.82%，成交额占总成交额的71.53%，见图5、表2。其中，主营服装产品的专业市场491家，在各品类中成交额最高，达10110.96亿元，占总成交额的43.36%，同比下降1.55%；主营原、面（辅）料的专业市场162家，成交额位列第二，达6568.97亿元，占比28.17%，同比下降0.71%；仅主营小商品和家纺的专业市场实现了成交额的增长，其中，主营小商品的专业市场成交额增速最高，同比增长5.56%；家纺类专业市场运行基本平稳，增幅0.80%。

表1 2019年我国东中西部地区专业市场成交额情况表

	东部	中部	西部
成交额(亿元)	18555.67	3285.63	1478.58
占比(%)	79.57	14.09	6.34
增速(%)	0.02	-3.94	-7.76

资料来源：中国纺织工业联合会流通分会

表2 2019年纺织服装专业市场各品类成交额占比及增速表

	成交额(亿元)	占比(%)	增速(%)
服装	10110.96	43.36	-1.55
原面辅料	6568.97	28.17	-0.71
小商品	2254.90	9.67	5.56
综合	1872.06	8.03	-4.29
家纺	1478.81	6.34	0.80
其他	1034.18	4.43	-8.49

资料来源：中国纺织工业联合会流通分会

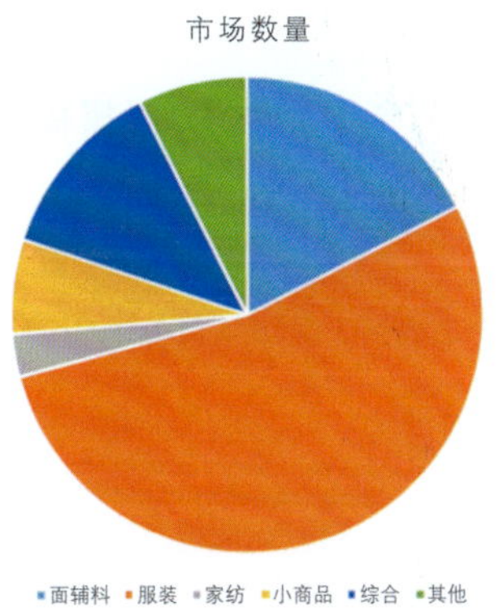

图5 各品类专业市场数量占比

资料来源：中国纺织工业联合会流通分会

三个维度解读2019年纺织服装专业市场运行情况

一、线上与线下融合发展

线上直播模式与纺织服装专业市场商户具有先天的契合度，市场商户及店员拥有原产地价格优势、快速发货和售后服务优势、对货品的了解程度及自身亲和力等优势，迅速成为线上直播在服装领域的“网红主力军”。2019年，各地龙头专业市场敏锐地发掘了线上直播销售的巨大潜力，推动了一系列线上直播相关的公共服务活动，通过搭建平台、促成活动、抱团发展等多种策略，积极协助商户展开线上直播销售活动；专业市场商户充分发挥其市场敏锐度、灵活性和创造力，积极通过快手、抖音、淘宝直播等多种视频平台，进行直播销售，取得了良好的效果。

二、市场与集群融合发展

2019年，我国纺织服装专业市场进一步深化与产业集群的融合度，相互支撑、相辅相成的关系更为紧密。在国际国内市场竞争加剧、渠道扁平化压力加大的情况下，产地型专业市场以本地及周边强大的产业链条作为支撑，在交货期限、物流速度、快速反应等方面展现出了更强的竞争力，运作模式更能适应采购商小批量、多品种、快交货的新需求，总体呈现出更强的创新活力和反应速度，实现了较好增长。而集散销地型市场近年来渠道扁平化，竞争压力不断加大，成交额及增速表现不佳，导致我国纺织服装专业市场两极分化趋势明显。因此，对于集散销地型市场而言，一方面需要进一步加大与产地集群、产地市场和产地商户的密切联系，建立稳定、完善的供应链条；另一方面，通过转型、时尚、跨界、配套等来丰富自身功能，重塑市场定位，重点打造新业态落地、新模式探索的创新基地，引入跨界元素，提升配套档次，打造时尚空间，以批零兼营型城市时尚综合体作为转型方向，加快提升自身竞争力。

三、内贸与外贸融合发展

2019年，世界经济增速放缓，不稳定不确定因素较多，中美贸易摩擦持续，中国经济发展的外部环境复杂。我国纺织服装行业受中美贸易摩擦的影响逐渐显现，对美贸易下滑，对其他地区贸易难度增加，面临订单流失、利润降低等问题，纺织服装专业市场竞争环境进一步恶化。也应看到，随着“一带一路”倡议、市场采购贸易方式试点政策在纺织服装专业市场不断深入，我国各地专业市场积极开辟国际新通路，通过资本合作、模式输出、贸易对接等方式，以海外分市场、海外仓、海外商超经销渠道商、海外贸易对接会、海外展会等各类形式，增加了外贸订单，取得了良好的拓展效果。

新年伊始，新冠肺炎疫情蔓延全国，对我国各地生产和人民生活产生巨大影响，纺织服装专业市场面临着前所未有的考验。未来，我国纺织服装专业市场应加速拉长转型升级半径，加深创新发展内涵，进一步以发展平台经济为旗帜，不断优化采购、生产、销售、物流等资源配置，积极拓展职能，加快技术应用和管理创新，发展“市场+平台+服务”模式，增强定制化生产、一体化服务功能，打造开放、高效、绿色的供应链平台，积极构建线上线下融合、上下游协作的可持续循环体系，积极推动纺织服装行业的高质量发展。

（撰稿人：胡　晶）

2019年纺织服装行业上市公司情况综述

中国纺织工业联合会产业经济研究院

纵观2019年，中国经济显示出强大的韧性，保持了总体平稳、稳中有进的发展态势，经济总量逼近100万亿元大关，人均国内生产总值首次突破1万美元，交出了一份高质量发展的成绩单。但风险和挑战不断，经合组织（OECD）和国际货币基金组织（IMF）等机构多次下调全球经济增长预期。面对错综复杂的环境，纺织服装类上市公司紧扣高质量发展要求，积极应对外部环境深刻变化，大幅提高研发投入，扎实经营，总体实现了平稳增长。

一、纺织服装上市公司基本情况

据中国证监会、纺织服装类上市公司2019年相关财报不完全统计，截至2019年底，A股涉及纺织服装产品类上市公司总数为116家，在A股上市公司总数（3760家）中的占比为3.09%。其中，纺织企业上市公司数量为40家、家纺企业为8家，产业用纺织品企业为10家，服装企业为33家，化纤企业为22家，纺机企业为3家。

截至2019年三季度，纺织服装上市公司的平均每股盈余（EPS）为0.25元，比2018年同期下降14.91%，低于A股市场平均水平。平均每股净资产（BPS）为3.94元，比2018年同期下降1.25%。

2019年前三季度，116家纺织服装产品类上市公司仅占我国规模以上纺织服装企业户数的0.34%，而同期资产占比为29.38%，营业收入占比为15.28%，利润占比高达27.76%。可看出，虽然规上纺织服装企业中上市公司较少，但资产总额和利润占比都接近三分之一，营业收入占比超过六分之一，凸显出纺织服装上市公司在行业经济发展中的中坚力量，发挥了引领全行业创新发展排头兵的积极作用。

二、整体收益下滑，部分板块业绩上升

纺织服装全行业板块上市公司2019年前三季度营业收入同比增长2.72%，高于同期规模以上纺织服装企业营业收入增速（1.49%）；上市公司利润总额同比下降8.14%，比规模以上纺织服装企业利润降幅（-7.58%）略大，见表1，主要是受到服装上市企业利润降幅较大影响。上市公司业绩下降主要因素包括国内外风险挑战明显增多；全球经济动荡源和风险点增多的复杂局面与国内结构性、周期性问题相互交织；成本上涨、竞争加剧等常态化压力持续。虽然纺织行业面临国内外风险挑战明显上升的复杂局面，但纺织龙头企业，尤其是产业用、家纺龙头企业都实现了营业收入和利润总额双增长。

三、盈利能力和营运效率略有下降

盈利能力方面，根据2019年三季报，纺织全行业板块销售利润率下滑至7.64%；三费比率略有上升，为11.07%。与规模以上纺织行业变动趋势相同，但利润率远远高于规上企业平均水平，规上纺织行业销售利润率为4.20%，见表2。

其中，纺织板块的销售利润率有所上升，截至2019年三季度，纺织板块的销售利润率为9.82%，同比上升12.36%；化纤、服装、家纺、产业用、纺机等其他板块都有不同程度的下滑。产业用纺织品板块三费比率略有下降，下降至9.31%；其他板块都有不同程度的上升。

在偿债能力方面，一般来说，流动比率越高，说明企业资产的变现能力越强，短期偿债能力亦越强；反之则弱。截至2019年三季度，纺织全行业板

表1 2019年前三季度纺织服装主要子板块收入与利润增长情况

板块＼指标	营业总收入（亿元）	同比（%）	规上企业同比（%）	利润总额（亿元）	同比（%）	规上企业同比（%）
全行业	5676.67	2.72	1.49	433.44	–8.14	–7.58
化纤板块	2888.61	2.59	4.04	144.66	–20.00	–29.10
纺织板块	1207.50	5.34	0.46	118.61	18.40	–5.51
服装板块	1044.40	–3.29	1.47	103.89	–14.89	–1.64
产业用板块	276.39	19.06	3.82	32.29	7.20	0.36
家纺板块	167.73	4.14	1.85	18.94	0.48	–0.83
纺机板块	92.04	0.86	–5.79	15.05	–24.08	–7.17

资料来源：上市公司2019年三季报、中纺联产业经济研究院

块流动比率为1.23，处于相对合理区间，同比略下降1.71%。资产负债率略有上升，前三季度，纺织全行业板块资产负债率为53.65%，同比下降3.91%；略低于规模以上纺织行业资产负债率（55.91%），见表2。

其中，纺织和家纺板块流动比率略有上升，同比分别上升了3.41%和1.44%。纺机板块流动比率增长较快，从1.10上升到2.81。从企业经营角度看，过高的流动比率通常意味着企业闲置现金的持有量过多，将造成企业机会成本的增加和获利能力的降低。因此，纺机企业流动比率快速增长还需具体分析。纺机企业板块资产负债率下降，显示企业偿债能力在提升。

在营运效率方面，截至2019年三季度，纺织全行业板块存货周转率为3.62次，应收账款周转率为9.33次，都较2018年同期有所下降。与规模以上纺织行业下降趋势相同，但应收帐款周转率高于规上企业平均值，规上纺织行业应收帐款周转率为8.69次，见表2。

其中，化纤、家纺、产业用和纺机板块存货周转率分别为8.52、2.29、5.10、2.80，与2018年同期比都有所上升。截至2019年三季度，纺织板块和产业用板块应收账款周转率分别为6.57、4.23，较2018年同期有所提升。

四、研发投入大幅增长

近年来，纺织行业不断加大研发设计投入，加强技术改造力度，推动技术、管理、生产和经营模式创新，提高清洁生产和绿色制造产业化水平，加快纺织数字化、网络化、智能化制造及应用，从而改造提升传统纺织产业。在此过程中，纺织服装类上市公司更是引领者和践行者。

截至2019年三季度，沪深两市116家纺织服装类上市公司研发投入总额约75.74亿元，较2018年同期增长26.84%；研发投入强度（研发费用与营业收入

表2 2019年前三季度纺织各板块上市公司财务指标比较

指标		报告期	全行业	化纤	纺织	服装	家纺	产业用	纺机
盈利能力	销售利润率（%）	2019年前三季度	7.64	5.01	9.82	9.95	11.29	11.68	16.35
		2018年同期	8.54	6.42	8.74	11.30	11.70	12.98	21.72
		同比（%）	−10.54	−21.96	12.36	−11.95	−3.50	−10.02	−24.72
	三费比率（%）	2019年前三季度	11.07	4.30	11.98	25.23	21.97	9.31	36.40
		2018年同期	10.47	3.90	11.68	22.78	21.94	10.31	32.67
		同比（%）	5.73	10.26	2.57	10.76	0.14	−9.70	11.42
偿债能力	流动比率	2019年前三季度	1.23	0.89	1.25	1.54	1.86	1.38	2.81
		2018年同期	1.25	1.05	1.21	1.56	1.83	1.40	1.10.
		同比（%）	−1.71	−14.95	3.41	−1.12	1.44	−1.47	154.70
	资产负债率（%）	2019年前三季度	53.65	61.44	54.44	46.47	37.32	47.65	35.95
		2018年同期	51.63	56.90	54.44	46.36	36.99	44.89	45.76
		同比（%）	3.91	7.98	0.00	0.24	0.89	6.15	−21.44
营运能力	存货周转率（次）	2019年前三季度	3.62	8.52	2.23	1.60	2.29	5.10	2.80
		2018年同期	3.72	8.24	2.31	1.90	1.97	4.49	2.59
		同比（%）	−2.69	3.40	−3.46	−15.79	16.24	13.59	8.11
	应收账款周转率（次）	2019年前三季度	9.33	22.29	6.57	5.60	6.99	4.23	4.75
		2018年同期	9.63	24.67	6.09	6.17	7.76	3.93	5.47
		同比（%）	−3.12	−9.65	7.88	−9.24	−9.92	7.63	−13.16

资料来源：上市公司2019年三季报、中纺联产业经济研究院

比值）1.33%，比2018年同期上升了0.25个百分点，见表3。

其中，除纺机板块2019年前三季度研发投入略有下降外，其余化纤、纺织、家纺、产业用、服装板块研发投入都有大幅增长，但纺机板块研发投入强度最高，达到2.54。

五、各板块代表性上市公司业绩分化

详细分析各重点板块的业绩表现，在此选取共32家具有主流代表性上市公司作为样本，逐个观察并进行业绩分析，见表4。其中，化纤板块选取了恒逸石化、荣盛石化、桐昆股份和神马股份等企业；纺织板块选取了华孚时尚、航民股份、鲁泰纺织（鲁泰A）、龙头股份、嘉兴丝绸等企业；服装板块选取了森马服饰、搜于特、雅戈尔、杉杉股份、美邦服饰等企业；家纺板块选取了孚日股份、罗莱生活等企业；产业用板块选取中材科技、海利得等企业；纺机板块选取经纬纺机、慈星股份等企业。

从各细分行业板块来看，根据公司2019年三季报，服装板块表现最好的上市公司是希努尔，营业收入和利润都快速增长，而三项费用显著优于其他

表3 纺织服装主要子板块研发费用与投入强度情况

板块＼指标	上市公司数量（家）	2019年前三季度研发费用（亿元）	同比（%）	研发投入强度（%）	研发投入强度同比增减（百分点）
全行业	116	75.74	26.84	1.33	0.25
化纤板块	22	28.58	26.55	0.99	0.19
纺织板块	40	16.46	48.55	1.36	0.40
服装板块	33	18.81	12.74	1.80	0.26
产业用板块	10	5.86	26.25	2.12	0.12
家纺板块	8	3.69	56.86	2.20	0.74
纺机板块	3	2.34	–1.25	2.54	–0.05

资料来源：上市公司2019年三季报、中纺联产业经济研究院

龙头，议价能力强。

化纤板块表现最好的上市公司是恒逸石化，收入和利润增长较快，而三项费用占收入比重较低。

浙江富润、航民股份、嘉兴丝绸成为纺织板块中表现较好的上市公司，收入、利润都呈现增长趋势，而费用也在合理区间。

家纺板块营业收入都呈下滑趋势，孚日股份利润增长，表现较好。

产业用板块中，三维丝、中材科技营业收入和利润都呈现快速增长，各项费用总体呈下降趋势，表现较为乐观。

纺机板块利润有所下滑，经纬纺机表现略好，营业收入增长，利润总额同比减少15%。

六、2019年纺织服装板块融资近200亿元

2019年，随着IPO审核节奏加快，审核尺度相对放宽，首发上市家数及融资规模都较2018年大幅增加。2019年度上市家数为203家，募集资金2534亿元，其中募集规模创2014年以来新高。

目前，我国市场上主要的权益性再融资方式有三种：增发、配股和可转债，其中增发主要是指定增。在三种再融资方式中，定增的规模最大，占比超七成。截至2019年末，A股再融资市场规模达9811亿元，同比小幅增长约8%，有企稳趋势。其中，244家上市公司定增融资6898亿元；9家公司配股筹资134亿元；发行可转债公司128家合计募资2689亿元。

由此看，沪深两市2019年共有584家公司通过IPO、增发、配股和可转债方式总融资达到12345亿元，比2018年同期增长2%，见表5。

纺织服装行业2019年总筹资额为196.74亿元。其中，有2只新股在A股发行上市，共筹资9.07亿元；恒逸石化、华峰氨纶、星期六、朗姿股份、鄂尔多斯5家通过增发筹资187.67亿元，见表6。

表4 纺织服装代表性上市公司营收、利润增速及费用率指标表现

代码	证券简称	营收同比（%）	利润同比（%）	销售费用率（%）		管理费用率（%）		财务费用率（%）		销售利润率（%）	
		2019三季报	2019三季报	2019三季报	2018三季报	2019三季报	2018三季报	2019三季报	2018三季报	2019三季报	2018三季报
000703.SZ	恒逸石化	2.26	6.61	0.49	0.41	0.64	0.45	0.84	0.94	5.40	5.18
002493.SZ	荣盛石化	-3.28	2.86	1.03	0.69	0.46	0.34	1.17	1.54	4.32	4.07
601233.SH	桐昆股份	20.66	-2.06	0.30	0.28	1.21	1.43	0.92	1.63	8.66	10.67
600295.SH	鄂尔多斯	-7.91	10.49	7.50	6.64	4.71	3.96	4.58	6.24	8.46	7.05
600398.SH	海澜之家	12.63	-1.01	10.17	9.10	6.91	5.58	-0.02	-0.08	23.70	26.97
002563.SZ	森马服饰	35.82	-1.67	22.62	14.79	4.27	2.46	-0.60	-0.81	12.95	17.89
002042.SZ	华孚时尚	3.04	-45.19	1.61	1.71	3.05	2.55	1.96	1.16	4.09	7.70
002503.SZ	搜于特	-34.87	-51.71	1.98	1.62	1.20	0.87	1.17	0.90	4.15	5.60
600810.SH	神马股份	13.19	-46.04	0.89	1.42	2.27	2.34	1.83	1.63	4.99	10.46
002080.SZ	中材科技	22.21	29.66	3.76	3.60	5.82	6.14	2.57	3.24	12.91	12.17
000666.SZ	经纬纺机	4.21	-15.33	1.65	1.75	34.83	30.60	4.29	5.05	20.68	25.45
600177.SH	雅戈尔	45.14	26.89	23.06	30.61	7.88	10.31	12.38	11.83	49.36	56.46
600884.SH	杉杉股份	2.08	-68.14	5.48	4.82	5.19	4.89	2.55	3.12	6.97	22.34
600987.SH	航民股份	70.87	16.26	1.31	1.84	2.90	3.87	0.12	-0.24	13.65	20.07
000726.SZ	鲁泰A	-4.22	-5.12	2.45	2.07	6.73	5.58	1.27	0.75	14.73	14.87
002269.SZ	美邦服饰	-27.27	-1257.24	37.34	37.12	2.51	2.10	1.61	1.17	-5.85	0.37
002083.SZ	孚日股份	-1.00	12.89	3.73	3.14	3.60	3.25	2.69	2.39	13.00	11.40
002293.SZ	罗莱生活	-1.64	-3.94	21.13	21.87	7.90	8.81	-0.79	-0.07	13.49	13.81
002206.SZ	海利得	11.87	-14.89	2.77	2.92	3.34	3.94	0.39	-0.24	9.57	12.58
600630.SH	龙头股份	1.16	-37.46	18.22	18.85	4.84	5.37	0.27	0.64	1.39	2.25
002485.SZ	希努尔	182.67	89.28	5.66	9.15	2.48	2.83	0.42	-0.55	6.03	9.01
002404.SZ	嘉欣丝绸	9.06	13.18	4.56	4.21	4.02	4.31	-0.13	0.08	6.06	5.84
002029.SZ	七匹狼	5.32	-13.10	20.92	16.50	8.32	7.62	-0.98	-0.87	10.25	12.42
002154.SZ	报喜鸟	3.34	86.41	38.80	37.47	10.26	14.06	0.40	0.82	9.26	5.13
002612.SZ	朗姿股份	6.65	-14.07	37.25	34.31	10.03	10.50	4.31	7.07	10.09	12.52
600070.SH	浙江富润	21.07	120.30	1.70	2.53	3.41	5.49	1.14	0.68	24.62	13.53
300056.SZ	三维丝	320.25	85.86	1.99	6.70	3.74	12.82	0.63	3.77	-3.88	-8.77

接上表

代码	证券简称	营收同比(%)	利润同比(%)	销售费用率(%)		管理费用率(%)		财务费用率(%)		销售利润率(%)	
		2019三季报	2019年三季报	2019三季报	2018三季报	2019三季报	2018三季报	2019三季报	2018三季报	2019三季报	2018三季报
601566.SH	九牧王	5.37	7.90	29.32	25.81	6.92	7.02	0.51	0.35	22.90	22.36
600220.SH	江苏阳光	-2.59	5.86	0.71	0.63	8.41	8.09	4.34	3.79	8.67	7.98
002327.SZ	富安娜	-4.88	-14.32	29.29	26.86	4.34	6.29	0.16	0.05	17.44	19.37
300307.SZ	慈星股份	-9.46	-63.62	9.64	10.35	11.98	9.36	-0.30	0.08	4.90	12.18
300005.SZ	探路者	-20.55	322.97	21.38	16.37	9.87	8.81	-1.93	-1.58	12.90	2.42

资料来源：上市公司2019年三季报、中纺联产业经济研究院

表5 沪深两市及纺织综合板块一级市场近年融资状况

市场融资		2014年	2015年	2016年	2017年	2018年	2019年
沪深两市	筹资额/亿元	9043	16107	21096	17224	12107	12345
	YOY/%	96%	78%	31%	-18%	-30%	2%
	筹资家数/家	630	1,068	1,133	1,102	509	584
	YOY/%	116%	70%	6%	-3%	-54%	15%
纺织板块	筹资额/亿	186	71	211	227	87	197
	YOY/%	6106%	-62%	198%	8%	-62%	126%
	筹资家数/家	9	12	23	26	8	7
	YOY/%	800%	33%	92%	13%	-69%	-13%

资料来源：WIND资讯、中纺联产业经济研究院

表6 2019年主要纺织上市公司筹资及项目投向

代码	名称	募集规模（亿元）	筹资类型	拟投项目
603332.SH	苏州龙杰	5.78	首发	公司专注于差别化涤纶长丝、PTT 纤维等差别化、新型聚酯纤维长丝的研发、生产及销售。募投项目为绿色复合纤维新材料生产项目和高性能特种纤维研发中心项目及补充流动资金
300806.SZ	斯迪克	3.29	首发	公司是一家从事功能性涂层复合材料研发、生产、销售的高新技术企业。募投项目为OCA光学胶膜生产扩建项目及偿还银行贷款
000703.SZ	恒逸石化	29.50	增发	发行股份募集配套资金，主要改造项目包括年产50万吨差别化功能性纤维提升改造项目、智能化升级改造项目、差别化纤维节能降耗提升改造项目、年产25万吨环保功能性纤维升级改造二期项目
002064.SZ	华峰氨纶	108.00	增发	发行股份募集资金购买资产，补充流动资金及偿还债务
002291.SZ	星期六	17.49	增发	发行股份募集资金购买资产
002612.SZ	朗姿股份	3.16	增发	发行股份募集资金购买资产，及医疗美容旗舰店建设项目
600295.SH	鄂尔多斯	29.53	增发	发行股份募集资金购买资产，补充流动资金

资料来源：WIND资讯、中纺联产业经济研究院

七、2019年宏观形势回顾

（一）内外需求放缓，企业生产压力加大

在过去的2019年，我国纺织行业发展面临的国内外风险挑战明显增多，全行业坚持深化供给侧结构性改革，持续加快推动转型升级，努力克服下行风险压力，综合景气度及生产情况大体平稳。但在内外市场需求放缓、贸易环境更趋复杂、综合成本持续提升等多重压力下，企业投资增长动力偏弱，效益水平下滑，主要经济运行指标均呈现放缓态势。

2019年，全国限额以上服装鞋帽、针纺织品类商品零售额为13517亿元，同比增长2.9%，增速较2018年放缓5.1个百分点；全国网上穿着类商品零售额同比增长15.4%，继续保持两位数的良好增长水平，但较2018年放缓6.6个百分点。我国纺织品服装内销市场增长速度有所放缓。2019年我国纺织品服装累计出口金额为2807亿美元，同比减少1.5%，增速低于2018年5.3个百分点。外需减弱及贸易环境风险上升影响纺织行业出口。

2019年，纺织行业盈利压力显著增加，产业链

多数环节效益持续承压。全年，3.5万户规模以上纺织企业实现营业收入49436.4亿元，同比减少1.5%，增速低于2018年4.4个百分点；实现利润总额2251.4亿元，同比减少11.6%，增速低于2018年19.6个百分点。全年，规模以上纺织企业营业收入利润率为4.6%，较2018年回落0.5个百分点；终端行业利润率水平相对稳定，服装、家纺和产业用行业营业收入利润率分别为5.5%、5.1%和5%。纺织行业产成品周转率为14.9次/年，总资产周转率为1.2次/年，均较2018年小幅放缓；三费比例6.9%，略高于2018年0.1个百分点，表明企业运营压力较大。

（二）线上线下融合，助力消费市场发展

2019年，全国实物商品网上零售额比2018年增长19.5%，增速比社会消费品零售总额快11.5个百分点；穿着类商品网上零售额同比增长15.4%，继续保持两位数的良好增长水平。2019年，全国限额以上服装鞋帽、针纺织品类商品零售额同比增长2.9%；服装类商品零售额为9778.1亿元，同比增长2.6%，实现不断增长。

随着物流配送体系的完善以及网购用户数量的增多，新兴零售业态快速发展，网上零售继续保持快速增长。为应对网上零售等新模式对实体店零售的冲击，传统零售业态加速转型升级，积极推进线上线下融合发展。2019年，包括超市、专卖店、专业店等在内的限额以上单位实体店零售额比2018年增长3.8%。其中，限额以上超市和便利店零售额分别增长6.5%和4.9%，增速比实体零售平均增速分别加快2.7和1.1个百分点。

（三）强化创新驱动，寻求品牌突破

对品牌服饰企业来说，在国内90后、00后消费群体崛起、消费升级的背景下，个性化、细分化、年轻化成为服装行业转型升级的主流趋势；大数据、云计算及人工智能的发展为纺织服装行业带来深刻的变革，智能化、网络化成为技术和产业升级的重要方向，服装企业深化各高新技术在设计、生产、物流、营销等产业链关键环节的应用，推进线上、线下全渠道的融合，提升生产、销售与消费服务能力，打造“新零售”商业生态圈，以实现产品、服务差异化竞争，重塑行业竞争格局。

对于生产型企业来说，从国内市场看，供需结构存在一定程度的错位，部分制造环节产能相对过剩，新材料研发、时尚设计、品牌建设等技术密集、知识密集环节发展有待加强；产业区域发展不平衡问题依然存在，优势互补、区域联动、协同发展的产业布局亟待形成；部分行业发展与资源环境约束的矛盾依然突出。因此，围绕转型升级与高质量发展，生产型企业应不断推动技术创新、产品创新和模式创新，强化创新驱动，推动品牌建设实现突破。

（撰稿人：陆　健）

2019年纺织行业发展政策平台

2019年，工信部发布的促进制造业发展相关措施见表1，工信部组织申报的项目见表2，工信部发布的制造业所获支持项目见表3，各类获支持项目名单见表3-1～表3-18。

表1 2019年工信部发布的促进制造业发展相关措施

序号	时间	文件名称	部门	文号
1	2020年3月	两部门关于开展志愿服务促进中小企业发展的指导意见	中小企业局	工信厅联企业〔2020〕12号
2	2020年3月	工业和信息化部办公厅关于开展产业链固链行动 推动产业链协同复工复产的通知	产业政策与法规司	工信厅政法函〔2020〕54号
3	2020年3月	工业和信息化部办公厅关于推动工业互联网加快发展的通知	信息通信管理局	工信厅信管〔2020〕8号
4	2020年3月	工业和信息化部办公厅关于印发《中小企业数字化赋能专项行动方案》的通知	中小企业局	工信厅企业〔2020〕10号
5	2020年3月	工业和信息化部办公厅关于印发《工业数据分类分级指南（试行）》的通知	信息技术发展司	工信厅信发〔2020〕6号
6	2020年2月	工业和信息化部办公厅关于组织开展支撑疫情防控和复工复产复课大数据产品和解决方案征集工作的通知	信息技术发展司	工信厅信发函〔2020〕31号
7	2020年2月	工业和信息化部印发《关于有序推动工业通信业企业复工复产的指导意见》	产业政策与法规司	工信部政法〔2020〕29号
8	2020年2月	两部委关于举办2020年“创客中国”中小企业创新创业大赛的通知	中小企业局	工信部联企业〔2020〕26号
9	2020年2月	工业和信息化部关于应对新型冠状病毒肺炎疫情帮助中小企业复工复产共渡难关有关工作的通知	中小企业局	工信明电〔2020〕14号
10	2020年1月	五部门印发《关于促进老年用品产业发展的指导意见》的通知	消费品工业司	工信部联消费〔2019〕292号
11	2020年1月	工业和信息化部关于印发《2020年工业节能监察重点工作计划》的通知	节能与综合利用司	工信部节函〔2020〕1号
12	2019年12月	工业和信息化部关于印发《首台（套）重大技术装备推广应用指导目录（2019年版）》的通告	装备工业司	工信部装函〔2019〕428号

续表

序号	时间	文件名称	部门	文号
13	2019年12月	工业和信息化部办公厅关于印发2019年第四批行业标准制修订和外文版项目计划的通知	科技司	工信厅科函〔2019〕276号
14	2019年12月	工业和信息化部办公厅关于组织开展2019年工业互联网APP优秀解决方案征集活动的通知	信息化和软件服务业司	工信厅信软函〔2019〕266号
15	2019年12月	工业和信息化部办公厅关于印发2019年第三批行业标准制修订项目计划的通知	科技司	工信厅科函〔2019〕245号
16	2019年12月	《国家工业节能技术装备推荐目录(2019)》公告	节能与综合利用司	中华人民共和国工业和信息化部公告2019年第55号
17	2019年12月	工业和信息化部关于印发《重点新材料首批次应用示范指导目录（2019年版）》的通告	原材料工业司	工信部原〔2019〕254号
18	2019年11月	工业和信息化部办公厅关于组织开展企业上云工作情况报送及典型案例征集工作的通知	信息化和软件服务业司	工信厅信软函〔2019〕252号
19	2019年11月	工业和信息化部办公厅关于印发“5G+工业互联网”512工程推进方案的通知	信息通信管理局	工信厅信管（2019）78号
20	2019年11月	两部门关于开展2019年度重点新材料首批次应用保险补偿机制试点工作的通知	原材料工业司	工信厅联原函〔2019〕248号
21	2019年11月	工业和信息化部 水利部联合公告《国家鼓励的工业节水工艺、技术和装备目录（2019年）》	节能与综合利用司	中华人民共和国工业和信息化部 水利部公告2019第51号
22	2019年11月	绿色数据中心先进适用技术产品目录(2019年版)	节能与综合利用司	中华人民共和国工业和信息化部公告2019年第44号
23	2019年11月	工业和信息化部关于印发《印染行业绿色发展技术指南（2019版）》的通知	消费品工业司	工信部消费〔2019〕229号
24	2019年10月	十三部门关于印发制造业设计能力提升专项行动计划（2019—2022年）的通知	产业政策司	工信部联产业〔2019〕218号
25	2019年10月	工业和信息化部关于加快培育共享制造新模式新业态 促进制造业高质量发展的指导意见	产业政策司	工信部产业〔2019〕226号

续表

序号	时间	文件名称	部门	文号
26	2019年9月	工业和信息化部办公厅关于印发2019年第二批行业标准制修订项目计划的通知	科技司	工信厅科函〔2019〕195号
27	2019年9月	工业和信息化部办公厅关于组织开展2019年度工业强基工程重点产品、工艺“一条龙”应用计划工作的通知	规划司	工信厅规函〔2019〕212号
28	2019年9月	四部委关于印发《京津冀工业节水行动计划》的通知	节能与综合利用司	工信部联节〔2019〕197号
29	2019年9月	工业和信息化部关于促进制造业产品和服务质量提升的实施意见	科技司	工信部科〔2019〕188号
30	2019年8月	十部门关于印发加强工业互联网安全工作的指导意见的通知	网络安全管理局	工信部联网安〔2019〕168号
31	2019年8月	工业和信息化部办公厅关于做好“护网杯”——2019年网络安全防护赛暨第二届工业互联网安全大赛报名参赛工作的通知	网络安全管理局	工厅网安〔2019〕585号
32	2019年8月	工业和信息化部办公厅关于组织开展2019年制造业与互联网融合发展试点示范工作的通知	信息化和软件服务业司	工信厅信软函〔2019〕169号
33	2019年7月	工业和信息化部办公厅关于组织开展2019年工业互联网平台创新应用案例征集活动的通知	信息化和软件服务业司	工信厅信软函〔2019〕154号
34	2019年7月	工业和信息化部关于印发《工业领域电力需求侧管理工作指南》的通知	运行监测协调局	工信部运行〔2019〕145号
35	2019年6月	三部门关于开展第三批智慧健康养老应用试点示范的通知	电子信息司	工信厅联电子函〔2019〕133号
36	2019年6月	关于印发《工业互联网专项工作组2019年工作计划》的通知	信息通信管理局	工信厅信管函〔2019〕140号
37	2019年6月	工业和信息化部办公厅关于印发2019年第一批行业标准制修订和外文版项目计划的通知	科技司	工信厅科函〔2019〕126号
38	2019年6月	工业和信息化部办公厅关于开展2019年度国家工业节能技术装备推荐及“能效之星”产品评价工作的通知	节能与综合利用司	工信厅节函〔2019〕123号

续表

序号	时间	文件名称	部门	文号
39	2019年5月	工业和信息化部关于印发《工业节能诊断服务行动计划》的通知	节能与综合利用司	工信部节函〔2019〕101号
40	2019年5月	工业和信息化部办公厅关于做好2019—2020年度中小企业经营管理领军人才培训工作的通知	中小企业局	工信厅企业函〔2019〕106号
41	2019年5月	三部门关于举办第十六届中国国际中小企业博览会的通知	中小企业局	工信部联企业〔2019〕87号
42	2019年4月	关于印发2019年减轻企业负担工作实施方案的通知	运行监测协调局	工信部运行函〔2019〕120号
43	2019年4月	两部门关于发布支持打造大中小企业融通型和专业资本集聚型创新创业特色载体工作指南的通知	中小企业局	工信厅联企业函〔2019〕92号
44	2019年4月	工业和信息化部办公厅关于2019年开展国家技术创新示范企业复核评价工作的通知	科技司	工信厅科函〔2019〕68号
45	2019年4月	工业和信息化部办公厅关于开展2019年度中小企业公共服务体系重点服务活动的通知	中小企业局	工信厅企业函〔2019〕81号
46	2019年3月	两部门关于加快推进工业节能与绿色发展的通知	节能与综合利用司	工信厅联节〔2019〕16号

表2 2019年工信部组织申报的项目

序号	时间	项目名称	部门	文号
1	2020年3月	工业和信息化部办公厅关于组织推荐2020年度国家小型微型企业创业创新示范基地的通知	中小企业局	工信厅企业函〔2020〕43号
2	2020年3月	工业和信息化部办公厅关于开展第五批绿色制造名单推荐及前两批名单复核工作的通知	节能与综合利用司	工信厅节函〔2020〕30号
3	2020年1月	工业和信息化部办公厅关于组织申报2019年工业稳增长和转型升级成效明显市（州）的通知	规划司	工信厅规函〔2020〕8号
4	2020年1月	四部门关于组织开展2020年重点用水企业水效领跑者遴选工作的通知	节能与综合利用司	工信厅联节函〔2019〕288号
5	2019年11月	工业和信息化部办公厅关于组织开展2020年大数据产业发展试点示范项目申报工作的通知	信息化和软件服务业司	工信厅信软函〔2019〕243号
6	2019年11月	工业和信息化部办公厅关于开展2019年工业互联网试点示范项目推荐工作的通知	信息通信管理局	工信厅信管函〔2019〕238号
7	2019年11月	两部门关于组织开展2019年度重点用能行业能效“领跑者”遴选工作的通知	节能与综合利用司	工信厅联节函〔2019〕235号
8	2019年9月	两部门关于组织申报2019年度国家安全产业示范园区的通知	安全生产司	工信厅联安全函〔2019〕210号
9	2019年7月	三部门关于组织开展第三批国家应急产业示范基地申报工作的通知	运行监测协调局	工信厅联运行函〔2019〕164号
10	2019年7月	工业和信息化部关于申报2019年工业和信息化领域公共服务能力提升专项的通知	科技司	工信厅科函〔2019〕162号
11	2019年7月	工业和信息化部办公厅关于开展2019年百项团体标准应用示范项目申报工作的通知	科技司	工信厅科函〔2019〕152号
12	2019年7月	工业和信息化部办公厅关于组织开展2019年制造业“双创”平台试点示范项目申报工作的通知	办公厅	工信厅信软函〔2019〕146号

续表

序号	时间	项目名称	部门	文号
13	2019年6月	工业和信息化部办公厅关于组织申报2019年度国家新型工业化产业示范基地的通知	规划司	工信厅规函〔2019〕145号
14	2019年5月	工业和信息化部办公厅关于组织开展第四批国家级工业设计中心认定和第一批、第二批复核工作的通知	产业政策司	工信厅产业函〔2019〕119号
15	2019年5月	工业和信息化部办公厅关于组织开展2019年首台（套）重大技术装备保险补偿项目申报工作的通知	装备工业司	工信厅装函〔2019〕113号
16	2019年5月	工业和信息化部办公厅关于组织推荐2019年国家技术创新示范企业的通知	科技司	工信厅科函〔2019〕97号
17	2019年4月	两部门关于组织推荐第四批制造业单项冠军和复核第一批制造业单项冠军的通知	产业政策司	工信厅联产业函〔2019〕78号

表3 2019年工信部发布的制造业所获支持项目

序号	时间	文件名称	部门	文号
1	2020年3月	工业和信息化部办公厅关于公布2020年大数据产业发展试点示范项目名单的通知	信息技术发展司	工信厅信发函〔2020〕47号
2	2020年1月	工业和信息化部办公厅关于公布2019年工业互联网平台创新应用案例名单的通知	信息化和软件服务业司	工信厅信软函〔2019〕287号
3	2020年1月	工业和信息化部办公厅关于公布首批国家工业设计研究院培育对象名单的通知	产业政策司	工信厅产业函〔2019〕290号
4	2019年12月	工业和信息化部关于公布2019年消费品工业"三品"战略示范城市名单的通告	消费品工业司	工信部消费函〔2019〕409号
5	2019年12月	符合《粘胶纤维行业规范条件（2017版）》企业名单（第二批）	消费品工业司	中华人民共和国工业和信息化部公告2019年第58号
6	2019年12月	工业和信息化部关于公布第三批国家工业遗产名单的通告	产业政策司	工信部产业函〔2019〕403号
7	2019年12月	四部门关于公布享受支持科技创新进口税收政策的国家中小企业公共服务示范平台（技术类）（2019年批次及2017年批次复审合格）名单的通知	中小企业局	工信厅联企业〔2019〕77号
8	2019年12月	工业和信息化部关于公布2019年团体标准应用示范项目名单的通告	科技司	工信部科函〔2019〕401号
9	2019年12月	工业和信息化部关于公布2019年度国家中小企业公共服务示范平台名单的通告	中小企业局	工信部企业函〔2019〕374号
10	2019年11月	两部门关于公布第四批制造业单项冠军企业（产品）及通过复核的第一批制造业单项冠军企业名单的通告	产业政策司	工信部联产业函〔2019〕354号
11	2019年11月	工业和信息化部办公厅关于公布工业产品绿色设计示范企业名单（第一批）的通知	节能与综合利用司	工信厅节〔2019〕82号
12	2019年11月	工业和信息化部关于公布第四批和通过复核的第一批、第二批国家级工业设计中心名单的通告	产业政策司	工信部产业函〔2019〕336号

续表

序号	时间	文件名称	部门	文号
13	2019年10月	工业和信息化部关于公布2019年度国家小型微型企业创业创新示范基地名单的通告	中小企业局	工信部企业函〔2019〕303号
14	2019年10月	工业和信息化部公告符合《印染行业规范条件（2017版）》企业名单（第二批）	消费品工业司	中华人民共和国工业和信息化部公告2019年第40号
15	2019年9月	工业和信息化部办公厅关于公布第四批绿色制造名单的通知	节能与综合利用司	工信厅节函〔2019〕196号
16	2019年7月	工业和信息化部办公厅关于公布2019年国家技术创新示范企业复核评价结果的通知	科技司	工信厅科函〔2019〕144号
17	2019年6月	工业和信息化部关于公布第一批专精特新“小巨人”企业名单的通告	中小企业局	工信部企业函〔2019〕153号
18	2019年4月	工业和信息化部办公厅关于公布2018年工业互联网APP优秀解决方案的通知	信息化和软件服务业司	工信厅信软函〔2019〕79号

表3-1 2020年大数据产业发展试点示范项目名单

序号	领域	方向	企业名称	项目名称	区域
1	工业大数据融合应用	工业现场方向	新疆喀什齐鲁纺织服装有限公司	18万锭现代纺织大数据智能化设备应用与示范	新疆
2	工业大数据融合应用	企业应用方向	新凤鸣集团股份有限公司	“互联网+化纤”工业大数据融合创新应用示范	浙江

表3-2 2019年工业互联网平台创新应用案例名单

序号	案例名称	解决方案服务商	应用企业
1	服装行业大规模定制应用案例	海尔数字科技（青岛）有限公司	山东海思堡服装服饰集团股份有限公司
2	基于化纤知识图谱的智能化生产应用案例	华为技术有限公司	北京三联虹普纺织化工技术有限公司
3	纺织工艺模块化云管理应用案例	浙江康立自控科技有限公司	达利丝绸（浙江）有限公司

表3-3 首批国家工业设计研究院培育对象名单

创建主体	创建方向
浙江省现代纺织工业研究院	纺织行业

表3-4 2019年消费品工业“三品”战略示范城市名单

序号	城市名称
1	安徽省界首市
2	江西省赣州市南康区
3	山东省高密市
4	河南省项城市
5	湖南省浏阳市
6	四川省成都市温江区

表3-5 符合《黏胶纤维行业规范条件（2017版）》企业名单（第二批）

序号	企业名称	所在地
1	新疆中泰纺织集团有限公司	新疆
2	玛纳斯澳洋科技有限责任公司	新疆
3	新疆天泰纤维有限公司	新疆

表3-6 国家工业遗产名单（第三批）

序号	地址	名称	核心物项
1	山西省晋城市高平市	高平丝织印染厂	锯齿型联排厂房；卷纬机3台，浆丝机1台，定型机、拉幅机各1台，染丝机2台，绳状染色体10台，浆丝机1台；潞绸织造技艺
2	江苏省常州市钟楼区	常州恒源畅厂	纺织车间2栋，电工间，高配间，木工间，锅炉房，机修车间，清末砖木结构建筑，办公楼5栋，工人食堂，女工宿舍，医务室；梳毛机和水喷淋空调装置，印染轧机和定型设备，纡子车，石槽2个，恒源厂界碑，雷明顿英文打字机，双鸽牌中文打字机；清光绪二年土地买卖契约、冯玉祥题写厂名牌匾拓件、民国36年的产权证明单等历史档案

表3-7(a) 享受支持科技创新进口税收政策的国家中小企业公共服务示范平台（技术类）（2019年批次）名单

序号	名称
1	浙江方圆检测集团股份有限公司
2	中纺协检验（泉州）技术服务有限公司
3	佛山中纺联检验技术服务有限公司

表3-7(b) 享受支持科技创新进口税收政策的国家中小企业公共服务示范平台（技术类）（2017年批次）复审合格名单

名称
苏州中纺联检验技术服务有限公司

表3-8 2019年团体标准应用示范项目名单

序号	标准编号	团体标准名称	所属领域	发布单位
1	T/CNTAC 28—2018	直充面料	纺织	中国纺织工业联合会
2	T/CNTAC 25—2018	高支轻薄衬衫	纺织	中国纺织工业联合会
3	T/CNTAC 21—2018	纤维中石墨烯材料的鉴别方法　透射电镜法	纺织	中国纺织工业联合会
4	T/CTES 1007—2018	纺织用植物染料　靛蓝	纺织	中国纺织工程学会
5	T/CTES 1014—2019	纺织用酶　α－淀粉酶	纺织	中国纺织工程学会
6	T/CNTAC 33—2019	绿色设计产品评价技术规范　聚酯涤纶	纺织	中国纺织工业联合会
7	T/CNTAC 34—2019	绿色设计产品评价技术规范　巾被织物	纺织	中国纺织工业联合会

表3-9 2019年度国家中小企业公共服务示范平台

推荐单位	服务机构名称	平台类别
大连市工业和信息化局	辽宁科诺纺织服装检测有限公司	信息服务，技术服务
江苏省工业和信息化厅	江苏盛虹纺织品检测中心有限公司	信息服务，技术服务
中国纺织工业联合会	东莞市虎门服装创新服务中心有限公司	信息服务，技术服务，培训服务

表3-10 第四批及通过复核的第一批制造业单项冠军名单

一、单项冠军示范企业（第四批）

序号	示范企业名称	主营产品
1	江苏恒力化纤股份有限公司	涤纶牵伸丝
2	常州市宏发纵横新材料科技股份有限公司	高性能纤维经编增强材料
3	福建长源纺织有限公司	非棉纱（化纤短纤纱、棉混纺纱）
4	汶上如意技术纺织有限公司	TR仿毛色纺纱
5	山东日发纺织机械有限公司	RF系列无梭织机

二、单项冠军产品（第四批）

序号	单项冠军产品名称	生产企业
1	纯毛机织物	江苏阳光集团有限公司
2	锦纶66工业丝（帘子布）	神马实业股份有限公司

三、单项冠军示范企业（第一批）

示范企业名称	主营产品
五洋纺机有限公司	双针床经编机

表3-11 工业产品绿色设计示范企业名单（第一批）

序号	企业名称	行业（产品）	推荐单位
1	内蒙古鄂尔多斯资源股份有限公司	羊绒服装	内蒙古自治区工业和信息化厅
2	互太（番禺）纺织印染有限公司	纺织印染	广东省工业和信息化厅
3	万事利集团有限公司	丝绸制品	中国纺织工业联合会
4	康赛妮集团有限公司	纺织品	中国纺织工业联合会
5	福建省百川资源再生科技股份有限公司	纺织品	福建省工业和信息化厅
6	龙福环能科技股份有限公司	纺织品	山东省工业和信息化厅

表3-12(a) 第四批国家级工业设计中心名单

一、企业工业设计中心
波司登羽绒服装有限公司工业设计中心

表3-12(b) 通过复核的第一、第二批国家级工业设计中心名单

一、企业工业设计中心	
1	际华三五零二职业装有限公司职业装研究院（设计中心）
2	内蒙古鹿王羊绒有限公司工业设计中心
3	好孩子儿童用品有限公司科学育儿用品工业设计中心
4	江苏金太阳纺织科技有限公司家纺设计研究院
5	山东如意科技集团有限公司时尚纺织品工业设计中心
6	滨州亚光家纺有限公司工业设计中心
7	湖南东方时装有限公司服装工业设计中心
8	雷迪波尔服饰股份有限公司工业设计中心

表3-13 2019年度国家小型微型企业创业创新示范基地名单

序号	推荐单位	机构名称	基地名称
1	吉林省工业和信息化厅	吉林省东北袜业园产业投资有限公司	辽源市纺织产业小企业创业孵化基地
2	浙江省经济和信息化厅	湖州织里童装园区经营管理有限公司	吴兴区织里童装产业小微企业园

表3-14 符合《印染行业规范条件（2017版）》企业名单（第二批）

序号	企业名称	所在地
1	盛虹集团有限公司	江苏省
2	嘉兴市嘉盛印染有限公司	浙江省
3	嘉兴市天伦纳米染整有限公司	浙江省
4	新天地纺织印染（嘉兴）有限公司	浙江省
5	台华高新染整（嘉兴）有限公司	浙江省
6	浙江嘉名染整有限公司	浙江省
7	浙江迎丰科技股份有限公司	浙江省
8	芜湖富春染织股份有限公司	安徽省
9	福建省宏港纺织科技有限公司	福建省
10	晋江市维盛织造漂染有限公司	福建省
11	华纺股份有限公司	山东省
12	山东滨州亚光毛巾有限公司	山东省
13	鲁丰织染有限公司	山东省
14	广东溢达纺织有限公司	广东省
15	四川意龙科纺集团有限公司	四川省
16	绵阳佳联印染有限责任公司	四川省

表3-15 第四批绿色制造名单

表3-15(a) 绿色工厂名单

序号	省市	工厂名称	第三方评价机构名称
1	内蒙古	赤峰东黎绒毛制品有限公司	内蒙古蒙正工程咨询服务有限责任公司
2	内蒙古	内蒙古伊品生物科技有限公司	工业和信息化部电子第五研究所
3	辽宁	辽宁胜达环境资源集团有限公司	辽宁省电子信息产品监督检验院
4	上海	上海嘉麟杰纺织品股份有限公司	上海市能效中心
5	上海	亚东石化（上海）有限公司	上海电器科学研究所（集团）有限公司
6	江苏	晨风（江苏）服装有限公司	国网(北京)节能设计研究院有限公司
7	江苏	江苏红柳床单有限公司	华北电力大学
8	江苏	江苏联发纺织股份有限公司	苏州中聚节能科技有限公司
9	江苏	江苏阳光集团有限公司	江苏省、南京市节能技术服务中心
10	江苏	南通醋酸纤维有限公司	工业和信息化部电子第五研究所
11	江苏	苏州美山子制衣有限公司	苏州中聚节能科技有限公司
12	浙江	报喜鸟控股股份有限公司	浙江科能企业管理有限公司
13	浙江	义乌华鼎锦纶股份有限公司	国网浙江综合能源服务有限公司
14	浙江	浙江海利环保科技股份有限公司	浙江工信合能源信息技术中心有限公司
15	浙江	浙江禾欣新材料有限公司	浙江经茂节能技术有限公司
16	浙江	浙江华峰氨纶股份有限公司	浙江科能企业管理有限公司
17	浙江	浙江三元纺织有限公司	浙江省特种设备检验研究院
18	浙江	浙江新澳纺织股份有限公司	浙江经茂节能技术有限公司
19	安徽	安徽东锦资源再生科技有限公司	安徽焓谷工程技术有限公司
20	福建	福建凤竹纺织科技股份有限公司	中国皮革制鞋研究院有限公司
21	福建	福建申远新材料有限公司	深圳华测国际认证有限公司
22	福建	福建省百川资源再生科技股份有限公司	大连理工大学
23	福建	三六一度（中国）有限公司	中国信息通信研究院
24	山东	山东华兴纺织集团有限公司	济宁市节能技术服务中心
25	山东	山东如意科技集团有限公司	北京国金衡信认证有限公司
26	山东	威海拓展纤维有限公司	山东省产品质量检验研究院
27	河南	河南平棉纺织集团股份有限公司	宁夏清洁发展机制环保服务中心(有限责任公司)
28	广东	东莞德永佳纺织制衣有限公司	广东省清洁生产协会
29	广东	中山益达服装有限公司	贵州省资源节约综合利用协会

表3-15(b) 绿色设计产品名单

一、丝绸（蚕丝）制品（14种）

适用评价标准：《绿色设计产品评价技术规范 丝绸（蚕丝）制品》（T/CAGP 0024—2017，T/CAB 0024—2017）。

绿色设计亮点：原料95%以上取自天然纤维，生产过程中减少阻燃剂、防水剂等物质使用，重金属、含氟化合物等有害物质残留量符合国家标准和 OKEO—TEX Standard 100国际生态纺织品先进指标要求。产品档次和附加值高，副产品100%可回收利用。

表3-15(b-1) 丝绸（蚕丝）制品

序号	企业名称	产品名称	产品型号	推荐单位
1	江苏华佳丝绸股份有限公司	真丝内衣	轻奢系列	江苏省工业和信息化厅
2	江苏华佳丝绸股份有限公司	白厂丝	20/22D	江苏省工业和信息化厅
3	鑫缘茧丝绸集团股份有限公司	蚕丝被	ALPC0515—4023系列	江苏省工业和信息化厅
4	望江华丰纺织品有限责任公司	丝绵	0.75m×2m（张）	安徽省经济和信息化厅
5	望江华丰纺织品有限责任公司	手工蚕丝被	1.5m×2.1m、1.8m×2.2m、2.0m×2.3m、2.2m×2.4m	安徽省经济和信息化厅
6	安徽宏祥丝绸织造有限公司	素绉缎	14654	安徽省经济和信息化厅
7	淄博大染坊丝绸集团有限公司	真丝婴儿三件套	常规规格尺寸	山东省工业和信息化厅
8	淄博大染坊丝绸集团有限公司	真丝婴儿斗篷	常规规格尺寸	山东省工业和信息化厅
9	淄博大染坊丝绸集团有限公司	真丝眼罩	20cm×90cm规格尺寸	山东省工业和信息化厅
10	淄博大染坊丝绸集团有限公司	真丝外袍睡衣	常规规格尺寸	山东省工业和信息化厅
11	淄博大染坊丝绸集团有限公司	真丝睡袋	135cm×210cm规格尺寸	山东省工业和信息化厅
12	淄博大染坊丝绸集团有限公司	真丝美容枕套	48cm×74cm规格尺寸	山东省工业和信息化厅
13	蒙山县五丰丝绸有限公司	双面珍珠缎	*	广西壮族自治区工业和信息化厅
14	宁波艾利特控股集团有限公司	真丝领带	*	宁波市经济和信息化局

二、羊绒针织制品（13种）

适用评价标准：《绿色设计产品评价技术规范 羊绒针织制品》（T/CAGP 0025—2017，T/CAB 0025—2017）。

绿色设计亮点：原料100%取自天然纤维，生产过程中禁用致癌、致敏等有害的染化料物质，重金属、含氟化合物等有害物质残留量符合国家标准和OKEO-TEX Standard 100国际生态纺织品先进指标要求，产品档次和附加值高，副产品和杂质95%以上可回收利用。

表3-15(b-2) 羊绒针织制品

序号	企业名称	产品名称	产品型号	推荐单位
1	赤峰市东黎绒毛制品有限公司	羊绒衫	155—185	内蒙古自治区工业和信息化厅
2	江苏金开顺服饰有限公司	“金开顺”羊绒针织制品	“金开顺”羊绒针织制品	江苏省工业和信息化厅
3	江苏华鹿纺织有限公司	羊绒精纺针织纱线	精品纯羊绒系列	江苏省工业和信息化厅
4	浙江依蕾毛纺织有限公司	纯羊绒精纺针织纱	纯羊绒精纺针织纱	浙江省经济和信息化厅
5	湖州珍贝羊绒制品有限公司	羊绒衫	*	浙江省经济和信息化厅
6	安徽天威羊绒制品有限公司	羚威羊绒衫	羊绒针织制品	安徽省经济和信息化厅
7	宁波艾利特控股集团有限公司	羊绒针织品	*	宁波市经济和信息化局
8	康赛妮集团有限公司	康赛妮羊绒水溶性纤维貉绒纤维制品	*	宁波市经济和信息化局
9	康赛妮集团有限公司	羊绒拉毛纱线针织制品	*	宁波市经济和信息化局
10	康赛妮集团有限公司	高性能羊绒圈圈纤维纱针织织物	*	宁波市经济和信息化局
11	康赛妮集团有限公司	羊绒射频烘干散纤维染色纱	*	宁波市经济和信息化局
12	康赛妮集团有限公司	高性能彩点羊绒纤维纱及制品	*	宁波市经济和信息化局
13	康赛妮集团有限公司	羊绒虎纹状纱针织制品	*	宁波市经济和信息化局

三、涤纶磨毛印染布（4种）

适用评价标准：《绿色设计产品评价技术规范涤纶磨毛印染布》（T/CAGP 0030—2018，T/CAB 0030—2018）。

绿色设计亮点：禁用有害染料，安全性能符合OKEO—TEX Standard 100国际生态纺织品先进指标要求，要求产品获得信心纺织品生态标签。

表3-15(b-3) 涤纶磨毛印染布

序号	企业名称	产品名称	产品型号	推荐单位
1	浙江盛发纺织印染有限公司	涤纶磨毛印花面料	*	浙江省经济和信息化厅
2	浙江彩蝶实业有限公司	柔软型双面仿绒面料	*	浙江省经济和信息化厅
3	浙江彩蝶实业有限公司	抗皱型起绒织布	*	浙江省经济和信息化厅
4	浙江彩蝶实业有限公司	高弹性的保温面料	*	浙江省经济和信息化厅

四、户外多用途面料（1种）

适用评价标准：《绿色设计产品评价技术规范户外多用途面料》（T/CAGP 0034—2018，T/CAB 0034—2018）

绿色设计亮点：全产业链中不使用煤作为一次能源，生产过程中减少聚氨酯涂层使用量，甲醛残留量≤0.1mg/m³，产品断裂强力高（经向≥2800N，纬向≥2100N）。

表3-15(b-4) 户外多用途面料

企业名称	产品名称	产品型号	推荐单位
浙江盛发纺织印染有限公司	涤纶数码迷彩涂层帐篷布	500D	浙江省经济和信息化厅

五、涤纶（3种）

适用评价标准：《绿色设计产品评价技术规范 聚酯涤纶》（T/CNTAC 33—2019）

绿色设计亮点：主要用水、用能环节的取水量、能耗指标均达到清洁生产指标体系一级基准值要求，达到国际先进水平；从过程控制和循环经济理念出发，减少废弃物产生和排放，对“三废”中有用物质的再利用提出了要求；对化学品使用进行了限定，除满足相关强制性标准外，产品上可萃取锑含量指标不得超过30mg/kg。

表3-15(b-5) 涤纶

序号	企业名称	产品名称	产品型号	推荐单位
1	华祥（中国）高纤有限公司	FDY	*	浙江省经济和信息化厅
2	新凤鸣集团湖州中石科技有限公司	涤纶长丝	POY	浙江省经济和信息化厅
3	四川润厚特种纤维有限公司	聚酯涤纶包覆纱	B7721	四川省经济和信息化厅

六、巾被织物（10种）

适用评价标准：《绿色设计产品评价技术规范 巾被织物》（T/CNTAC 34—2019）。

绿色设计亮点：对巾被织物全产业链生态环境影响进行评价，包括纺纱、织造、染整、裁剪等全过程；各项指标达到节水型企业标准要求，单位产品电耗、汽耗均达到行业先进水平；对产品的化学物质残留进行了限定，保障化学品安全性相关指标和国际先进水平接轨。

表3-15(b-6) 巾被织物

序号	企业名称	产品名称	产品型号	推荐单位
1	四川省宜宾惠美线业有限责任公司	染色生物基长丝	120D/2和150D/2 染色绣花线；120D/1、150D/1、300D/1 染色单丝	四川省经济和信息化厅
2	四川省宜宾惠美线业有限责任公司	染色生物基短纤维（丽彩纤维）	1.2D、1.5D	四川省经济和信息化厅
3	四川省宜宾惠美线业有限责任公司	雅赛尔特色纱线	16/1、20S/2、30S/2、30S/1 、40S/1	四川省经济和信息化厅
4	四川润厚特种纤维有限公司	黏胶纤维包覆纱	YX3650SM	四川省经济和信息化厅
5	瓜州县金兴棉业有限责任公司	无网棉胎	各种规格棉被	甘肃省工业和信息化厅
6	阿克苏华孚色纺有限公司	70%棉30%黏混纺色纺纱（巾被织物用）	30S1	新疆维吾尔自治区工业和信息化厅
7	阿克苏华孚色纺有限公司	100%BCI棉色纺纱（巾被织物用）	30S1	新疆维吾尔自治区工业和信息化厅
8	阿克苏华孚色纺有限公司	100%有机棉（巾被织物用）	30S1	新疆维吾尔自治区工业和信息化厅
9	阿克苏华孚色纺有限公司	纯棉色纺纱（巾被织物用）	30S1	新疆维吾尔自治区工业和信息化厅
10	阿克苏华孚色纺有限公司	无染棉黏混纺色纺纱	30S	新疆维吾尔自治区工业和信息化厅

表3-15(c) 绿色供应链管理示范企业名单

序号	地区	单位名称	第三方评价机构名称
1	浙江	新凤鸣集团湖州中石科技有限公司	中国信息通信研究院
2	浙江	浙江美欣达纺织印染科技有限公司	工业和信息化部国际经济技术合作中心
3	浙江	浙江禾欣控股有限公司	轻工业环境保护研究所

表3-16 通过2019年复核评价的国家技术创新示范企业名单

序号	企业名称
1	广东溢达纺织有限公司
2	红豆集团有限公司
3	山东滨州亚光毛巾有限公司
4	际华三五四二纺织有限公司
5	宜宾丝丽雅集团有限公司

表3-17 第一批专精特新“小巨人”企业名单

序号	企业名称	主导产品
1	辽宁胜达环境资源集团有限公司	再生涤纶短纤维
2	丹东优耐特纺织品有限公司	功能性纺织面料
3	徐州斯尔克纤维科技股份有限公司	功能性涤纶POY/FDY异收缩混纤丝
4	浙江朝隆纺织机械股份有限公司	纺粘非织造布生产线
5	安徽翰联色纺股份有限公司	人棉色纺针织纱
6	安徽红爱实业股份有限公司	羽绒服
7	古麒羽绒股份公司	功能性羽绒
8	安徽三宝棉纺针织投资有限公司	玉米纤维家纺
9	澳蓝（福建）实业有限公司	植物纤维湿帘材料、蒸发式冷气机
10	绵阳佳禧印染有限责任公司	军用防红外迷彩隐身面料

表3-18 2018年工业互联网APP优秀解决方案

序号	申报单位	推荐单位	解决方案名称
1	宁波慈星股份有限公司	宁波市经济和信息化局	慈星针织品智能柔性定制工业互联网APP应用解决方案
2	北京经纬纺机新技术有限公司	中国纺织工业联合会	经纬e系统工业互联网APP应用解决方案
3	山东尚牛智能制造有限公司	中国纺织工业联合会	山东尚牛智能制造有限公司ASPOP服装工业互联网平台整体解决方案

表4 发改委发布的促进制造业健康发展相关政策文件名单

序号	时间	文件名称	文号
1	2020年3月	关于组织开展2020年（第27批）国家企业技术中心认定工作的通知	发改办高技〔2020〕235号
2	2020年3月	印发《关于加快建立绿色生产和消费法规政策体系的意见》的通知	发改环资〔2020〕379号
3	2020年3月	关于促进消费扩容提质加快形成强大国内市场的实施意见	发改就业〔2020〕293号
4	2020年2月	关于积极发挥行业协会商会作用支持民营中小企业复工复产的通知	发改办体改〔2020〕175号
5	2020年2月	关于做好参加2020年中国品牌日活动的通知	发改产业〔2020〕117号
6	2020年2月	关于阶段性降低非居民用气成本支持企业复工复产的通知	发改价格〔2020〕257号
7	2020年2月	关于阶段性降低企业用电成本支持企业复工复产的通知	发改价格〔2020〕258号
8	2020年2月	关于提供疫情防控重点保障物资具体范围的函	发改办财金〔2020〕145号
9	2020年2月	关于疫情防控期间采取支持性两部制电价政策 降低企业用电成本的通知	发改办价格〔2020〕110号
10	2020年2月	关于应对新型冠状病毒感染肺炎疫情 支持鼓励劳动者参与线上职业技能培训的通知	发改办就业〔2020〕100号
11	2020年1月	关于发布2019年(第26批)新认定及全部国家企业技术中心名单的通知	发改高技〔2019〕2033号
12	2019年12月	关于发布国家企业技术中心2019年评价结果的通知	发改办高技〔2019〕1170号
13	2019年11月	关于印发《市场准入负面清单(2019年版)》的通知	发改体改〔2019〕1685号
14	2019年11月	关于推动先进制造业和现代服务业深度融合发展的实施意见	发改产业〔2019〕1762号
15	2019年11月	关于发布资源综合利用基地名单的通知	发改办环资〔2019〕1009号

续表

序号	时间	文件名称	文号
16	2019年10月	关于印发试点建设培育国家产教融合型企业工作方案的通知	发改办社会〔2019〕964号
17	2019年9月	关于深入开展“信易贷”支持中小微企业融资的通知	发改财金〔2019〕1491号
18	2019年9月	关于建立健全企业家参与涉企政策制定机制的实施意见	发改体改〔2019〕1494号
19	2019年8月	关于进一步推进产业转型升级示范区建设的通知	发改振兴〔2019〕1405号
20	2019年7月	关于印发《2019年降低企业杠杆率工作要点》的通知	发改财金〔2019〕1276号
21	2019年7月	关于深入推进园区环境污染第三方治理的通知	发改办环资〔2019〕785号
22	2019年7月	关于印发《加快完善市场主体退出制度改革方案》的通知	发改财金〔2019〕1104号
23	2019年6月	关于公开征集清洁生产评价指标体系制(修)订项目的通知	发改办环资〔2019〕680号
24	2019年6月	关于印发《推动重点消费品更新升级 畅通资源循环利用实施方案(2019～2020年)》的通知	发改产业〔2019〕967号
25	2019年6月	关于组织开展2019年(第26批)国家企业技术中心认定及国家企业技术中心评价工作的通知	发改办高技〔2019〕638号
26	2019年5月	关于做好2019年降成本重点工作的通知	发改运行〔2019〕819号
27	2019年5月	关于构建市场导向的绿色技术创新体系的指导意见	发改环资〔2019〕689号
28	2019年5月	关于做好2019年重点领域化解过剩产能工作的通知	发改运行〔2019〕785号
29	2019年4月	关于成立2019年中国品牌日活动组织委员会的通知	发改产业〔2019〕677号
30	2019年4月	关于做好2019年中国品牌日活动各项工作的通知	发改产业〔2019〕672号
31	2019年4月	关于组织开展2019年中国品牌日活动的通知	发改产业〔2019〕327号

新时代纺织工业精神内涵挖掘与价值探究

中国纺织职工思想政治工作研究会

纺织工业精神是纺织工业之魂，是引领纺织工业初创、发展、改革、变强的精神指引和价值追求，集中体现了关乎中华民族生活方式、审美追求、文化衍变、时尚变迁、道德载体及价值观念的文化浓缩。

纺织工业精神贯穿于中华民族五千年文明史，积蕴于近现代纺织工业萌芽，兴起于冲刺纺织强国关键期。在纺织工业步入“科技、绿色、时尚”由大到强的高质量发展新时代，纺织工业精神是由2000万纺织人凝聚迸发出的最具有行业感召力、向心力、指引力和智慧创造潜能激发效应，是中国纺织工业实现纺织强国必然性的重要揭示。

纺织工业精神的基本内涵

在中华民族精神光芒照耀下，以爱国主义为核心的民族精神和以改革创新为核心的时代精神是纺织工业精神发扬传承的重要依据所在。同时，纺织工业精神有着诸多中国工业精神的共性特质，是民族性、文化性、时代性、先进性与纺织特质的结合，有着丰富的精神内涵。概述推论涵盖四种基本精神。即：以“不忘初心，产业报国”为家国情怀的“矢志报国精神”；以“敢为人先，激荡智慧”为旺盛活力的“创新卓越精神”；以“链接价值，资源共享”为市场导向的“协同共赢精神”；以“超越自我，不为名利”为责任天性的“勤劳自强精神”。

纺织工业精神的基本内涵包括：

矢志报国精神

——纺织工业不忘初心，产业报国的家国情怀。

矢志报国是纺织工业精神的核心。

基本内涵：初心报国、造福民生、美化生活、责任担当。

创新卓越精神

——纺织工业敢为人先，激荡智慧的旺盛活力。

创新卓越是纺织工业精神的关键。

基本内涵：追求卓越、精益求精、创新创造、专业专注。

协同共赢精神

——纺织工业链接价值，资源共享的市场导向。

协同共赢是纺织工业精神的特质。

基本内涵：链接价值、共建共赢、命运与共、联合作战。

勤劳自强精神

——纺织工业超越自我，不为名利的责任天性。

勤劳自强是纺织工业精神的基石。

基本内涵：自强自立、敬人敬业、先锋献身、永不言败。

纺织工业精神的动态变迁

纺织工业在斗争自然、美化生活、建设家园、民族自强和奋进新时代中经历着曲折的精神内涵衍变，彰显着纺织工业永葆与时俱进的产业创造力和历史创造力。

一、原始萌生，静朴源发时代

早在一万年前，原始先民利用猎获的鸟兽毛羽搓、绩、编、织成为粗陋的衣服用以防寒取暖。距今7000年前的新石器时代，原始先民已经用骨针、木棍和陶器制品纺纱织布。以及种麻索缕、养羊取毛、育蚕抽丝，均为原始创造发明的动力源泉，呈现出“为我所用，改造世界，斗争自然，共生共创”初元斗争精神。

二、丝路传承，新故相推时代

2100年前，汉使张骞出使西域，开辟了一条横贯东西、连接欧亚的“古丝绸之路”。进入新时代，随着中国实施“一带一路”倡议，在新时代丝绸之路精神指引下，中国纺织工业迸发出“兼济天下，披荆斩棘，责任为先，传承开路”的新故相推精神，为纺织工业“走出去”、实现产业全球布局和纺织强国目标的基本实现提供了发展机遇。

三、师夷长技，民族觉醒时代

在半殖民地半封建社会的近代时期，洋务运动领导人张之洞，中国棉纺织开拓者张謇等一大批民族工业先驱致力于学习西方技术，推动上海华新、裕源和裕通、宁波通久源、无锡广勤、武汉裕华等早期民族资本纱厂诞生，纺织工业体现出“民族自强，锥刺觉醒，拯救民生，屈身躬行”的民族工业精神，是中国近代工业兴起的民族脊梁代表精神之一。

四、一穷二白，自强图新时代

1950年，中国纺织工业棉纺锭为513万锭，仅占全球5%，棉纱年产量43.7万吨，在全球占比仅为7.8%。党中央和政府先后建成北京、青岛、天津、上海等纺织工业基地，初步建立新中国的纺织工业体系，解决了中国人的穿衣问题，体现出纺织工业“艰苦创业、团结协作、开山辟路、无私奉献”精神。

五、改革开放，雨后春笋时代

1978年，改革开放犹如一股暖流，浸入到纺织工业。中国纺织工业作为我国对外开放的排头兵、经济体制改革的先行者、国家工业化进程的母亲行业，主动融入全球化潮流，取得了全方位、开创性的快速发展，做出了多维度、历史性的贡献，体现出“先行先试，报效国家，快速反应，衣被天下，兼济一方”的精神。

六、阵痛蝶变，壮大转型时代

从1998年开始，我国淘汰落后纺锭，纺纱能力从4000万锭减少到3000万锭。2001年，中国加入WTO，我国纺织工业在世界市场展现巨大竞争能力，短短三年，纺纱能力发展至1亿3000万锭，超过世界纺织生产能力的一半，成为超级纺织大国。这时期我国纺织工业体现出“服从大局，断腕疗伤，牺牲奉献，抓住机遇，追学赶超”的精神。

七、产业复兴，重塑定位新时代

党的十八大以来，中国纺织人秉持世界眼光，立足改革实践，满怀伟大梦想，以产业报国，民族复兴的胸怀气度，重申纺织工业的经济地位和历史贡献，纠正改变社会对纺织工业的印象锁定，在新的时代起点上，科学提出了产业新定位、新标签。即：“创新驱动的科技产业、文化引领的时尚产业和责任导向的绿色产业”，体现出“不忘初心，使命不渝，情系民生，心怀九州，复兴逐梦”新时代奋斗者精神。

纺织工业精神的代表表征

一、纺织工业的精益制造与工匠精神

工匠精神是对产品精雕细琢、精益求精和追求完美的精神理念。生产力决定生产关系，生产关系反作用于生产力。工匠精神亦属于纺织工业生产关系重要内容之一。近300多年来，纺织工业是完整参与四次工业革命的产业。纺织机械发明、电气改造、信息飞跃以及智能制造在工匠精神指引下，持续凝聚纺织技术、设备、文化、人才、制度等生产要素，激发出源源不断的创新创造生产力。

二、纺织工业的积极创新与劳模精神

新中国成立70余年来，纺织工业涌现出一大批全国有重要影响的劳动模范。有为新中国纺织工业做出突出贡献的郝建秀，有20世纪50～60年代纺织战线一面红旗的赵梦桃，有新时代知识型工人的邓建军等。他们的先进事迹生动体现了中国纺织工人阶级特别能吃苦、特别能战斗、特别能创造、特别能奉献的伟大品格，生动诠释了“爱岗敬业、争创一流，艰苦奋斗、勇于创新、淡泊名利、甘于奉献”的新时代劳模精神。

三、纺织工业的知行合一与诚信精神

诚信是现代文明的基本要求，是社会活动的基本道德属性。纺织工业产业链长、从业人口多，民营经济所占比重达98%以上，是最早进入市场经济的行业之一。弘扬诚信精神是纺织工业参与我国现代化治理体系不可或缺的重要一环。坚守一以贯之秉持契约原则，夯实诚信文化体系，弘扬诚信文化精神，对于提升纺织文化软实力，推动纺织产业经济健康、稳定可持续运行具有现实意义。

四、纺织工业的生态文化与绿色精神

纺织行业作为环境敏感型和资源依赖型的传统制造产业，与实施绿色制造工程、落实生态文明建设密切相关。“生态文化与绿色精神”是行业加快责任实践的必然选择，这其中包括对绿水青山肩负重要责任，对纺织工业所有的利益相关者肩负重要责任，持续推动行业节能减排、清洁生产、循环经济的责任等。“我们选择了善，环境就会善待我们；我们选择了爱，消费者就会爱戴我们；我们选择了责任，社会就会对我们负责任。”已成为纺织行业践行绿色使命的共识与呼声。

五、纺织工业的班组文化建设与协作精神

班组是企业的细胞，是有效协同企业人、才、物、安全等要素，并提升企业管理水平的工作落脚点，也是纺织工人为建设纺织强国建功立业、劳动竞赛的主阵地和主战场。加强纺织班组建设，弘扬协作精神直接关乎企业管理质量、产品质量、服务质量、安全生产及经营目标的完成，也关系企业发展战略、发展规划和发展举措的具体实施。纺织工业通过开展创新型班组推介等活动，促进一批具有创新精神和高素质、高技能人才队伍脱颖而出。2019年11月，习近平总书记对咸阳纺织集团赵梦桃小组亲切勉励，希望大家继续以赵梦桃为榜样，在工作上勇于创新、甘于奉献、精益求精、争做新时代的最美奋斗者，把梦桃精神一代一代传下去。

六、纺织工业的艺技融合与美育精神

作为母亲工业的纺织工业，饱含着深厚的历史积淀，丰富的文化资源和前沿的时尚魅力，是最具有“历史传播力、文化附着力、时尚影响力”的行业之一，亦是先进科学技术与审美感知高度融合的产业，体现出造福民生、艺工结合、美育传播、文化融合的独特属性。

纺织工业美学与纺织工业生产力提升密切关联，在纺织原料提炼、产品再造、流通管理、时尚创意、品牌塑造等方面均有所体现。“发现美、传播美、再造美”作为纺织全产业链工业美学，对提升纺织产品附加值，探索行业“物质消费”向“情感体验”转变，实施“产业提质、文化赋能、跨界融合”的创新路径具有重要时代意义。

（撰稿人：郑国峰）

2019/2020 中国纺织工业发展报告

2019/2020 CHINA TEXTILE INDUSTRY DEVELOPMENT REPORT

原料供求

2019年棉花市场回顾及2020年展望

中国棉花协会

2019年，全球经贸环境复杂，外部需求波动，我国棉花行业面临多种风险与挑战，全行业继续深化供给侧结构性改革，努力克服风险，产业运行基本稳定。从总体上看，棉花产量稳中略降，进口大幅增长，棉花需求有所下降，价格波动下跌，国家通过稳生产、去库存、增供给、降成本等多项产业政策保障了整个产业平稳、健康发展。

2019/2020年度，我国棉花产业呈阶段性回升态势，信心主要来源于世界经济稳中向好趋势与中国拥有的巨大消费潜力，但同时也要做好迎接世界经济不稳定性、不确定性增加，国内外形势复杂多变、外部压力增大等诸多挑战。稳产提质将是我国棉花产业未来发展的核心，消费将会稳定在750万～800万吨，产量维持在550万～650万吨，产业将以高质量为导向，健康、稳步发展。

2019年棉花供求基本形势

一、棉花供给

（一）全国棉花种植面积稳中略降，新疆占比继续扩大

据国家统计局数据显示，2019年全国棉花产量588.9万吨，同比减少21.3万吨，下降3.5%，见图1。其中，新疆棉花产量500.2万吨，比上年减少10.8万吨，下降2.1%，占全国产量的84.9%，同比提高1.2个百分点。全国棉花种植面积为5008.8万亩，比2018年减少22.8万亩，下降0.5%。分地区看，我国最大产棉区新疆的棉花种植面积比2018年增加73.8万亩，增长2.0%。其他棉区受种植效益和农业结构调整等因素的影响，棉花种植面积比2018年减少96.6万亩，下降7.5%。其中，长江流域棉区种植面积比2018年减少48.6万亩，下降8.7%。黄河流域棉区种植面积比2018年减少42.2万亩，下降6.2%。

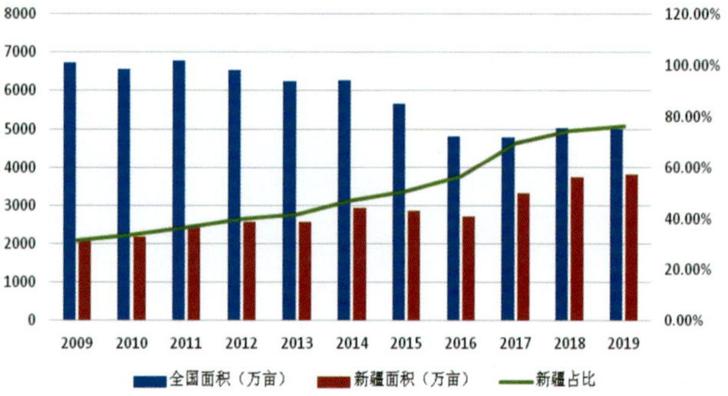

图1 近十年全国棉花种植面积变动

资料来源：国家统计局

（二）储备棉轮出有序进行，年底再启储备棉轮入

2019年储备棉轮出自5月5日开始，至9月30日结束，上市总量116.23万吨，成交总量99.62万吨，成交率85.71%，见图2。其中，新疆棉成交53.79万吨，占总成交量54.00%，成交均价为12794元/吨。地产棉成交45.83万吨，成交均价12444元/吨，占比46.00%；从成交价格看，成交均价为12633元/吨，折3128价格为13160元/吨。成交最高价为15930元/吨，成交最低价为10750元/吨。从企业类型看，本年度累计成交企业437家，其中纺织企业323家，成交58.74万吨；非纺织企业114家，成交40.88万吨。轮出期间，国内外棉价差减小，有效降低纺织企业用棉成本，进一步提高国产纱竞争力。

2019年12月2日，继2013/2014年度结束为期三

年的临时收储以来，时隔5年时间再度开启储备棉轮入工作。此次计划轮入新疆棉50万吨，到库价格采取最高限价方式，并设置内外棉价差800元/吨作为轮入工作的启停点。储备棉轮入将于2020年3月31日结束。截至12月31日，轮入实际成交3.7万吨，成交率仅为24.03%，成交最低价格为12879元/吨，最高价为13522元/吨，见图3。

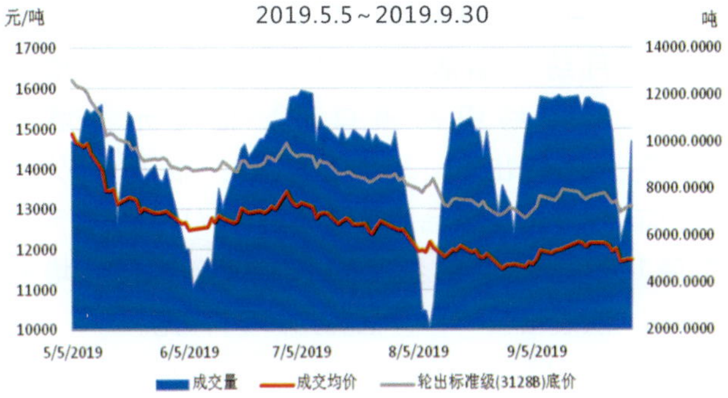

图2 2019年储备棉轮出成交量价情况

资料来源：中国棉花信息网

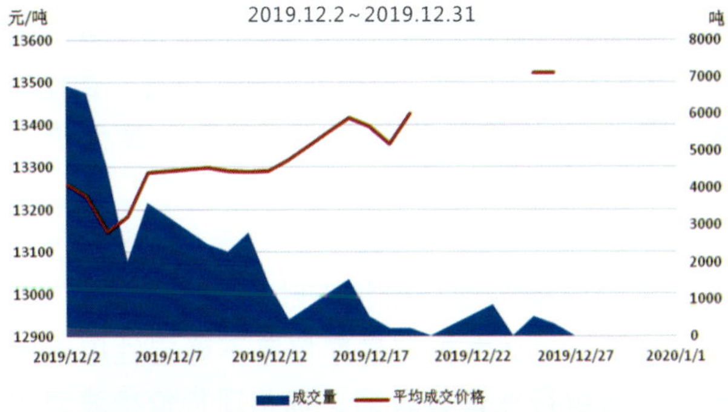

图3 2019年储备棉轮入成交量价情况

资料来源：中国棉花信息网

（三）我国棉花进口量增加，美棉占比大幅降低

为保障纺织企业用棉需要，2019年4月发放棉花进口滑准税配额80万吨。据海关统计，2019年全年我国累计进口棉花184.69万吨，同比增长17.4%，见图4。来源国仍以巴西、澳大利亚、美国、印度和乌兹别克斯坦为主，所占比率分别为27.34%、21.54%、19.49%、11.15%和4.19%，见图5。由于中美贸易摩擦反复，美棉进口份额大幅降低，由2018年占比的33%降至2019年的19.49%。以分贸易方式看，特殊监管区域物流货物、进料加工贸易、保税监管场所进出境货物和一般贸易所占比率分别为28.77%、12.12%、25.64%和33.33%。

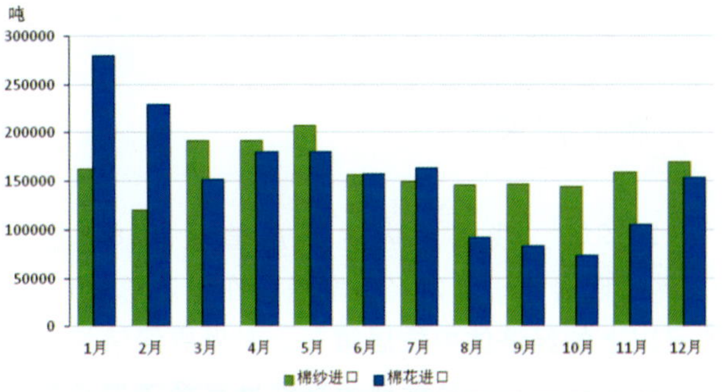

图4 2019年棉花、棉纱进口量

资料来源：中国海关

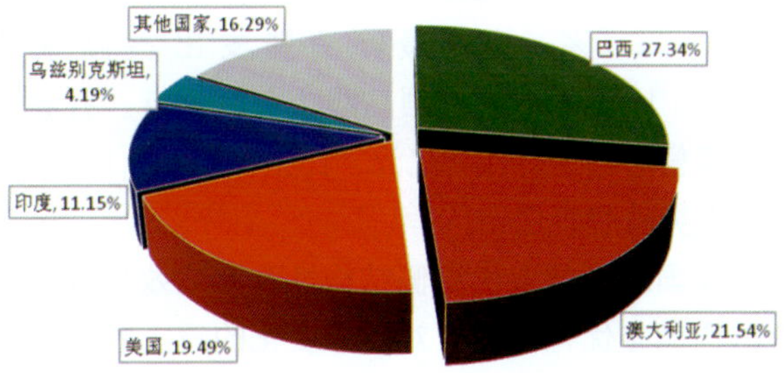

图5 2019年中国棉花分国别进口进口情况

资料来源：中国海关

（四）全球棉花产量大于需求

根据美国农业部2020年2月发布的报告，2019年度，全球棉花产量扩大至2642万吨，比2018年增加2.32%；消费量达2591万吨，比2018年下降1%；产大于需51万吨；期末库存消费比为69%，比2018年扩大2个百分点。从主产棉国看，印度产量明显上涨，为642万吨，较2018年增加14.2%；中国产量593万吨，比2018年下降1.8%；美国产量扩大至438万吨，较2018年增加9.5%；巴西棉花产量277万吨，较2018年下降2.1%。全球棉花贸易量预期947万吨，为自2012/2013年度以来最高。其中出口

主力为美国和巴西，进口以越南和孟加拉为主。除此之外，同样是消费大国的巴基斯坦和土耳其的减产也使得棉花进口量有所增加。全球期末库存量预期1788万吨，为自2016/2017年度以来最高。中国棉花产量和消费量分别占全球的22.50%和31.51%。

二、棉花需求

2019年，我国国内生产总值比2018年增长6.1%，明显高于全球经济增速，在经济总量1万亿美元以上的经济体中位居第一。对世界经济增长贡献率在30%左右，持续成为推动世界经济增长的主要动力源。我国内需结构持续改善，在国际环境复杂、外部需求波动的情况下，内需特别是消费对于稳定经济运行作用明显。2019年内需对经济增长贡献率为89.0%，其中最终消费支出贡献率为57.8%，比资本形成总额高26.6个百分点。社会消费品零售总额达411649亿元，比上年增长8.0%，规模首次突破40万亿元。

我国纺织行业供给侧结构性改革成效显现，供给结构调整优化，行业对需求变化的适应性和灵活性持续提升，总体来看，行业运行呈稳步回升态势。中国棉花协会预计，2018/2019年度我国棉花消费量为807万吨，较上年减少48万吨，降低5.6%，2019/2020年度我国棉花消费量为802万吨，较上年持平略减。

（一）棉纺织行业运行有波动

2019年，我国纺织市场整体表现冷淡，前三季度纺织企业开工率一直处于较低水平，9月进入纺织行业传统旺季，市场整体有所回暖，之后受中美贸易磋商进展影响，市场行情好转，纺纱企业补库积极性有所提高，棉花库存整体上升。截至12月31日，纺织企业棉花库存量为73.3万吨，同比减少13.77万吨。其中：16%的企业减少棉花库存，43%增加库存，41%基本保持不变。目前，我国化纤与棉花价差较大，主流黏胶纤维价格在9792元/吨，每吨低于棉花3000元，对棉花的替代性较大。

（二）纺织品服装出口受影响

受中美贸易摩擦影响，我国纺织品服装出口遇冷。随着中美达成第一阶段协议的利好预期，2019年12月纺织品服装出口迅速拉升。据海关统计，12月纺织品服装出口249.5亿美元，增长7.9%，其中纺织品出口110.1亿美元，增长11.4%，服装出口139.5亿美元，增长5.4%。2019年1～12月纺织品服装累计出口2715.7亿美元，下降1.9%，其中纺织品出口1202亿美元，增长0.9%；服装出口1513.7亿美元，下降4%。

三、2019年国内外棉花价格走势

2019年，国内外棉花市场价格下跌，内外棉价差波幅加大。年内，国内棉花期现货价格下跌。国际市场价格波动加大，阶段性出现内外棉价倒挂现象，全年内外棉平均价差为1020元，最大价差2744元，最小价差0.19元。

（一）国内棉花现货价格下跌

2019年，受中美贸易摩擦等不确定性因素的影响，纺织行业运行转弱，棉花现货价格波动明显。5月6日，美国单方面宣布将于5月10日起对中国出口美国2000亿美元的商品加征25%关税，随着中国反制措施出台，美国宣布继续将对3000亿美元商品加征关税，市场对此反应强烈，郑棉期货出现连续跌停，最低跌破13000元/吨，创近三年新低，现货价格跟随大幅下跌。6月中旬以后，中美经贸关系释放相对积极的信号，期现货价格小幅反弹，价格涨跌互现，波幅有所放缓，见图6。

中国棉花价格指数CCIndex（3128B），2019年初走势平稳并小幅上涨，至4月23日价格为15706元/吨达到全年最高价，10月4日全年最低价为12598元/吨。

年底，纺织企业需求好转，棉花现货价格平稳回升，全年平均价格为14212元/吨，同比下跌10.50%，见图6。

图6 2019年国内外棉花价差走势

资料来源：中国棉花协会

2019年，内外棉价差受棉花价格波动而起伏震荡。年初，中国进口棉价格指数（FC Index M）1%关税下折人民币价格为14014元/吨，上涨至4月9日达全年最高点14681元/吨，之后价格震荡下降至8月27日全年最低价12092元/吨，降幅约为17.6%。9月，国外棉花市场价格回升，10月内外棉价差倒挂，全年内外棉价差波动范围为−484～2635元/吨，平均价差为864元/吨，较上年增大93元左右。

（二）郑棉期货成交活跃

2019年，国内棉花需求下降，价格下跌，棉花加工企业为了避免风险，多采取在期货市场点价交易，期货交易总体活跃，成交量较上年增长，主力合约单日成交量均超过10万手，全年日平均成交量为41万手，最高单日成交量达145万手。郑棉期货价格4月中下旬出现大幅下跌，8月以后走势趋于稳定，全年价格在12000～16000元/吨区间震荡，年末主力合约结算价格为13985元/吨，低于年初近1000元/吨，全年均价为13874元/吨，同比下降12.76%，见图7。

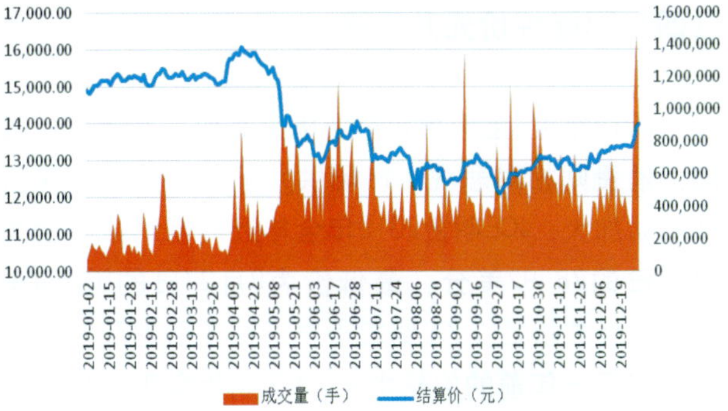

图7 2019年郑棉主力合约量价变化

资料来源：郑州商品交易所

（三）棉花收购价格同比回落

2019年棉花收购加工以来，加工进度较快，质量和收购价格均有所下降。9月下旬由于纺织市场需求不旺，加工企业籽棉收购偏于谨慎，开秤率和收购量较低，新疆手摘棉开秤价在5～6元/公斤；机采棉开秤价为4.88元/公斤。10月，随着新疆机采棉大规模采摘，收购加工进度迅速上升，12月底收购加工基本结束。全国400型棉花加工企业3128级籽棉平均收购价格为5.56元/公斤，同比下降18%，见图8。分区域看，新疆棉花采摘期集中，加工也早于2018年结束，平均收购价格为5.47元/公斤，同比下降19.1%；12月底，内地加工也进入中后期阶段，籽棉收购量有所增加，平均收购价格为5.91，同比下降14.5%，由于价格低于2018年，棉农惜售心理较重。

图8 2019年9～11月新疆棉花收购价格变化

资料来源：中国棉花协会

（四）国际棉价先升后降

2019年度，全球棉花市场极为宽松，产量明显增加，消费则相对悲观，市场供大于求，国际棉花价格波动加大。ICE期货2019年全年近期合约最高价为4月8日的78.92美分，最低价为8月27日的57.54美分。几经波折后，ICE期货于岁末重新回到70美分附近，接近一年前的价格水平。ICE期货全年平均价为67.18美分，同比下跌14.95美分，跌幅18.20%，见图9。年初Cotlook A指数持续震荡上行，至4月9日达到全年最高价88.35美分/磅，之后震荡下行，并于9月4日跌至全年最低点69.2美分/磅，下跌2.5美分/磅，年平均价格77.8美分/磅，同比下跌14.9%，见图10。

图9 2018～2019年ICE近期合约价格走势

资料来源：中国棉花协会

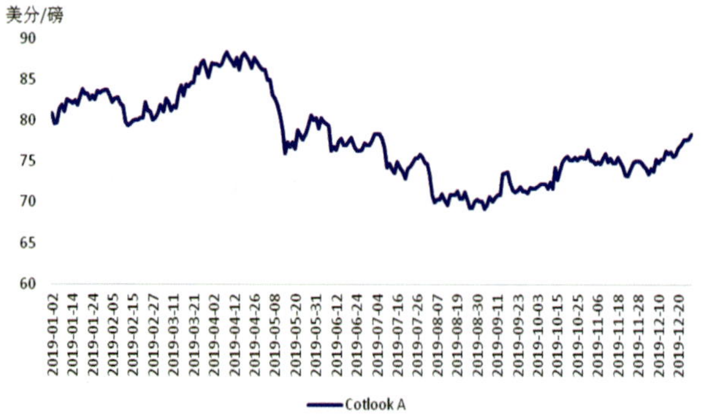

图10 2019年CotlookA指数走势

资料来源：Cotlook官网

2019年棉花产业的宏观环境

一、继续深化棉花目标价格改革

2019年，新疆继续深化棉花目标价格改革，稳定了新疆棉花种植面积，保障棉农收益。政策逐步完善，在市场为资源配置决定性作用的条件下，合理引导了棉花生产、流通、消费，促进了产业上下游协调发展。同时，积极探索开展补贴与质量挂钩棉花追溯系统试点，促进新疆棉花优质稳定发展。

二、储备棉轮换提质

2019年4月23日，有关部门发布公告，为优化中央储备棉结构，确保质量良好，对部分中央储备棉进行轮换。轮出时间为2019年5月5日至2019年9月30日期间的国家法定工作日；总量安排100万吨左右，实行均衡投放，原则上每个工作日挂牌销售1万吨左右；挂牌销售底价随行就市动态确定，原则上与国内外棉花现货价格挂钩联动，由国内市场棉花现货价格指数和国际市场棉花现货价格指数各按50%的权重计算确定，每周调整一次。

2019年11月14日，国家粮食和物资储备局与财政部发布公告，为加强中央储备棉管理，进一步优化储备结构、提高储备质量，决定轮入部分新疆棉，轮入时间为2019年12月2日至2020年3月31日的国家法定工作日；轮入总量50万吨左右，每日挂牌竞买7000吨左右；轮入期间，当内外棉价差连续3个工作日超过800元/吨时，暂停交易；当内外棉价差回落到800元/吨以内时，重新启动交易；轮入的棉花为2019/2020年度生产加工且已纳入新疆棉花专业监管的锯齿细绒棉，要求每批颜色级白棉1、2、3级，长度级28mm及以上，马克隆值级B级及以上，断裂比强度中等及以上。

三、棉花配额税率优惠，进口量大幅增加

2019年4月，国家发展改革委员会发布《关于2019年棉花关税配额外优惠关税进口配额申请有关事项的公告》，确定2019年发放80万吨的棉花关税配额外优惠关税税率进口配额，全部为非国有贸易配额。2019年发放的80万吨滑准税配额适用新的滑准税率计算公式。新的滑准税税率相当于给进口棉关税下调0～2个百分点的税率。新滑准税下最多可比原来降低297元/吨成本。

四、中美第一阶段经贸协议达成

自2018年7月16日至今，中美双方谈谈打打，历尽波折。尤其是2018年5月9日，美国宣布对2000亿美元中国输美商品加征的关税上调至25%。对我国棉花产业造成较大影响。随着2020年1月15日中美第一阶段经贸协议的签署，市场情绪趋于乐观，对我国棉花产业具有提振作用。

五、内地九省启动棉花“专业仓储监管+在库公证检验”

为了保障内地棉花生产，2019年决定在内地九省（河北省、甘肃省、山东省、河南省、湖北省、湖南省、江西省、江苏省、安徽省）棉花主产区开展棉花“专业仓储监管+在库公证检验”工作。内地植棉户将籽棉交售至经公示后的棉花加工企业，由定点棉花加工企业加工后集中将皮棉送至专业监管仓库保管，并由专业纤维检验机构按照国家标准和技术规范，对纳入监管的棉花实行在库重量公证检验，逐包抽取样品进行仪器化公证检验。相关籽棉的收购加工和皮棉的出入库、公证检验等信息统一接入“棉花信息采集和应用管理平台”（以下简称“信息平台”），实现从籽棉收购、加工到皮棉入库、公检等环节的全程规范监管。该项工作开展将有助于内地植棉面积的恢复。

2020年棉花市场展望

2020年，世界经济增长持续放缓，虽然中国经济稳中向好、长期向好的基本趋势没有改变，但棉花行业面临的压力仍然较大。预计市场需求稳中略降，供给总体充裕，产需缺口与2019年度基本相当。据中国棉花协会预测，2019/2020年度棉花消费量为802万吨，同比减少5万吨，全国植棉意向面积为4557.48万亩，同比下降5.36%。其中：新疆棉农种植意向同比下降4.88%；黄河流域同比下降8.12%；长江流域同比下降5.30%。

影响棉花市场的主要因素有：一是中国纺织行业经过几年调整，一些竞争能力不强的纺织企业已经关停，目前仍在运行的企业总体实力较好，对市场适应能力较强，中国纺织行业仍然具有一定优势；二是目前中美经贸磋商达成并签署第一阶段协议，将在一定程度上提振棉花消费，但美国限制采购和使用新疆棉及棉制品，将使国内棉花市场和纺织企业受到严重影响；三是新疆棉花目标价格深化改革第一轮结束，2020年将继续深化完善，预计新疆棉花生产变化不大，同时内地九省开展棉花“专业仓储监管+在库公证检验”政策将对内地植棉面积恢复起到一定促进作用；四是储备棉轮入轮出数量以及进口棉配额政策将对国内供给产生一定影响。

（撰稿人：王　超）

2019年羊毛市场回顾

南京羊毛市场

国际市场波动对国内羊毛供求的影响

2019年，中美贸易摩擦、英国退欧、全球经济放缓，让消费者勒紧了裤腰带……一系列的连锁反应让涨了四年的“羊毛”戛然而止。“黑色”八月让整个国际拍卖市场日落千丈，回落后便很快进入了“跌宕起伏”的新常态，图1为澳大利亚各品种羊毛价格心电图般的波动，让整个产业链摸不着头脑，尤其是贸易商和初级加工商，库存的不断贬值面临着巨额亏损。

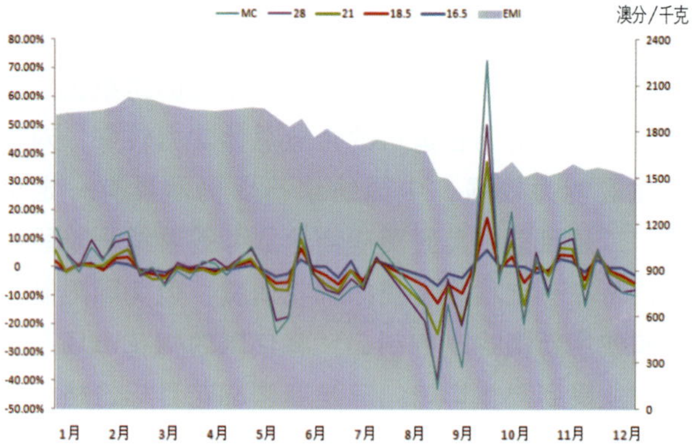

图1 澳大利亚各品种羊毛价格波动图

注 以每周澳洲价格指数环比计算涨跌变化

资料来源：AWEX

2019年，客户流失、订单同比下滑已经是所有纺织人的共识。就算有也不敢轻易接单，一做就亏，仅靠薄利勉强维持着。后道遇冷直接打压了前道的加工，一些毛条厂不得不减产甚至停产休假。寒潮来袭，纺织需求也进入冰冻期，资金不足，让价抛货也不能扭亏转稳。

截至2019年11月，我国进口原毛、洗净毛、毛条及其他精梳羊毛累计26.17万吨，同比减少24.9%，进口额（美元价）同比下跌25.1%，市场风险下大家都不敢贸然采购。同时，出口洗净毛及毛条累计2.97万吨，同比减少13.7%，外需市场也令人堪忧。

截至2019年11月，中国羊毛库存平衡表显示，目前国内羊毛库存高达9.95万吨，见表1。

对于生产型企业来说，库存是当下最大的问题，毕竟纱线、面料是没法当工资或者房租；而加工型企业面对年前这一个月时间面临两难选择：继续生产可是没订单；停产则是近两个月的人工、租金、折旧就全没了。

面临如此大的下行压力，全球羊毛产量仍在下跌，主要产毛国干旱持续，尤其是澳大利亚12月遇到了史上罕见的山火，气候持续高温，没有降雨缓解旱情的迹象。澳大利亚预测委员会数据显示2019/2020年度羊只存栏数将再次减少7.5%，减至6710万头，单只羊的收获重量也将减少1.7%，总体剪毛量下降9.2%。但另一方面，第25周AWEX拍卖报告上指出，2019/2020年度7～12月拍卖总供应量为727108包，流拍率15.3%，撤拍率10.2%，说明有相当数量羊毛进入下半年的拍卖。

南非羊毛市场

南非羊毛市场2019年也是一波三折。二月初口蹄疫的爆发，中国颁布了一系列禁止进口南非羊毛的公告，严重冲击了羊毛行业。随之而来的是，中国工厂不再购买南非毛，从而导致南非这段时间的价格大打折扣。直到2019年7月，新版中非健康证书允许南非羊毛恢复出口中国，但必须满足气温和存放时间等条件，导致出口商出现了巨大的现金流问题，市场风险每周都在增加，2019/2020年度的首拍一再延迟。

据南非羊毛局统计，2018/2019年度开始莱索托羊毛不再纳入拍卖系统销售（莱索托政府的决议），总产量预计同比下跌9%。2019/2020年度，南非羊毛产量预计为4.3万吨。

由于受中国春节假期对船期的影响，2019年最后一次拍卖推迟到2020年1月9日举行，以确保按时装船交货。开普羊毛美利奴指数年末收于169.17兰特/公斤，同环比年初下跌21.8%，见图2。

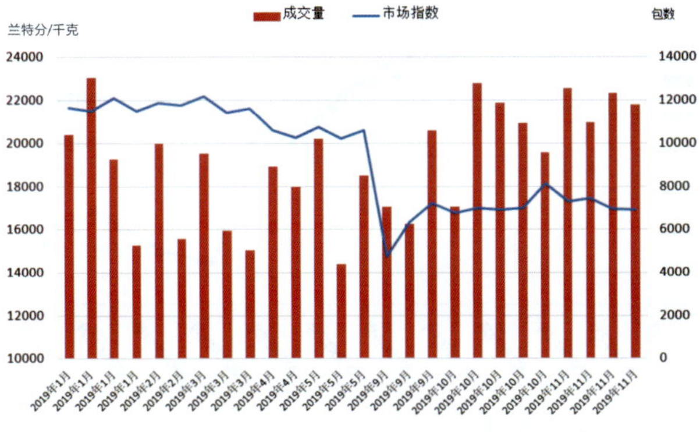

图2 南非开普羊毛美利奴价格指数

资料来源：Cape Wool SA

澳大利亚和新西兰羊毛市场

2019年羊剪绒大衣在没有市场新热点的情况下，成为一匹“黑马”，带来了原料价格的一轮小高潮。除了正规的乌拉圭毛条58S一度断货，杂交毛市场也随着全民羊剪绒的热潮一路上涨，T423、T424美元价分别从年初涨至四月年内最高参考价$10.32、$8.78，环比年初分别上涨了27.1%、48.5%，见图3。但随之而来的是中美贸易摩擦、昆山失火等一系列黑天鹅事件，需求一路降至冰点，前期生产的纱线成为库存，年末美元参考价又跌回年初价格。

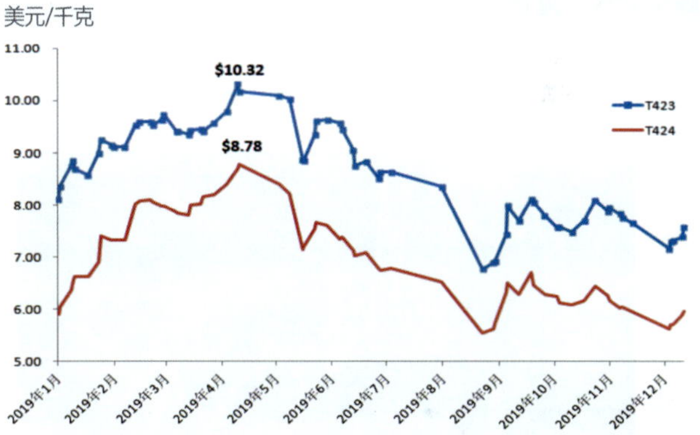

图3 澳大利亚杂交毛美元价格走势

资料来源：AWEX

表1 中国羊毛库存平衡表

单位：吨

		2016年	2017年	2018年	2019年1～11月
供给	进口量（原毛、洗净毛、毛条及其他精梳羊毛）	319,082	347,934	368,379	261,666
	中国国毛产量（服装用细支毛40%洗净率折算）	51,666	51,168	47,156	45,358
	国内其他羊毛产量（皮剪毛、灰褪毛等，主要集中在焦作隆丰集团及河南桑坡地区）	25,057	26,035	28,243	27,416
需求	消费量	351,874	395,523	381,684	268,421
	出口量（洗净毛及毛条出口量）	39,214	35,893	37,966	29,670
库存	期末库存（截至12月底）	45,313	39,034	63,162	99,511

资料来源：国家统计局、中国海关、南京羊毛市场会员企业

一直沉寂的新西兰市场，自2019年初以来价格稳步上涨，这并不是因为有新产品的带动。而是面对高企的澳毛价格，对于含毛比例不高的产品，可以通过工艺处理，与化纤混纺，让粗支毛也可以变得柔软亲肤。加上市场对混纺羊剪绒产品的开发投产，T100/107新西兰毛需求在增加，3/4月份短期内价格涨幅近30%。

但由于中美贸易战加剧，美国是我国地毯对外出口的主要市场之一，地毯出口企业遭受了一次严重的“考验”。新西兰杂交毛价格从五月之后震荡下跌，市场再无热销产品，需求低迷，杂交毛价格指数年底下跌至271新分/公斤，环比年初开拍价下跌6.5%，见图4。

单位：新分/千克

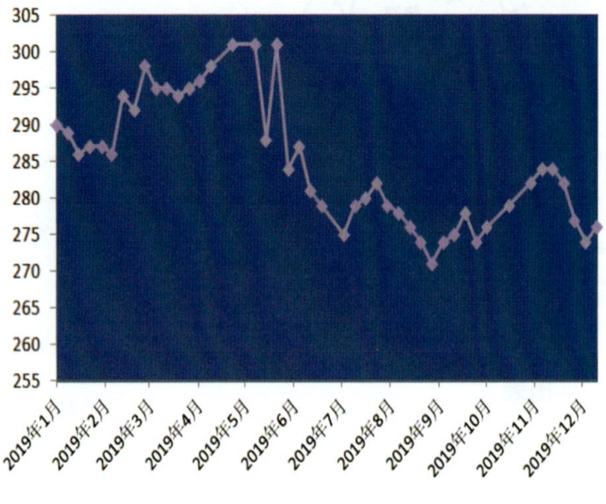

图4 新西兰粗支毛价格指数

资料来源：New Zealand Wool Services International Ltd

国内南京羊毛市场

2019年整体来看，国内纺织服装消费表现出“旺季偏淡，淡季更淡”的情况，销售有所下降、利润也在走低、库存上升成为目前纺织老板最头疼的问题。刚进入下半年不少中小企业已经为应收款和不断增加的库存发愁，只能通过降低利润或者开工率缓解当前生产与经营的矛盾和困难。

南京羊毛市场综合价格指数收于7279分/公斤，同比下跌15.5%，见图5。从各品种分指数来看，2019年国毛条同比下跌超30%，国毛66S精纺用的基本没有库存，粗纺用的还有。但国毛64S无人问津，2019年和2020年的大概有千吨都在仓库中跌价。其次是澳毛自梳条指数同比下跌了21.6%，见表2。

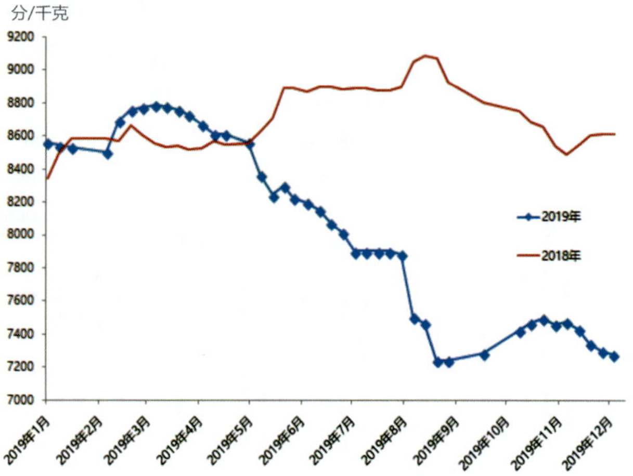

图5 南京羊毛市场综合价格指数

资料来源：南京羊毛市场

之前一直不被看好的双面呢，市场启动虽然较迟，但从11月开始销量明显有所提升，对于双面呢来说，2019年的暖冬正是适合双面呢的温度。正是因为前期预测需求看低，再加之库存积压、市场饱和等因素，迫使很大一部分厂家退出双面呢市场。这样一来，经过行业洗牌，留下了真正有研发能力的厂家，无论行情如何低迷，市场对这类产品的需求依旧存在。况且双面呢在经历过重创后，工厂生产更加谨慎，对产品的档次也有所提升，注重创新、迎合市场、宁缺毋滥。尤其一些品质较好的双面呢面料受到消费者的青睐。

2020年，疫情之下羊毛产业将面临“优存弱汰”，全球疫情的爆发一方面会造成企业生产延后、出口订单大批取消、开工不足、资金周转困难等一系列问题；另一方面，全国的服装市场销售的

表2 南京羊毛市场各品种分指数

单位：元/千克

品种	2019年12月	平均环比(2019年11月)	同比(2018年12月)
澳原毛	104.18	−0.89%	−16.43%
澳毛自梳条	106.52	−2.95%	−21.60%
澳炭化毛	66.60	0.00%	−18.43%
新原毛	20.17	−2.27%	−7.65%
新洗净毛	21.55	−1.10%	−11.86%
新毛自梳条	43.00	−2.36%	−3.03%
乌拉圭毛条	48.88	−2.75%	−11.59%
国毛条	76.63	−3.36%	−31.15%

资料来源：南京羊毛市场

产品库存会大量积压。2019年羊毛生产企业承压，2020年开局受挫，这都将加速国内羊毛企业的分化，具有资金实力、抗压能力强的企业继续生存下去，而没有资金实力、经营能力弱的企业将会被淘汰出局，呈现“优存弱汰”的格局。

（撰稿人：蒋雅丽）

2019年涤纶市场回顾及2020年展望

浙江华瑞信息资讯股份有限公司
中国化纤信息网

2019年PX市场运行分析及2020年展望

一、2019年亚洲PX市场简要回顾

2019年PX价格总体下跌：全年PX价格较年初下跌88美元/吨，跌幅9%。绝对价格上，3月初达到最高的1132美元/吨(CFR)，9月初跌至最低点的778美元/吨(CFR)，跌幅超过30%。PX年度均价为900.5美元/吨(CFR)，较2018年年均价下跌近16%。

具体看，1～2月价格震荡偏强，3～6月呈现明显快速下跌走势，下半年走势虽仍然偏弱，但跌速放缓，特别是9月份之后，总体以弱势窄幅震荡为主。12月，PX受成本推动，价格有小幅反弹，见图1。

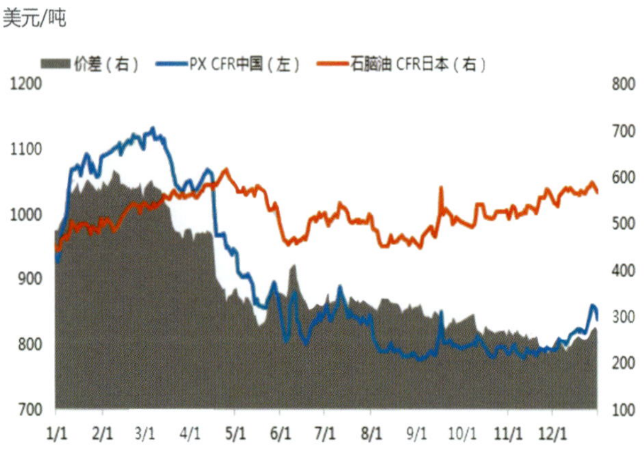

图1 2019年PX—石脑油价格走势和两者价差对比

资料来源：华瑞信息

二、2020年亚洲PX市场格局前景展望

2019年是中国PX产能快速扩张的一年，其对全球PX的影响也已经显而易见，中国PX进口依存度下降，全球PX效益明显压缩。中国PTA企业压缩自身原料备货周期。

对于2020年，从新增产能对比看，中国PX实际新增产能预计在380万吨/年（但浙江石化200万吨/年在2019年12月投产，在2020年1月计入产能，所以体现在2020年的产能数据上可能为580万吨/年），除了浙石化第二条线的200万吨/年在年初之外，另外180万吨/年预计在2020年的四季度投产。2020年的PTA产能新增明显高于PX，目前理论PTA产能新增可能高达1600万吨/年以上，不过除了620万吨/年集中在上半年投产之外，其他1000多万吨/年主要集中在2020年的四季度。考虑到2020年实际需求增速较低，以及效益偏低，实际考虑PTA新增可能在840万吨/年左右。所以，从新增产能对比上看，PX再度落后于PTA。

但是从产量释放来说，2019年国内新增产能，特别是浙江石化和恒逸文莱的产量均将在2020年进一步顺利释放，预计2020年PX的产量仍保持较高增速。并将进一步挤占其他的进口市场份额。

如果再从偏下游的聚酯角度看，2019年中下游仍旧处于累库存阶段，支撑了聚酯9.8%的产量增速。而对于2020年，鉴于全球经济增速以及国内下游库存水平等因素，预计2020年的聚酯产量增速在5.6%附近。2019年聚酯产量增加450万吨，对应PX需求252万吨左右；而2020年聚酯产量增量预计在280万吨左右，对应PX需求160万吨左右。如果浙石化开车顺利，即使只考虑浙石化自身的产量增长预计已经满足。此外，考虑到恒逸文莱，甚至恒力石化的产量增加，2020年PX依旧是竞争继续加剧的局面。在此背景下，PX加工差预计将维持在较低水

平。因此，2020年PX工厂开工波动率增加也将继续成为大概率事件，甚至不排除部分PX装置关停甚至退出市场。当然由于2020年PTA也将进入过剩局面，预计聚酯产业链各环节的效益均会有不同程度压缩，行业的开工波动率和行情波动频率将会增加。

2019年PTA市场运行分析及2020年展望

一、2019年PTA市场运行回顾

2019年PTA价格震荡下行，见图2。一季度随着宏观向好、装置检修提振，从1月初的6000元/吨附近上涨至4月的6800元/吨；5月开始随着检修装置重启以及聚酯需求走弱，PTA从6600元/吨快速下降至5500元/吨附近；6月下游抄底心态、中美贸易释放利好消息，PTA价格上冲至6800元/吨偏上水平；7月以后受终端拖累以及供应量扩张预期，PTA价格下行。12月PX价格上涨，成本支撑推动下，PTA价格小幅推涨。

图2 2019年PTA内外盘现货价格

资料来源：华瑞信息

2019年，国内PTA加工差平均值为1018元/吨左右，相较于2018年年均938元/吨的加工差，提升80元/吨左右，PTA的盈利水平延续回升势头。2019年的PTA效益延续2016年以来的回升趋势，但是拐点已经出现，四季度以后PTA的效益出现了较大幅度下滑。四季度PTA新增产能增加，下游聚酯产能投扩推迟，社会库存上升成为PTA效益下滑的主要利空。

二、2020年中国PTA市场展望

2020年，国内PTA新增产能增速加快，从实际产量贡献度上看，主要是恒力四期、五期以及新凤鸣一期的产量；中泰的新投可能一定程度上会影响西南其他工厂的负荷，所以，2020年实际有效供应量可能在其产能基数上会有一定折扣；新凤鸣二期、福建百宏、虹港石化的装置预计在2020年末前后投产，且实际投产进度仍需根据工程进度衡量，带来的年内供应量增加有限。总体来看，预计2020年PTA产量增速在7%左右；而对于2020年的聚酯产量，预计产量增速在5.6%。因此，供需上看，2020年PTA会逐渐累库存。

加工差方面，2020年来看，由于新技术的投入，综合加工成本下降，另外，在供应压力增加的情况下，不排除出现阶段性低值，2020年整体PX装置增速放缓，考虑上下游投产的时间点，预计呈现先弱后强再走弱的情况，三季度可能稍高，评估2020年年均PTA加工费多在400～600元/吨。

产能利用率方面，2020年PTA的开工负荷将出现下滑。随着新装置的投产，在加工费压缩预期下，部分成本偏高或者原料供应不稳定的企业开工稳定性存在一定的变数。

进出口方面，PTA企业将继续拓展出口渠道，来缓解国内PTA供应压力，扩大消费市场，提升企业竞争力。预计2020年出口量会缓步增加，进口量或呈现一定幅度的压缩。

按照中纤网评估，2020年终端聚酯需求增长率预估在5.6%左右，2020年聚酯总产量预计在5305万吨，对于PTA消耗量在4536万吨，综合考虑DOTP、PTT以及涂料行业等领域的需求增长，并考虑进出口格局预计出口小幅增长，预估2020年国内PTA总需求量在4686万吨左右。供应量按照4800万吨预测，同时预计2020年PTA净出口会增加，预计在20万吨左右，则全年PTA社会库存累库90万吨左右。

2019年MEG市场运行分析及2020年展望

一、2019年MEG市场运行回顾

年内市场价格宽幅震荡为主，见图3。乙二醇整体走势贴合基本面逻辑，上半年，乙二醇价格重心高位回落，显性库存高企以及远月投产承压明显。下半年，乙二醇现实偏紧与弱势预期相博弈，价格重心宽幅震荡。

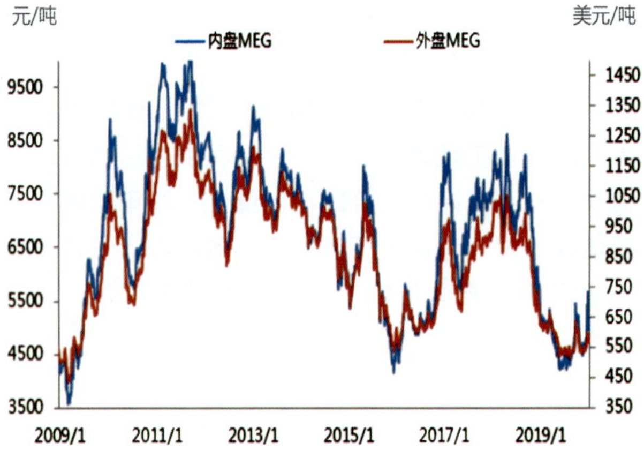

图3 2009～2019年MEG内外盘价格

资料来源：华瑞信息

2019年度国内MEG产量约780万吨附近，进口总量约995万吨，表观需求量约1774万吨。2019聚酯全年产量累计在5025万吨，聚酯对乙二醇需求在1683万吨，同比2018年增幅为9.8%左右。非聚酯方面，2019年国内非聚酯对乙二醇的需求为116万吨，同比2018年小幅增加。

当前我国乙二醇的消费主力仍集中于聚酯，聚酯消费量约占MEG总量的93.6%；另有不到十分之一的量用于防冻液、不饱和树脂、聚氨酯等其他领域。2019年我国对乙二醇的总需求量约为1799万吨。

二、2020年MEG市场展望

2020年，国内外计划投放的乙二醇产能累计达876.8万吨/年；其中国内计划新增产能约649万吨/年（其中294万吨/年为合成气制装置，355万吨/年为一体化装置），国外计划新增产能约227.8万吨/年。2019年国内外投产中按生产工艺分，合成气制法产能为294万吨/年，约占33.5%；乙烯制法产能为582.8万吨/年，约占66.5%。

供应端方面，2020年国内MEG供应量仍将维持较高的增速，预计供应增速在25%～26%附近。

从国产供应角度来看，2020年国内MEG产量仍将维持高速增长，主要的增长来自大型炼化一体化项目，如恒力石化180万吨/年，浙石化75万吨/年，中化泉州以及中科的MEG装置。此外，煤制乙二醇装置也将提供一部分产出，例如，内蒙古兖矿，新疆天业等装置。预期来自于新装置的产量增量有265万～275万吨/年附近。此外，装置检修引起的产量变动同样值得关注。2019年，国内乙二醇价格重心大幅回落，国内装置减停产动作明显，其中合成气制产量单月收缩量在10万吨/月附近。随着2020年乙二醇绝对产能的集中释放，因低价带来的装置减停产动作或将加剧。预计来自EO/EG切换，装置减停产带来的产量持续缩量在75万～85万吨/年附近。总体而言，2020年乙二醇年度产量在975万～985万吨/年附近。

从进口供应角度来看，2020年国外装置投产释放较为集中，共计约228万吨/年装置将投产运行。当然，其中JUPC3装置计划于2020年底投料试车，整体供应量较难体现。但是2019年四季度投放的MEGLOBAL75万吨/年的装置将基本作为新装置释放供应。预计2020年MEG进口量在1050万吨/年附近，MEG对外依存度将维持在小幅回落。此外，随着国内外供应的快速扩张，需求方选择货源的过程中更倾向于国产货源，未来美元内外盘价差或将长时间形成顺挂。

需求方面，2020年投产的聚酯装置将在508万吨/年附近，聚酯产量增幅预计在5.6%附近，对MEG的需求增量90万～95万吨/年附近；非聚酯环节对MEG的需求增量约为10万吨/年。若聚酯产量同比增速达到5.6%，则全年MEG供应过剩，若传统装置顺利投产，下半年MEG供应压力或将加剧，此外，关注聚酯环节投产进程，剪刀差格局下供需将有所改善。

从价格的角度来看，2020年乙二醇产能持续投放过程中，同时，大炼化项目的投产带来的供应冲击将明显高于往年的煤制装置。全年供需格局来看，乙二醇过剩预期较为明显。供应压力下，乙二醇价格重心将表现走低，现金流将再度压缩。

2019年聚酯市场运行分析及2020年展望

一、2019年聚酯市场运行情况

2019年聚酯市场整体运行良好，但随着新产能大量释放，以及国内外经济形势持续向弱，贸易争端反复，导致终端需求增速放缓，聚酯环节自身基本面逐步走弱，各产品效益呈下滑态势。从价格走势来看，2019年总体表现前高后低，上半年，终端需求良好配合宏观环境阶段性改善，聚酯产品价格延续高位区间运行；进入下半年，上游大幅扩能预期以及宏观面持续走弱下，聚酯市场心态逐步恶化，价格不断下跌创新低，见图4。

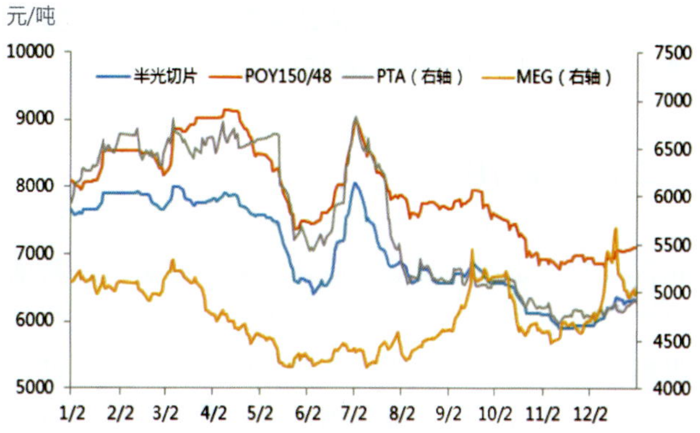

图4 2019年聚酯市场产品价格走势

资料来源：华瑞信息

二、2020年聚酯市场展望

2020年，中国聚酯产业继续处于投产高峰期，新投产能涵盖涤纶长丝、涤纶短纤和聚酯瓶片、切片、工业丝、薄膜等各个领域。按照目前的预报和规划，2020年包括小聚酯在内计划有22套新聚酯装置投产，总共涉及产能大约500多万吨/年，其中预报涤纶长丝的配套产能将有205万吨/年，聚酯瓶片的配套产能达到145万吨/年，涤纶工业丝级切片的配套产能有60万吨/年，涤纶短纤的配套产能在50万吨/年左右，其余为其他类切片和薄膜。预估2020年新投聚酯产能在508万吨/年左右，产能增速在9%左右。

（一）涤纶长丝

2020年，涤纶长丝行业景气度势必较2019年下滑，产能大量投放与下游加弹机增量下滑和需求端增速放缓让供需矛盾进一步加剧，平均库存将上升，效益将下滑。当然，由于上游聚酯原料大幅度扩张导致成本的下降，可能部分会让利于聚酯，因此，涤纶长丝的效益虽然会有所下滑，但总体也不至于太差。从各产品看，FDY和工业丝2020年会相对困难，需要关注新产能投放的进度，或许可能会有装置延迟投产的情况出现，POY依旧是各产品中相对亮眼的一个，而DTY预计维持2019年的趋势，加工差方面或大部分时间被压制。

（二）聚酯切片

2020年聚酯切片市场面临一定压力，市场供需格局或有所走弱。虽然供应端来看，聚酯切片新增产能仍然有限，但由于终端需求走弱，加之近两年聚酯产能持续扩张，产业链景气度周期高峰已过，产业上下游效益均面临压缩。从2020年装置预报来看，计划仍有约500万吨/年新聚酯产能，虽然纯切片方面，有6套合计88万吨/年装置投产，但由于后道大部分有工业丝或者薄膜配套，实际对于现货市场影响相对有限，而供应端的主要压力依然来自聚酯新装置投产初期的瞬间切片产量或者其余侧切产量。另外，从需求端来看，由于宏观面持续偏弱，聚酯下游增速放缓，各产品效益压缩的情况下，对于切片纺来说，或将面临一定困境。

（三）聚酯瓶片

2020年，国内瓶片新产能投放较为集中，且主要安排在上半年，总计145万吨/年，总体而言，2020年供应压力预计仍将有所增加，进而限制价格上行空间。出口方面，2019年出口量增长主要基于2018年四季度的新订单大幅增长，但后期随着中国聚酯原料成本表现相对坚挺，中国聚酯瓶片出口价格在2019年下半年优势丧失，订单量明显下滑。2020年，区域性反倾销案件预计会陆续增加，部分地区需求将会受到抑制，不过，因上游聚酯原料装置投放较多，原料成本优势或有所体现，因此，预计2020年中国出口量总体虽然可能会面临一定压力，但仍有一定增长。从工厂效益来看，由于上游原料成本大概率长时间处于低位附近，聚酯瓶片的利润状况预计可能维持相对良好状态，当然也要关注新产能投放进度的影响。

（四）涤纶短纤

2019年，直纺涤短新投产能逐步释放后，各产品竞争加剧，现金流被压缩，但因聚酯成本低廉，直纺涤短在挤占再生短纤、棉花及黏胶纤维方面表现亮眼，因此，整体市场承接消化能力尚可。2020年，直纺涤短仍有大量新投计划，以中空和纺纱用为主，直纺涤短在内部竞争加剧背景下将继续挤占其他产品份额。另外，涤短期货上市，将推动更多原料端贸易商加入，市场活跃度将加大。

（撰稿人：高建江　毛燕燕　沈银姣　何玲莉　郭杨承　沈建清）

服装设计师

FASHION CHINA

《服装设计师》杂志

由中国服装设计师协会主办，是刊载服装设计专业文章，国内外公开发行的期刊。每月25日出版，全年12期。每期零售价格25元，全年定价300元。

邮发代号：**82-463**
国内统一刊号：**CN11－4548／TS**

通过邮局汇款、银行转账或直接交款到服装设计师杂志社订阅，整订、零购或补订均可。

邮局汇款——地　址：北京市朝阳区酒仙桥路4号锅炉房正东集团院内B5号（100015）
　　　　　　收 款 人：服装设计师杂志社
银行转账——户　名：服装设计师杂志社
　　　　　　开 户 行：北京银行酒仙桥支行
　　　　　　账　号：01090332000120109059233

电　话：84562288－401/84563299（Fax）
邮　箱：fcmag@fashion.org.cn

CNTAC

2019/2020 中国纺织工业发展报告

2019/2020 CHINA TEXTILE INDUSTRY DEVELOPMENT REPORT

统计资料

国内统计

国内统计数据资料详见表1～表10。

表1 2019年国民经济主要指标
Table1 Main Indicators of National Economy in 2019

指标名称 Indicators	单位 Unit	数值 Value	比上年增长(%) Percentage Change over Previous Year
国内生产总值 GDP	亿元 100 million yuan	990865	6.1
规模以上工业企业实现利润 Gained Profit of Enterprises above Designated Size	亿元 100 million yuan	61996	-3.3
其中：国有及国有控股企业 State-owned and State-controlling Enterprises	亿元 100 million yuan	16356	-12.0
全部工业增加值 All Industrial Added Value	亿元 100 million yuan	317109	5.7
其中：规模以上企业增加值 Added Value of Enterprises above Designated Size	亿元 100 million yuan		5.7
其中：国有及国有控股企业 State-owned and State-controlled Enterprises	亿元 100 million yuan		4.8
股份制企业 Stock Enterprises	亿元 100 million yuan		6.8
外商及港澳台投资企业 Foreign, Hong Kong, Macao and Taiwan Invested Enterprises	亿元 100 million yuan		2.0
私营企业 Private Enterprises	亿元 100 million yuan		7.7
其中：采矿业 Mining and Quarrying	亿元 100 million yuan		5.0
制造业 Manufacturing	亿元 100 million yuan		6.0
电力、燃气和水的生产和供应业 Production and Distribution of Electricity, Gas and Water	亿元 100 million yuan		7.0
全社会完成固定资产投资 Total Fixed Assets Investment in the Whole Country	亿元 100 million yuan	560874	5.1
固定资产投资（不含农户） Fixed Assets Investment Excluding Rural Household	亿元 100 million yuan	551478	5.4
全年社会消费品零售总额 Social Consumable Retail Total Amount	亿元 100 million yuan	411649	8.0
全国居民消费价格指数 National Residents' Consumption Price Index	上年=100	102.9	2.9
全国城镇居民人均可支配收入 National Urban Residents' Disposable Income Per Capita	元 RMB YUAN	42359	5.0
全国农村居民人均可支配收入 National Rural Residents' Disposable Income Per Capita	元 RMB YUAN	16021	6.2
全年货物进出口总额 Imports and Exports Total Value	亿元 100 million yuan	315505	3.4
其中：出口总额 Export Total	亿元 100 million yuan	172342	5.0

续表

指标名称 Indicators	单位 Unit	数值 Value	比上年增长(%) Percentage Change over Previous Year
进口总额 Import Total	亿元 100 million yuan	143162	1.6
全年货物进出口差额 Favorable Balance of Imports and Exports	亿元 100 million yuan	29180	25.5
国家外汇储备 National Foreign Exchange Reserve	亿美元 USD 100 million	31079	1.1
广义货币供应量(M2)余额 Money Supply (M2) Balance in Broad Sense	万亿元 1,000 billion yuan	198.6	8.7
狭义货币供应量(M1)余额 Money Supply (M1) Balance in Narrow Sense	万亿元 1,000 billion yuan	57.6	4.4
流通中现金 (M0)余额 Balance of Cash (M0) in Circulation	万亿元 1,000 billion yuan	7.7	5.4
金融机构本外币存款余额 Home and Foreign Currency Balance of Deposits of Financial Organization	万亿元 1,000 billion yuan	198.2	8.6
全国总人口 National Total Population	万人 10,000 persons	140005	0.3
全年城镇新增就业人员 Urban Newly-increased Employees	万人 10,000 persons	1352	-0.7
城镇登记失业率 Urban Registered Unemployment Rate	%	3.6	-0.2 (百分点)

表2 2019年纺织工业经济指标完成情况汇总表（规模以上全行业）
Table2 Textile Industry Main indicators in 2019 (Enterprises Above Designated Size)

序号 Number	指标名称 Indicators	单位 Unit	本年累计 Current Year	去年累计 Previous Year	同比(%) Percentage Change over Previous Year
1	企业单位数 Number of Enterprises	户 household	34734	34734	
2	亏损企业数 Number of Loss-making Enterprises	户 household	5864	4643	26.30
3	亏损面 Proportion of Loss-making Enterprises	%	16.88	13.37	
4	营业收入 Operating Revenue	万元 10,000 yuan	494364484	501738746	-1.47
5	营业成本 Operating Costs	万元 10,000 yuan	433725742	440378126	-1.51
6	销售费用 Sales Expenses	万元 10,000 yuan	11262132	11369648	-0.95
7	管理费用 Management Expenses	万元 10,000 yuan	17598978	17649374	-0.29
8	财务费用 Financial Expenses	万元 10,000 yuan	5109636	5208711	-1.90
9	其中：利息费用 Interest Expenses	万元 10,000 yuan	4337955	4494314	-3.48
10	利润总额 Total Profit	万元 10,000 yuan	22514034	25481624	-11.65
11	亏损企业亏损额 Total Loss of Loss-making Enterprises	万元 10,000 yuan	2987685	2056102	45.31
12	资产合计 Total Assets	万元 10,000 yuan	406724292	403481203	0.80
13	其中：流动资产合计 Total Working Capitals	万元 10,000 yuan	222697361	218675092	1.84
14	其中：应收票据及应收账款 Trade and Bills Receivables	万元 10,000 yuan	56761473	58210367	-2.49
15	存货 Inventory	万元 10,000 yuan	59770808	60800187	-1.69
16	其中：产成品 Finished Goods	万元 10,000 yuan	29051594	28966562	0.29
17	负债合计 Total Liabilities	万元 10,000 yuan	224237161	223243537	0.45
18	出口交货值 Export Delivered Value	万元 10,000 yuan	70336069	72262714	-2.67

注 2019年，国家统计局对部分指标调整：原主营业务收入、主营业务成本指标取消，提供营业收入、营业成本；原利息支出取消，提供利息费用；原应收帐款取消，提供应收票据及应收帐款。

Note In 2019, the National Bureau of Statistics adjusted some of the indicators: the revenue from principle business and cost of principle business indicators were cancelled to provide operating revenue and operating costs. The interest indicator was cancelled to provide interest expenses; and the net receivables was cancelled to provide trade and bills receivables.

中国纺织
CHINA TEXTILE
中国纺织工业联合会会刊
我们关注，中国纺织产业的每一步进程；
我们汇聚，纺织界的顶级资源；
我们贯通，纺织产业链的对话平台；
我们分享，纺织人的情怀故事；
我们拓新，为纺织企业提供决策指南。
Infocus
Collection
Connection
Sharing
Exploration
Innovation
纺织天下·强国版图
www.tex1951.com
010-85229015
zgfz530@126.com
《中国纺织》微信二维码

表3—1 2019年纺织工业经济指标分行业完成情况（规模以上全行业）
Table3—1 Textile Industry Main indicators by Industrial Sectors in 2019 (Enterprises Above Designated Size)

单位：万元
Unit:10,000 yuan

行业 Industrial Sectors	企业户数 Number of Enterprises	亏损企业数 Number of Loss-making Enterprises	亏损面(%) Proportion of Loss-making Enterprises	营业收入 Operating Revenue		
				本年累计 Current Year	去年累计 Previous Year	同比(%) Compared Ratio
纺织行业 The Overall Textile Industry	34734	5864	16.88	494364484	501738746	−1.47
纺织业 Textile	18360	3135	17.08	240353850	244687459	−1.77
棉纺织及印染精加工 Cotton Textile & Dyeing, Printing and Finishing Process	8756	1750	19.99	135761918	139799334	−2.89
棉纺纱加工 Cotton Spinning Sector	4551	1052	23.12	74838070	77530998	−3.47
棉织造加工 Cotton Weaving Sector	2818	425	15.08	35779663	37158633	−3.71
棉印染精加工 Cotton Textile Dyeing, Printing and Finishing Sector	1387	273	19.68	25144185	25109704	0.14
毛纺织及染整精加工 Wool Textile & Dyeing,Printing and Finishing Process	950	235	24.74	13154072	13885110	−5.26
毛条和毛纱线加工 Wool Top and Yarn Processing Sector	546	150	27.47	6995841	7202882	−2.87
毛织造加工 Wool Weaving Sector	286	66	23.08	4976768	5396391	−7.78
毛染整精加工 Wool Textile Dyeing,Printing and Finishing Sector	118	19	16.10	1181463	1285837	−8.12
麻纺织及染整精加工 Bast Fiber Textile & Dyeing,Printing and Finishing Process	242	41	16.94	2941409	3077221	−4.41
麻纤维纺前加工和纺纱 Bast Fiber Prespinning Processing & Spinning Sector	96	15	15.63	1491612	1624579	−8.18
麻织造加工 Bast Fiber Weaving Sector	146	26	17.81	1449797	1452642	−0.20
丝绢纺织及印染精加工 Silk and Schappe Textile & Dyeing, Printing and Finishing Process	675	137	20.30	6820297	7141093	−4.49
缫丝加工 Filature Sector	281	65	23.13	3096625	3364254	−7.96
绢纺和丝织加工 Schappe Spinning & Silk Weaving Sector	333	58	17.42	3231255	3221160	0.31
丝印染精加工 Silk Printing, Dyeing and Finishing Sector	61	14	22.95	492417	555679	−11.38
化纤织造及印染精加工 Filament Weaving & Dyeing,Printing and Finishing Process	1820	202	11.10	17121621	15970066	7.21

续表

营业成本 Operating Costs			销售费用 Sales Expenses			管理费用 Management Expenses		
本年累计 Current Year	去年累计 Previous Year	同比(%) Compared Ratio	本年累计 Current Year	去年累计 Previous Year	同比(%) Compared Ratio	本年累计 Current Year	去年累计 Previous Year	同比(%) Compared Ratio
433725742	440378126	-1.51	11262132	11369648	-0.95	17598978	17649374	-0.29
212967279	217397817	-2.04	4406954	4416647	-0.22	7708406	7635581	0.95
121302822	125032573	-2.98	2069099	2121776	-2.48	3989841	3984640	0.13
67734161	69908512	-3.11	1088958	1141332	-4.59	1900916	1928727	-1.44
31980612	33255853	-3.83	631222	627424	0.61	1065899	1095062	-2.66
21588049	21868208	-1.28	348919	353021	-1.16	1023026	960850	6.47
12083181	12672402	-4.65	141117	154524	-8.68	364180	376856	-3.36
6516804	6634865	-1.78	68167	72482	-5.95	159816	168103	-4.93
4551846	4924561	-7.57	55328	60759	-8.94	141120	149630	-5.69
1014531	1112976	-8.85	17622	21282	-17.20	63244	59123	6.97
2577972	2732041	-5.64	48967	52874	-7.39	99965	106165	-5.84
1305913	1437465	-9.15	24928	28012	-11.01	51008	56798	-10.19
1272060	1294575	-1.74	24040	24863	-3.31	48957	49368	-0.83
6086812	6375152	-4.52	109769	106000	3.56	217840	220195	-1.07
2826591	3060352	-7.64	35779	35791	-0.03	80468	85813	-6.23
2835700	2831874	0.14	64917	59263	9.54	112303	106434	5.51
424521	482926	-12.09	9073	10946	-17.11	25070	27947	-10.29
15210574	14259735	6.67	226833	205589	10.33	567644	510095	11.28

表3-2 2019年纺织工业经济指标分行业完成情况（规模以上全行业）

Table3-2 Textile Industry Main indicators by Industrial Sectors in 2019 (Enterprises Above Designated Size)

单位：万元
Unit:10,000 yuan

行业 Industrial Sectors	企业户数 Number of Enterprises	亏损企业数 Number of Loss-making Enterprises	亏损面(%) Proportion of Loss-making Enterprises	营业收入 Operating Revenue		
				本年累计 Current Year	去年累计 Previous Year	同比(%) Compared Ratio
化纤织造加工 Filament Weaving Sector	1574	166	10.55	13950468	12997807	7.33
化纤织物染整精加工 Filament Fabric Dyeing,Printing and Finishing Sector	246	36	14.63	3171153	2972259	6.69
针织或钩针编织物及其制品制造 Knitting and Braiding Textiles	2068	275	13.30	22418315	22340826	0.35
针织或钩针编织物织造 Knitted and Braided Fabric Processing Sector	1605	220	13.71	16085250	16258009	-1.06
针织或钩针编织物印染精加工 Knitted and Braided Fabric Dyeing,Printing and Finishing Sector	115	24	20.87	1339153	1238324	8.14
针织或钩针编织品制造 Knitted and Braided Products Manufacturing Sector	348	31	8.91	4993911	4844493	3.08
家用纺织制成品制造 Home Textile Made-ups Manufacturing	1790	248	13.85	18543098	19155050	-3.19
床上用品制造 Bed Linen Manufacturing Sector	973	139	14.29	9950457	10392930	-4.26
毛巾类制品制造 Towel Manufacturing Sector	231	32	13.85	3323003	3615382	-8.09
窗帘、布艺类产品制造 Curtain Manufacturing Sector	242	37	15.29	2164236	2077524	4.17
其他家用纺织制成品制造 Other Home Textile Made-ups Sector	344	40	11.63	3105402	3069215	1.18
产业用纺织制成品制造 Industrial Textile Made-ups Manufacturing	2059	247	12.00	23593121	23318758	1.18
非织造布制造 Nonwoven Fabric Sector	925	101	10.92	11040382	10725277	2.94
绳、索、缆制造 Rope, Cords & Cables Large and Thick Rope Sector	193	27	13.99	1293095	1322932	-2.26
纺织带和帘子布制造 Belt and Cord Fabric Sector	273	33	12.09	3452344	3581676	-3.61
篷、帆布制造 Canvas Manufacturing Sector	244	34	13.93	2460067	2532910	-2.88
其他非家用纺织制成品制造 Other Non-home Textile Made-ups Sector	424	52	12.26	5347233	5155963	3.71
纺织服装、服饰业 Garment and Accessory Manufacturing	13876	2225	16.03	160103299	165821989	-3.45

续表

营业成本 Operating Costs			销售费用 Sales Expenses			管理费用 Management Expenses		
本年累计 Current Year	去年累计 Previous Year	同比(%) Compared Ratio	本年累计 Current Year	去年累计 Previous Year	同比(%) Compared Ratio	本年累计 Current Year	去年累计 Previous Year	同比(%) Compared Ratio
12550499	11737296	6.93	170568	154538	10.37	397381	356207	11.56
2660075	2522439	5.46	56265	51051	10.21	170264	153888	10.64
19803057	19812863	−0.05	354675	353546	0.32	720217	692330	4.03
14222529	14451510	−1.58	250370	250578	−0.08	514565	488243	5.39
1195918	1105182	8.21	15963	17062	−6.44	50537	49886	1.30
4384611	4256171	3.02	88342	85907	2.83	155116	154201	0.59
15778819	16513934	−4.45	744527	727234	2.38	722991	716201	0.95
8475140	8943487	−5.24	428083	443551	−3.49	401360	402056	−0.17
2873173	3174285	−9.49	86169	82400	4.57	96816	94740	2.19
1835144	1771748	3.58	56555	52580	7.56	93446	88538	5.54
2595362	2624414	−1.11	173720	148703	16.82	131369	130868	0.38
20124042	19999119	0.62	711967	695104	2.43	1025727	1029100	−0.33
9410149	9168571	2.63	351384	353514	−0.60	452069	463162	−2.40
1124221	1164930	−3.49	32144	29945	7.34	51755	49806	3.91
3031344	3143954	−3.58	75997	76590	−0.78	134785	146744	−8.15
2070838	2169233	−4.54	65657	68891	−4.69	131978	127083	3.85
4487491	4352431	3.10	186785	166164	12.41	255139	242306	5.30
136031088	141231873	−3.68	5710733	5817177	−1.83	7478909	7544222	−0.87

表3-3　2019年纺织工业经济指标分行业完成情况（规模以上全行业）

Table3-3　Textile Industry Main indicators by Industrial Sectors in 2019 (Enterprises Above Designated Size)

单位：万元
Unit:10,000 yuan

行业 Industrial Sectors	企业户数 Number of Enterprises	亏损企业数 Number of Loss-making Enterprises	亏损面(%) Proportion of Loss-making Enterprises	营业收入 Operating Revenue		
				本年累计 Current Year	去年累计 Previous Year	同比(%) Compared Ratio
机织服装制造 Woven Garment Manufacturing	8242	1286	15.60	108548393	113664923	-4.50
运动机织服装制造 Woven Sportswear Garment Manufacturing	1767	205	11.60	24598863	25525608	-3.63
其他机织服装制造 Other Woven Garment Manufacturing	6475	1081	16.69	83949530	88139315	-4.75
针织或钩针编织服装制造 Knitted Garment Manufacturing	3664	635	17.33	37519826	37539913	-0.05
运动休闲针织服装制造 Sports and Casual Knitwear Manufacturing	1287	243	18.88	16091842	14988985	7.36
其他针织或钩针编织服装制造 Other Knitted Garment Manufacturing	2377	392	16.49	21427984	22550928	-4.98
服饰制造 Garment Accessory Manufacturing	1970	304	15.43	14035080	14617153	-3.98
化学纤维制造业 Chemical Fiber Manufacturing	1823	403	22.11	85712091	82417182	4.00
纤维素纤维原料及纤维制造 Cellulose Fiber (Raw Material) and Fiber Manufacture	216	52	24.07	18588726	17934318	3.65
化纤浆粕制造 Pulp Sector	28	5	17.86	812473	827807	-1.85
再生纤维（纤维素纤维）制造 Man-made Fiber (Cellulose Fiber) Sector	188	47	25.00	17776253	17106511	3.92
合成纤维制造 Synthetic Fiber Manufacturing	1563	338	21.63	65638505	63241734	3.79
锦纶制造 Polyamide Fiber Sector	213	53	24.88	11016232	10371252	6.22
涤纶制造 Polyester Fiber Sector	874	179	20.48	46543189	45283513	2.78
腈纶制造 Acrylic Fiber Sector	10	4	40.00	1023799	1045503	-2.08
维纶制造 Polyvinyl Fiber Sector	12	2	16.67	485432	435517	11.46
丙纶制造 Polypropylene Fiber Sector	52	9	17.31	610249	586270	4.09

续表

营业成本 Operating Costs			销售费用 Sales Expenses			管理费用 Management Expenses		
本年累计 Current Year	去年累计 Previous Year	同比(%) Compared Ratio	本年累计 Current Year	去年累计 Previous Year	同比(%) Compared Ratio	本年累计 Current Year	去年累计 Previous Year	同比(%) Compared Ratio
92017052	96667042	−4.81	3930718	4021258	−2.25	4877392	4921844	−0.90
21021582	21888653	−3.96	662432	652666	1.50	920259	956712	−3.81
70995470	74778389	−5.06	3268286	3368593	−2.98	3957133	3965132	−0.20
32101415	32125526	−0.08	1259947	1256218	0.30	1900972	1908386	−0.39
14071587	13002774	8.22	439156	463720	−5.30	665373	669422	−0.60
18029829	19122752	−5.72	820791	792498	3.57	1235599	1238964	−0.27
11912621	12439305	−4.23	520068	539701	−3.64	700545	713992	−1.88
77997395	74494103	4.70	866701	832343	4.13	1965357	1980787	−0.78
16625222	15788936	5.30	290833	264280	10.05	569111	558030	1.99
688718	727489	−5.33	24471	23321	4.93	49183	36847	33.48
15936504	15061447	5.81	266362	240960	10.54	519928	521183	−0.24
60049528	57614332	4.23	549461	544089	0.99	1348766	1375255	−1.93
9964238	9369243	6.35	94421	93557	0.92	360201	306484	17.53
43024790	41512118	3.64	313706	310985	0.87	732381	804420	−8.96
924687	956506	−3.33	17473	17613	−0.79	28309	27804	1.82
394403	380059	3.77	7513	6915	8.65	20907	18315	14.15
504165	496463	1.55	13355	12983	2.86	20004	22468	−10.97

表3—4 2019年纺织工业经济指标分行业完成情况（规模以上全行业）

Table3—4 Textile Industry Main indicators by Industrial Sectors in 2019 (Enterprises Above Designated Size)

单位：万元
Unit：10,000 yuan

行业 Industrial Sectors	企业户数 Number of Enterprises	亏损企业数 Number of Loss—making Enterprises	亏损面(%) Proportion of Loss—making Enterprises	营业收入 Operating Revenue		
				本年累计 Current Year	去年累计 Previous Year	同比(%) Compared Ratio
氨纶制造 Polyurethane Fiber Sector	54	14	25.93	2485710	2375804	4.63
其他合成纤维制造 Other Synthetic Fiber Sector	348	77	22.13	3473895	3143876	10.50
生物基材料制造 Biobased Fiber Material Manufacturing	44	13	29.55	1484860	1241131	19.64
生物基化学纤维制造 Biobased Chemical Fiber Manufacturing	16	3	18.75	610233	595594	2.46
生物基、淀粉基新材料制造 Biobased and Starch—based New Material Manufacturing	28	10	35.71	874627	645536	35.49
纺织专用设备制造 Textile Machinery Manufacturing	675	101	14.96	8195244	8812115	—7.00

续表

营业成本 Operating Costs			销售费用 Sales Expenses			管理费用 Management Expenses		
本年累计 Current Year	去年累计 Previous Year	同比(%) Compared Ratio	本年累计 Current Year	去年累计 Previous Year	同比(%) Compared Ratio	本年累计 Current Year	去年累计 Previous Year	同比(%) Compared Ratio
2130241	2060887	3.37	59818	56741	5.42	77940	93019	−16.21
3107005	2839056	9.44	43176	45295	−4.68	109024	102745	6.11
1322645	1090835	21.25	26406	23973	10.15	47481	47503	−0.05
523287	510028	2.60	6173	9396	−34.30	20541	26574	−22.70
799358	580807	37.63	20233	14578	38.80	26939	20928	28.72
6729979	7254333	−7.23	277745	303482	−8.48	446306	488784	−8.69

表3-5 2019年纺织工业经济指标分行业完成情况（规模以上全行业）

Table3-5 Textile Industry Main indicators by Industrial Sectors in 2019 (Enterprises Above Designated Size)

单位：万元
Unit：10,000 yuan

行业 Industrial Sectors	财务费用 Financial Expenses			其中：利息费用 Interest Expenses		
	本年累计 Current Year	去年累计 Previous Year	同比(%) Compared Ratio	本年累计 Current Year	去年累计 Previous Year	同比(%) Compared Ratio
纺织行业 The Overall Textile Industry	5109636	5208711	−1.90	4337955	4494314	−3.48
纺织业 Textile	2726873	2803291	−2.73	2250973	2333428	−3.53
棉纺织及印染精加工 Cotton Textile & Dyeing, Printing and Finishing Process	1593338	1642437	−2.99	1328079	1365706	−2.76
棉纺纱加工 Cotton Spinning Sector	999368	993500	0.59	780717	781214	−0.06
棉织造加工 Cotton Weaving Sector	345433	375690	−8.05	310561	340214	−8.72
棉印染精加工 Cotton Textile Dyeing, Printing and Finishing Sector	248536	273247	−9.04	236801	244278	−3.06
毛纺织及染整精加工 Wool Textile & Dyeing,Printing and Finishing Process	217710	284826	−23.56	142426	188690	−24.52
毛条和毛纱线加工 Wool Top and Yarn Processing Sector	92736	144452	−35.80	80871	124977	−35.29
毛织造加工 Wool Weaving Sector	104360	118957	−12.27	43554	44684	−2.53
毛染整精加工 Wool Textile Dyeing,Printing and Finishing Sector	20614	21417	−3.75	18001	19029	−5.40
麻纺织及染整精加工 Bast Fiber Textile & Dyeing,Printing and Finishing Process	39297	40921	−3.97	32866	33233	−1.10
麻纤维纺前加工和纺纱 Bast Fiber Prespinning Processing & Spinning Sector	19808	21007	−5.71	17033	16462	3.47
麻织造加工 Bast Fiber Weaving Sector	19490	19914	−2.13	15833	16771	−5.59
丝绢纺织及印染精加工 Silk and Schappe Textile & Dyeing, Printing and Finishing Process	82593	79830	3.46	74585	72916	2.29
缫丝加工 Filature Sector	40738	39250	3.79	36272	37384	−2.98
绢纺和丝织加工 Schappe Spinning & Silk Weaving Sector	37558	34740	8.11	33983	30577	11.14
丝印染精加工 Silk Printing, Dyeing and Finishing Sector	4297	5840	−26.42	4330	4954	−12.60
化纤织造及印染精加工 Filament Weaving & Dyeing,Printing and Finishing Process	229481	217069	5.72	202008	192135	5.14

续表

利润总额 Total Profit			亏损企业亏损额 Total Loss of Loss-making Enterprises			资产总计 Total Assets		
本年累计 Current Year	去年累计 Previous Year	同比增减 Change	本年累计 Current Year	去年累计 Previous Year	同比(%) Compared Ratio	本年累计 Current Year	去年累计 Previous Year	同比(%) Compared Ratio
22514034	25481624	−2967589	2987685	2056102	45.31	406724292	403481203	0.80
10088984	11325092	−1236108	1521033	1083247	40.41	196105514	198094010	−1.00
5536683	6424563	−887880	988147	643932	53.46	106895600	110885792	−3.60
2744575	3488697	−744122	563908	335528	68.07	57957684	60642177	−4.43
1371707	1605414	−233706	271591	164727	64.87	26738132	27580107	−3.05
1420401	1330453	89949	152648	143677	6.24	22199784	22663508	−2.05
244092	433541	−189449	150922	140339	7.54	15165207	16534336	−8.28
94668	194927	−100259	102578	108339	−5.32	7001470	7915849	−11.55
102593	185820	−83227	37211	24191	53.82	6730343	7320846	−8.07
46831	52795	−5964	11133	7809	42.56	1433394	1297641	10.46
140546	129616	10930	15023	18124	−17.11	2441886	2272052	7.47
71706	70256	1450	5477	8853	−38.14	1197445	1086274	10.23
68840	59360	9480	9546	9271	2.97	1244440	1185778	4.95
270240	307736	−37496	43953	30372	44.72	5859706	5612828	4.40
104762	131663	−26901	25863	13651	89.45	2590285	2537442	2.08
150215	160836	−10620	14878	14303	4.02	2803885	2578340	8.75
15263	15237	26	3212	2418	32.86	465536	497046	−6.34
659740	665967	−6226	80914	52531	54.03	16168307	14997180	7.81

表3-6　2019年纺织工业经济指标分行业完成情况（规模以上全行业）

Table3-6　Textile Industry Main indicators by Industrial Sectors in 2019 (Enterprises Above Designated Size)

单位：万元
Unit: 10,000 yuan

行业 Industrial Sectors	财务费用 Financial Expenses			其中：利息费用 Interest Expenses		
	本年累计 Current Year	去年累计 Previous Year	同比(%) Compared Ratio	本年累计 Current Year	去年累计 Previous Year	同比(%) Compared Ratio
化纤织造加工 Filament Weaving Sector	173090	165314	4.70	154536	148720	3.91
化纤织物染整精加工 Filament Fabric Dyeing, Printing and Finishing Sector	56391	51755	8.96	47472	43415	9.34
针织或钩针编织物及其制品制造 Knitting and Braiding Textiles	219654	212870	3.19	179117	175348	2.15
针织或钩针编织物织造 Knitted and Braided Fabric Processing Sector	150896	147850	2.06	126944	123110	3.11
针织或钩针编织物印染精加工 Knitted and Braided Fabric Dyeing, Printing and Finishing Sector	14813	12364	19.81	11854	10437	13.57
针织或钩针编织品制造 Knitted and Braided Products Manufacturing Sector	53945	52656	2.45	40319	41800	-3.54
家用纺织制成品制造 Home Textile Made-ups Manufacturing	152937	143853	6.31	122734	135137	-9.18
床上用品制造 Bed Linen Manufacturing Sector	82595	71225	15.96	76003	76628	-0.82
毛巾类制品制造 Towel Manufacturing Sector	38988	36546	6.68	20457	28320	-27.77
窗帘、布艺类产品制造 Curtain Manufacturing Sector	11086	12775	-13.22	11594	13357	-13.20
其他家用纺织制成品制造 Other Home Textile Made-ups Sector	20268	23307	-13.04	14680	16832	-12.79
产业用纺织制成品制造 Industrial Textile Made-ups Manufacturing	191863	181486	5.72	169159	170266	-0.65
非织造布制造 Nonwoven Fabric Sector	99118	92711	6.91	79064	78344	0.92
绳、索、缆制造 Rope, Cords & Cables Large and Thick Rope Sector	8720	9654	-9.68	4858	5445	-10.79
纺织带和帘子布制造 Belt and Cord Fabric Sector	31617	36452	-13.26	30994	33867	-8.48
篷、帆布制造 Canvas Manufacturing Sector	14932	7218	106.86	17662	16094	9.75
其他非家用纺织制成品制造 Other Non-home Textile Made-ups Sector	37476	35451	5.71	36581	36516	0.18
纺织服装、服饰业 Garment and Accessory Manufacturing	1080675	1086569	-0.54	832248	865628	-3.86

续表

利润总额 Total Profit			亏损企业亏损额 Total Loss of Loss-making Enterprises			资产总计 Total Assets		
本年累计 Current Year	去年累计 Previous Year	同比增减 Change	本年累计 Current Year	去年累计 Previous Year	同比(%) Compared Ratio	本年累计 Current Year	去年累计 Previous Year	同比(%) Compared Ratio
496625	509394	−12769	62501	40360	54.86	12668416	11804597	7.32
163116	156573	6543	18413	12171	51.28	3499891	3192583	9.63
1101944	1099813	2132	80276	55342	45.05	15803359	15545764	1.66
787247	765207	22040	57362	39301	45.95	11668427	11413771	2.23
43914	42629	1285	9214	5938	55.16	1024940	1008470	1.63
270783	291977	−21194	13700	10102	35.61	3109993	3123523	−0.43
947874	1023002	−75128	71966	73185	−1.67	15629835	14596337	7.08
433128	559795	−126667	41321	45239	−8.66	8864487	8171782	8.48
227062	223033	4029	11994	4101	192.48	3310645	3247484	1.94
140582	132266	8316	7430	5431	36.80	1465071	1318398	11.13
147102	107908	39195	11221	18415	−39.07	1989632	1858674	7.05
1187865	1240855	−52990	89834	69422	29.40	18141614	17649722	2.79
569254	591505	−22250	38765	35502	9.19	8157444	7808718	4.47
49696	60748	−11052	3377	2755	22.57	995336	1024539	−2.85
125752	139303	−13551	16220	13921	16.51	3214952	3258837	−1.35
122059	122536	−477	16513	6782	143.50	1845297	1782975	3.50
321103	326763	−5660	14958	10462	42.98	3928586	3774653	4.08
8728297	9671475	−943178	792176	564252	40.39	118948595	118534427	0.35

表3-7 2019年纺织工业经济指标分行业完成情况（规模以上全行业）
Table3-7 Textile Industry Main indicators by Industrial Sectors in 2019 (Enterprises Above Designated Size)

单位：万元
Unit：10,000 yuan

行业 Industrial Sectors	财务费用 Financial Expenses			其中：利息费用 Interest Expenses		
	本年累计 Current Year	去年累计 Previous Year	同比(%) Compared Ratio	本年累计 Current Year	去年累计 Previous Year	同比(%) Compared Ratio
机织服装制造 Woven Garment Manufacturing	688183	705149	-2.41	559096	576363	-3.00
运动机织服装制造 Woven Sportswear Garment Manufacturing	94443	100832	-6.34	84534	92118	-8.23
其他机织服装制造 Other Woven Garment Manufacturing	593740	604316	-1.75	474562	484246	-2.00
针织或钩针编织服装制造 Knitted Garment Manufacturing	285604	264727	7.89	191582	193821	-1.16
运动休闲针织服装制造 Sports and Casual Knitwear Manufacturing	48939	43190	13.31	60110	57302	4.90
其他针织或钩针编织服装制造 Other Knitted Garment Manufacturing	236665	221537	6.83	131473	136520	-3.70
服饰制造 Garment Accessory Manufacturing	106889	116693	-8.40	81569	95444	-14.54
化学纤维制造业 Chemical Fiber Manufacturing	1232189	1244412	-0.98	1185134	1221791	-3.00
纤维素纤维原料及纤维制造 Cellulose Fiber (Raw Material) and Fiber Manufacture	396778	362211	9.54	389512	371687	4.80
化纤浆粕制造 Pulp Sector	17078	7827	118.20	15643	7972	96.23
再生纤维（纤维素纤维）制造 Man-made Fiber (Cellulose Fiber) Sector	379700	354385	7.14	373870	363716	2.79
合成纤维制造 Synthetic Fiber Manufacturing	808880	860827	-6.03	773712	832621	-7.08
锦纶制造 Polyamide Fiber Sector	141484	145742	-2.92	83625	110755	-24.50
涤纶制造 Polyester Fiber Sector	514628	570648	-9.82	564733	605226	-6.69
腈纶制造 Acrylic Fiber Sector	54686	44966	21.62	47182	43380	8.76
维纶制造 Polyvinyl Fiber Sector	6332	8117	-21.99	10952	8554	28.02
丙纶制造 Polypropylene Fiber Sector	9152	8810	3.89	5621	4755	18.22

续表

利润总额 Total Profit			亏损企业亏损额 Total Loss of Loss-making Enterprises			资产总计 Total Assets		
本年累计 Current Year	去年累计 Previous Year	同比增减 Change	本年累计 Current Year	去年累计 Previous Year	同比(%) Compared Ratio	本年累计 Current Year	去年累计 Previous Year	同比(%) Compared Ratio
6319212	7085112	−765900	491288	380964	28.96	80313480	80710251	−0.49
1608282	1704076	−95794	67893	62363	8.87	14959329	15215391	−1.68
4710930	5381036	−670106	423395	318600	32.89	65354152	65494859	−0.21
1764605	1880393	−115788	163730	110873	47.67	28621596	27871595	2.69
718735	702779	15956	47457	44326	7.06	11408771	10678126	6.84
1045870	1177614	−131744	116273	66547	74.72	17212825	17193469	0.11
644481	705970	−61489	137158	72415	89.40	10013519	9952582	0.61
3110052	3876447	−766396	636967	367690	73.23	80947325	76634207	5.63
666574	1063904	−397330	306093	95805	219.50	21036505	20142761	4.44
27329	27945	−616	21287	11115	91.52	851229	834726	1.98
639245	1035959	−396714	284806	84690	236.29	20185276	19308035	4.54
2403906	2768491	−364585	311023	264277	17.69	57665321	54706303	5.41
325101	387671	−62570	49807	45964	8.36	7677645	7931918	−3.21
1728371	2161957	−433586	161008	100902	59.57	40021762	37446990	6.88
−11278	−3088	−8190	15183	8418	80.36	1553555	1497171	3.77
56154	1477	54677	8574	10179	−15.77	1063038	1037531	2.46
54041	39519	14522	3317	4949	−32.97	500494	460671	8.64

表3-8 2019年纺织工业经济指标分行业完成情况（规模以上全行业）

Table3-8 Textile Industry Main indicators by Industrial Sectors in 2019 (Enterprises Above Designated Size)

单位：万元
Unit：10,000 yuan

行业 Industrial Sectors	财务费用 Financial Expenses			其中：利息费用 Interest Expenses		
	本年累计 Current Year	去年累计 Previous Year	同比(%) Compared Ratio	本年累计 Current Year	去年累计 Previous Year	同比(%) Compared Ratio
氨纶制造 Polyurethane Fiber Sector	37877	43368	−12.66	34454	33533	2.75
其他合成纤维制造 Other Synthetic Fiber Sector	44723	39177	14.15	27146	26418	2.75
生物基材料制造 Biobased Fiber Material Manufacturing	26531	21374	24.13	21910	17483	25.33
生物基化学纤维制造 Biobased Chemical Fiber Manufacturing	14855	13973	6.31	14930	13762	8.49
生物基、淀粉基新材料制造 Biobased and Starch-based New Material Manufacturing	11676	7401	57.76	6980	3720	87.62
纺织专用设备制造 Textile Machinery Manufacturing	69899	74439	−6.10	69600	73468	−5.26

续表

利润总额 Total Profit			亏损企业亏损额 Total Loss of Loss-making Enterprises			资产总计 Total Assets		
本年累计 Current Year	去年累计 Previous Year	同比增减 Change	本年累计 Current Year	去年累计 Previous Year	同比(%) Compared Ratio	本年累计 Current Year	去年累计 Previous Year	同比(%) Compared Ratio
135260	86661	48598	41395	68897	-39.92	3840316	3385418	13.44
116258	94293	21964	31738	24967	27.12	3008511	2946604	2.10
39572	44052	-4481	19851	7608	160.93	2245499	1785144	25.79
29822	27619	2203	370	6475	-94.29	1010102	832950	21.27
9750	16434	-6684	19481	1133	1619.58	1235397	952193	29.74
586701	608609	-21908	37509	40913	-8.32	10722858	10218559	4.94

表3—9 2019年纺织工业经济指标分行业完成情况（规模以上全行业）

Table3—9 Textile Industry Main indicators by Industrial Sectors in 2019 (Enterprises Above Designated Size)

单位：万元
Unit:10,000 yuan

行业 Industrial Sectors	其中：流动资产合计 Total Current Assets			其中：应收票据及应收账款 Trade and Bills Receivables		
	本年累计 Current Year	去年累计 Previous Year	同比(%) Compared Ratio	本年累计 Current Year	去年累计 Previous Year	同比(%) Compared Ratio
纺织行业 The Overall Textile Industry	222697361	218675092	1.84	56761473	58210367	−2.49
纺织业 Textile	109067839	108371167	0.64	27333808	27962290	−2.25
棉纺织及印染精加工 Cotton Textile & Dyeing, Printing and Finishing Process	56607036	57269404	−1.16	12301894	13060736	−5.81
棉纺纱加工 Cotton Spinning Sector	29246778	29112224	0.46	5101616	5561333	−8.27
棉织造加工 Cotton Weaving Sector	15563389	15953811	−2.45	4113611	4121975	−0.20
棉印染精加工 Cotton Textile Dyeing, Printing and Finishing Sector	11796870	12203369	−3.33	3086667	3377428	−8.61
毛纺织及染整精加工 Wool Textile & Dyeing,Printing and Finishing Process	10018268	10514961	−4.72	2610650	2727320	−4.28
毛条和毛纱线加工 Wool Top and Yarn Processing Sector	4621711	4772134	−3.15	1321403	1393689	−5.19
毛织造加工 Wool Weaving Sector	4726276	5071809	−6.81	1104784	1159197	−4.69
毛染整精加工 Wool Textile Dyeing,Printing and Finishing Sector	670282	671018	−0.11	184463	174434	5.75
麻纺织及染整精加工 Bast Fiber Textile & Dyeing,Printing and Finishing Process	1315711	1229355	7.02	314108	294577	6.63
麻纤维纺前加工和纺纱 Bast Fiber Prespinning Processing & Spinning Sector	608654	548036	11.06	146513	129349	13.27
麻织造加工 Bast Fiber Weaving Sector	707057	681319	3.78	167594	165228	1.43
丝绢纺织及印染精加工 Silk and Schappe Textile & Dyeing, Printing and Finishing Process	3360638	3355152	0.16	819361	817641	0.21
缫丝加工 Filature Sector	1482707	1530089	−3.10	270236	268023	0.83
绢纺和丝织加工 Schappe Spinning & Silk Weaving Sector	1610705	1560397	3.22	445584	447994	−0.54
丝印染精加工 Silk Printing, Dyeing and Finishing Sector	267226	264666	0.97	103540	101624	1.89
化纤织造及印染精加工 Filament Weaving & Dyeing,Printing and Finishing Process	9087143	8365350	8.63	2662013	2417276	10.12

续表

存货 Inventory			其中：产成品 (Include)Manufactured Products			负债合计 Total Liabilities		
本年累计 Current Year	去年累计 Previous Year	同比(%) Compared Ratio	本年累计 Current Year	去年累计 Previous Year	同比(%) Compared Ratio	本年累计 Current Year	去年累计 Previous Year	同比(%) Compared Ratio
59770808	60800187	-1.69	29051594	28966562	0.29	224237161	223243537	0.45
31214532	31399812	-0.59	14876313	14461960	2.87	112126260	113135887	-0.89
16227269	16698906	-2.82	7762284	7657485	1.37	61990236	63171436	-1.87
8779754	9118277	-3.71	4377431	4266913	2.59	34095341	34225571	-0.38
4687039	4799024	-2.33	2366444	2379320	-0.54	14890964	15213713	-2.12
2760476	2781604	-0.76	1018409	1011251	0.71	13003931	13732153	-5.30
3142057	3291852	-4.55	1519957	1535964	-1.04	9568888	10702810	-10.59
1885984	1956756	-3.62	938415	927138	1.22	4132959	4942752	-16.38
1038472	1123624	-7.58	477392	513924	-7.11	4624831	5003520	-7.57
217600	211472	2.90	104150	94901	9.75	811099	756530	7.21
555086	462214	20.09	296301	230087	28.78	1228459	1159108	5.98
217865	170634	27.68	94591	65105	45.29	549818	481135	14.28
337220	291580	15.65	201710	164983	22.26	678642	677972	0.10
1347301	1317115	2.29	653016	620587	5.23	3289455	3164820	3.94
675763	677954	-0.32	292668	289437	1.12	1541159	1526002	0.99
624593	588856	6.07	342552	310198	10.43	1419891	1330493	6.72
46945	50305	-6.68	17797	20952	-15.06	328404	308324	6.51
2706619	2479256	9.17	1400756	1272214	10.10	10344665	9714369	6.49

表3-10 2019年纺织工业经济指标分行业完成情况（规模以上全行业）

Table3-10 Textile Industry Main indicators by Industrial Sectors in 2019 (Enterprises Above Designated Size)

单位：万元
Unit：10,000 yuan

行业 Industrial Sectors	其中：流动资产合计 Total Current Assets			其中：应收票据及应收账款 Trade and Bills Receivables		
	本年累计 Current Year	去年累计 Previous Year	同比(%) Compared Ratio	本年累计 Current Year	去年累计 Previous Year	同比(%) Compared Ratio
化纤织造加工 Filament Weaving Sector	7468035	6909515	8.08	2283559	2057957	10.96
化纤织物染整精加工 Filament Fabric Dyeing, Printing and Finishing Sector	1619108	1455835	11.22	378454	359320	5.33
针织或钩针编织物及其制品制造 Knitting and Braiding Textiles	9175940	8978363	2.20	2715426	2737995	-0.82
针织或钩针编织物织造 Knitted and Braided Fabric Processing Sector	7007514	6922661	1.23	2111932	2148231	-1.69
针织或钩针编织物印染精加工 Knitted and Braided Fabric Dyeing, Printing and Finishing Sector	452827	430313	5.23	161775	161527	0.15
针织或钩针编织品制造 Knitted and Braided Products Manufacturing Sector	1715599	1625389	5.55	441719	428237	3.15
家用纺织制成品制造 Home Textile Made-ups Manufacturing	9331712	8944603	4.33	2592216	2664479	-2.71
床上用品制造 Bed Linen Manufacturing Sector	5407952	5348850	1.10	1617581	1733799	-6.70
毛巾类制品制造 Towel Manufacturing Sector	1861225	1657527	12.29	318073	264142	20.42
窗帘、布艺类产品制造 Curtain Manufacturing Sector	873417	800072	9.17	276344	274943	0.51
其他家用纺织制成品制造 Other Home Textile Made-ups Sector	1189118	1138155	4.48	380219	391595	-2.91
产业用纺织制成品制造 Industrial Textile Made-ups Manufacturing	10171390	9713980	4.71	3318141	3242265	2.34
非织造布制造 Nonwoven Fabric Sector	4306438	4099213	5.06	1633182	1575917	3.63
绳、索、缆制造 Rope, Cords & Cables Large and Thick Rope Sector	515187	511351	0.75	187199	173379	7.97
纺织带和帘子布制造 Belt and Cord Fabric Sector	1924860	1861544	3.40	414031	432790	-4.33
篷、帆布制造 Canvas Manufacturing Sector	1218958	1195944	1.92	331335	326798	1.39
其他非家用纺织制成品制造 Other Non-home Textile Made-ups Sector	2205946	2045928	7.82	752395	733381	2.59
纺织服装、服饰业 Garment and Accessory Manufacturing	70834335	69362269	2.12	19920188	21039615	-5.32

续表

存货 Inventory			其中：产成品 (Include)Manufactured Products			负债合计 Total Liabilities		
本年累计 Current Year	去年累计 Previous Year	同比(%) Compared Ratio	本年累计 Current Year	去年累计 Previous Year	同比(%) Compared Ratio	本年累计 Current Year	去年累计 Previous Year	同比(%) Compared Ratio
2350591	2149035	9.38	1302700	1169394	11.40	8023603	7585682	5.77
356028	330221	7.82	98056	102820	−4.63	2321062	2128687	9.04
2514751	2494470	0.81	1228160	1169892	4.98	8881012	8689627	2.20
1995746	1988900	0.34	999591	951172	5.09	6641528	6558633	1.26
102372	101834	0.53	40290	37819	6.54	650737	587380	10.79
416633	403737	3.19	188279	180902	4.08	1588748	1543614	2.92
2389520	2340059	2.11	1043506	1032493	1.07	8042658	7829624	2.72
1376535	1374975	0.11	613651	616530	−0.47	4415762	4355330	1.39
435882	434166	0.40	203461	208710	−2.51	1746005	1634037	6.85
240968	212129	13.59	94163	80772	16.58	809665	793118	2.09
336136	318789	5.44	132230	126481	4.55	1071226	1047140	2.30
2331929	2315940	0.69	972334	943239	3.08	8780886	8704093	0.88
915711	906979	0.96	402192	390114	3.10	3789572	3764223	0.67
129511	134235	−3.52	46083	41423	11.25	373401	364282	2.50
465188	448854	3.64	187556	173671	7.99	2051453	2037344	0.69
366463	368291	−0.50	155860	153963	1.23	937735	918939	2.05
455056	457581	−0.55	180644	184068	−1.86	1628726	1619306	0.58
18650919	18926124	−1.45	9375052	9365918	0.10	58414831	58612510	−0.34

表3-11 2019年纺织工业经济指标分行业完成情况（规模以上全行业）

Table3-11 Textile Industry Main indicators by Industrial Sectors in 2019 (Enterprises Above Designated Size)

单位：万元
Unit：10,000 yuan

行业 Industrial Sectors	其中：流动资产合计 Total Current Assets			其中：应收票据及应收账款 Trade and Bills Receivables		
	本年累计 Current Year	去年累计 Previous Year	同比(%) Compared Ratio	本年累计 Current Year	去年累计 Previous Year	同比(%) Compared Ratio
机织服装制造 Woven Garment Manufacturing	47240351	46097913	2.48	12967882	13375899	−3.05
运动机织服装制造 Woven Sportswear Garment Manufacturing	9140921	9434366	−3.11	3043619	3277738	−7.14
其他机织服装制造 Other Woven Garment Manufacturing	38099430	36663547	3.92	9924263	10098161	−1.72
针织或钩针编织服装制造 Knitted Garment Manufacturing	17554083	17291671	1.52	5206528	5768322	−9.74
运动休闲针织服装制造 Sports and Casual Knitwear Manufacturing	7534138	7134528	5.60	2131130	2228122	−4.35
其他针织或钩针编织服装制造 Other Knitted Garment Manufacturing	10019944	10157143	−1.35	3075398	3540200	−13.13
服饰制造 Garment Accessory Manufacturing	6039902	5972685	1.13	1745778	1895394	−7.89
化学纤维制造业 Chemical Fiber Manufacturing	36026998	34668964	3.92	7326531	7221646	1.45
纤维素纤维原料及纤维制造 Cellulose Fiber (Raw Material) and Fiber Manufacture	9348617	8536234	9.52	1791808	1772764	1.07
化纤浆粕制造 Pulp Sector	334349	350758	−4.68	75699	79794	−5.13
再生纤维（纤维素纤维）制造 Man-made Fiber (Cellulose Fiber) Sector	9014269	8185476	10.13	1716109	1692970	1.37
合成纤维制造 Synthetic Fiber Manufacturing	25669200	25331722	1.33	5363653	5312278	0.97
锦纶制造 Polyamide Fiber Sector	4227532	4272360	−1.05	1179267	1115935	5.68
涤纶制造 Polyester Fiber Sector	17028267	16478759	3.33	3050042	2958463	3.10
腈纶制造 Acrylic Fiber Sector	684413	678734	0.84	113424	104385	8.66
维纶制造 Polyvinyl Fiber Sector	420152	476592	−11.84	126153	160783	−21.54
丙纶制造 Polypropylene Fiber Sector	329171	320127	2.83	86523	96021	−9.89

续表

存货 Inventory			其中：产成品 (Include)Manufactured Products			负债合计 Total Liabilities		
本年累计 Current Year	去年累计 Previous Year	同比(%) Compared Ratio	本年累计 Current Year	去年累计 Previous Year	同比(%) Compared Ratio	本年累计 Current Year	去年累计 Previous Year	同比(%) Compared Ratio
12234989	12468978	−1.88	6457118	6519708	−0.96	38185681	38654990	−1.21
2128629	2249551	−5.38	1164959	1295995	−10.11	6538949	6815334	−4.06
10106359	10219428	−1.11	5292159	5223713	1.31	31646733	31839656	−0.61
4760160	4799983	−0.83	2156540	2132006	1.15	14576073	14433467	0.99
1923266	1906285	0.89	941277	935536	0.61	5218802	4708919	10.83
2836894	2893698	−1.96	1215263	1196470	1.57	9357271	9724548	−3.78
1655770	1657162	−0.08	761394	714205	6.61	5653076	5524052	2.34
8373347	8910765	−6.03	4335210	4638384	−6.54	47625933	45686146	4.25
2446881	2449896	−0.12	880441	901375	−2.32	13081323	12567617	4.09
106956	104696	2.16	51230	43294	18.33	650921	595416	9.32
2339925	2345200	−0.22	829211	858080	−3.36	12430402	11972201	3.83
5704985	6312203	−9.62	3382346	3663260	−7.67	33141179	32053197	3.39
933681	953681	−2.10	639118	633949	0.82	4529299	4800606	−5.65
3751908	4297717	−12.70	2133097	2386117	−10.60	23189610	21831950	6.22
130455	147235	−11.40	62092	84024	−26.10	1228060	1166286	5.30
38876	38730	0.38	21451	20649	3.88	434109	653525	−33.57
56651	52282	8.36	31297	21523	45.41	251895	252796	−0.36

表3-12 2019年纺织工业经济指标分行业完成情况（规模以上全行业）

Table3-12 Textile Industry Main indicators by Industrial Sectors in 2019 (Enterprises Above Designated Size)

单位：万元
Unit: 10,000 yuan

行业 Industrial Sectors	其中：流动资产合计 Total Current Assets			其中：应收票据及应收账款 Trade and Bills Receivables		
	本年累计 Current Year	去年累计 Previous Year	同比(%) Compared Ratio	本年累计 Current Year	去年累计 Previous Year	同比(%) Compared Ratio
氨纶制造 Polyurethane Fiber Sector	1493638	1661201	-10.09	399867	443186	-9.77
其他合成纤维制造 Other Synthetic Fiber Sector	1486027	1443947	2.91	408377	433505	-5.80
生物基材料制造 Biobased Fiber Material Manufacturing	1009181	801009	25.99	171070	136604	25.23
生物基化学纤维制造 Biobased Chemical Fiber Manufacturing	378212	279292	35.42	121804	70233	73.43
生物基、淀粉基新材料制造 Biobased and Starch-based New Material Manufacturing	630969	521717	20.94	49266	66372	-25.77
纺织专用设备制造 Textile Machinery Manufacturing	6768189	6272692	7.90	2180945	1986815	9.77

续表

存货 Inventory			其中：产成品 (Include)Manufactured Products			负债合计 Total Liabilities		
本年累计 Current Year	去年累计 Previous Year	同比(%) Compared Ratio	本年累计 Current Year	去年累计 Previous Year	同比(%) Compared Ratio	本年累计 Current Year	去年累计 Previous Year	同比(%) Compared Ratio
385590	425461	-9.37	269816	308914	-12.66	1815439	1687104	7.61
407823	397096	2.70	225476	208084	8.36	1692767	1660930	1.92
221482	148666	48.98	72422	73750	-1.80	1403430	1065332	31.74
64825	57294	13.14	33598	27853	20.62	633457	493408	28.38
156657	91372	71.45	38825	45897	-15.41	769973	571924	34.63
1532009	1563486	-2.01	465019	500300	-7.05	6070138	5808995	4.50

表3—13 2019年纺织工业经济指标分行业完成情况（规模以上全行业）

Table3—13 Textile Industry Main indicators by Industrial Sectors in 2019 (Enterprises Above Designated Size)

单位：万元
Unit：10,000 yuan

行业 Industrial Sectors	出口交货值 Export Delivered Value		
	本年累计 Current Year	去年累计 Previous Year	同比(%) Compared Ratio
纺织行业 The Overall Textile Industry	70336069	72262714	−2.67
纺织业 Textile	28423736	29135629	−2.44
棉纺织及印染精加工 Cotton Textile & Dyeing, Printing and Finishing Process	10422490	10934952	−4.69
棉纺纱加工 Cotton Spinning Sector	2340603	2489584	−5.98
棉织造加工 Cotton Weaving Sector	4189486	4546628	−7.86
棉印染精加工 Cotton Textile Dyeing, Printing and Finishing Sector	3892401	3898741	−0.16
毛纺织及染整精加工 Wool Textile & Dyeing, Printing and Finishing Process	1574260	1714742	−8.19
毛条和毛纱线加工 Wool Top and Yarn Processing Sector	748858	878380	−14.75
毛织造加工 Wool Weaving Sector	733737	747564	−1.85
毛染整精加工 Wool Textile Dyeing, Printing and Finishing Sector	91665	88798	3.23
麻纺织及染整精加工 Bast Fiber Textile & Dyeing, Printing and Finishing Process	301309	273250	10.27
麻纤维纺前加工和纺纱 Bast Fiber Prespinning Processing & Spinning Sector	90891	83848	8.40
麻织造加工 Bast Fiber Weaving Sector	210418	189402	11.10
丝绢纺织及印染精加工 Silk and Schappe Textile & Dyeing, Printing and Finishing Process	506722	568893	−10.93
缫丝加工 Filature Sector	102333	147006	−30.39
绢纺和丝织加工 Schappe Spinning & Silk Weaving Sector	366257	374090	−2.09
丝印染精加工 Silk Printing, Dyeing and Finishing Sector	38132	47797	−20.22
化纤织造及印染精加工 Filament Weaving & Dyeing, Printing and Finishing Process	1672508	1562173	7.06

表3-14 2019年纺织工业经济指标分行业完成情况（规模以上全行业）

Table3-14 Textile Industry Main indicators by Industrial Sectors in 2019 (Enterprises Above Designated Size)

单位：万元

Unit:10,000 yuan

行业 Industrial Sectors	出口交货值 Export Delivered Value		
	本年累计 Current Year	去年累计 Previous Year	同比(%) Compared Ratio
化纤织造加工 Filament Weaving Sector	1417958	1326919	6.86
化纤织物染整精加工 Filament Fabric Dyeing, Printing and Finishing Sector	254550	235254	8.20
针织或钩针编织物及其制品制造 Knitting and Braiding Textiles	3332311	3317641	0.44
针织或钩针编织物织造 Knitted and Braided Fabric Processing Sector	2548727	2677415	–4.81
针织或钩针编织物印染精加工 Knitted and Braided Fabric Dyeing, Printing and Finishing Sector	50510	61361	–17.68
针织或钩针编织品制造 Knitted and Braided Products Manufacturing Sector	733074	578866	26.64
家用纺织制成品制造 Home Textile Made–ups Manufacturing	5371217	5589709	–3.91
床上用品制造 Bed Linen Manufacturing Sector	3160101	3369837	–6.22
毛巾类制品制造 Towel Manufacturing Sector	814843	809857	0.62
窗帘、布艺类产品制造 Curtain Manufacturing Sector	797899	804359	–0.80
其他家用纺织制成品制造 Other Home Textile Made–ups Sector	598374	605656	–1.20
产业用纺织制成品制造 Industrial Textile Made–ups Manufacturing	5242920	5174270	1.33
非织造布制造 Nonwoven Fabric Sector	1936958	1899564	1.97
绳、索、缆制造 Rope, Cords & Cables Large and Thick Rope Sector	199252	213368	–6.62
纺织带和帘子布制造 Belt and Cord Fabric Sector	729853	704766	3.56
篷、帆布制造 Canvas Manufacturing Sector	973241	981784	–0.87
其他非家用纺织制成品制造 Other Non–home Textile Made–ups Sector	1403616	1374788	2.10
纺织服装、服饰业 Garment and Accessory Manufacturing	35823895	36575111	–2.05

表3-15 2019年纺织工业经济指标分行业完成情况（规模以上全行业）
Table3-15 Textile Industry Main indicators by Industrial Sectors in 2019 (Enterprises Above Designated Size)

单位：万元
Unit：10,000 yuan

行业 Industrial Sectors	出口交货值 Export Delivered Value		
	本年累计 Current Year	去年累计 Previous Year	同比(%) Compared Ratio
机织服装制造 Woven Garment Manufacturing	19504124	20326411	−4.05
运动机织服装制造 Woven Sportswear Garment Manufacturing	4932879	4694504	5.08
其他机织服装制造 Other Woven Garment Manufacturing	14571246	15631908	−6.79
针织或钩针编织服装制造 Knitted Garment Manufacturing	12830702	12723963	0.84
运动休闲针织服装制造 Sports and Casual Knitwear Manufacturing	5988042	5905517	1.40
其他针织或钩针编织服装制造 Other Knitted Garment Manufacturing	6842660	6818446	0.36
服饰制造 Garment Accessory Manufacturing	3489069	3524736	−1.01
化学纤维制造业 Chemical Fiber Manufacturing	5294715	5591457	−5.31
纤维素纤维原料及纤维制造 Cellulose Fiber (Raw Material) and Fiber Manufacture	1870404	2093513	−10.66
化纤浆粕制造 Pulp Sector	20267	17513	15.72
再生纤维（纤维素纤维）制造 Man-made Fiber (Cellulose Fiber) Sector	1850137	2075999	−10.88
合成纤维制造 Synthetic Fiber Manufacturing	3360537	3440617	−2.33
锦纶制造 Polyamide Fiber Sector	430994	466508	−7.61
涤纶制造 Polyester Fiber Sector	2298284	2412446	−4.73
腈纶制造 Acrylic Fiber Sector	33828	32495	4.10
维纶制造 Polyvinyl Fiber Sector	100441	98157	2.33
丙纶制造 Polypropylene Fiber Sector	22258	21209	4.95

表3—16 2019年纺织工业经济指标分行业完成情况（规模以上全行业）

Table3—16 Textile Industry Main indicators by Industrial Sectors in 2019 (Enterprises Above Designated Size)

单位：万元
Unit：10，000 yuan

行 业 Industrial Sectors	出口交货值 Export Delivered Value		
	本年累计 Current Year	去年累计 Previous Year	同比(%) Compared Ratio
氨纶制造 Polyurethane Fiber Sector	296060	253759	16.67
其他合成纤维制造 Other Synthetic Fiber Sector	178671	156043	14.50
生物基材料制造 Biobased Fiber Material Manufacturing	63774	57328	11.24
生物基化学纤维制造 Biobased Chemical Fiber Manufacturing	23072	17054	35.29
生物基、淀粉基新材料制造 Biobased and Starch—based New Material Manufacturing	40702	40274	1.06
纺织专用设备制造 Textile Machinery Manufacturing	793723	960517	−17.37

注 2019年，国家统计局对部分指标调整：原主营业务收入、主营业务成本指标取消，提供营业收入、营业成本；原利息支出取消，提供利息费用；原应收帐款取消，提供应收票据及应收帐款。

Note：In 2019，the National Bureau of Statistics of China adjusted some of the indicators：the revenue from principle business and cost of principle business indicators were cancelled to provide operating revenue and operating costs；The interest indicator was cancelled to provide interest expenses；and the net receivables was cancelled to provide trade and bills receivables.

表4 2019年纺织工业产量汇总表（规模以上全行业）
Table4 Main Products Output of Textile Industry in 2019 (Enterprises Above Designated Size)

序号 Number	名称 Products	单位 Unit	本年累计 Current Year	累计同比(%) Percentage Change over Previous Year
1	纱 Yarn	吨 ton	28920720	−1.85
2	棉纱 Cotton Yarn	吨 ton	16950736	−1.84
3	棉混纺纱 Blended Yarn	吨 ton	5791726	−2.52
4	化学纤维纱 Chemical Fiber Yarn	吨 ton	6178934	−1.27
5	布 Cloth	万米 10,000 meters	4569293	−5.95
6	其中：色织布（含牛仔布） Yarn-dyed Fabric (including Denim)	万米 10,000 meters	180066	−14.24
7	其中：棉布 Cotton Cloth	万米 10,000 meters	2192414	−10.56
8	棉混纺布 Blended Cloth	万米 10,000 meters	1256575	−6.00
9	化学纤维布 Pure Chemical Fiber Cloth	万米 10,000 meters	1119750	4.60
10	印染布 Dyed and Printed Fabric	万米 10,000 meters	5376266	2.80
11	绒线（毛线） Wool Yarn	吨 ton	193095	−10.76
12	毛机织物（呢绒） Woolen Fabrics	万米 10,000 meters	45858	10.64
13	亚麻布（含亚麻≥55%） Linen Fabrics	万米 10,000 meters	35538	4.95
14	苎麻布（含苎麻≥55%） Ramie Fabrics	万米 10,000 meters	11366	1.90
15	蚕丝 Silk	吨 ton	68590	−16.85
16	其中：绢纺丝 Schappe Silk	吨 ton	4507	−16.37
17	蚕丝及交织机织物（含蚕丝≥50%） Silk Textile	万米 10,000 meters	48167	−4.91
18	蚕丝被 Silk Quilt	万条 10,000 pieces	1177	−4.64
19	非织造布 Nonwoven	吨 ton	5030338	9.85
20	帘子布 Cord Fabric	吨 ton	622631	−7.39

续表

序号 Number	名称 Products	单 位 Unit	本年累计 Current Year	累计同比(%) Percentage Change over Previous Year
21	服装 Garments	万件 10,000 pieces	2447162	−3.28
22	机织服装 Non-knit Clothes	万件 10,000 pieces	1109974	−4.69
23	其中：羽绒服装 Down & feather clothes	万件 10,000 pieces	15204	−22.34
24	西服套装 Suits	万件 10,000 pieces	31190	1.40
25	衬衫 Shirts	万件 10,000 pieces	63889	−5.78
26	针织服装 Knit clothes	万件 10,000 pieces	1336671	−2.09
27	化学纤维用浆粕 Pulp for Man-made Fiber	吨 ton	961872	−8.44
28	化学纤维 Chemical Fiber	吨 ton	59527879	12.51
29	其中：再生纤维（纤维素纤维） Cellulose Fiber	吨 ton	5089767	6.15
30	其中：黏胶短纤维 Viscose Fiber	吨 ton	3851604	−0.28
31	黏胶纤维长丝 Viscose Filament	吨 ton	211913	2.67
32	醋酯纤维长丝 Cellulose Acetate Fiber	吨 ton	435733	8.42
33	其中：合成纤维 Synthetic Fiber	吨 ton	54327463	13.16
34	其中：锦纶 Nylon (Polyamide Fiber)	吨 ton	3928391	14.2
35	涤纶 Polyester Fiber	吨 ton	47511710	13.29
36	腈纶 Acrylic Fiber	吨 ton	667064	3.95
37	维纶 Polyvinyl Fiber	吨 ton	92442	−5.42
38	丙纶 Polypropylene Fiber	吨 ton	384684	7.17
39	氨纶 Spendex Fiber	吨 ton	816883	3.45

表5-1 2019年纺织工业产量分地区汇总表（规模以上全行业）

Table5-1 Main Products Output of Textile Industry by Provinces in 2019 (Enterprises Above Designated Size)

地 区	Region	纱(吨) Yarn(ton)		棉纱(吨) Cotton Yarn(ton)		棉混纺纱(吨) Blended Yarn(ton)	
		本年累计 Current Year	累计同比(%) Percentage Change over Previous Year	本年累计 Current Year	累计同比(%) Percentage Change over Previous Year	本年累计 Current Year	累计同比(%) Percentage Change over Previous Year
全 国	National Total	28920720	-1.85	16950736	-1.84	5791726	-2.52
北 京	Beijing						
天 津	Tianjin	12945	-2.52	7981	0.20		
河 北	Hebei	838069	-20.44	686927	-14.72	117645	-38.12
山 西	Shanxi	24891	-18.06	18959	-22.53	5932	0.51
内 蒙	Inner Mongolia	2509	-1.99	2509	-1.99		
辽 宁	Liaoning	42164	-3.34	20365	-8.27	12865	18.20
吉 林	Jilin	22814	-0.63	8367	13.37	701	-56.67
黑龙江	Heilongjiang	18424	-1.95				
上 海	Shanghai	16247	-20.28	6364	-12.20	1771	-61.52
江 苏	Jiangsu	3607043	0.12	1878164	-2.13	950901	5.98
浙 江	Zhejiang	1490937	-7.82	506231	-8.59	332714	-8.25
安 徽	Anhui	901813	2.75	639403	9.81	152232	-8.14
福 建	Fujian	5809122	-0.15	818962	-4.71	2268144	-7.40
江 西	Jiangxi	1606849	1.20	1251129	2.18	220390	3.46
山 东	Shandong	3534257	-8.80	2968799	-8.86	381288	-9.66
河 南	Henan	3228865	9.00	2993260	8.06	144695	26.84
湖 北	Hubei	3221198	-0.55	1924500	-2.34	567873	24.52
湖 南	Hunan	1149228	2.09	921414	6.09	166188	3.28
广 东	Guangdong	280187	-10.91	215057	-9.73	43992	-19.63
广 西	Guangxi	68540	-9.56	22455	-8.00	30564	-19.59
海 南	Hainan						
重 庆	Chongqing	52812	-2.23	39591	6.79	10175	7.51
四 川	Sichuan	672656	-8.30	295094	-13.39	221733	3.30
贵 州	Guizhou	5749	-48.20	1501	-77.17		
云 南	Yunnan	16728	-17.76	3876	-8.87	5462	-13.50
西 藏	Tibet						
陕 西	Shanxi	318540	-19.99	232155	-12.68	71982	-23.00
甘 肃	Gansu	15905	-4.62	15905	-4.62		
青 海	Qinghai						
宁 夏	Ningxia	146028	12.14	103526	3.12	39668	34.33
新 疆	Xinjiang	1816200	0.92	1368244	1.23	44810	10.40

续表

化学纤维纱(吨) Chemical Fiber Yarn(ton)		布(万米) Cloth(10,000 meters)		色织布(万米) Yarn-dyed Fabric(10,000 meters)	
本年累计 Current Year	累计同比(%) Percentage Change over Previous Year	本年累计 Current Year	累计同比(%) Percentage Change over Previous Year	本年累计 Current Year	累计同比(%) Percentage Change over Previous Year
6178934	-1.27	4569293	-5.95	180066	-14.24
4964	-6.26	37363	37.41	1455	-13.60
37971	-37.01	144091	-14.09	3228	-24.76
		2067	-13.81		
8934	-15.21	9189	-12.60		
13746	-1.54	3279	0.12		
18424	-1.95	510	-13.30		
8113	-4.91	10806	-15.38	508	-16.45
777978	-1.10	698022	-4.89	70200	-15.56
651993	-6.99	763560	-1.36	30631	-1.60
110178	-15.01	91783	18.35	1785	7.29
2718217	8.34	1027549	-0.22	119	-67.84
135330	-9.99	103052	-14.60	2427	-7.53
184171	-6.00	444191	-19.48	28739	-13.39
90910	16.26	131997	-19.12	4178	-27.04
728825	-10.31	571510	-7.95		
61626	-35.98	17832	-27.49	9156	-22.22
21137	-2.54	206237	-12.55	24826	-16.56
15521	16.10	1087	-92.49	819	
3046	-59.29	17143	4.85		
155829	-12.52	172771	9.69		
4248	-6.12	3346	-15.90		
7390	-24.39				
14404	-62.83	69285	-8.14		
2835	845.72	5684	19.18		
403146	-1.05	36939	26.05	1995	-9.19

表5-2　2019年纺织工业产量分地区汇总表（规模以上全行业）

Table5-2　Main Products Output of Textile Industry by Provinces in 2019 (Enterprises Above Designated Size)

地　区	Region	棉布(万米) Cotton Cloth(10,000 meters)		棉混纺布(万米) Blended Cloth(10,000 meters)		化学纤维布(万米) Pure Chemical Fiber Cloth(10,000 meters)	
		本年累计 Current Year	累计同比(%) Percentage Change over Previous Year	本年累计 Current Year	累计同比(%) Percentage Change over Previous Year	本年累计 Current Year	累计同比(%) Percentage Change over Previous Year
全　国	National Total	2192414	-10.56	1256575	-6.00	1119750	4.60
北　京	Beijing						
天　津	Tianjin	35764	39.33	1594	7.78	5	-88.15
河　北	Hebei	78508	-11.91	60181	-16.32	5402	-19.11
山　西	Shanxi	1093	-26.65	974	7.27		
内　蒙	Inner Mongolia						
辽　宁	Liaoning	3865	-5.04	1338	-3.59	3986	-21.17
吉　林	Jilin	3279	0.12				
黑龙江	Heilongjiang	116		394	-32.97		
上　海	Shanghai	1254	-39.51	1688	-40.36	7864	-0.02
江　苏	Jiangsu	402614	-11.00	141062	-1.97	154346	12.13
浙　江	Zhejiang	299675	1.12	132027	-3.49	331858	-2.66
安　徽	Anhui	44195	40.93	10908	-36.84	36680	26.81
福　建	Fujian	89630	8.97	508308	-8.14	429612	8.99
江　西	Jiangxi	60329	-25.35	19348	15.42	23376	1.21
山　东	Shandong	332216	-22.87	89197	-9.53	22778	2.02
河　南	Henan	117139	-19.73	12757	-19.79	2101	55.03
湖　北	Hubei	447742	-11.86	84224	4.36	39394	22.35
湖　南	Hunan	14756	-25.21	3076	-32.03		
广　东	Guangdong	111114	-11.01	48824	-18.46	45895	-10.17
广　西	Guangxi	1087	-81.23				
海　南	Hainan						
重　庆	Chongqing	8021	-8.71	7640	24.90	1482	2.40
四　川	Sichuan	68888	6.77	102693	12.20	1189	-18.23
贵　州	Guizhou					3346	-15.90
云　南	Yunnan						
西　藏	Tibet						
陕　西	Shanxi	33595	-21.29	26011	5.21	9679	20.72
甘　肃	Gansu						
青　海	Qinghai						
宁　夏	Ningxia	3956	16.48	972	-3.66	756	107.69
新　疆	Xinjiang	33579	19.97	3360	155.42		

续表

印染布(万米) Dyed and Printed Fabric(10,000 meters)		绒线(毛线)(吨) Knitting Wool(ton)		毛机织物(呢绒)(万米) Woolen Fabrics(10,000 meters)	
本年累计 Current Year	累计同比(%) Percentage Change over Previous Year	本年累计 Current Year	累计同比(%) Percentage Change over Previous Year	本年累计 Current Year	累计同比(%) Percentage Change over Previous Year
5376266	2.80	193095	−10.76	45858	10.64
		87	−5.61		
822	134.07			5	−71.98
43706	18.92	24994	−19.12	1693	−4.94
11136	0.22				
				152	−29.02
10066	−11.40	1920	−5.69	79	−8.14
				276	−5.28
		10	−99.65		
4805	−12.34				
814119	−5.85	75505	−14.38	22433	−3.32
3053646	8.21	26619	−6.05	10794	127.97
23528	16.51	353	−25.29	176	−3.58
561902	−2.02	906	−45.19		
12405	3.34	1605	−43.35	46	−26.63
343225	5.93	35089	−3.08	5347	−2.29
14731	−26.90	12875	108.52	160	−43.64
39250	3.58	2396	−7.29	3189	−0.80
15771	22.12			57	−17.80
341790	−10.94	8997	−21.41	817	−15.23
791	3.36				
16883	−20.91	625	−39.73		
60171	−11.05			10	12.96
44	19.22				
				9	−6.24
4479	28.71				
		391	13.96	430	0.04
		515	−50.76	145	−47.25
2995	451.57	207	17.51	40	−72.33

表5—3 2019年纺织工业产量分地区汇总表（规模以上全行业）

Table5—3 Main Products Output of Textile Industry by Provinces in 2019 (Enterprises Above Designated Size)

地区	Region	亚麻布(万米) Linen(10,000 meters)		苎麻布(万米) Ramie Fabrics(10,000 meters)		蚕丝(吨) Silk(ton)	
		本年累计 Current Year	累计同比(%) Percentage Change over Previous Year	本年累计 Current Year	累计同比(%) Percentage Change over Previous Year	本年累计 Current Year	累计同比(%) Percentage Change over Previous Year
全国	National Total	35538	4.95	11366	1.90	68590	−16.85
北京	Beijing						
天津	Tianjin						
河北	Hebei						
山西	Shanxi					85	−9.42
内蒙	Inner Mongolia						
辽宁	Liaoning	197	4.23			1162	−4.99
吉林	Jilin						
黑龙江	Heilongjiang	2183	29.17				
上海	Shanghai						
江苏	Jiangsu	9748	−2.71			7121	−35.06
浙江	Zhejiang	1581	−7.32			5579	−21.27
安徽	Anhui	1215	21.28			3628	3.39
福建	Fujian						
江西	Jiangxi			1693	1.96	4253	−17.89
山东	Shandong	988	5.91	9	−78.45	475	−20.92
河南	Henan	15326	17.72			1262	−6.91
湖北	Hubei	429	2.88	1366	−8.03	506	−39.31
湖南	Hunan			4318	−3.06		
广东	Guangdong	1981	−12.50			529	−7.52
广西	Guangxi	759	12.61			22341	−11.89
海南	Hainan						
重庆	Chongqing			3738	13.49	1825	−1.38
四川	Sichuan			242	11.21	13468	−8.53
贵州	Guizhou					866	29.57
云南	Yunnan					3309	−16.51
西藏	Tibet						
陕西	Shanxi					2182	−51.58
甘肃	Gansu						
青海	Qinghai						
宁夏	Ningxia	1131	−39.17				
新疆	Xinjiang						

续表

绢纺丝（吨）Schappe Silk (ton)		蚕丝及交织物（含蚕丝≥50%）（万米）Silk Textile (10,000 meters)		蚕丝被（万条）Silk Quilt (10,000 pieces)	
本年累计 Current Year	累计同比（%）Percentage Change over Previous Year	本年累计 Current Year	累计同比（%）Percentage Change over Previous Year	本年累计 Current Year	累计同比（%）Percentage Change over Previous Year
4507	−16.37	48167	−4.91	1177	−4.64
				1	−33.33
		254	−25.07	4	107.14
				2	−2.02
249	12.91	3033	−8.55	272	−14.16
2727	−22.57	15160	−18.36	249	−14.85
		4492	−5.90	24	31.10
				2	30.60
		84	−25.25		
		1328	−6.21	125	−2.32
570	−23.38			74	22.88
				144	4.60
				65	−8.72
21	30.38	34	−40.90	19	−37.21
660	53.11	2070	46.73	10	−7.77
109	−8.95	1973	−10.44	4	−2.18
93	4.07	19067	5.83	43	−53.72
42	5.44				
37	−82.02	348	44.31	5	308.11
		242	88.32	129	125.46
		83	15.07		
				5	−10.34

表5-4 2019年纺织工业产量分地区汇总表（规模以上全行业）
Table5-4 Main Products Output of Textile Industry by Provinces in 2019 (Enterprises Above Designated Size)

地区	Region	非织造布(吨) Nonwoven Fabric(ton)		帘子布(吨) Cord Fabric(ton)		服装(万件) Garments(10,000 pieces)	
		本年累计 Current Year	累计同比(%) Percentage Change over Previous Year	本年累计 Current Year	累计同比(%) Percentage Change over Previous Year	本年累计 Current Year	累计同比(%) Percentage Change over Previous Year
全国	National Total	5030338	9.85	622631	-7.39	2447162	-3.28
北京	Beijing	10648	-8.40			6421	-11.40
天津	Tianjin	77191	10.32			2433	-27.63
河北	Hebei	108925	-6.31			17473	-15.11
山西	Shanxi					1628	-8.18
内蒙	Inner Mongolia					743	-12.79
辽宁	Liaoning	78421	4.30			20305	-1.88
吉林	Jilin	5401	2684.02			5009	-2.93
黑龙江	Heilongjiang					77	10.77
上海	Shanghai	49091	-12.16	2890	-9.04	37147	-13.38
江苏	Jiangsu	624812	16.70	204759	-19.08	289861	-8.34
浙江	Zhejiang	959696	6.87	145191	3.53	316807	-4.57
安徽	Anhui	283759	35.65	14658	-7.23	100740	-5.06
福建	Fujian	561142	30.85	8859	-27.71	530003	8.09
江西	Jiangxi	293830	19.92	1682	3.13	122492	4.85
山东	Shandong	551837	11.10	67865	-6.72	180236	-9.12
河南	Henan	67422	-40.96	76361	-5.02	110804	-1.80
湖北	Hubei	671784	1.55			121035	3.40
湖南	Hunan	104274	-24.63			98718	-11.12
广东	Guangdong	364900	5.00	100366	7.91	429777	-7.89
广西	Guangxi	9860	-19.18			9206	-35.03
海南	Hainan	17881	0.28				
重庆	Chongqing	1167	-81.81			7345	-3.66
四川	Sichuan	164083	42.22			19982	3.63
贵州	Guizhou					5933	-21.45
云南	Yunnan	285	331.82			1305	26.66
西藏	Tibet					29	82.42
陕西	Shanxi	5877	10.12			5906	23.71
甘肃	Gansu	562	-8.17			1231	15.85
青海	Qinghai					171	-38.02
宁夏	Ningxia	233	-61.74			295	-1.99
新疆	Xinjiang	17258	49.45			4050	1.06

续表

机织服装（万件）Non-Knit Clothes(10,000 pieces)		羽绒服（万件）Down & feather clothes(10,000 pieces)		西服套装（万件）Suits(10,000 pieces)	
本年累计 Current Year	累计同比(%) Percentage Change over Previous Year	本年累计 Current Year	累计同比(%) Percentage Change over Previous Year	本年累计 Current Year	累计同比(%) Percentage Change over Previous Year
1109974	-4.69	15204	-22.34	31190	1.40
3677	-10.56	157	-19.60	223	-30.13
1663	-22.36	132	-19.57	70	-19.39
15220	-17.28	266	239.43	331	-30.05
1294	-9.09	7	41.47	211	-53.93
211	-24.90			20	-66.66
15844	-3.76	151	-20.48	422	-7.66
2412	-5.35	185	114.64	79	39.17
77	56.32	6	-66.33	53	323.38
22351	-15.13	408	7.74	398	-18.57
165835	-11.41	2099	-11.03	8798	-1.24
119741	1.63	1322	-15.26	4318	3.88
62748	-6.46	1414	-9.94	1351	28.80
144182	0.08	731	-41.45	426	-3.99
60488	-4.45	2189	-40.43	429	-8.32
80530	-8.64	2003	10.94	3951	45.50
85260	9.36	650	-77.29	2868	-1.52
97924	2.68	1076	-2.09	1889	9.03
30763	13.40			3397	-10.95
158009	-12.60	851	-0.20	281	-19.05
8255	-17.21				
3705	-11.80	38	-28.75	47	-65.36
17067	2.58	619	-3.35	413	23.27
2393	-48.04				
1305	31.22			304	59.37
29	82.42				
4972	20.78	179	219.42	568	-16.00
1156	15.59	523	-7.10		
163	-38.08			114	-50.79
276	0.28			56	-9.27
2423	27.02	198	74.02	174	3.48

表5-5　2019年纺织工业产量分地区汇总表（规模以上全行业）
Table5-5　Main Products Output of Textile Industry by Provinces in 2019 (Enterprises Above Designated Size)

地　区	Region	衬衫(万件) Shirts(10,000 pieces)		针织服装(万件) Knit Clothes(10,000 pieces)		化学纤维用浆粕(吨) Pulp for Chemical Fiber(ton)	
		本年累计 Current Year	累计同比(%) Percentage Change over Previous Year	本年累计 Current Year	累计同比(%) Percentage Change over Previous Year	本年累计 Current Year	累计同比(%) Percentage Change over Previous Year
全　国	National Total	63889	−5.78	1336671	−2.09	961872	−8.44
北　京	Beijing	232	−34.42	2743	−12.51		
天　津	Tianjin	303	−12.31	770	−36.88		
河　北	Hebei	1792	−40.21	2253	3.21	68841	29.45
山　西	Shanxi	560	7.94	334	−4.47		
内　蒙	Inner Mongolia	4	−17.32	532	−6.84		
辽　宁	Liaoning	2404	14.86	4461	5.43		
吉　林	Jilin	627	−8.40	2598	−0.57		
黑龙江	Heilongjiang						
上　海	Shanghai	1329	−15.88	14796	−10.60		
江　苏	Jiangsu	22490	−7.75	124026	−3.89	5251	3.57
浙　江	Zhejiang	12236	−1.16	197067	−7.98		
安　徽	Anhui	3471	−12.94	37823	−2.90	83535	−36.40
福　建	Fujian	3932	64.82	385542	11.34	39248	20.07
江　西	Jiangxi	1044	22.64	62004	15.84		
山　东	Shandong	2523	0.12	99839	−9.40	102711	3.06
河　南	Henan	1060	4.53	25500	−26.78		
湖　北	Hubei	1203	35.34	23111	6.53	38492	−0.46
湖　南	Hunan	766	24.51	67955	−19.04	44812	−12.39
广　东	Guangdong	6489	−23.91	271767	−4.91		
广　西	Guangxi	317	−8.75	951	−77.35		
海　南	Hainan						
重　庆	Chongqing	174	−55.85	3640	6.34		
四　川	Sichuan	344	23.00	2756	9.57	366236	4.25
贵　州	Guizhou			3540	20.09		
云　南	Yunnan	186	76.18				
西　藏	Tibet						
陕　西	Shanxi	317	−2.96	934	42.09		
甘　肃	Gansu			76	19.90		
青　海	Qinghai	29	517.93	9	−36.81		
宁　夏	Ningxia	13	−20.25	18	−27.02		
新　疆	Xinjiang	41	−80.30	1627	−22.51	212747	9.34

续表

化学纤维(吨) Chemical Fiber(ton)		再生纤维(纤维素纤维)(吨) Cellulose Fiber(ton)		黏胶短纤维(吨) Viscose Staple(ton)	
本年累计 Current Year	累计同比(%) Percentage Change over Previous Year	本年累计 Current Year	累计同比(%) Percentage Change over Previous Year	本年累计 Current Year	累计同比(%) Percentage Change over Previous Year
59527879	12.51	5089767	6.15	3851604	−0.28
2521	25.64				
93541	3.45				
997537	34.50	843361	34.91	843361	34.91
1563	−51.52				
5242	−5.15				
238416	16.11				
321825	−13.80	76606	−42.62	12360	−83.26
36475	−29.86				
410090	1.72	2762	−14.92		
15314719	7.33	1029248	17.56	330608	−2.35
28228446	16.20	19710	−85.50	19710	−84.90
370884	2.65	44156	−49.21	13300	−76.37
8493097	17.50	310368	6.53	301935	5.83
629195	11.85	581447	11.52	575802	10.97
907830	−0.43	526741	−6.97	496400	−8.43
557725	−6.81	74659	−35.24	8622	−81.83
265156	3.50	106155	−0.95	82506	−2.91
89141	−20.26	1065	1.16		
651744	13.89	185685	200.66		
139131	13.09				
814309	−4.92	391938	−9.66	346304	−11.27
13172	31.06				
43256	1.28	35345	2.72		
44718	16.57	39825	19.64		
22276	17.41				
835869	7.71	820696	6.74	820696	6.74

表5—6　2019年纺织工业产量分地区汇总表（规模以上全行业）
Table5—6　Main Products Output of Textile Industry by Provinces in 2019 (Enterprises Above Designated Size)

地区	Region	黏胶纤维长丝（吨） Viscose Filament (ton)		醋酯纤维长丝（吨） Acetate Filament (ton)		合成纤维（吨） Synthetic Fiber (ton)	
		本年累计 Current Year	累计同比（%） Percentage Change over Previous Year	本年累计 Current Year	累计同比（%） Percentage Change over Previous Year	本年累计 Current Year	累计同比（%） Percentage Change over Previous Year
全　国	National Total	211913	2.67	435733	8.42	54327463	13.16
北　京	Beijing					351	−13.83
天　津	Tianjin					92297	2.08
河　北	Hebei					144254	37.75
山　西	Shanxi						
内　蒙	Inner Mongolia					5242	−5.15
辽　宁	Liaoning					238416	16.11
吉　林	Jilin	64246	7.67			240648	1.74
黑龙江	Heilongjiang					36375	−29.82
上　海	Shanghai	2762	−14.92			406611	1.88
江　苏	Jiangsu	16526	−32.35	277914	4.37	14268916	6.65
浙　江	Zhejiang					28200512	16.77
安　徽	Anhui					325676	19.29
福　建	Fujian					8182729	17.96
江　西	Jiangxi	5645	124.02			47748	16.08
山　东	Shandong			11777	9.36	353969	9.97
河　南	Henan	61597	18.04			455154	1.69
湖　北	Hubei	15503	0.84			159001	6.71
湖　南	Hunan					88076	−20.47
广　东	Guangdong			70872	24.01	464701	−8.80
广　西	Guangxi						
海　南	Hainan						
重　庆	Chongqing					139131	13.09
四　川	Sichuan	45634	4.77			421462	−0.07
贵　州	Guizhou					13172	31.06
云　南	Yunnan			35345	2.72	7911	−4.69
西　藏	Tibet						
陕　西	Shanxi			39825	19.64	4893	−3.56
甘　肃	Gansu						
青　海	Qinghai						
宁　夏	Ningxia					22276	17.41
新　疆	Xinjiang					7943	11.64

续表

锦纶(吨) Nylon Fiber(ton)		涤纶(吨) Polyester Fiber(ton)		腈纶(吨) Acrylic Fiber (ton)	
本年累计 Current Year	累计同比(%) Percentage Change over Previous Year	本年累计 Current Year	累计同比(%) Percentage Change over Previous Year	本年累计 Current Year	累计同比(%) Percentage Change over Previous Year
3928391	14.20	47511710	13.29	667064	3.95
45	−13.83	8	−59.43		
66	−96.10	92231	3.97		
2144	−25.89	48650	19.77	59759	50.82
2726	2.83	227840	17.14		
				237028	1.41
				36375	−29.82
26337	−6.42	202891	−18.08	136937	20.98
661332	−7.54	13128908	6.90	36117	−9.55
888719	18.27	26590453	17.14	81164	−2.36
239	0.84	258781	35.68	40822	−7.92
2028483	26.48	5768440	15.87		
		4506	−68.62		
49262	21.93	165008	6.63	38862	8.11
131932	−16.77	232030	11.72		
		100272	7.02		
73841	4.46	14235	−64.46		
54064	−2.06	206734	−18.35		
		33346	29.23		
9202	1.35	410057	2.43		
		13172	31.06		
		7911	−4.69		
		3151	−23.10		
		3088	−1.36		

表5-7 2019年纺织工业产量分地区汇总表（规模以上全行业）

Table5-7 Main Products Output of Textile Industry by Provinces in 2019 (Enterprises Above Designated Size)

地区	Region	维纶(吨) Polyvinyl Formal Fiber(ton)		丙纶(吨) Polypropylene Fiber(ton)		氨纶(吨) Spendex Fiber(ton)	
		本年累计 Current Year	累计同比(%) Percentage Change over Previous Year	本年累计 Current Year	累计同比(%) Percentage Change over Previous Year	本年累计 Current Year	累计同比(%) Percentage Change over Previous Year
全国	National Total	92442	−5.42	384684	7.17	816883	3.45
北京	Beijing			298	−11.05		
天津	Tianjin						
河北	Hebei			15120	24.18		
山西	Shanxi						
内蒙	Inner Mongolia	5242	−5.15				
辽宁	Liaoning			843	48.43		
吉林	Jilin			3620	29.27		
黑龙江	Heilongjiang						
上海	Shanghai			8445	−1.88		
江苏	Jiangsu			94294	5.36	92073	22.85
浙江	Zhejiang			66057	−1.93	282277	−8.43
安徽	Anhui	22208	−34.27	3627	−7.41		
福建	Fujian	35014	2.36	77877	20.18	52981	−1.45
江西	Jiangxi	18089	359.74				
山东	Shandong			13964	−7.05	58840	−0.18
河南	Henan			4268	−12.35	82578	14.98
湖北	Hubei			46064	9.66		
湖南	Hunan						
广东	Guangdong	4	−55.95	45352	5.48	130216	4.18
广西	Guangxi						
海南	Hainan						
重庆	Chongqing	11751	−40.77			94034	21.51
四川	Sichuan						
贵州	Guizhou						
云南	Yunnan						
西藏	Tibet						
陕西	Shanxi					1742	78.48
甘肃	Gansu						
青海	Qinghai						
宁夏	Ningxia	135	−68.97			22141	19.44
新疆	Xinjiang			4855	21.85		

注 规模以上企业划分标准为年主营业务收入2000万元及以上工业法人企业。

Note: Enterprises above designated size refer to enterprises whose revenue from principle business is over 20 million yuan per year.

资料来源（表1～表5）：国家统计局

Source(Table 1～Table 5): National Bureau of Statistics of China

表6 全国纺织品服装出口贸易总值表

Table6 China's Import and Export Total Value of Textile and Apparel

单位：亿美元
Unit：USD 100 million

年度 Year	项目 Item	进出口 Import and Export (亿美元) (USD 100 Million)	出口 Export (亿美元) (USD 100 Million)	进口 Import (亿美元) (USD 100 Million)	贸易差额 Balance of Trade (亿美元) (USD 100 Million)	累计同比(%) Percentage Change over Previous Year		
						进出口 Import and Export	出口 Export	进口 Import
2008年	全国 The Whole Nation	25616.30	14285.50	11330.90	2954.60	17.80	17.20	18.50
2008年	纺织 Textile Industry	2082.70	1896.24	186.46	1709.78	7.16	7.98	−0.49
2008年	纺织占全国比重 Textile vs. Nation(%)	8.13	13.27	1.65	57.87			
2009年	全国 The Whole Nation	22072.66	12016.63	10056.03	1960.61	−13.90	−16.00	−11.20
2009年	纺织 Textile Industry	1882.56	1713.32	169.24	1544.08	−9.61	−9.65	−9.24
2009年	纺织占全国比重 Textile vs. Nation(%)	8.53	14.26	1.68	78.76			
2010年	全国 The Whole Nation	29727.60	15779.30	13948.30	1831.00	34.70	31.30	38.70
2010年	纺织 Textile Industry	2323.21	2120.01	203.20	1916.81	23.46	23.76	20.44
2010年	纺织占全国比重 Textile vs. Nation(%)	7.81	13.44	1.46	104.69			
2011年	全国 The Whole Nation	36420.60	18986.00	17434.60	1551.40	22.50	20.30	24.90
2011年	纺织 Textile Industry	2772.80	2541.23	231.57	2309.66	19.35	19.87	13.96
2011年	纺织占全国比重 Textile vs. Nation(%)	7.61	13.38	1.33	148.88			
2012年	全国 The Whole Nation	38667.6	20489.40	18178.30	2311.10	6.20	7.90	4.30
2012年	纺织 Textile Industry	2873.64	2625.63	248.01	2377.62	3.64	3.32	7.10
2012年	纺织占全国比重 Textile vs. Nation(%)	7.43	12.81	1.36				
2013年	全国 The Whole Nation	41603.1	22100.20	19502.90	2597.30	7.60	7.90	7.30
2013年	纺织 Textile Industry	3196.20	2920.75	275.45	2645.30	11.22	11.24	11.06
2013年	纺织占全国比重 Textile vs. Nation(%)	7.68	13.22	1.41				

续表

年度 Year	项目 Item	进出口 Import and Export (亿美元) (USD 100 Million)	出口 Export (亿美元) (USD 100 Million)	进口 Import (亿美元) (USD 100 Million)	贸易差额 Balance of Trade (亿美元) (USD 100 Million)	累计同比(%) Percentage Change over Previous Year		
						进出口 Import and Export	出口 Export	进口 Import
2014年	全国 The Whole Nation	43030.4	23427.50	19602.90	3824.60	3.40	6.10	0.40
2014年	纺织 Textile Industry	3343.33	3069.58	273.75	2795.83	4.60	5.10	−0.62
2014年	纺织占全国比重 Textile vs. Nation(%)	7.77	13.10	1.40				
2015年	全国 The Whole Nation	39586.40	22765.70	16820.70	5945.00	−8.00	−2.80	−14.10
2015年	纺织 Textile Industry	3176.92	2911.48	265.44	2646.04	−4.48	−4.78	−1.01
2015年	纺织占全国比重 Textile vs. Nation(%)	8.03	12.79	1.58				
2016年	全国 The Whole Nation	36849.30	20974.40	15874.80	5099.60	−6.80	−7.70	−5.50
2016年	纺织 Textile Industry	2942.99	2701.2	241.79	2459.41	−7.36	−7.22	−8.91
2016年	纺织占全国比重 Textile vs. Nation(%)	7.99	12.88	1.52				
2017年	全国 The Whole Nation	41044.70	22634.90	18409.80	4225.10	11.40	7.90	15.90
2017年	纺织 Textile Industry	3001.24	2745.05	256.19	2488.86	1.98	1.62	5.96
2017年	纺织占全国比重 Textile vs. Nation(%)	7.31	12.13	1.39				
2018年	全国 The Whole Nation	46230.40	24874.00	21356.40	3517.60	12.60	9.90	15.80
2018年	纺织 Textile Industry	3120.50	2849.71	270.79	2578.92	3.97	3.81	5.70
2018年	纺织占全国比重 Textile vs. Nation(%)	6.75	11.46	1.27				
2019年	全国 The Whole Nation	45753.00	24984.10	20768.90	4215.10	5.70	7.30	3.80
2019年	纺织 Textile Industry	3061.79	2807.05	254.74	2552.31	−1.88	−1.50	−5.93
2019年	纺织占全国比重 Textile vs. Nation(%)	6.69	11.24	1.23				

注 2018年进出口统计指标已根据中国海关确报数据进行更正。

Note: The import and export data in 2018 has been corrected based on the data confirmed by China Customs.

表7 全国纺织品服装分月度进出口贸易总值表

Table7 China's Import and Export Total Value of Textile and Apparel by Month

单位：亿美元
Unit：USD 100 million

年月 Month/Year	进出口 Import and Export	出口 Export	进口 Import	贸易差额 Balance of Trade	1月至当月累计 From January to This Month			
					进出口 Import and Export	出口 Export	进口 Import	贸易差额 Balance of Trade
2018年1月 01/2018	261.04	237.75	23.29	214.46	261.04	237.75	23.29	214.46
2018年2月 02/2018	224.32	209.51	14.81	194.70	485.29	447.20	38.09	409.11
2018年3月 03/2018	169.37	146.26	23.11	123.15	653.04	591.82	61.22	530.60
2018年4月 04/2018	240.78	219.79	20.98	198.81	892.66	810.56	82.10	728.45
2018年5月 05/2018	264.55	239.06	25.49	213.57	1157.21	1049.61	107.60	942.02
2018年6月 06/2018	284.13	260.99	23.14	237.84	1441.34	1310.60	130.74	1179.86
2018年7月 07/2018	300.33	275.34	25.00	250.34	1741.67	1585.94	155.73	1430.20
2018年8月 08/2018	303.11	276.78	26.33	250.46	2044.78	1862.72	182.06	1680.66
2018年9月 09/2018	297.28	273.52	23.76	249.76	2342.05	2136.24	205.82	1930.42
2018年10月 10/2018	260.31	238.78	21.53	217.25	2602.37	2375.02	227.35	2147.67
2018年11月 11/2018	258.86	236.16	22.70	213.46	2861.23	2611.18	250.05	2361.13
2018年12月 12/2018	259.27	238.53	20.74	217.79	3120.49	2849.71	270.79	2578.92

续表

年月 Month/Year	进出口 Import and Export	出口 Export	进口 Import	贸易差额 Balance of Trade	1月至当月累计 From January to This Month			
					进出口 Import and Export	出口 Export	进口 Import	贸易差额 Balance of Trade
2019年1月 01/2019	281.18	258.77	22.41	236.36	281.18	258.77	22.41	236.36
2019年2月 02/2019	150.41	135.12	15.29	119.83	431.80	394.10	37.70	356.40
2019年3月 03/2019	210.51	188.43	22.08	166.35	642.22	582.47	59.75	522.72
2019年4月 04/2019	223.34	201.42	21.92	179.50	865.28	783.62	81.66	701.96
2019年5月 05/2019	268.59	246.49	22.10	224.39	1133.82	1030.04	103.78	926.26
2019年6月 06/2019	274.77	254.03	20.74	233.29	1408.56	1284.03	124.53	1159.50
2019年7月 07/2019	307.47	283.44	24.03	259.41	1715.98	1567.42	148.56	1418.86
2019年8月 08/2019	286.77	265.49	21.28	244.21	2002.59	1832.76	169.83	1662.93
2019年9月 09/2019	274.93	253.47	21.46	232.01	2277.46	2086.16	191.30	1894.86
2019年10月 10/2019	257.29	237.01	20.28	216.73	2534.70	2323.11	211.59	2111.52
2019年11月 11/2019	250.53	228.87	21.66	207.21	2785.14	2551.91	233.23	2318.68
2019年12月 12/2019	279.38	257.84	21.54	236.30	3061.79	2807.05	254.74	2552.31

表8-1 2019年纺织品服装进出口额

Table8-1 China's Import and Export of Textile and Apparel in 2019

单位：亿美元
Unit：USD 100 million

项目 Item	出口 Export						进口 Import					
	小计 Subtotal		纺织品 Textiles		服装 Garments		小计 Subtotal		纺织品 Textiles		服装 Garments	
	当年 Current Year	同比(%) Percentage Change over Previous Year	当年 Current Year	同比(%) Percentage Change over Previous Year	当年 Current Year	同比(%) Percentage Change over Previous Year	当年 Current Year	同比(%) Percentage Change over Previous Year	当年 Current Year	同比(%) Percentage Change over Previous Year	当年 Current Year	同比(%) Percentage Change over Previous Year
一、贸易方式 Mode of Trade	2807.05	-1.50	1272.51	1.35	1534.53	-3.74	254.74	-5.93	154.75	-11.95	99.99	5.21
1.一般贸易 Normal Trade	2265.32	-0.09	1096.94	2.69	1168.38	-2.57	173.43	-2.18	89.99	-8.62	83.44	5.87
2.进料加工 Import Material Processing	190.56	-16.61	85.33	-15.44	105.23	-17.53	44.16	-17.16	43.16	-17.70	1.00	16.14
3.来料加工 Raw Materials on Client's Demand	36.02	-11.75	3.14	-5.10	32.88	-12.33	14.88	-13.65	14.53	-13.82	0.35	-6.41
4.其他贸易 Others	315.15	0.71	87.11	4.77	228.04	-0.76	22.26	-2.98	7.07	-11.18	15.19	1.37
二、主要类型企业 Major Type of Enterprises												
1.国有进出口公司 State-owned Trade Enterprises	267.64	-5.00	99.47	-4.94	168.17	-5.04	28.94	-12.86	20.95	-17.04	7.99	0.36
2.集体企业 Collective-owned Enterprises	60.71	-8.73	30.98	-8.02	29.73	-9.45	2.34	-32.78	2.22	-32.61	0.13	-35.61
3.三资企业 Foreign-investment Enterprises	499.88	-8.00	232.39	-4.42	267.49	-10.89	153.28	-4.11	88.68	-11.48	64.60	8.25
4.民营企业 Non State-owned Enterprises	1978.82	1.06	909.67	4.07	1069.15	-1.37	70.18	-5.47	42.91	-8.77	27.27	0.25
三、主要国家地区 Major Countries and Regions												
1.亚洲地区 Asia	1252.00	1.56	698.67	2.45	553.34	0.46	195.84	-8.24	128.87	-12.70	66.97	1.77

续表

项目 Item	出口 Export						进口 Import					
	小计 Subtotal		纺织品 Textiles		服装 Garments		小计 Subtotal		纺织品 Textiles		服装 Garments	
	当年 Current Year	同比(%) Percentage Change over Previous Year	当年 Current Year	同比(%) Percentage Change over Previous Year	当年 Current Year	同比(%) Percentage Change over Previous Year	当年 Current Year	同比(%) Percentage Change over Previous Year	当年 Current Year	同比(%) Percentage Change over Previous Year	当年 Current Year	同比(%) Percentage Change over Previous Year
(1)中国香港 Hongkong, China	92.36	−26.37	44.63	−20.39	47.73	−31.20	1.18	−16.57	0.70	−37.18	0.48	60.35
(2)中国澳门 Macao, China	1.82	−17.49	0.50	−11.95	1.32	−19.38	0.10	379.16	0.00	−5.94	0.10	457.93
(3)中国台湾 Taiwan, China	26.80	25.24	7.28	−2.24	19.52	39.92	18.57	−17.44	18.18	−17.13	0.40	−29.51
(4)日本 Japan	208.79	−4.58	54.47	−2.20	154.32	−5.39	32.52	−6.52	21.84	−2.80	10.68	−13.30
(5)韩国 Korea	89.89	8.76	29.53	−3.77	60.36	16.16	15.02	−11.46	12.48	−11.92	2.55	−9.10
(6)土耳其 Turkey	19.74	0.64	16.88	6.82	2.86	−25.01	4.90	−3.76	1.19	−8.39	3.71	−2.18
(7)东盟 Eastern Union	399.71	2.71	299.03	5.32	100.68	−4.31	72.84	6.36	42.03	3.76	30.81	10.12
2.欧洲 European	594.19	−4.08	175.30	0.82	418.89	−6.00	46.80	4.25	19.65	−5.32	27.15	12.49
欧盟 EU	484.57	−4.41	144.77	−0.63	339.80	−5.94	45.01	4.46	19.03	−4.93	25.98	12.61
3.非洲 Africa	206.17	8.41	128.22	11.64	77.95	3.48	2.80	−9.19	0.20	−39.67	2.59	−5.44
4.大洋州 Oceania	64.89	−2.73	19.81	−6.92	45.08	−0.77	0.32	7.93	0.27	6.97	0.05	13.61
澳大利亚 Australia	54.59	−2.40	16.30	−7.66	38.30	0.02	0.28	13.98	0.23	12.87	0.05	20.01
5.北美自由贸易区 North America Free-trade Area	555.10	−6.90	182.64	−5.93	372.47	−7.36	8.00	−5.51	5.38	−17.66	2.61	35.79

表8-2 2019年纺织品服装进出口额

Table8-2 China's Import and Export of Textile and Apparel in 2019

单位：亿美元
Unit：USD 100 million

项目 Item	出口 Export						进口 Import					
	小计 Subtotal		纺织品 Textiles		服装 Garments		小计 Subtotal		纺织品 Textiles		服装 Garments	
	当年 Current Year	同比(%) Percentage Change over Previous Year	当年 Current Year	同比(%) Percentage Change over Previous Year	当年 Current Year	同比(%) Percentage Change over Previous Year	当年 Current Year	同比(%) Percentage Change over Previous Year	当年 Current Year	同比(%) Percentage Change over Previous Year	当年 Current Year	同比(%) Percentage Change over Previous Year
(1)美国 USA	482.05	-6.58	151.53	-5.88	330.52	-6.89	6.16	-15.08	4.80	-20.05	1.35	8.96
(2)加拿大 Canada	41.31	-12.96	13.13	-1.23	28.18	-17.52	1.36	78.16	0.23	2.08	1.13	109.18
(3)墨西哥 Mexico	31.75	-3.17	17.98	-9.50	13.77	6.55	0.48	6.85	0.36	14.42	0.13	-9.86
6.欧盟、美国 EU,USA	964.94	-5.52	295.57	-3.42	669.37	-6.41	51.11	1.63	23.83	-8.42	27.29	12.40
7.非欧盟、美国 Non-EU，USA	1842.11	0.75	976.95	2.89	865.16	-1.56	203.62	-7.65	130.92	-12.56	72.71	2.74
8."一带一路"沿线国家 The Belt and Road	1000.61	3.67	630.50	5.85	370.11	0.15	113.42	-4.49	63.85	-11.94	49.57	7.18
四、分原料加工 Divided on Raw Material Processing												
1.棉制产品 Cotton Products	746.69	-6.50	244.65	-5.89	502.04	-6.79	96.80	-8.09	61.55	-15.29	35.25	7.92
2.毛制产品 Wool Products	57.79	-10.07	20.75	0.73	37.04	-15.17	15.23	-3.56	6.40	-14.83	8.83	6.66
3.麻制产品 Bast Products	15.38	-2.73	15.38	-2.73	0.00	0.00	1.48	-16.54	1.48	-16.54	0.00	0.00
4.丝制产品 Silk Products	18.03	-28.80	7.76	-8.19	10.27	-39.13	2.14	3.70	0.34	-7.22	1.80	6.10
5.化纤制产品 Chemical Fiber Products	1406.26	0.24	737.28	2.81	668.98	-2.45	93.28	-5.19	64.92	-9.99	28.36	7.98
6.未列名其他材料 Others	562.90	3.70	246.69	5.59	316.21	2.27	45.81	-3.46	20.06	-5.86	25.75	-1.50

续表

地区 Region	出口 Export						进口 Import					
	小计 Subtotal		纺织品 Textiles		服装 Garments		小计 Subtotal		纺织品 Textiles		服装 Garments	
	当年 Current Year	同比(%) Percentage Change over Previous	当年 Current Year	同比(%) Percentage Change over Previous	当年 Current Year	同比(%) Percentage Change over Previous	当年 Current Year	同比(%) Percentage Change over Previous	当年 Current Year	同比(%) Percentage Change over Previous	当年 Current Year	同比(%) Percentage Change over Previous
11.浙江 Zhejiang	776.46	1.66	471.83	4.07	304.63	-1.88	25.78	-3.94	21.59	0.98	4.20	-23.18
宁波 Ningbo	81.35	-7.94	25.69	-3.24	55.66	-9.96	3.40	2.04	2.83	-6.62	0.56	91.68
12.安徽 Anhui	52.74	10.35	19.24	11.39	33.50	9.76	2.94	-7.65	2.86	-8.00	0.08	6.51
13.福建 Fujian	186.58	9.05	55.77	7.16	130.81	9.88	9.49	-20.04	8.57	-22.18	0.92	7.71
厦门特区 Xiamen SEZ	17.78	-8.89	7.48	-8.34	10.30	-9.28	5.96	-25.95	5.36	-27.25	0.60	-11.87
14.江西 Jiangxi	58.89	-4.95	11.22	2.35	47.67	-6.52	1.00	-26.47	0.93	-26.85	0.08	-21.70
15.山东 Shandong	241.77	-1.60	112.65	-2.81	129.11	-0.52	12.06	-15.89	10.69	-17.65	1.37	0.80
青岛 Qingdao	35.60	-12.97	16.95	-8.72	18.65	-16.50	1.95	-17.37	1.71	-16.90	0.24	-20.58
16.河南 Henan	37.29	14.13	18.56	16.65	18.73	11.74	2.23	18.08	0.61	-16.63	1.62	40.18
17.湖北 Hubei	35.78	10.16	11.29	4.28	24.50	13.10	1.96	10.30	1.84	13.83	0.12	-24.79
武汉 Wuhan	7.92	-4.59	2.32	-2.65	5.60	-5.38	0.53	82.10	0.49	88.93	0.05	32.78
18.湖南 Hunan	31.37	62.12	3.60	-3.57	27.77	77.83	0.86	-25.62	0.71	-36.82	0.15	334.41
19.广东 Guangdong	478.16	-9.75	146.62	1.12	331.54	-13.85	62.98	-13.15	46.83	-18.23	16.15	5.94
广州 Guangzhou	141.52	-24.08	32.34	-13.90	109.18	-26.64	8.46	-20.00	4.86	-35.98	3.60	20.69
深圳特区 Shenzhen SEZ	78.33	6.58	24.49	28.51	53.85	-1.10	9.33	-14.98	6.02	-17.99	3.31	-8.91

表9-2 2019年纺织品服装分地区进出口额

Table9-2 China's Import and Export of Textile and Apparel by Provinces in 2019

单位：亿美元
Unit：USD 100 million

地区 Region	出口 Export						进口 Import					
	小计 Subtotal		纺织品 Textiles		服装 Garments		小计 Subtotal		纺织品 Textiles		服装 Garments	
	当年 Current Year	同比(%) Percentage Change over Previous Year	当年 Current Year	同比(%) Percentage Change over Previous Year	当年 Current Year	同比(%) Percentage Change over Previous Year	当年 Current Year	同比(%) Percentage Change over Previous Year	当年 Current Year	同比(%) Percentage Change over Previous Year	当年 Current Year	同比(%) Percentage Change over Previous Year
20.广西 Guangxi	3.02	-1.71	0.84	-20.63	2.18	8.24	0.68	69.71	0.47	25.54	0.22	576.28
21.海南 Hainan	0.30	-10.67	0.28	-12.41	0.02	22.83	1.24	36.46	0.14	169.79	1.10	28.46
22.四川 Sichuan	8.65	0.08	6.05	-9.38	2.59	32.32	0.62	-3.39	0.28	-23.22	0.34	22.60
成都 Chengdu	1.34	4.80	0.46	-29.32	0.88	39.86	0.22	-5.94	0.07	-27.38	0.15	9.10
23.重庆 Chongqing	5.94	44.62	2.33	-16.85	3.61	176.75	0.94	-33.55	0.63	-31.62	0.31	-37.08
24.贵州 Guizhou	1.64	57.49	0.15	222.21	1.50	50.06	0.22	188.13	0.22	202.27	0.00	-52.20
25.云南 Yunnan	0.81	-1.74	0.46	-23.61	0.36	55.20	0.10	8.13	0.08	-0.56	0.02	78.17
26.西藏 Tibet	2.98	28.44	0.42	13.34	2.56	31.29	0.01	3.07	0.01	22.57	0.00	-47.68
27.陕西 Shaanxi	2.57	-16.67	2.01	1.15	0.56	-48.77	0.28	104.90	0.21	207.40	0.07	1.77
西安 Xi'an	0.58	-3.98	0.25	-13.70	0.33	5.07	0.08	22.99	0.05	108.87	0.03	-21.86
28.甘肃 Gansu	0.48	167.42	0.11	29.56	0.36	297.70	0.12	1448.01	0.12	1652.48	0.00	-79.89
29.青海 Qinghai	0.30	-7.78	0.20	7.11	0.10	-28.98	0.00	-49.09	0.00	-48.98	0.00	-97.60
30.宁夏 Ningxia	0.93	-55.10	0.44	-69.23	0.49	-23.26	0.02	-17.72	0.02	5.25	0.00	-66.42
31.新疆 Xinjiang	58.32	12.20	10.70	6.31	47.63	13.62	0.21	42.10	0.18	34.96	0.02	147.69

表10-1 2019年纺织原料及制品章类进出口额

Table10-1 Import and Export of Textile Raw Material and Manufactures by Chapters in 2019

单位：亿美元
Unit：USD 100 million

类、章 Category and Chapter	全贸易方式 Multi-trade Mode		一般贸易 Normal Trade		进料加工 Import Material Processing		来料加工 Raw Materials on Client's Demand	
	当年 Current Year	同比(%) Percentage Change over Previous Year	当年 Current Year	同比(%) Percentage Change over Previous Year	当年 Current Year	同比(%) Percentage Change over Previous Year	当年 Current Year	同比(%) Percentage Change over Previous Year
一、出口 Export								
十一大类(50～63章) Eleven Categories (Chapter 50—63)	2602.68	−2.16	2087.64	−0.74	180.18	−17.01	35.99	−11.31
50章、丝及丝绸 Chapter 50：Silk and Silk Cloth	9.96	−12.70	8.96	−17.96	0.04	1.67	1.90	−6.18
51章 毛及毛织品 Chapter 51：Wool and Woolen Fabric	23.60	−4.71	16.48	−0.78	4.32	−13.79	0.03	−67.91
52章 棉及棉织品 Chapter 52：Cotton and Cotton Fabric	141.37	−8.48	120.16	−4.87	14.36	−25.32	0.00	0.00
53章 麻及麻织品 Chapter 53：Bast and Bast Fabric	13.68	−2.16	13.18	−2.19	0.43	−3.95	0.14	5.43
54章 化纤长丝及织品 Chapter 54：Chemical Fiber Filament and Fabric	221.94	8.31	201.33	11.79	11.68	−29.38	0.17	−32.31
55章 化纤短纤织品 Chapter 55：Chemical Fiber Spun Fabric	123.82	−2.39	102.51	0.55	9.88	−28.46	0.49	31.76
56章 絮、毡、非织造布 Chapter 56：Wadding，Felt，Non-woven Fabric	60.55	5.63	51.28	5.23	3.89	−8.76	0.06	−52.12
57章 铺地织品 Chapter 57：Floor Cloth	29.19	−1.86	25.15	−3.17	0.98	−12.77	0.23	−16.52
58章 特种织物花边 Chapter 58：Special Fabric Lace	53.12	4.93	45.94	7.10	2.49	−15.38	0.15	−0.15
59章 涂层布及工业用布 Chapter 59：Coating and Industrial Fabric	79.61	−0.83	69.55	−2.92	6.06	9.85	0.21	−17.56

续表

类章 Category and Chapter	全贸易方式 Multi–trade Mode		一般贸易 Normal Trade		进料加工 Import Material Processing		来料加工 Raw Materials on Client's Demand	
	当年 Current Year	同比(%) Percentage Change over Previous Year	当年 Current Year	同比(%) Percentage Change over Previous Year	当年 Current Year	同比(%) Percentage Change over Previous Year	当年 Current Year	同比(%) Percentage Change over Previous Year
60章 针织布 Chapter 60:Knitting Fabric	186.62	2.80	152.07	6.27	20.52	–12.89	6.70	–15.28
61章 针织服装及附件 Chapter 61:Knitting Garments and Accessories	713.53	–2.69	574.08	–2.89	35.91	–20.43	24.68	–11.16
62章 机织服装及附件 Chapter 62:Tatting Garments and Accessories	666.78	–6.47	472.93	–4.46	51.20	–16.11	1.22	1.86
63章 其他纺织织物 Chapter 63:Other Fabric	278.91	0.33	233.99	–0.54	18.42	–0.32	0.00	0.00
二、进口 Import								
十一大类(50~63章) Eleven Categories (Chapter 50–63)	321.75	–5.75	207.43	–1.60	53.53	–21.04	15.99	–15.39
50章 丝及丝绸 Chapter 50:Silk and Silk Cloth	0.57	6.14	0.27	5.94	0.17	–11.32	0.07	–6.81
51章 毛及毛织品 Chapter 51:Wool and Woolen Fabric	32.23	–23.21	21.08	–25.47	4.82	–20.04	3.05	–22.50
52章 棉及棉织品 Chapter 52:Cotton and Cotton Fabric	92.29	–6.69	56.30	0.09	14.26	–33.63	1.38	–25.54
53章 麻及麻织品 Chapter 53:Bast and Bast Fabric	10.58	15.38	8.27	8.35	0.61	11.08	0.16	–1.44
54章 化纤长丝及织品 Chapter 54:Chemical Fiber Filament and Fabric	28.68	–9.06	14.85	–5.24	9.12	–15.39	3.07	–7.70
55章 化纤短纤织品 Chapter 55:Chemical Fiber Spun Fabric	22.57	–8.90	14.74	–4.74	4.89	–19.19	2.22	–5.86

表10-1 2019年纺织原料及制品章类进出口额

Table10-1 Import and Export of Textile Raw Material and Manufactures by Chapters in 2019

单位：亿美元
Unit：USD 100 million

类章 Category and Chapter	全贸易方式 Multi-trade Mode		一般贸易 Normal Trade		进料加工 Import Material Processing		来料加工 Raw Materials on Client's Demand	
	当年 Current Year	同比(%) Percentage Change over Previous Year	当年 Current Year	同比(%) Percentage Change over Previous Year	当年 Current Year	同比(%) Percentage Change over Previous Year	当年 Current Year	同比(%) Percentage Change over Previous Year
56章 絮、毡、非织造布 Chapter 56：Wadding, Felt, Non-woven Fabric	12.41	-6.37	8.03	-5.35	2.82	-10.56	0.73	-16.47
57章 铺地织品 Chapter 57：Floor Cover	1.20	-12.36	0.63	-8.17	0.06	2.47	0.03	-67.22
58章 特种织物花边 Chapter 58：Special Fabric Lace	4.54	-11.40	1.50	-0.86	1.87	-16.53	1.02	-12.95
59章 涂层布及工业用布 Chapter 59：Coating and Industrial Fabric	16.90	-6.62	8.71	-1.98	5.95	-10.33	1.31	-11.87
60章 针织布 Chapter 60：Knitting Fabric	13.71	-16.33	3.48	-6.78	7.37	-20.01	2.61	-18.57
61章 针织服装及附件 Chapter 61：Knitting Garments and Accessories	36.53	8.06	30.32	9.63	0.24	30.50	0.06	11.01
62章 机织服装及附件 Chapter 62：Non-Knit Garments and Accessories	44.77	7.67	37.11	8.75	0.38	24.83	0.16	-20.31
63章 其他纺织织物 Chapter 63：Other Fabric	4.77	-1.95	2.12	-0.18	0.96	5.12	0.12	19.98

资料来源（表6～表10）：中国海关
Source（Table 6～Table 10）：China Customs

国际统计

国际统计数据资料详见表1～表15。

表1 世界纺织纤维产量及增速

Table1 Worldwide Textile Fiber Production and Growth Rate

单位:万吨

Unit: 10,000 ton

年 份 Year	合 计 Total		天然纤维 Natural Fibers		化学纤维 Chemical Fibers			
	产 量 Output	同比增速(%) y-o-y in %	产 量 Output	同比增速(%) y-o-y in %	小计产量 Output	同比增速(%) y-o-y in %	其中合成纤维产量 The Output of Synthetic Fibers	同比增速(%) y-o-y in %
2000	5710.6	4.4%	2597.3	2.7%	3113.3	5.9%	2837.5	5.8%
2005	7142.7	6.4%	3098.2	4.5%	4044.5	7.9%	3706.2	8.4%
2010	8282.1	8.3%	3108.1	0.5%	5174	13.7%	4737.3	13.9%
2015	10002.8	3.5%	3010.4	-1.3%	6992.3	5.7%	6366.6	6.2%
2016	10198.4	2.0%	3061.3	1.7%	7137.1	2.1%	6489.9	1.9%
2017	10488.2	2.8%	3312.9	8.2%	7175.3	0.5%	6512.8	0.4%
2018	10647.1	1.5%	3305.9	-0.2%	7341.3	2.3%	6660.8	2.3%

表2 世界天然纤维及化学纤维比重

Table2 The Proportion of Worldwide Natural Fibers and Manmade Fibers

单位:%

Unit: %

年 份 Year	总 计 Total	天然纤维 Natural Fibers	化学纤维 Manmade Fibers	
			小 计 Subtotal	合成纤维 Synthetic Fibers
2000	100.0	45.5	54.5	49.7
2005	100.0	43.4	56.6	51.9
2010	100.0	37.5	62.5	57.2
2015	100.0	30.1	69.9	63.6
2016	100.0	30.0	70.0	63.6
2017	100.0	31.6	68.4	62.1
2018	100.0	31.0	69.0	62.6

表3 世界纺织纤维产量增量及年均增速
Table3 Worldwide Textile Fiber Production Increment and Average Annual Growth Rate

单位：万吨
Unit：10,000 ton

年份 Year	合计 Total		天然纤维 Natural Fibers		化学纤维 Manmade Fibers	
	增量 Increment	年均增速 Average Annual Growth Rate	增量 Increment	年均增速 Average Annual Growth Rate	增量 Increment	年均增速 Average Annual Growth Rate
2000～2005	1432.2	4.6%	500.9	3.6%	931.2	5.4%
2005～2010	1139.4	3.0%	9.9	0.1%	1129.5	5.0%
2010～2015	1720.6	3.8%	-97.7	-0.6%	1818.3	6.2%
2015～2018	644.4	2.1%	295.5	3.2%	348.9	1.6%

表4 世界天然纤维消费量
Table4 Worldwide Natural Fibers Consumption

单位：万吨
Unit：10,000 ton

年份 Year	合计 Total	棉 Cotton	毛* Wool*	麻** Bast**	其他*** Other***
2000	2597.3	2021.3	134.3	326.3	115.4
2005	3098.2	2501.3	121.8	363	112.1
2010	3108.1	2480.5	110.4	396.4	120.8
2015	3010.4	2412.7	115.2	364.9	117.7
2016	3061.3	2450	113.9	379.6	117.8
2017	3312.9	2702.1	114.6	387.7	108.5
2018	3305.9	2690.6	112	394.9	108.3

*羊毛为洗净毛；**麻包括亚麻、大麻、黄麻、苎麻及其他麻纤维
***其他包括蕉麻、剑麻、椰壳纤维、木棉、丝、西沙尔麻
*clean weight；**flax，hemp，jute，ramie and allied fibers；***abaca，agave，coir，kapok，silk and sisal

资料来源（表1～表4）：欧瑞康纤维年报
Source (Table 1～Table 4)：The Fiber Year 2019

表5 世界棉花产量和消费量

Table5 Worldwide Cotton Production and Use

单位:万吔
Unit: 10,000 ton

年份 Year	产量 Production	消费量 Use	期末库存 Endings Stocks
2000	1952.7	2021.3	1062.4
2005	2567.9	2501.3	1265.4
2010	2586.8	2480.5	1047.1
2015	2147.6	2412.7	2030.6
2016	2307.6	2450	1876.1
2017	2666.4	2702.1	1829.9
2018	2605.6	2690.6	1744.9

资料来源: ICAC
Source: ICAC

表6 世界及主要地区化学纤维产量

Table6 Production of Manmade Fibers by Major Regions in the World

单位: 百万吨
Unit: million ton

地区 Region / 年份 Year		2000	2005	2010	2015	2016	2017	2018
世界合计	Total	31.1	40.4	51.7	69.9	71.4	71.8	73.4
中国	China	6.7	17.6	30.0	47.3	48.4	48.5	48.8
印度	India	1.9	2.3	4.2	5.3	5.6	5.8	6.3
美国	USA	4.2	3.9	2.8	2.9	3.0	3.0	3.0
印度尼西亚	Indonesia	1.4	1.2	1.7	1.8	1.8	1.8	1.8
中国台湾	Taiwan, China	3.2	2.9	2.4	2.0	2.0	1.8	1.8
韩国	Korea	2.8	1.8	1.6	1.5	1.6	1.6	1.6
土耳其	Turkey	0.8	1.0	1.0	1.2	1.2	1.3	1.3
泰国	Thailand	0.9	1.1	0.9	0.8	0.8	0.9	0.9
越南	Vietnam	0.0	0.1	0.2	0.4	0.5	0.6	0.8
日本	Japan	1.5	1.2	0.9	0.8	0.8	0.7	0.7
马来西亚	Malaysia	0.4	0.5	0.5	0.4	0.4	0.4	0.4

表7 世界主要品种化学纤维产量
Table7 Worldwide Production of Manmade Fibers by Major Material

单位：百万吨
Unit：million ton

	2000	2005	2010	2015	2016	2017	2018
合计 Total	31.1	40.4	51.7	69.9	71.4	71.8	73.4
涤纶长丝 PES FY	10.7	15.7	24.5	37.3	37.8	38.1	39.7
涤纶短纤 PES SF	8.1	11.1	13.4	15.4	15.7	15.5	15.4
锦纶长丝 PA FY	3.6	3.6	3.8	4.8	5.2	5.2	5.2
锦纶短纤 PA SF	0.5	0.4	0.2	0.2	0.2	0.2	0.2
丙 纶 PP	2.8	3.3	3.0	3.2	3.3	3.3	3.4
腈 纶 PAN	2.6	2.6	2.0	1.8	1.8	1.7	1.6
纤维素纤维短纤* Cellulosic SF*	2.2	2.9	4.0	5.9	6.1	6.3	6.5
纤维素纤维长丝 Cellulosic FY	0.5	0.5	0.4	0.3	0.3	0.3	0.4
其 他 Others	0.2	0.4	0.5	0.9	0.9	1.0	1.1

* 2002年后包括莫代尔和莱赛尔。
* Modal and lyocell fibers are included since 2002.

资料来源(表6～表7)：欧瑞康纤维年报
Source (Table 6～Table 7)：The Fiber Year 2019

表8 全球纺织品、成衣进出口额
Table8 Global Import and Export of Textile and Garment

单位：亿美元
Unit：USD 100 million

年 份 Year	出口额 Export			进口额 Import		
	合 计 Total	纺织品 Textiles	成 衣 Garments	合 计 Total	纺织品 Textiles	成 衣 Garments
2000	3539.8	1562.6	1977.2	3683.9	1653.3	2030.5
2005	4815.8	2031.1	2784.7	4943.7	2149.1	2794.6
2010	6076.6	2528.4	3548.2	6384.1	2675.2	3708.9
2011	7145.8	2951.5	4194.3	7507.1	3122.8	4384.3
2012	6986.0	2828.2	4157.9	7338.5	2992.4	4346.2
2013	7554.1	3024.2	4529.8	7934.8	3199.9	4735.0
2014	7967.3	3128.2	4839.1	8368.1	3309.8	5058.2
2015	7411.3	2886.3	4524.9	7858.9	3092.3	4766.6
2016	7251.2	2810.2	4441.0	7703.9	3014.6	4689.3
2017	7596.1	2950.0	4646.1	8106.1	3176.6	4929.5
2018	8067.2	3126.4	4940.8	8665.7	3394.4	5271.3

表9 中国纺织品、成衣进出口贸易状况
Table9 China's Export of Textile and Garment

单位：亿美元
Unit：USD 100 million

年 份 Year	出口额 Export			进口额 Import			贸易顺差 Trade Surplus
	合 计 Total	纺织品 Textiles	成 衣 Garments	合 计 Total	纺织品 Textiles	成 衣 Garments	
2000	522.1	161.4	360.7	140.2	128.3	11.9	381.8
2005	1152.1	410.5	741.6	171.3	155.0	16.3	980.8
2010	2066.9	768.7	1298.2	202.0	176.8	25.2	1864.9
2011	2481.9	944.1	1537.7	229.1	189.0	40.1	2252.7
2012	2550.6	954.5	1596.1	243.4	198.1	45.3	2307.3
2013	2840.1	1065.8	1774.4	269.0	215.6	53.4	2571.1
2014	2982.8	1116.6	1866.1	264.2	202.5	61.7	2718.6
2015	2835.1	1089.3	1745.7	255.4	189.7	65.7	2579.7
2016	2627.9	1046.1	1581.8	231.2	166.8	64.4	2396.7
2017	2670.6	1096.0	1574.6	245.5	172.8	72.6	2425.1
2018	2763.7	1185.3	1578.5	261.5	178.8	82.7	2502.3

表10 中国纺织品、成衣出口额占全球出口份额
Table10 The Proportion of China's Export Value of Textile and Garment to the World's

单位：亿美元
Unit：USD 100 million

年 份 Year	合计出口 Export Value of Total			纺织品出口 Export Value of Textile			成衣出口 Export Value of Garment		
	全 球 World	中 国 China	中国占比(%) The Proportion of China	全 球 World	中 国 China	中国占比(%) The Proportion of China	全 球 World	中 国 China	中国占比(%) The Proportion of China
2000	3539.8	522.1	14.7	1562.6	161.4	10.3	1977.2	360.7	18.2
2005	4815.8	1152.1	23.9	2031.1	410.5	20.2	2784.7	741.6	26.6
2010	6076.6	2066.9	34.0	2528.4	768.7	30.4	3548.2	1298.2	36.6
2011	7145.8	2481.9	34.7	2951.5	944.1	32.0	4194.3	1537.7	36.7
2012	6986.0	2550.6	36.5	2828.2	954.5	33.7	4157.9	1596.1	38.4
2013	7554.1	2840.1	37.6	3024.2	1065.8	35.2	4529.8	1774.4	39.2
2014	7967.3	2982.8	37.4	3128.2	1116.6	35.7	4839.1	1866.1	38.6
2015	7411.3	2835.1	38.3	2886.3	1089.3	37.7	4524.9	1745.7	38.6
2016	7251.2	2627.9	36.2	2810.2	1046.1	37.2	4441.0	1581.8	35.6
2017	7596.1	2670.6	35.2	2950.0	1096.0	37.2	4646.1	1574.6	33.9
2018	8067.2	2763.7	34.3	3126.4	1185.3	37.9	4940.8	1578.5	31.9

表11 2018年全球主要纺织品进出口国家（地区）
Table11 The Main Textile Trading Countries(Regions) in the World in 2018

单位：亿美元
Unit：USD 100 million

出口 Export				进口 Import			
国家（地区） Countries(Regions)		金额 Value	占全球(%) Proportion to the world(%)	国家（地区） Countries(Regions)		金额 Value	占全球(%) Proportion to the world(%)
全　球	World	3126.4	100.0	全　球	World	3394.4	100.0
中　国	China	1185.3	37.9	欧盟(28国)	EU (28)	839.3	24.7
欧盟(28国)	EU (28)	741.2	23.7	美　国	USA	318.8	9.4
印　度	India	181.2	5.8	中　国	China	178.8	5.3
德　国	Germany	147.9	4.7	*越　南	*Vietnam	160.8	4.7
美　国	USA	138.2	4.4	德　国	Germany	136.5	4.0
意大利	Italy	127.2	4.1	*孟加拉	*Bangladesh	105.5	3.1
土耳其	Turkey	118.7	3.8	日　本	Japan	88.9	2.6
韩　国	Korea, Republic of	98.1	3.1	意大利	Italy	84.4	2.5
中国台湾	Taiwan, China	92.3	3.0	法　国	France	73.9	2.2
*越　南	*Vietnam	81.3	2.6	中国香港	Hong Kong, China	69.1	2.0

注　*为预计数。
Note The data with "*" is the estimated data.

表12 2018年全球主要成衣进出口国家（地区）
Table12 The Main Garment Trading Countries(Regions) in the World in 2018

单位：亿美元
Unit：USD 100 million

出口 Export				进口 Import			
国家（地区） Countries(Regions)		金额 Value	占全球(%) Proportion to the world(%)	国家（地区） Countries(Regions)		金额 Value	占全球(%) Proportion to the world(%)
全　球	World	4940.8	100.0	全　球	World	5271.3	100.0
中　国	China	1578.5	31.9	欧盟(28国)	EU (28)	2148.1	40.8
欧盟(28国)	EU (28)	1438.3	29.1	美　国	USA	950.9	18.0
孟加拉	Bangladesh	329.3	6.7	德　国	Germany	399.4	7.6
*越　南	*Vietnam	283.8	5.7	日　本	Japan	303.0	5.7
意大利	Italy	253.6	5.1	法　国	France	261.8	5.0
德　国	Germany	240.6	4.9	英　国	United Kingdom	234.9	4.5
印　度	India	165.5	3.4	西班牙	Spain	200.1	3.8
土耳其	Turkey	156.5	3.2	荷　兰	Netherlands	182.3	3.5
西班牙	Spain	151.8	3.1	意大利	Italy	177.5	3.4
中国香港	Hong Kong, China	138.6	2.8	中国香港	Hong Kong, China	126.7	2.4

注　*为预计数。
Note The data with "*" is the estimated data.

表13　2018年全球主要纺织品、成衣出口国家（地区）

Table13　The Main Textile and Garment Export Countries(Regions) in the World in 2018

单位：亿美元
Unit：USD 100 million

排 序 Rank	国别(地区) Countries(Regions)		合 计 Total	纺织品 Textiles	成衣 Garments	占全球(%) Proportion to the world(%)
	全　　球	World	8067.2	3126.4	4940.76	100.0
1	中　　国	China	2763.7	1185.3	1578.5	34.3
2	欧盟(28国)	EU (28)	2179.5	741.2	1438.3	27.0
3	德　　国	Germany	388.5	147.9	240.6	4.8
4	意 大 利	Italy	380.8	127.2	253.6	4.7
5	*越　　南	*Vietnam	365.0	81.3	283.8	4.5
6	印　　度	India	346.7	181.2	165.5	4.3
7	孟 加 拉	Bangladesh	345.8	16.5	329.3	4.3
8	土 耳 其	Turkey	275.2	118.7	156.5	3.4
9	中国香港	Hong Kong, China	212.5	73.9	138.6	2.6
10	西 班 牙	Spain	199.0	47.2	151.8	2.5

注　*为预计数。
Note The data with "*" is the estimated data.

表14　2018年全球主要纺织品、成衣进口国家（地区）

Table14　The Main Textile and Garment Import Countries(Regions) in the World in 2018

单位：亿美元
Unit：USD 100 million

排 序 Rank	国别(地区) Countries(Regions)		合 计 Total	纺织品 Textiles	成衣 Garments	占全球(%) Proportion to the world(%)
	全　　球	World	8665.7	3394.4	5271.3	100.0
1	欧盟(28国)	EU (28)	2987.3	839.3	2148.1	34.5
2	美　　国	USA	1269.7	318.8	950.9	14.7
3	德　　国	Germany	535.9	136.5	399.4	6.2
4	日　　本	Japan	391.9	88.9	303.0	4.5
5	法　　国	France	335.7	73.9	261.8	3.9
6	英　　国	United Kingdom	302.3	67.3	234.9	3.5
7	意 大 利	Italy	261.9	84.4	177.5	3.0
8	中　　国	China	261.5	178.8	82.7	3.0
9	西 班 牙	Spain	248.9	48.7	200.1	2.9
10	荷　　兰	Netherlands	235.2	52.9	182.3	2.7

表15 2017～2018年亚洲主要国家(地区)纺织品、成衣出口贸易变化

Table15 The Export of Textile and Garment in Asia from 2017 to 2018

单位：亿美元

Unit：USD 100 million

排 序 Rank	国别(地区) Countries(Regions)		纺织品出口 Textile Export		成衣出口 Garment Export		合 计 Total	
			2018	2017	2018	2017	2018	2017
1	中 国	China	1185.3	1096.0	1578.5	1574.6	2763.7	2670.6
2	越 南	Vietnam	81.3*	72.0	283.8*	250.4	365.0	322.4
3	印 度	India	181.2	170.8	165.5	183.1	346.7	353.9
4	孟加拉	Bangladesh	16.5*	17.0*	329.3	292.1	345.8	309.2
5	中国香港	Hong Kong，China	73.9	76.1	138.6	144.9	212.5	221.0
6	巴基斯坦	Pakistan	80.0	78.7	59.4	54.7	139.5	133.4
7	印度尼西亚	Indonesia	40.1	40.4	89.3	82.1	129.4	122.6
8	韩 国	Korea，Republic of	98.1	98.6	21.1	20.3	119.2	118.8
9	中国台湾	Taiwan，China	92.3	92.4	6.9	7.4	99.2	99.8
10	柬埔寨	Cambodia	2.2*	1.8*	81.4*	71.9*	83.6	73.7
11	马来西亚	Malaysia	19.3	18.2	57.9	50.8	77.2	68.9
12	泰 国	Thailand	37.3	35.8	38.3	35.6	75.6	71.5
13	日 本	Japan	67.0	65.2	6.5	5.9	73.5	71.1
14	斯里兰卡	Sri Lanka	3.3	3.1	52.0	49.9	55.3	53.0
15	新加坡	Singapore	7.1	6.8	15.4	15.4	22.5	22.2
16	菲律宾	Philippines	2.0	2.5	9.3	11.2	11.3	13.7
以上合计 Total Value of the Above			1986.8	1875.3	2933.1	2850.3	4919.9	4725.6

注 *为预计数。

Note The data with "*" is the estimated data.

资料来源（表8～表15）：世界贸易组织

Source (Table 8～Table 15)：World Trade Organization

沭阳县纺织产业发展情况简介

沭阳恒能家纺产业园

纺织产业是我县主导产业之一，目前，全县拥有各类纺织服装企业 569 家，其中规模以上企业 280 家，国家高新技术企业 9 家，江苏省名牌产品 5 个。2019 年全县纺织产业实现开票销售收入 149.3 亿元，同比增长 31.6%；实现工业增值税 3.26 亿元，同比增长 2.64%。已经形成了涵盖“机械装备—纺丝—加弹—织造—印染—成衣”等较为完整的产业链条，主要产品有包覆纱、缝纫线、袜子、内衣、窗帘、墙布、床上用品等。实现由跟随式发展向引领式发展的转型升级，先后荣获“全国纺织产业结构调整突出贡献奖”“全国纺织产业转移试点园区”“全国纺织产业转移示范园区”“江苏省纺织产业集群推动先进单位”“中国包覆纱产业基地”“中国智能针织产业创新奖”“江苏纺织服装百亿名镇贡献奖”“国家智慧型纺织园区试点”等，沭阳纺织已经形成具有鲜明特色的区域品牌。

目前，全县纺织产业已经初步形成了三大板块：包覆纱、智能针织和特色家纺。

1、包覆纱产业板块

主要企业有月源纤维、嘉德纤维、邦源纺织、锦亨纺织、万润纤维、新思维纤维等。我县包覆纱产业成为全国相对集聚、设备较多、产量较大的优质包覆纱产业基地。全县拥有包覆纱机 4800 台套，占全国近 20% 左右。我县先后被江苏省纺织工业协会、中国针织工业协会授予“江苏省、包覆纱产业基地”“中国包覆纱产业基 等荣誉称号，沭阳包覆纱企业制定“全国包覆纱加工贸易单耗标准”，这是沭阳工业企业首次获得“行业话语权”；参与制定国家纺织行业标准 FZ/T71010—2016《针织用锦（涤）纶/氨纶双包丝》。沭阳包覆纱获得：“2015 中国品牌价值评价——知名品牌示范区”称号，品牌强度 600， 牌价值 116.9 亿元，是宿迁市唯一一家获此殊荣的单位。

市政府出台《关于支持纺织服装产业加快发展的实施意见》宿政发〔2018〕10 号文件中，专门指出：支持沭阳县发挥“中国包覆纱产 基地”优势，引进锦纶、氨纶制造类企业以及高性能纤维、功能性纤维生产企业发展高性能包覆纱。

2、智能针织产业板块

主要企业有达丽智能纺织、西南智能纺织、宝娜斯针织、欧博智能纺织、军顺智能针织、衣道科技、众享服饰等。2015 年 9 月，我县 造性地规划建设全国首个“智能针织产业园”——沭阳智能针织产业园，产业园按照“未来针织靠智能、智能针织看沭阳”的发展定位。以 头带动、平台驱动、县乡联动的运作模式建设产业园，实行统一规划、统一建设、统一物管、统一服务、统一要素保障。园区以智能针织袜品为 向上下游延伸到锦纶、包覆纱、面料、针织内衣服装等针织品。沭阳智能针织产业园在设计、设备、产品、物流、管理等方面充分体现智能化 打造“全国首个智能针织产业园”。

2016 年 3 月，开始动工建设，仅仅 2 年半时间，目前，智能针织产业园一期、二期共 25 万平方米的厂房以及综合服务楼、宿舍、食堂、 门、传达室等配套设施已经全部建成并投入使用。产业园已签约项目有西南智能纺织、达丽智能纺织、军顺智能针织、欧博智能纺织、谙智智 纺织、江苏衣道科技、沭阳众享服饰等共 9 个，总投资达 30 亿元，有 6 个项目已经投产。

沭阳智能针织产业园的规划和建设，先后得到工信部、中国纺织工业联合会、中国针织工业协会、江苏省纺织工业协会等国家部委和行业 会领导的一致好评和高度认可。先后被中国纺织工业联合会、中国针织工业协会、江苏省科技厅分别授予“中国智能针织产业创新奖”“中国针 织行业可持续发展推动奖”“针织产业示范园”“江苏省智能纺织科技产业园”“入选 2018 丝路经纬行业影响力产业园区榜”“江苏省和谐劳动 系创建示范园区”等荣誉和称号。

3、特色家纺产业板块

主要企业有恒能家纺、布拉芙纺织、凯能家纺、腾盛纺工、红柳纺织、陈氏伟业、新东旭纺织、茂盛纺织、欧曼纺织、永能新材料等，主 产品有床上用品、窗帘、墙布、毛毯、浴袍等。先后被中纺联授予“国家遮光提花面料开发基地”“国家窗帘及墙布产品开发基地”“国家室内 气净化面料开发基地”。

为进一步推动纺织产业高质量发展，县委、县政府委托武汉纺织大学、东华大学、中国纺织工业联合会围绕 2025 年打造千亿级特色家纺产 业园进行规划，到 2020 年总产值将达 300 亿元，到 2025 年将达到 800 亿 ~1000 亿元。为了实现这一目标，沭阳规划了总占地面积 6 平方公 的特色家纺产业园，其中，经开区内规划 4 平方公里，主要发展智能窗帘、布艺家纺、功能家纺、主题家纺等；临港新城规划 2 平方公里，主 承载熔体纺丝项目。沭阳将以高质量发展为统领，以项目增速强发展为抓手，深入推进产业集聚、布局集中、资源集约，全力打造个性化、智能 绿色化的千亿级纺织产业。

沭阳县智能针织产业园优惠政策

一、入园企业标准

1、入园企业以智能针织袜品为主，上下游延伸锦纶、包覆纱，面料、服等针织产品。

2、根据沭发 [2018]1 号文件精神，出沭阳智能针织产业特色化发展，针袜机、针织圆机、包覆纱机、加弹机、体机等设备投资 500 万元以上。

3、符合国家产业政策和环保要求。

二、扶持政策

1、厂房优惠：在厂房使用上实现售结合，租用或购买厂房一般不少于幢；整体购买的，可分期付款，第一购房总价款的 30%，第二年付购房总价款的 30%，第三年付购房总价款的 40%；资较大或整体购买厂房等超过 2 万平方米及以上的项目实行“一事一议”。

2、厂房租赁：厂房租金每年每平方米 50 元，暂定三年不变，所有入驻企业第一租金全免，第二年租金减半；设备投入 5000 万元以上免租金 两年，设备投资 1 亿以上免租金三年。最长可免租金三年。

3、设备奖励：对入园企业年度内设备实际投资 500 万 ~1000 万的给予设备额的% 奖励；1000 万 ~2000 万的给予 4% 奖励；2000 万 ~3000 万的给予 5% 奖励；00 万 ~5000 万的给予 6% 奖励；5000 万 ~1 亿的给予 7% 奖励；1 亿 ~2 亿的给 8% 奖励；2 亿及以上的，给予 10% 奖励。

4、水气优惠：对入驻沭阳智能针织产业园的企业，水、气价格享受开发区大企“一事一议”水气优惠政策。

5、配套保障。产业园区内实行“七通一平”，道路、绿化、亮化、供水、供电、气、供热、污水管网、电信、有线电视等予以全部配套。

入驻沭阳智能针织产业园的企业享受除以上扶持政策外，同时享受沭发 [2018]1 文件中规定的其他销售收入、科技扶持等优惠政策。

投资热线：0527-80817726

·全国中文核心期刊·

毛纺科技

Wool Textile Journal

行业期刊、网站：行业技术支持与咨询

行业产品流通：行业会议及形象策划

邮发代号：2-195

刊号：ISSN1003-1456/CN11-2386/TS

栏目：纺织工程、染整和化学品、服装工程与设计、机械与器材、标准与测试、综合述评

《毛纺科技》杂志社

北京市朝阳区延静里中街3号主楼6层

邮编：100025　　E-mail：mfkj333@sina.com

电话：010-65913844　65008693

传真：010-69513844　　　　网址：www.wooltex.org

表9-1 2019年纺织品服装分地区进出口额

Table9-1 China's Import and Export of Textile and Apparel by Provinces in 2019

单位：亿美元
Unit：USD 100 million

地区 Region	出口 Export						进口 Import					
	小计 Subtotal		纺织品 Textiles		服装 Garments		小计 Subtotal		纺织品 Textiles		服装 Garments	
	当年 Current Year	同比(%) Percentage Change over Previous Year	当年 Current Year	同比(%) Percentage Change over Previous Year	当年 Current Year	同比(%) Percentage Change over Previous Year	当年 Current Year	同比(%) Percentage Change over Previous Year	当年 Current Year	同比(%) Percentage Change over Previous Year	当年 Current Year	同比(%) Percentage Change over Previous Year
1.北京 Beijing	10.93	−14.99	2.82	−12.96	8.11	−15.67	9.11	−20.68	4.23	−34.52	4.87	−2.85
2.天津 Tianjin	16.15	−0.72	8.10	2.49	8.05	−3.75	4.79	1.22	2.52	2.46	2.26	−0.14
3.河北 Hebei	83.38	−5.38	38.37	−3.18	45.01	−7.18	2.04	15.05	1.92	11.35	0.12	148.72
4.山西 Shanxi	1.48	22.82	0.88	6.64	0.60	57.88	0.03	−24.51	0.02	−4.52	0.01	−52.71
5.内蒙古 Inner Mongolia	4.61	−1.74	1.29	6.16	3.32	−4.49	0.06	−7.28	0.03	−26.82	0.03	33.48
6.辽宁 Liaoning	43.47	−3.38	8.53	1.38	34.93	−4.48	5.62	−15.17	5.14	−10.66	0.48	−45.14
沈阳 Shenyang	3.40	12.01	1.68	16.67	1.72	7.78	0.27	−2.48	0.22	6.85	0.06	−26.78
大连 Dalian	21.39	−6.92	2.30	4.07	19.09	−8.09	2.82	−15.60	2.58	−4.52	0.24	−62.29
7.吉林 Jilin	5.04	3.44	2.94	8.27	2.10	−2.62	0.74	11.54	0.73	11.49	0.01	14.75
长春 Changchun	0.64	−9.38	0.03	17.50	0.61	−10.33	0.39	13.92	0.39	14.94	0.00	−61.64
8.黑龙江 Heilongjiang	3.35	14.38	1.63	−9.68	1.72	53.16	0.38	21.28	0.36	23.56	0.02	−9.62
哈尔滨 Ha'er bin	1.50	7.72	0.72	−10.84	0.78	33.52	0.05	3.54	0.04	18.33	0.02	−19.35
9.上海 Shanghai	116.87	−11.55	46.54	−7.20	70.33	−14.22	76.85	0.75	20.77	−9.86	56.09	5.34
10.江苏 Jiangsu	536.80	−3.97	286.66	−0.82	250.15	−7.33	31.36	4.51	22.03	−2.90	9.33	27.47
南京 Nanjing	27.69	−7.78	8.43	0.00	19.26	−10.82	1.15	−5.14	0.98	−7.43	0.17	10.37